总主编◎卢家楣

教育科学研究方法

主　编◎卢家楣

上海教育出版社

高等师范院校现代教师教育丛书
编辑委员会

顾　　问　李　进　丛玉豪　陈永明

总 主 编　卢家楣

编　　委（以姓氏笔画排序）

　　　　　　王旭卿　王维臣　卢家楣　刘　伟

　　　　　　刘家春　刘鸿模　孙圣涛　李晓洁

　　　　　　张文忠　陈　勇　胡知凡　段　鸿

　　　　　　贺　雯　袁　军　蔡宝来　戴胜利

总　序

　　教育的关键是教师,教育发展的真正后劲是教师专业化素质的不断提高,这是当今社会的共识。因此,旨在提高教师专业化素质的教师教育改革,已成为深化教育改革、推进教育发展的重心所在。纵观国际和国内教师教育改革的大背景,在各类教师教育改革中,中学教师教育改革历来是世界各国教师教育改革的热点和难点,其中,以课程体系改革为主导的职前中学教师教育改革更是处于全球共同关注的焦点位置。在这样的改革大潮中,高等师范院校自然肩负着义不容辞的责任,面临着无可退避的挑战。我们正是在这样的形势下,迎来了新一轮的职前中学教师教育的教育类课程体系改革。

　　早在20世纪末,我们就进行了一次较大规模的职前中学教师教育的教育类课程体系改革,将对师范生开设的传统的教育类课程——教育学和心理学,改革为"两大板块"的课程体系:一是教育学板块,主要有4门课程:教育原理、课程与教学论、德育与班主任、教育研究方法;二是心理学板块,主要有3门课程:心理学与教育、学习心理与教学、青少年心理与辅导。该项改革取得了积极成果,在全国产生了影响。其改革获得上海市优秀教学成果一等奖,配套的教材获全国普通高校优秀教材二等奖。该课程体系施行已近十年,我们认为在新的形势下,应本着与时俱进的精神,在已有的实践探索基础上,进一步深化改革,完善课程体系。2005年我们承担了上海市教师教育高地建设项目的重任,这就给了我们深度改革的契机、勇气和动力。为了更科学、深入、全面地进行高等师范院校职前中学教师教育的教育类课程体系改革,我们进行了一系列的调查研究:问卷调查了近3 000名各年龄段的初、中、高级职称的中学教师,了解他们对现行师范教育,特别是课程体系的意见和建议;研究了美国、英国、加拿大、澳大利亚、新西兰、俄罗斯、德国、法国、芬兰、瑞典、日本、韩国、新加坡、印度等14个国家以及我国的台湾、香港、澳门的同类教育的状况;借鉴了兄弟师范院校,特别是6所部属重点师范大学在这方面成功改革的经验。然后结合自己以往的改革,我们提出了进一步完善课程体系的设想,构建三大板块:一是教育学理论板块,主要有现代教育——理论和实践、现代教学——理论和实践、现代德育——理论和实践3门课程;二是心理学理论板块,主要有心理学与教育——理论和实践、学习心理与教学——理论和实践、青少年心理与辅导——理论和实践3门课程;三是教育技能板块,主要有教育科学研究技能、班级管理技能、教育信息技术应用技能、文娱活动参与技能4门课程。这一新课程体系经过专家研讨和组织论证,即将进入实施阶段。本系列教材正是为配合这一新课程体系实施而组织编写的。

本系列教材编写的目标是,配合课程建设为职前中学教师专业素质培养发挥积极作用,并在编写过程中充分反映新课程改革精神,体现出如下四个方面的特色:

1. 厚实理论和加强实践的统一。本教材在指导思想上,突出强调了专业基础课教材性质。这是一个认识上的重要突破。我们认为,旨在培养师范生专业素质的教育类课程,不是迄今为止国内各师范院校划归的一般意义上的公共必修课,而是专业基础课,确切地说,是教师教育的专业基础课。这就确立了该类课程在高等师范院校中的重要而独特的地位,不仅为这样较大规模的课程改革提供了坚实的思想基础,也为配套的课程教材的编写提供了一个明确的指导思想:作为专业基础课程,新教材就应该有相当的理论性,而不同于公共课那样对理论论述的浅尝辄止;作为教师教育的专业课程,不是教育学专业的课程,新教材还应该有相当的实践性,为即将走上教师岗位的学生提供必要的实践指导。因此,我们在理论板块各课教材名称上都写上"理论和实践",就是为了强调厚实理论和加强实践两者的和谐统一。这是为该课程的性质所决定的一大特色。

2. 重视心理学理论和突出教育服务的统一。在本教材的板块结构中,心理学无疑占据重要地位。这是因为"心理学就其对教育学的应用和对教育学者的必要性方面来说,当然站在一切科学的首位"(乌申斯基,1867)。只有掌握了必要的心理学知识,才能更好地理解教育理论,更深入地认识教育现象,更有效地解决教育问题。因此,我们根据新课程体系的结构,编写了为教师教育所迫切需要的普通心理学、学习心理学、青少年心理学等方面的教材,并加大了相应的理论分量。而且,所有这些心理学科内容的组织都强调为教育服务的原则,打破以往纯心理学科教材的编写格局,实现由以学科为本改为以培养职前中学教师专业化素质为本的转变,形成具有鲜明的教师教育专业特色的心理学理论教材,故三本心理学教材分别在命名中加上"与教育""与教学""与辅导",以凸显重视心理学理论和突出教育服务两方面的和谐统一。这是本系列教材的又一个特色。

3. 夯实知识性和强调技能性的统一。在本教材的板块结构中,涉及知识性的教材有6本,这对于夯实教育学和心理学基本理论方面的知识是十分必要的。但我们在调查研究中发现,在现时教育实践中存在着高等师范院校毕业生普遍缺乏教育技能的严重现象,已引起教育界的担忧,也为我们新课程体系的改革带来了又一个重要启示:一定要下决心加强教师教育中技能素质的培养。为此,在涉及知识性的两大理论板块的课程中,不仅讲理论,也讲相应的应用和操作性的内容,与此同时,我们还根据新时期中学教育对教师的要求,在新课程体系中增设技能板块,开设旨在培养教育科研、班级管理、信息技术和文娱参与等四方面技能的课程。这就使职前中学教师教育的教育类课程教材首次出现了知识性和技能性两方面的和谐统一。这是本系列教材的再一个特色。

4. 优化内容和美化形式的统一。当教材编写的基本指导思想、整体结构框架确定之后,具体的内容和形式的处理就成为教材质量高低的关键性指标。本教材系列力求打破教育类公共课教材的传统藩篱,在优化内容和美化形式的和谐统一中彰显特色。在优化内容方面,我们首先是强调在科学性前提下的严谨性,所有内容都必须有明确的文献资料支撑,做到书中有资料来源的注释,书后有相应文献资料的索引,试图改变我国公共课教材弱化文献资料、淡化学术性的状况,也有助于增强未来教师的学术素养。其次,我们强调在实效性前提下的创新性,所有内容都必须从能否实实在在有助于职前中学教师专业化素质提高的角度加以组织、甄别、取舍、增减内容,不囿于以往公共课教材的传统格局,力求体现内容编写上的创新性。最后,我们强调在针对性前提下的充实性,所有内容不再是以往概念上的公共课使用的简约版,而是教师教育专业课程使用的专业版,针对教师教育专业实际充实相应的内容,其中包括一些前沿的研究内容和我们自己的研究成果,使整个系列的丛书较为厚实,每本教材力求做到部分内容为学生上课之用,部分内容为学生课后自学之用,使教学和自学有机结合。同时也为毕业后走上教师岗位的学生,提供一套有价值的案头参考书。

在美化形式方面,我们也尽可能使教材生动、活泼,以引发学生的学习心向。首先,从总体框架上说,学生打开每章开头的"本章细目",都可看到4级目录,让学生清晰了解每章内容纲要,"本章要点"更让学生明确学习重点,合理分配精力。之后,用"想试着回答一下吗……"的导入语,引出与每章有关的趣味题,激发学生对随后内容的学习兴趣。然后以案例的形式导出本章内容,进一步使学生产生学习的欲望。当本章内容叙述完了以后,再看到来自开头的案例,用本章学习到的有关原理来解释案例,做到前后呼应,理论密切结合实践,大有豁然开朗的感觉。随后再有"本章小结",帮助学生总结该章学习过的内容,继而要求学生做针对本章内容的"思考题",答案均在书中,起到自我检查和复习的作用。最后是"问题探索",启发学生将该章学过的知识应用于教育实践,书中没有现成的答案,要求学生自己去探索、创新。其次,每章设有"知识小窗""学术研究""热点聚焦"和"实践探索"4个专栏,将教材正文之外的有关学术前沿问题研究、教学现实中的有关热门话题、有关原理在教学中的运用案例、拓展学生视野的知识介绍等方面的内容,以灵活、机动的方式呈现出来,作为正文内容的补充、拓展、深化和实践延伸。最后,每章开篇都有一张与本章内容有关的来自鲜活的中学教育实践的照片,文中还注意图表的充分应用,并配以有关的名家大师简介和照片,以期尽可能达到图文并茂的效果。

作为上海市教师教育高地建设项目的组成部分,本套教材的编写和出版,得到上海市教委经费上的资助,得到学校、学院和各有关部门的支持,我们对此表示感谢。我们特别感谢李进校长、丛玉豪副校长和陈永明院长欣然担任丛书的顾问,不吝指导,厚爱之情溢于言表;感谢朱小蔓、张民生、顾泠沅、王厥轩等专家在研讨新课程体系时对该丛书系列的建议和厚望;感谢10本教材的所有编委和编写人员在真诚合作、鼎力相助过程中所付出的智慧、热情和艰辛;感谢我们的博士生和硕士生们在参编、校阅、文献查寻等过程中所作出的大量工作和默默无闻的贡献;最后,特别感谢丛书编辑张文忠先生以满腔热忱和极端负责的精神为本套教材所做的高质量、高效率的编辑工作。

卢家楣

2009年12月于上海师范大学

目　录

前言	1
第一章　教育科学研究概述	1
第一节　教育科学研究的意义	3
一、促进教育实践	3
二、丰富教育理论	5
三、提高教师素养	6
第二节　教育科学研究的特点	8
一、教育科学研究方法的科学性	9
二、教育科学研究领域的教育性	10
三、教育科学研究目标的发展性	10
四、教育科学研究因素的难控性	11
五、教育科学研究效果的延迟性	11
第三节　教育科学研究的类型与方法	12
一、教育科学研究的类型	12
二、教育科学研究的方法	18
第四节　教育科学研究的原则与过程	20
一、教育科学研究的原则	20
二、教育科学研究的过程	22
第二章　教育科学研究选题拟定	26
第一节　教育科学研究选题的意义与原则	28

　　　　一、选题的意义 …………………………………………………… 28
　　　　二、选题的原则 …………………………………………………… 30
　　第二节　教育科学研究课题的类型与来源 ………………………………… 32
　　　　一、课题的类型 …………………………………………………… 32
　　　　二、课题的来源 …………………………………………………… 35
　　第三节　教育科学研究选题的过程与策略 ………………………………… 38
　　　　一、选题的过程 …………………………………………………… 39
　　　　二、选题的策略 …………………………………………………… 42

第三章　教育科学研究方案设计 ……………………………………………… 48
　　第一节　教育科学研究方案设计的概述 …………………………………… 50
　　　　一、教育科学研究方案设计的意义 ……………………………… 50
　　　　二、教育科学研究方案设计的要素 ……………………………… 51
　　第二节　教育科学研究方案设计的要素：概念、目标、内容和假设 …… 52
　　　　一、界定核心概念 ………………………………………………… 52
　　　　二、明确研究目标 ………………………………………………… 53
　　　　三、拟定研究内容 ………………………………………………… 54
　　　　四、建立研究假设 ………………………………………………… 55
　　第三节　教育科学研究方案设计的要素：对象、方法和过程 …………… 59
　　　　一、确定研究对象 ………………………………………………… 59
　　　　二、选取研究方法 ………………………………………………… 65
　　　　三、制订研究过程 ………………………………………………… 73

第四章　教育科学研究资料搜集——教育实验研究 ……………………… 82
　　第一节　教育实验研究的概述 ……………………………………………… 84
　　　　一、教育实验研究的概念 ………………………………………… 84
　　　　二、教育实验研究的变量 ………………………………………… 85
　　　　三、教育实验研究的效度 ………………………………………… 89
　　　　四、准实验研究 …………………………………………………… 90
　　第二节　不相等控制组设计 ………………………………………………… 91
　　　　一、不相等控制组后测设计 ……………………………………… 92
　　　　二、不相等控制组前后测设计 …………………………………… 93
　　第三节　时间序列设计 ……………………………………………………… 96

　　　　一、单组时间序列设计 …………………………………………………… 97
　　　　二、控制组时间序列设计 ………………………………………………… 100
　　第四节　相等时间与相等材料样本设计 ……………………………………… 102
　　　　一、相等时间样本设计 …………………………………………………… 103
　　　　二、相等材料样本设计 …………………………………………………… 104
　　第五节　对抗平衡设计与修补设计 …………………………………………… 106
　　　　一、对抗平衡设计 ………………………………………………………… 106
　　　　二、修补设计 ……………………………………………………………… 110

第五章　教育科学研究资料搜集——教育调查研究 ……………………………… 116
　　第一节　教育调查研究的概述 ………………………………………………… 118
　　　　一、教育调查研究的概念 ………………………………………………… 118
　　　　二、教育调查研究的特点 ………………………………………………… 119
　　　　三、教育调查研究的类型 ………………………………………………… 119
　　　　四、教育调查研究的步骤 ………………………………………………… 122
　　第二节　教育调查问卷初步设计 ……………………………………………… 125
　　　　一、问卷调查的特点 ……………………………………………………… 125
　　　　二、问卷的基本结构 ……………………………………………………… 126
　　　　三、问卷编制的准备阶段 ………………………………………………… 129
　　　　四、问卷编制的设计阶段 ………………………………………………… 133
　　第三节　教育调查问卷的试测、修订和实施 ………………………………… 140
　　　　一、问卷试测 ……………………………………………………………… 140
　　　　二、问卷修订 ……………………………………………………………… 140
　　　　三、问卷实施 ……………………………………………………………… 147

第六章　教育科学研究资料搜集——教育质性研究 ……………………………… 153
　　第一节　教育质性研究的概述 ………………………………………………… 155
　　　　一、教育质性研究的概念 ………………………………………………… 155
　　　　二、教育质性研究的类型 ………………………………………………… 160
　　　　三、教师从事质性研究的独特优势 ……………………………………… 167
　　第二节　观察研究 ……………………………………………………………… 169
　　　　一、观察的准备 …………………………………………………………… 169
　　　　二、观察的进入与实施 …………………………………………………… 171

　　　　三、观察的记录与分析 …………………………………………………… 172
　第三节　访谈研究 ………………………………………………………………… 174
　　　　一、访谈的准备 …………………………………………………………… 175
　　　　二、访谈的进入与实施 …………………………………………………… 176
　　　　三、访谈的记录与分析 …………………………………………………… 180
　第四节　实物分析研究 …………………………………………………………… 182
　　　　一、实物资料的类型 ……………………………………………………… 182
　　　　二、实物资料的搜集 ……………………………………………………… 183
　　　　三、实物资料的分析 ……………………………………………………… 184

第七章　教育科学研究资料搜集——教育行动研究 …………………………… 189
　第一节　教育行动研究的概述 …………………………………………………… 191
　　　　一、教育行动研究的概念 ………………………………………………… 191
　　　　二、教育行动研究的特征 ………………………………………………… 193
　　　　三、教育行动研究的形式 ………………………………………………… 193
　　　　四、教育行动研究的模式 ………………………………………………… 195
　第二节　教育行动研究的计划 …………………………………………………… 199
　　　　一、计划的基本内容 ……………………………………………………… 199
　　　　二、计划的一般要求 ……………………………………………………… 201
　　　　三、案例及其分析 ………………………………………………………… 202
　第三节　教育行动研究的行动 …………………………………………………… 203
　　　　一、行动的原则 …………………………………………………………… 203
　　　　二、行动过程的记录 ……………………………………………………… 204
　　　　三、案例及其分析 ………………………………………………………… 206
　第四节　教育行动研究的考察 …………………………………………………… 208
　　　　一、考察的内容 …………………………………………………………… 208
　　　　二、考察的方式 …………………………………………………………… 209
　　　　三、考察的主体 …………………………………………………………… 210
　　　　四、案例及其分析 ………………………………………………………… 211
　第五节　教育行动研究的反思 …………………………………………………… 213
　　　　一、反思对教育行动研究者的重要意义 ………………………………… 213
　　　　二、教育行动研究中反思的基本要素 …………………………………… 214

三、案例及其分析 215

第八章 教育科学研究资料分析——数据描述 219

第一节 集中趋势 221
一、平均数、中数、众数 222
二、平均数、中数与众数三者的关系 224

第二节 离散趋势 225
一、方差和标准差 225
二、四分位差 227

第三节 标准分数 228
一、标准分数的概念与计算 228
二、标准分数的性质与优点 229
三、标准分数的应用 230

第四节 相关分析 233
一、相关的概念与相关系数 233
二、相关的种类 234
三、相关系数的计算 236

第五节 SPSS在描述统计中的应用 238
一、SPSS在集中趋势与离散趋势统计中的应用 238
二、SPSS在标准分数统计中的应用 243
三、SPSS在相关系数统计中的应用 245

第九章 教育科学研究资料分析——数据推断 252

第一节 概率分布和样本分布 254
一、概率分布 254
二、正态分布 257
三、样本分布 263

第二节 假设检验 268
一、假设检验的原理 268
二、双侧检验与单侧检验 269

第三节 平均数的显著性检验 270
一、单样本平均数显著性检验的适用 270
二、两个样本平均数显著性检验的两种情况 271

　　　　三、平均数显著性检验的 SPSS 举例 …………………………………… 271
　第四节　平均数差异的显著性检验 ……………………………………………… 274
　　　　一、平均数差异的显著性检验的适用 ………………………………… 274
　　　　二、平均数差异的显著性检验的 SPSS 举例 ………………………… 274
　第五节　方差分析 ………………………………………………………………… 281
　　　　一、方差分析的基本原理 ……………………………………………… 282
　　　　二、方差分析的 SPSS 举例 …………………………………………… 285

第十章　教育科学研究报告撰写 ………………………………………………… 291
　第一节　教育实验研究报告撰写 ………………………………………………… 293
　　　　一、教育实验研究报告的概述 ………………………………………… 293
　　　　二、教育实验研究报告的结构 ………………………………………… 294
　　　　三、教育实验研究报告写作方法的举例说明 ………………………… 301
　第二节　教育调查研究报告撰写 ………………………………………………… 308
　　　　一、教育调查研究报告的概述 ………………………………………… 308
　　　　二、教育调查研究报告的结构 ………………………………………… 309
　　　　三、教育调查研究报告写作方法的举例说明 ………………………… 313
　第三节　教育质性研究报告撰写 ………………………………………………… 318
　　　　一、教育质性研究报告的概述 ………………………………………… 318
　　　　二、教育质性研究报告的结构 ………………………………………… 319
　　　　三、教育质性研究报告写作方法的举例说明 ………………………… 324
　第四节　教育行动研究报告撰写 ………………………………………………… 330
　　　　一、教育行动研究报告的概述 ………………………………………… 330
　　　　二、教育行动研究报告的结构 ………………………………………… 331
　　　　三、教育行动研究报告写作方法的举例说明 ………………………… 335

附表一 ……………………………………………………………………………… 343
附表二 ……………………………………………………………………………… 344
参考文献 …………………………………………………………………………… 346

前　言

　　本书是高等师范院校现代教师教育丛书教育技能板块中的一本教材。本书的宗旨是帮助学习者掌握从事中学教育工作所必需的教育科学研究方面的知识和技能，形成相应的科研理念和能力，促进这方面专业化素质的提高。

　　随着教育事业的全球性发展，对教师专业素质的要求越来越高。作为教师教育的职前培养阶段的师范生教育，也在顺应形势发展的改革中不断前进，不断应对所面临的新挑战。新挑战之一就是今后的教师不只是现有研究成果的使用者，还应是研究成果的创造者；教师不仅能按基本要求完成教书育人的工作，而且还应能对自己的教书育人工作加以科学研究，以求改进和完善、开拓和发展。这就是说，教师既要有教书育人的先进理念、丰富知识和实践能力，还要有面对教书育人中发生的问题和现象进行深入反思、科学研究的意识和能力，以便在教育岗位上边实践、边研究，有所发现，有所创新，成为符合时代需要的合格教师。这就要求在校学习的师范生，在职前培养阶段就要学习一定的教育科学研究的知识和技能，形成相应的理念和能力，应对教育改革和发展对教师提出更高要求的趋势。因此，在培养师范生形成教师专业素质的教育方案中，也要设置教育科学研究技能方面的课程，作为师范生必修的内容。本书就是配合这一课程编写的教材。

　　由于对教育现象研究的科学性要求日益提高，有关教育科学研究方法的书籍也随之增多。在这类众多书籍中，本书的编写应取何种视角，形成何种特色呢？我们认为，这就要从教学对象和教学目标的特定性上来加以确定。这一特定的教学对象就是高等师范院校的师范生——职前教师，他们已有明确的职业定向——教师，但尚缺乏教师工作的经验和体验;这一特定的教学目标就是让师范生切实掌握在未来教师岗位上需要用到的教育科学研究的知识和技能,并形成相应的科研理念和能力。为此,我们将从师范生在接触这一领域的实际感受和面临问题出发来编写本教材,体现"以生为本"的思想,可以说这是本教材最基本的特点,并以此从五个方面来考虑教材内容的组织:

第一,考虑到师范生一开始尚缺乏这方面学习的思想准备,有必要从多角度阐明此项学习对于促进教育实践、丰富教育理论、提高教师素养的实际意义,特别是从今后教育对教师的更高素质要求的发展趋势上指出学习的必要性问题,以增强他们学习的自觉性。

第二,考虑到师范生并非教育专业学生,学习这方面内容时,往往担心学不会,产生畏难情绪,特别是文科类师范生,更易缺乏自信(也就是我们心理学中所说的效能感较低),我们处处有意识地实施"简化"处理。对此,本书在撰写过程中从首篇一直到末篇,都注意阐述上的通俗易懂,并从师范生未来教师的角度加以举例说明,从最初步的知识和技能开始,逐步加深,就连数据统计这一比较难学的内容也作了简化处理,既讲清了要点,使学生懂得其中的统计处理的思想和运用技巧,提高日后科学研究的水平,又消除了不必要的枝叶,删除了繁琐,使学生不再在苦涩难懂的统计数学中迷途、退缩。这样使学生从一开始就有一种易学、易懂的感受,以帮助他们树立学习的自信心。

第三,考虑到师范生与教育实际接触不多,在学习这方面的过程中特别容易产生理论脱离实际的感觉,产生"在真正的教育实践中究竟如何运用所学的科研方法?"的困惑(这也是教育科研方法一类书籍编写中所普遍存在的问题),我们特别注重加强理论与实践的联系,以提高学习内容的实践性。首先,本书的整个体系就是按教育科学研究过程中的几个重要的环节顺序展开的:从教育科学研究选题的拟定(第二章)开始,到研究方案的设计(第三章)、研究资料的搜集(第四章至第七章)、研究资料的分析(第八章和第九章),直至研究报告的撰写(第十章),给学生形成一个清晰的教育科学研究全过程的印象;其次,在每个重要的环节里,都紧扣教育科学研究的实际状况加以论述,详略分明,重点突出,让学生能具体把握一些环节的实践应用;再次,在具体阐述某一方法时,都联系教育实际,加以举例说明,力求达到使学生能举一反三、触类旁通的效果,例如科研项目如何申报,小调查研究如何操作等,都是师范生今后当教师着手科研时碰到的非常实际的问题,本书都一一给予"手把手"的指导;再再次,每章开头都有教育科研中的案例引入,每章内又都有"实践探索"专栏,进一步提供教育实践应用内容,使学生在学习过程中处处感到"理论并不高深,实践就在身边";最后,每章还有"问题探索",鼓励学生在学习的同时,就尝试运用有关的方法,进行力所能及的教育实践应用,以亲身体验教育科研的经历。这一切都有助于促进学生学习的实践感。

第四,考虑到师范生所学时间十分有限,而教育科学研究方法的内容,随着教育改革的需要而不断增加,存在学习时间的有限性和教学内容的丰富性之间的矛盾,本书在编写时采取了"讲授与自学、现学与备学相结合"的原则,即写的内容适当丰富些,教师可择要讲授,留下内容请学生自学,这也符合高校教学的特点;同时,有些内容是供师范生在校学习的,有的则可供师范生毕业后走上教师岗位后遇到问题查阅的。这样就为本书较完整地编写为师范生急迫需要的和今后有用的内容,留有充分的余地和空间。也就是说,在某些内容中,特别是有些方法的介绍可以多些,教学时讲不完,可供学生今后自学、查阅之用,从而提升了本书内容的丰富性。

第五,考虑到师范生在学习教育科学研究方法这类内容较为严谨的教材时,容易有枯燥之感,缺乏趣味,有损学习效果,本书从几个方面采取措施,力图提高师范生学习的乐趣:每章开首都有一张尽可能反映本章内容的照片,正文中又尽可能做到图文并茂;随后都有一组与本章内容有关的趣味题,以引起对该章内容进一步学习的欲望;每章正文前都有一个教育案例导入,正文结束后又都有一个案例的相应分析,既加强了理论和实践的联系,也同时增加了阅读本章内容的兴趣;每章都有"学术研究""热点聚焦""知识小窗"和"实践探索"四大类专栏以及附有人物头像的"人物简介",将有关扩充性内容以多种形式灵活呈现。这一切又有利于提高本书学习时的趣味性。

以上诸方面的考虑和处理,也就构成了本书的编写特点,概括起来就是:以生为本,从师范生视角出发来组织编写,旨在提高师范生学习的自觉性、自信心、实践感、丰富性和趣味性。

本书由卢家楣主编。各章执笔人员如下:第一章,卢家楣;第二章,陈宁;第三章,卢家楣、汪海彬;第四章,刘俊升;第五章,常欣、胡发稳;第六章,王俊山;第七章,卢家楣、张鹏程;第八章,吴念阳、张奇勇;第九章,吴念阳、张奇勇;第十章,张奇勇、吴燕霞。

本书编写和出版得到上海市教师教育高地建设项目和上海市重点学科"发展与教育心理学"建设项目的资助,学校和学院领导的关心,以及上海教育出版社领导和责任编辑张文忠先生和石健女士的大力支持。张奇勇、陈宁、王俊山在协助本书的校阅方面付出了大量的辛勤劳动；王松云、刘扬、陈琳、李月春、李年林、梅智涵、刘晓艳和朱晶晶参加本书部分内容的撰写和校对工作。上海市教委科研处处长苏忱、教育科学研究院普教所教育科研普及和推广负责人潘国庆、上海市教育科学研究院普教所副所长王洁、普陀区教育学院教科研室主任祝庆东、卢湾区教育学院教科研室主任张音等各位教科研领导和专家还从百忙中拨冗参加我们组织的"面向基础教育的教育科研方法研讨会"，对本书撰写提出许多宝贵意见和建议。本书采用了国内外许多专家、同仁的研究成果和资料。在此，我一并表示衷心感谢！

此书虽是高等师范院校师范生使用的教材，但由于其内容的丰富性，也适合在校学习阶段未曾学过这方面内容的在职教师进修使用，作为教师提升专业科研素质的学习资料。

尽管本书从指导思想、整体结构、具体内容、编排形式等方面有所创新，为职前中学教师教育的教育科学研究方法教材的编写作出新的探索，但限于水平，仍难免有不足，乃至谬误之处，敬请同行专家、学者和使用的教师、学生不吝赐教。

卢家楣
2012 年 1 月于上海师范大学

第一章　教育科学研究概述

---本章细目---

本章要点

第一节　教育科学研究的意义
一、促进教育实践
1. 有助于解决教育问题
2. 有助于推进教育改革
二、丰富教育理论
1. 完善教育理论
2. 创新教育理论
三、提高教师素养
1. 增强科研意识
2. 增长科研知识
3. 发展科研技能

第二节　教育科学研究的特点
一、教育科学研究方法的科学性
二、教育科学研究领域的教育性
三、教育科学研究目标的发展性

四、教育科学研究因素的难控性
五、教育科学研究效果的延迟性

第三节　教育科学研究的类型与方法
一、教育科学研究的类型
1. 定量研究和定性研究
2. 纵向研究和横向研究
3. 个案研究和群体研究
4. 探索性研究和验证性研究
5. 定式研究和变式研究
二、教育科学研究的方法
1. 教育实验研究法
2. 教育调查研究法
3. 教育质性研究法
4. 教育行动研究法

第四节　教育科学研究的原则与过程
一、教育科学研究的原则
1. 客观性原则
2. 伦理性原则
3. 生态性原则
4. 系统性原则
二、教育科学研究的过程
1. 教育科学研究选题的拟定
2. 教育科学研究方案的设计
3. 教育科学研究资料的搜集
4. 教育科学研究资料的分析
5. 教育科学研究结果的报告

本章小结
思考题
问题探索

本章要点

- 教育科学研究的意义
- 教育科学研究的特点
- 教育科学研究的类型
- 教育科学研究的方法
- 教育科学研究的过程

想试着回答一下吗……

- 试想你作为一名毕业班的班主任老师,发现几乎每届学生都会出现类似的问题:一些学生上课打瞌睡。你知道是什么原因吗?又该如何解决呢?
- 为贯彻国家素质教育的有关要求,学校提倡教师实施愉快教学,你认为应该怎样将愉快教学与自己的教学活动结合起来?
- 教学既是一门科学,也是一门艺术。那么,教育科研也是这样的吗?
- 你周围的同学曾经参加过哪些教育科学研究课题?他们所做的研究属于哪种类型的研究?
- 教育科学研究是不是可以"随心所欲"?哪些情况可能会制约我们研究的开展?哪些研究可能会违反社会伦理道德?

小刘刚从师范大学毕业,进入某中学当任课教师。工作没多久,学校为了进一步实施素质教育,实践新的教育理念,鼓励每位教师结合自己的教学申报一个校级科研课题,探索如何在日常教学活动中落实素质教育,真正做到"以学生发展为本"。对于刚刚工作的小刘来说,一直以为教育科研是专家们的事情,自己没有能力也没有必要进行教育科学研究,对于教育科学研究也没什么了解,为此,她觉得很困惑。

作为新教师,小刘的想法和感受带有一定的普遍性。学完本章后,你能帮助小刘提高这方面的认识,解决她的困惑吗?

新时代的教师,不仅能按基本要求完成教书育人的工作,还要能遵循教育规律,积极参与教育科研,在工作中勇于探索创新,使自己逐步从"经验型"教师向"科研型"教师转变。这是历史赋予新时代教师的一种使命。然而，对于一些教育第一线的教师来说，"教育科研"这个词是既熟悉又陌生的。熟悉的是，他们会经常在各种政策性的文件中和各级教育行政领导的讲话中接触到这样的词；陌生的是，在他们的心目中，教育科学研究是高校或专门科研机构的工作，似乎与他们的教育实践没有太大的关系。这种情况同样会反映在未来教师——师范生身上。

因此，本章将阐述教育科学研究的概况，它包括教育科学研究的意义、特点、类型、方法和过程，以便师范生对教育科学研究有一个基本的认识，为随后进一步了解和掌握具体的教育科学研究方法做好准备。

第一节 教育科学研究的意义

本节将首先探讨教师从事教育科学研究对教育活动以及对其自身发展的作用与意义，以便我们更好地认识到教育科学研究的真正价值。

一、促进教育实践

1. 有助于解决教育问题

学校教育是一种十分复杂的社会活动，其根本宗旨就是根据社会的需要培养人、塑造人。在这一过程中，教师们势必会遇到各种各样棘手的实际问题。遇到这些问题，该如何解决呢？众所周知，教育是有其一定的规律的，如果教育活动不按教育规律进行，就会给学生的身心发展带来负面影响，给学校教育造成不良后果。教育规律隐藏在教育现象背后，且往往蕴含在教育问题之中。教育活动和研究活动是不能截然分开的，要掌握教育规律就必须开展教育科学研究。特别是对于教育一线的教师而言，应用规律解决实践问题是教育科研活动的重要指向。如果说教育科研具有求真（发现规律）和求善（运用规律改善实践）两种功能的话，那么中学教师开展的教育科研更多是"求善"的过程。如，一中学英语教师发现不少学生在很努力地记忆英语单词，但每逢默写或考试时，成绩并不理想。那么，怎样才能提高学生的学习效率呢？遇到这样的问题后，教师个人或几个教师组成研究小组，确定一个研究课题，探讨并分析影响学习效率背后的问题，探索某些规律（如记忆规律）在英语教学实践中的运用，经积累筛选，从而形成指导教学实践活动的一些有价值的成果。

> **知识小窗 1-1　　　教师的四种类型，你属于哪一种呢？**
>
> 有学者将教师分为四种类型，这四种类型实际上体现了教学的四种境界。
>
> 第一种境界：实践——辛苦型。这类教师全身心地投入工作，但每天忙于事务，缺乏研究意识，漠视许多值得探讨的有意义的教学现象和教学方法。
>
> 第二种境界：经验——积累型。长期的教学实践，使得他们积累了丰富的教学经验，但常常陷入狭隘的个人经验之中，缺乏探索精神，视野不广阔。
>
> 第三种境界：科研——创造型。这类教师有科研意识，勤于探索实践中的问题，善于总结经验并将其上升到理论，走教学科研一体化的道路，在教学工作中常常有新思路和新举措；通过教学科研促进教育教学质量的提高是这类教师的自觉选择和自我追求。
>
> 第四种境界：学者——专家型。这类教师对教育、教学有系统的理论知识，能不断更新教学观念，掌握教育科研方法，他们积几十年的实践经验和理论探讨，对教育教学的内在规律谙熟于心，并身体力行。第四种境界应成为广大教师追求的目标。
>
> （邓李梅，曹中保，2004）

2. 有助于推进教育改革

教育改革是一种按照预期的要求来改进教育实践，促进教育发展的、有意识的、有计划的尝试，是面向未来的创造性活动，是一项教育变革的系统工程（王守恒，2005）。我国当前进行的新课程改革是教育领域的一次深层次的、彻底的革命，这场以转变教学理念为先导，以课堂教学改革为核心，以提高教师的素质为突破口，以转变教学方式为手段，以"一切为了学生的发展"为目标的全面改革，旨在通过培养学生的创新精神和实践能力，全面推进和实施素质教育。此次新课程改革对学生和教师都提出了更高的要求，尤其对教师来说，是一个严峻的挑战。例如，在目前新课改的教育形式下，校本课程成了新课改的重点。1996年原国家教委颁发的《全日制普通高级中学课程计划（试验）》规定，学校应该"合理设置本学校的任选课和活动课"，后来，随着课程多样化的趋势进一步加快，国家颁发了与之相配套的《地方和学校课程开发指南》，旨在建立自上而下和自下而上相结合的管理政策。《基础教育课程改革纲要》明确提出："实行国家、地方、学校三级课程管理。"面对国家这样一系列改革举措，教师们该如何落实并促进教育改革，如何将教育改革与自己的教学实践有机地结合起来，如何开发出旨在发展学生个性特长的、多样化的、可供学生选择的课程呢？要解决这样一个问题，仅靠平时教学经验的积累是远远不够的。这就需要通过教育科学研究，来了解本校学生的具体情况，确定教学目标，选择与组织教学内容，决定实施和评价的方式，开发出具有针对性的校本课程。再如，新课改提出"知识与技能"

"过程与方法"和"情感态度价值观"三大教学目标,怎么实现这一目标,又怎么与自己的教学活动相结合呢?这同样需要教育科学研究。实际上,课程改革的贯彻实施离不开教师的作用,英国课程学者斯腾豪斯(Stenhouse)就曾说:"教师即研究者。"而提出这一论断的目的正是要说明教师通过研究来发掘教学潜力,提高教学质量的重要性。

> **学术研究 1-1　　　　教师专业成长的不同范式**
>
> 　　美国学者傅乐(Fuller)将教师的专业成长分为四个阶段:教学前关注阶段、早期生存关注阶段、关注教学阶段、关注学生阶段。
> 　　凯茨(Kaitz)提出教师的专业成长经历求生、巩固、更新、成熟四个阶段。即教师在由不成熟到逐渐成熟的发展过程中,其教育态度、价值观、教学策略、能力等都在不断地发生变化,在不同的发展阶段,教师成长的内容和侧重点不同,其在教育实践中应思考的内容、侧重点、水平也不同。
> 　　波斯纳(Bosna)提出一个教师成长公式:经验+反思=成长,并指出没有反思的经验是狭隘的经验,如果教师仅仅满足于获得经验而不对经验进行深入的思考,那么他的发展将大受限制。
> 　　研究者在对教师专业化探讨中提出了两种不同的专业化范式,即"技术熟练者"和"反思型实践者",这两种范式体现了对教师专业发展的不同要求。"技术熟练者"范式主张教师职业同其他专业职业一样,应把"专业性"置于专业领域的科学知识与专业技术的熟练程度上,那么,教师的专业程度是凭借其专业知识、原理技术的熟练程度来加以保障。而"反思型实践者"范式则强调教育活动是一种复杂多变、高度综合的实践活动,提出教师的专业程度是凭借其实践性知识与能力的熟练度来加以保障的。现在,"反思型实践者"范式正逐渐成为国际师范教育的主流。
>
> 　　　　　　　　　　　　　　　　　　　　　　　　　　　　　　　　　(张筱玮,2005)

二、丰富教育理论

1. 完善教育理论

广大教师处在教育的第一线,积累了大量丰富的教育经验,关于如何有效地教学、如何与学生保持良好的师生关系,以及如何处理教育中的突发事件等问题,都有着自己独特的见解。但可惜的是,在教育活动中,许多教师都各自为战,没有把自己的经验进行总结,从而没有机会向别人展示自己的成果,也没有机会学习到别人的经验,使教育的发展受到了一定的限制。如果广大教师有科学研究的意识并掌握了一定的方法,通过科学研究,对教育实践经验进行分析和综合、抽象和概括、比较和分类,就可能发现规律,发展和完善相关的教育科学的理论,促进教育理论的发展。有很多教师对教育科学研究存在着一种畏难情绪,觉得自己没有能力发展出一些有价值的教育理论。其实,有很多新的理论认识,正是广大教育工作者在教育实践中通过教育科学研究总结出来的。例如,曾任辽宁省盘锦市实验中学校长、特级教师魏书生在教育实践中积极开展教育科学研究,在语文教学及班主任工作方面取得了丰硕的成果,丰富了相关的教育理论。

2. 创新教育理论

教师开展教育科学研究,除了为理论的丰富和发展提供实践支撑,并做出基于实践的解读外,还可能创新教育理论,这表现为从实践的角度提出具有新视角、应用新方法、取得新成果的草根理论,宽泛地讲,我们也可称之为"扎根理论"。这些理论不是靠演绎推理得来的,而是深深植根于扎实的教育实践之中,来自对长期的教育实践的洞察与分析。苏联教育家苏霍姆林斯基,在他自己做校长的帕夫雷什中学,坚持进行教育教学实践改革。他坚持在一线上课,并以实践为基础深入开展教育科学研究,所提出的儿童教育理论为苏联教育实践提供了重要指导。也正是这个原因,他提倡所有教师进行研究,并指出:"如果你想让教师的劳动能够给教师带来乐趣,使天天上课不至于变成一种单调乏味的义务,那你就应当引导每一位教师走上从事教育科研这条幸福的道路上来。"

我国近代教育家、儿童心理学家陈鹤琴在自己创办的多所学校内开展教育实践,在自己的家庭幼儿教育实践中形成了独特的儿童心理发展理论,成为我国儿童心理发展和幼儿教育的名师大家。上海青浦教改实验的主持人顾泠沅先生,立足于自己的数学教学,对大面积提高教学质量进行了卓越的探索,取得了在全国有重大影响的教改成果。他对自己的实践探索进行了总结分析,形成了开展教育实验的理论,为推动中小学教育科研及促进教育实践提供了理论基础。

苏霍姆林斯基(1918—1970)

苏联著名教育实践家和教育理论家,曾任小学教师、中学教师、中学校长。在长达 30 多年的教育活动中,坚持教育科学研究,撰写教育著作 41 部,教育论文 600 多篇。先后任俄罗斯联邦教育科学院通讯院士和苏联教育科学院通讯院士,获得乌克兰社会主义加盟共和国功勋教师称号,并获两枚列宁勋章和一枚红星勋章等。较著名的教育专著有《给教师的一百条建议》《把整个心灵献给孩子》《帕夫雷什中学》《教育的艺术》等。

三、提高教师素养

1. 增强科研意识

教师的专业素养是教师胜任本职工作的重要基础和前提,教师专业素养的提升有多种渠道,但以教育科研为依托是极为重要的途径。在教育科研方面教师科研意识的增强是首要的。

教师在教育教学实践中会遇到许多问题,但是否以科研的眼光来发现、审视并进而有选择地来加以研究,并非每一位教师能够做到。这与教师的科研意识有着十分密切的关系,而通过亲身参与教育科研,这方面的意识就会显著增强。正如罗丹所说,生活中不是缺少美,而是缺少发现美的眼睛。一位承担过教育科研项目的老师谈出这样的体会:"我们不是缺少'可研究的问题',而是缺乏'发现问题的思考'"(陈宇卿,2011)。实际上,这种问题意识或对问题的思考意识,正是通过教育科研实践所形成的。教师通过开展教育科研,可以增强捕捉问题的敏感性,也可以增强对某一问题的研究意义与价值的判断能力,这对于教师有针对性地选择问题、解决问题十分重要。

2. 增长科研知识

教育科研要经历哪些环节?科研的选题来自何处?方案设计要注意哪些问题?有哪些具体的搜集和分析资料的方法?研究报告如何撰写?这些关于教育科研的知识并非每一位教师都知道的,也不是光靠背诵就能学会的。实际上,许多教师正是亲身参与了中小学教育科研实践,才真正地对这些知识有了理解和掌握。

教师开展教育科研不仅直接感受了科研选题、方案设计、操作实施、报告撰写等一系列过程,对蕴含其中的知识有了真切的感知与理解,而且对自己研究的问题所涉及领域的专业知识也会更加丰富。开展教育科研的过程,也就是教师学习提升的过程,而正是有了科研活动这一载体,教师学习的主动性、自觉性、指向性得到增强,学习效率与效果也明显提升。

3. 发展科研技能

"纸上得来终觉浅,绝知此事要躬行",宋代诗人陆游的诗句向我们说明了学中学与做中学的关系,深刻地阐明了亲身体验、身体力行的重要性。教育科研方法的学习和掌握同样如此。尽管我们会通过阅读、听报告等途径了解和获取关于教育科研方法的知识,但要真正掌握这些知识,并形成某种开展教育科研的技能,开展相应的实践非常必要。正所谓:听了会忘记,看了会记得,做了才会掌握。

教师开展教育科研,一方面对所学的知识进行了领会和应用,更重要的,是通过教育科研的具体操作实践,形成了更为具体的技能。譬如调查问卷的设计,许多教师认为这是一件非常简单的工作,但只有到了实践中,才发现要设计一份有质量的问卷并不容易,需要考虑方方面面的问题,也才能够理解为什么要先做访谈,要先做预测试。又如,研究方案的设计,尽管涉及的要素大家都清楚,但这些要素如何呈现才能达到要求,没有具体实践的教师往往处于雾里看花的境地。因此,教师开展教育科研不仅是解决问题和改善实践的过程,更重要的,也是教师形成和发展科研技能的重要过程。只有经历了这一过程,教师才能真正掌握某些科研方法,才有可能成为科研的骨干。

第二节　教育科学研究的特点

对于教育科学研究的性质是什么这一个问题,许多研究者都存在着一定的困惑。教育科学研究作为整个科学研究体系中的一个分支,其研究必然具有科学性,然而也有学者对教育科学研究的科学性提出了质疑,认为现在很多教育科学研究不够科学。但就教育科学研究的本质而言,我们不可以忽视其科学性。只有了解了教育科学研究的本质属性及其特点之后,研究者才能更加深刻地理解和科学地开展教育科学研究。

学术研究 1-2　　　教育科学研究就是教育研究吗？

长期以来,我国教育界同时使用着"教育研究"和"教育科学研究"(有时简称"教育科研")两个术语,而且我国教育研究经常表述为"教育科学研究","教育研究"与"教育科学研究"这两个词常常互用。那么"教育研究"和"教育科学研究"这两个术语究竟是代表两个不同的概念,还是同一概念的两个不同说法？

教育研究和教育科学研究的关系诸论:

1. 教育研究和教育科学研究是同一个概念

持这种观点的人认为,研究即应用科学方法进行研究。在教育领域,不少人把研究与科学研究作为可以互换的两个词。在通常的(也即狭隘的)意义上,研究即指科学研究,教育研究就是指教育科学研究。

2. 教育研究和教育科学研究不是同一个概念

从语义角度分析,"教育科学研究"有两种解法:一是分解为"教育科学"和"研究"两个词;二是分解为"教育"和"科学研究"两个词。

(1) 教育科学研究是对教育科学的研究

持这种观点的人认为,教育科学研究可以分解为"教育科学"和"研究"两个词,也就是说教育科学研究的对象是教育科学。其中,科学是"关于自然、社会和思维的知识体系。每一门科学通常只是研究客观世界发展过程的某一个阶段或某一种运动形式。"教育科学则是"研究教育规律的各门学科的总称。作为独立的科学体系,经过了漫长的发展过程。"

(2) 教育科学研究是对教育的科学研究

持这种观点的人认为,教育科学研究可以分解为"教育"和"科学研究"两个词,教育科学研究是对教育的科学研究。而这种观点本身又可以分为两种:一种认为教育科学研究是用科学的态度和科学的方法对教育进行研究,另一种则认为教育科学研究是相对于教育哲学研究的一种研究类型。

(刘畅,2007)

热点聚焦 1-1　　教育科学研究中的"媚外"与"移植"

在当前教师专业化发展和基础教育新课程改革的背景下,教师应该而且必须从事教育科研,这毋庸置疑。由于受多种因素的影响,一些人在从事教育科研和撰写教育科研论文的过程中,存在着一些问题和不良学风,其中的一个突出方面就是"媚外"与"移植"。这里所指的"媚外"与"移植",主要有以下几方面的含义和表现:① 不加分析地照抄照搬国外,尤其是西方发达国家的教育观点、教育思想、教育理论、教育流派,甚至一些具体的教育做法等;② 将国外,尤其是西方发达国家的某些教育理论或教育流派视为经典和解决中国教育实际问题的秘诀,信奉"西方的月亮就是比中国的圆",在谈论教育问题时"言必称希腊";③ 他们所从事的领域以外国教育和比较教育的研究为主,但其研究没有与中国教育的实际有机地结合起来,研究过程中翻译、诠释和简单移植的痕迹和成分比较浓厚;④ 他们把国外某些教育理论流派的主张直接作为我国基础教育课程与教学改革的主要理论基础,由于指导思想和理论基础的迷茫和非适切性,加之脱离中国国情和教育的实际,改革的实际过程与预期目标的偏离度较大,导致改革举步维艰,甚至走向死胡同;⑤ 他们撰写教育科研论文和著作的表达方式不符合中国人的语言习惯,语句不通顺,概念界定不明确、似是而非;⑥ 由于译著者本人没有真正理解和弄明白,或是由于翻译上的原因等,所介绍的一些国外教育理论晦涩难懂,不仅非专业人员读不懂,即便是专业人员也很难读下去。这样的书籍和论文读了以后不仅不能给人以任何启发,相反却使人感到云里雾里,不知所云。如此等等,不一而足。这种"媚外"与"移植"现象不仅在教育科学研究领域中存在,在其他社会科学研究中也有不同程度的反映。当前,教育科研及论文撰写中的"媚外"和"移植"现象并不少见,这种现象把复杂、艰巨、富有创造性的教育科研过程简单化了,它偏离了教育科研的真谛和教师撰写教育科研论文的本意,不能发挥教育科研对教育教学实践的指导和先导作用。我们认为,这是一种不好的学风,值得注意和警惕。

(褚远辉,2008)

教育科学研究作为一门研究教育领域的科学研究,它除了具有一般科学研究的客观性、系统性、继承性等共同特征之外,还具有区别于自然科学、思维科学等一般科学的独特特点。

一、教育科学研究方法的科学性

在教育科学研究发展的历程中,关于教育科学研究是否具有科学性出现过不少争论。在教育科学研究发展的早期,曾经出现过"人人皆可为"这样一种观点。这种观点鼓励广大研究者积极参加教育科学研究,在当时起了一定的积极作用,然而也产生了一些负面影响,使教育科学研究的质量大大下降,出现了许多不够科学的做法,导致人们质疑教育研究的科学性。

在教育科学研究发展的今天,许多研究者也意识到了这一问题,开始注重研究方法以及研究过程的科学性,使教育科学研究渐渐朝着科学的方向发展。提高教育研究的科学性,不仅在我国需要大力加强,在西方也得到了应有的重视。美国国家研究理事会曾在2001年成立了"教育研究的科学原则委员会",就科学研究的特点、教育科学研究的基本原则、教育科学知识积累的过程等问题进行深入的探讨(张红霞,2009)。教育科学研究大多建立在实证研究(empirical research)的基础上,也就是说,研究者要亲自搜集观察资料,为提出理论假设或检验理论假设而展开研究。教育科学研究必须建立在观察和实验的基础上,通过经验观察的数据和实验研究的手段来揭示一般结论,并且要求这种结论在同一条件下具有可证性。它可以通过对研究对象大量的观察、实验和调查,获取客观材料,从个别到一般,归纳出教育对象的本质属性和发展规律。

二、教育科学研究领域的教育性

教育科学研究具有鲜明的教育性,这主要反映在教育科学的研究领域上。教育科学研究作为一种揭示教育现象的本质及其规律的研究活动,它被深深地打下"教育"的烙印。具体表现在:① 教育科学研究的范围往往是参与教学过程中的教师或者学生的某些属性,或者是教育过程中的某些教育方法、教育环境等,这些都是教育的基本组成元素;② 教育科学研究的过程通常是在真实教育情境中实施,以使教育科学研究具有较好的生态效度;③ 教育科学研究的目标通常是为了揭示教育活动的某些规律,这使我们的教育科学研究活动紧紧地围绕教育而展开。

从教育科学研究的教育性可知,我们在进行教育科学研究活动时,考察事物和搜集资料,都要从教育意义的角度出发来审视和思考,而不是一般地就事论事。另外,教育科学研究的教育性还表现在教育研究的价值性上。在一些自然科学领域,研究活动往往采取价值中立的观点,但教育研究则不然,往往带有一定的价值取向。

三、教育科学研究目标的发展性

教育科学研究具有发展性的特点。这主要体现在:① 教育科学研究的具体对象往往是人或者是人在某些方面的特征或属性,而人具有发展的特性,每个阶段的发展又有一定的规律性和个体差异性,教育科学研究不得违背这些规律,而应遵循个体的发展特点;② 教育科学研究的基本宗旨就是要促进个体的身心发展,凡是一切不利于个体身心发展的研究是不允许的；③ 教育科学研究的最终目标是要将理论研究应用于指导教育，将实践研究应用于教育活动，故研究的成果都将为教育实践所运用并促进教育过程的优化。

教育科学研究目标的发展性特点既显示出了教育科学研究与其他学科的关联性，譬如与心理学、社会学等学科的关系，也表现出其区别于其他学科研究的差异性，教育科学研究要关注研究设计、研究过程、研究结果的意义性解释，关注其解释对于研究对象及研究参与者的影响，关注其成果对于教育现实改造及教育未来发展的影响。

四、教育科学研究因素的难控性

为了保证教育科学研究较好的生态化效度，研究通常在真实的教育情境中进行，这样使得整个研究过程存在许多不可控因素，而且很难将这些因素完全排除在外进行研究。具体表现在：① 教育系统本身就是一个复杂的系统，特别是当我们选取大样本、大群体对某种教育现象中的规律进行研究时，尽管其研究意义重大，但是很难保证教育过程中变量的同质性，比如我们在研究两种不同教学环境下学生的学业表现情况时，很难有效控制家庭影响、学生的智力水平、学习时间等因素；② 教育科学研究的研究对象原有发展速度的快慢不同、发展水平的高低不一，当对他们给予同样的干预措施时其发生的变化可能也不尽相同，在研究中难以平衡，比如在进行全国性的课程内容与结构改革的推广实验时，通常会因为各个地区学生原有的知识水平、认知能力等一些因素难以控制，而使干预产生不同的效果。

教育科学研究因素的难控性提醒研究者要把教育科学研究的过程和结果与自然科学研究的过程和结果区别开来。教育科学研究有时也需要控制变量，但这种控制只是相对地；教育科学研究也具有可验证性，但只是在一定的范围和程度内，而且也不是严格的验证，因为很难找到条件完全相同的两个环境。正是由于教育科学研究因素的难控，教育科学研究在坚持量化统计的同时，也更关注实地的考察和过程的观察。

五、教育科学研究效果的延迟性

教育科学研究的时间周期一般较长，往往需要几个月或者几年的时间，有些研究甚至需要花上几十年的时间进行长期地追踪研究，然后经过认真缜密地分析、归纳才能得出某种研究结论。最后这一结论要得到广大一线实践工作者的认可，并推广、应用，也需要一个漫长的过程。因此，教育科学研究从效果的最终体现来看具有延迟性的特点。

教育科学研究效果的延迟性既反映了教育活动"十年树木、百年树人"的特点，也说明了教育科学研究成果的评价要与其他科学研究有所区别。特别是在当前，我们要摒弃功利的教育科研价值观,把通过教育科学研究改进实践和创新理论作为一种长远的追求,而不是期待"立竿见影"的效果。

第三节 教育科学研究的类型与方法

教育科学研究与心理学研究和社会学研究有着密不可分的关系,其研究方法上也大多借用这些领域的研究方法。但是,从教育科学研究自身的对象、功能、周期等角度而言,教育科研也有其类型的划分,这种划分对于整体了解教育科学研究的体系非常必要。而对于教育科学研究方法的掌握也便于我们从总体上把握方法的层次性及其相互联系。

一、教育科学研究的类型

教育科学研究的类型很多,根据不同的分类方法,可以将教育科学研究分为以下几种常见的不同类型。

1. 定量研究和定性研究

(1) 定量研究

定量研究(quantitative research),又称为量化研究,是指研究者使用某些经过检测的工具对事物的某些属性进行量的测量和分析,从而判断事物发展变化的一种研究。定量研究往往要通过对教育过程中某种事物的属性进行测量,运用现代数学方法对所测变量的某项指标的数量进行描述和推论统计,从中发现教育规律,进而对事物进行探究的一种研究。定量研究通常采用数学分析的方法,所得结果相对比较客观。其研究过程与演绎过程更为接近,侧重于对事物的测量和计算,结果可从样本推广到总体。定量研究常选用的研究方法有实验法、问卷调查法、测验法等。

(2) 定性研究

定性研究(qualitative research),又称为质性研究,是相对于定量研究而提出的,是以研究者本人为研究工具,在自然情境中通过观察、访谈等多种方法搜集资料,运用理论或逻辑思维对所搜集的资料进行分析、综合、比较、归纳,解释教育现象中的本质及某些规律的一种研究。这种研究通过发掘问题、理解事件现象、分析人类的行为与观点等方法来获取问题答案。从研究的逻辑上看,定性研究是描述性、解释性的研究,它在本质上是一个归纳过程,即从特殊情景中归纳出一般的结论,侧重于对事物本质和原因的探讨,结果一般不能外推。它要解决的是"为什么"的问题。比如,两种不同教学方法为什么对学生学习效果产生的影响不一样？这就属于定性研究的范畴。定性研究侧重于对事物的含义、特征、象征的描述和理解，它探讨的往往是某一事物或现象产生的根源和本质的问题，其研究目的更重视问题原因的探究和理论意义的构建。它有两个不同的层次，一是没有或缺乏数量分析的纯定性研究，结论具有概括性和较强的思辨性；二是建立在定量分析的基础上的定性研究。定性研究常选用观察法、定性调查法、个案研究法等。

知识小窗 1-2　　定性研究与定量研究的比较

	定量研究	定性研究
研究目的	将结果从样本推广到所研究的总体	对潜在的理由和动机求得一个定性的理解
理论基础	实证主义	建构主义、解释学、现象学等
研究问题	着眼于事物的量	着眼于事物的质
研究依据	现实资料数据	历史事实和生活经验材料
研究手段	经验测量、统计分析和建立模型等方法	逻辑推理、历史比较等方法
学科基础	概率论、社会统计学等为基础	以逻辑学、历史学为基础
研究样本	由有代表性的个案组成的大样本	由无代表性的个案组成的小样本
数据搜集	有结构的	无结构的
分析方法	统计的方法	非统计的方法
结论表述	以数据、模式、图形等来表达	以文字描述为主
研究结论	建议最后的行动路线	获取一个初步的理解

定性研究与定量研究虽属于两种不同的研究类型，但无所谓孰好孰坏的问题。一般而言，定性研究是定量研究的基础，定量研究是定性研究的精确化。在实际研究过程中这两种研究并非孤立进行，而是互相结合使用。我们往往先通过对事物进行定性研究，取得初步认识的基础上再进行定量研究，接着再进一步深化定性研究，如此反复，直至得出课题中蕴含着的科学结论。这样，定量研究和定性研究共同组成贯穿教育科学研究的两条主线。

2. 纵向研究和横向研究

（1）纵向研究

纵向研究（longitudinal research），又称为追踪研究，是指在一个较长的时间内，重复对同一个或一批被试进行系统的、定期的研究。纵向研究的范围，可以是某一学习行为或教学行为的发展，也可以是整个行为的发展。纵向研究依据研究的目的，追踪时间有的较短,有的较长,但相对于后面所说的横向研究,纵向研究的时间跨度都相对较大。同时,由于研究对象往往是同一个或一批被试,因此,前后被试的同质性能得到有效地控制。纵向研究的优点:① 可以比较系统地、详尽地了解某一事物发展的连续过程和量变、质变的规律以及一些关键转折点,这些特点可能正是某些研究所要探索的问题;② 适用于研究早期影响的作用问题和发展的稳定性问题。然而纵向研究在操作中也存在一定的困难和缺陷:① 时效性差,有些研究需要追踪较长的时间才能得到结果,研究的意义可能也会随着时间的推移而逐渐变小;② 随着时间的推移影响被试的各种条件越来越多,不易控制,难以有效地进行前后比较;③ 研究的时间较长,被试的流动性较大,被试可能在中途流失,这将会影响被试的代表性和研究结果的概括性;④ 追踪时间长,对人力、物力提出较高的要求;⑤ 纵向研究需要对同一个或同一批被试重复测量研究,这期间可能会产生疲劳效应或练习效应。

(2) 横向研究

横向研究(cross-sectional research),又称为横断研究,是指在同一时间内对一批不同的被试进行测查并加以比较的研究。例如,要了解不同地区、或不同学校、或不同年级的学生对新的教育方法的接受情况,就可以同时对这些不同群体的学生进行测查、比较研究。横向研究具有较多优点:① 时效性较强,可以及时搜集较为丰富的资料,同时也可避免被试的流失;② 经济性较好,可以节省时间,对人力、财力的要求相对较低,易于实施;③ 样本量较大,可以在短时间内对较多的被试进行研究,因此,研究的样本量大,具有代表性,所得结果也具有较好的概括性。横向研究也存在一些缺点:① 比较粗糙、不够系统、不能全面反映问题;② 不易看到发展的连续过程和关键的转变点,不适用于研究发展的稳定性和早期影响等问题。

纵向研究和横向研究在实际应用中,各有千秋,我们要根据研究的目的合理选择合适的研究类型。若是在实际教育科学研究中,我们既关注某一发展的过程,又想进行横向比较,这时我们既要充分考虑到教育和发展的关系,又要解决时间方面的难题,我们便可以将纵向研究和横向研究结合起来,这种研究我们称之为混合设计或叫做"动态研究"。这种方法同时吸收了纵向法和横向法的长处,避免了各自的缺点,起到了相辅相成的效果。

3. 个案研究和群体研究

(1) 个案研究

个案研究(case research),是指以单个样本为研究对象进行的一种研究。该研究是以某一单个的特定的个体、事物为研究对象,广泛系统地搜集资料,进而对该样本系统地进行分析、解释、推理的一种研究类型。教育领域的个案研究可针对一个人的偏差行为,例如学习困难或适应不良等现象,进行深入研究,通过各种渠道搜集资料,加以分析整合,了解个体问题产生的原因,进而制订适当的策略,协助个体改善问题,以增进其适应。同时个案研究在教育领域还可用于召开个案研讨,教师通过彼此分享典型的个案经验,与其他同行达成共识,共同增进对某一特定个体的辅导技能或某一偏差行为或现象的控制能力。个案研究的研究样本小,研究者可以将较多的精力投入对该对象的研究,因此,资料搜集较为系统全面。但是个案研究也存在一些缺点:① 往往很难完全把握个体的有关事实,同时搜集的资料主观性较强,真假难辨;② 研究的个案,通常是研究者根据自己的主观兴趣进行选择的,而不是随机选择的,因此,代表性较差。同时因没有可供比较的个体,其研究结果不容易推论到一般的群体。

实践探索 1-1　　　　对于"野孩"吉妮的个案研究

1970 年,在加利福尼亚州发现了一个"野孩",名叫吉妮(Genie)。这个年仅 13 岁的女孩自襁褓以来就被关在一间小房子里,父母从不肯对她说话。在吉妮刚被发现时,她不能站立,也不会说话,只会呜咽。吉妮的发现引起了心理学家、语言学家、神经病学家和研究大脑发展的学者的极大兴趣。他们渴望了解她的智力水平,了解她的各种官能是否还能得到发展。

当时研究者聚焦的一个主要的问题是:在儿童的形成期里是否有一个"关键期"? 在这个关键期内,如果语言习得没有被兴奋和激励,那么语言功能是否会被损害或永远不会出现呢? 尽管离确立科学结论为期尚远,但吉妮给争论的双方都提供了材料,并启发了一位加利福尼亚的研究者——专门研究她的柯蒂斯(Curteis)。柯蒂斯发展了一个有争议的关于学习语言效果是如何影响大脑两半球的猜测。吉妮激起了一场关于语言与其他心理能力之间的关系的争论。结果,新的研究使一些心理发展迟滞的儿童发展了惊人的语言能力。

柯蒂斯在《关于现代"野孩"的心理语言研究》一书中写道:吉妮是人类韧性的生动证据。她九死一生,这太令人吃惊。她父亲十分憎恨儿童,在吉妮的母亲怀第一个孩子时,他就想绞死胎儿。前两个孩子早年夭折,第三个孩子 3 岁时被祖母救出抚养,现在还活着。吉妮是第四个孩子,她没能得到祖母的帮助,在她出生后不久,祖母就被汽车撞死了。之后全家移居到祖母的房子。从那时起到 13 岁,她完全被隔离。柯蒂斯的书和报纸都描写了吉妮当时的生活情景:赤裸的身上套着父亲做的套具,天天坐在一个不显眼的固定位置上,除了仅仅可以移动手脚外没有任何事情可做。到了晚上,如果她没有被忘记的话,就被塞进一个狭窄的硬套,然后关入一个小铁笼里,再用布将笼子盖上。她经常挨饿。如果她发出任何声音,老头马上打她。"他从来没有对她说过话",柯蒂斯写道:"他像狗一样向她咆哮。"吉妮从来听不到任何声音。由于害怕父亲,母亲和哥哥说话的声音都非常非常轻。1970 年 11 月,当吉妮被送入儿童医院时,她是一个凄惨的、畸形的、未开化的、大小便失禁和严重营养不良的小动物。虽然已出现发育的迹象,但体重只有 59 磅,手脚都不能伸直。她分泌很多唾液和长时间不断地吐口水,安静得可怕。吉妮在获得自由后头七个月里学会了许多词。1971年7月柯蒂斯开始系统调查她的语言和知识时,她能认出约一百个单词,并开始学说话。像刚会走路学说话的婴儿一样,吉妮开始只能说一个词表达意思。后来到了1971年7月她不仅模仿别人的话,开始能够自己将两个单词连接起来。她说"大牙""小弹球""两只手",以后又会说一些动词"柯蒂斯来""要牛奶"。到了同年10月,她进步到偶然能串联三个词"两个小茶杯(small two cup)""洁白的盒子(white clear box)"。尽管尽了最大的努力去训练她,但她不像正常儿童那样发展。她从来不提任何问题,也不懂任何语法。她的语言发展异常地慢。在儿童达到串联两个字的水平后的几个星期,他们的语言通常发展得异常迅速,以致无法记录和描写。但是这种爆发式的发展在吉妮身上没有出现。四年后,她才开始组词。她讲的话大部分像摘要的电报。

尽管吉妮的语言没有得到正常发展;但在她被发现之后还是获得了一些语言。这一现象反驳了哈佛大学语言学家莱尼伯格(Leneberg)1967年提出的理论。这一理论认为语言只能在2岁到青春期之间这段关键期学会。儿童的大脑在2岁前还没有发育成熟到足以接受语言;但到青春期后,大脑的构成已完全完成,失去可塑性,不能再获得第一语言。吉妮证明他在这点上错了。弗罗金(Frokin)说:"这个儿童在关键期后,学会了一定数量的语言。"

柯蒂斯提出了一个企图解释吉妮依靠右半球学习的理论。她在UCLA出版的一篇关于认知语言学的论文中阐述了她的观点:语言的习得可能是半球特殊化的正常模式的触发,然而,如果语言没有能在一个适当的时间获得,原来正常的脑皮质就会约束语言发展。同时联系能力也会功能性萎缩。柯蒂斯写道:"这将意味着对左半球的发展来说是一个关键期,如果关键期发展失败,以后的学习将会被限制在右半球。"

——中国心理学家网

(2) 群体研究

群体研究(group research),是指以一组或多组人群为研究对象的一种研究。这是通过对样本量较大的某一组群体或多组群体进行研究,搜集相关的资料,进而对资料进行分析、推理,找到变量之间的相互关系并报告的一种研究类型。群体研究在教育科学研究过程中使用较为广泛。它所选取的样本量一般较大,被试具有较好的代表性,因此其研究结论具有一定的概括性和推广性。但是,相对于个案研究,群体研究很难对单个样本进行广泛的资料搜集,同时由于研究的样本较大,对研究的人力、物力、财力都提出较高的要求。

4. 探索性研究和验证性研究

(1) 探索性研究

探索性研究(exploration research),是指一种对研究的对象进行感性认识,获取研究对象初步印象,以便为日后进一步周密、深入地展开研究提供基础和方向的研究。探索性研究旨在通过研究搜集初级的资料让研究者对所面对的问题有所认识和理解。通常在正式研究之前进行探索性研究,以使研究者在正式提出研究问题时定义更加精确,研究的方向和路线更加清晰,可以更有效地获取有关的资料。若是需要制订调查问卷、提出理论假设或者需要确定关键变量中的自变量和因变量,我们也往往选用探索性研究,进行事先探究。这一阶段研究者对所搜集的资料的定义是粗略的、不精确的,研究的方法较为灵活多变,结构性较差。选用探索性研究的情况往往是:全新的研究问题,之前缺乏前人的研究经验,对于研究中各变量之间的关系认识不清,同时也很难通过某种理论进行推导,若直接进行精细研究,很难保证实验设计的周密性,有可能导致实验的失败,浪费人力、财力及时间。这时我们通常会进行探索研究,为之后的研究提供依据,做好准备。探索性研究的方法很多,例如:参与观察、无结构式访问、查阅文献、分析个案等小规模的研究活动。

(2) 验证性研究

验证性研究(verifying research),是指通过搜集被试的相关资料,进行分析,来检验已知的特定构想或理论是否按照预期的方式产生作用的一种研究。在研究开始之前,研究者常常通过查阅文献,依据某些理论,对某一研究的研究结果进行预期,并提出假设。研究旨在验证某一现象是否按照预期发生进行,或者是否通过某些干预产生预期的结果。此研究一般是在前人研究的基础上设计展开,通常是为检验某一猜测、推论或者为某一理论提供一些实证材料支撑。它具有客观性、可重复性的特点。由于它往往在不同环境下进行,实验结果具有较好的推广性。验证性研究常用的研究方法有调查法、实验法等,通常需要一定规模的取样。

5. 定式研究和变式研究

(1) 定式研究

定式研究(stable research),是指一种研究目的相对明确,整个研究过程按照既定的研究路线、研究方法进行的研究。定式研究是相对于后面所讲的变式研究而言的,具有较好的稳定性,在教育科学研究领域运用较为广泛。如:通常所进行的教育科学实验研究就属于定式研究的范畴。

(2) 变式研究

变式研究(variational research),是指在整个研究过程中,研究的目标会随着研究的进展而发生变化,进而对研究方法、研究路线进行随时调整修正的一类研究。变式研究往往缺乏稳定性,灵活性、变化性较强。例如:本书后面将要详细介绍的行动研究就属于一种比较典型的变式研究。

以上各种研究类型只是从不同的角度出发加以划分,各研究类型之间不是孤立的、绝对的。在实际的教育科学研究中,某些研究从分析资料的角度出发可能属于定性研究,而从研究的目的出发它可能是探索性研究。因此,教育科学研究的具体实施往往是这些研究类型的综合运用。

知识小窗 1-3　　　探索性研究和验证性研究的比较

	探索性研究	验证性研究
对象规模	小样本	较大样本
抽样方法	非随机选取	通常随机选取
研究方式	观察、无结构访问	调查、实验等
分析方法	主观的、定性的	定量的、描述统计
主要目的	形成概念和初步印象	揭示变量关系或验证假设
基本特征	设计简单、形式自由	设计复杂、规模较大

二、教育科学研究的方法

了解了教育科学研究的类型之后，还应进一步掌握教育科学研究的方法。这里需要指出的是，同一种教育科学研究类型可以有不同的教育科学研究方法，同一种教育科学研究方法也可以归属于不同的教育科学研究类型，例如，纵向研究可以采用调查研究法，也可以采用个案研究法；调查研究法可以归属纵向研究，也可以归属于横向研究。在现实的教育科学研究中，要根据实际的教育科研目的对研究方法进行合理选择。以下是现代教育研究中最重要的四种研究方法，每一种研究方法还可能会有若干不同的形式。

1. 教育实验研究法

教育实验研究法（experimental research），是指研究者以科学理论为指导，有目的地控制和操纵某些教育因素，通过观测该控制条件下的有关教育指标的变化，来揭示教育活动过程的一种研究方法。它分实验室实验研究和自然实验研究两种形式，其中在教育情境中以后一种形式运用最为广泛，也称为现场实验研究，本质上是一种准实验研究。

梅伊曼(Ernst Meumann, 1862—1915)

德国实验心理学家，也是德国教育心理学创始人，出生在德国威尔登根的一个牧师家庭。后来到莱比锡大学，师从实验心理学创始人冯特（Wundt）。1911 年，梅伊曼参加筹建汉堡大学。梅伊曼和另一位德国人拉伊（Lay）一起同为"实验教育学"的奠基人，也都是国际上"实验教育学"的主要代表人物。所谓的实验教育学，是运用自然科学的范式研究教育现象的学科。在教育学的历史发展过程中，实验教育学对教育理论和实践、对教育研究产生了深远的影响。

2. 教育调查研究法

教育调查研究法（investigation research），是指研究者为了达到研究目的，制订某一计划，较全面地搜集研究对象的相关信息，经过分析、综合，得到某一结论的一种研究方法。调查研究法在教育研究中的应用极为普遍，它可为研究人员提供某一研究课题的第一手材料和数据，揭露现实存在的问题，为各部门制定政策、规则、改革措施提供事实依据，并为提出解决问题的策略奠定基础。根据调查目的、对象、内容等的不同，教育调查研究可分为常模调查和比较调查、现状调查和发展调查、抽样调查和个案调查、问卷调查和访谈调查等多种形式。

3. 教育质性研究法

教育质性研究法（qualitative research），是指通过搜集、描述和分析教育事物的文本和实物等资料来解释教育现象及其属性的一种研究方法。它通常是相对量化研究而言的，专注于更小但更集中的样本，自20世纪80年代后逐渐进入教育领域，成为重要的研究方法。质性研究在教育领域中运用的目的是为了更深入了解师生的教育行为及其理由。常用的质性研究的形式有观察研究、访谈研究、实物分析研究、叙事研究等。

4. 教育行动研究法

教育行动研究法（active research），是指人们在教育实践的情境中进行的，旨在解决实际发生问题的，边探索边实践的研究方法。教育行动研究的主体是教育实践工作者，而非外来的专家学者；研究的目的不是构建系统的教育理论，而是解决教育实际问题；研究的环境是教育实践工作者所在的教育情境，因而研究的过程就是解决问题的过程。自20世纪70年代以来越来越受到教育研究工作者的欢迎，成为重要的研究方法。行动研究的形式有独立式（仅校内教师实施）、支持式（有校外研究者支持）和协同式（校内外教育者共同参与）三种。

知识小窗 1-4　　　　其他教育科学研究方法介绍

1. 文献法：文献法也称历史文献法，就是搜集和分析研究各种现存的有关文献资料，从中选取信息，以达到某种研究目的的一种研究方法。它所要解决的是如何在浩如烟海的文献群中选取适用于课题研究的资料，并对这些资料做出恰当分析和使用。

2. 测验法：又称测验量表法，就是通过编制测验或量表来获取个体态度、能力等方面信息的一种研究方法。这种方法主要用于个体心理差异的定量化研究。

> **热点聚焦 1-2　促进教育研究的科学化：教育神经科学的兴起**
>
> 　　教育神经科学是将生物科学、认知科学、发展科学和教育学等学科的知识与技能进行深度整合，提出科学的教育理论、践行科学的教育实践的、具有独特话语体系的一门新兴学科。
>
> 　　教育神经科学凝聚跨学科专业研究者的共同智慧，汲取多门相关学科中的知识精华与哲学理念，形成了自己独特的概念结构。教育神经科学的诞生改变了长期以来教育学缺乏科学实证依据的状况，为教育奠定坚实的科学基础。
>
> 　　近年来，教育神经科学逐渐得到国际科学界认可，当今世界知名高校以及教育机构纷纷成立教育神经科学研究中心。教育神经科学领域研究成果将改变长期以来教育学缺乏科学实证依据、忽视脑与认知科学研究的状况，为教育研究的科学化提供坚实的基础。在新一轮《国家中长期教育改革和发展规划纲要(2010—2020年)》实施之际，加强心理学、脑科学与教育科学的整合研究与应用，具有重要的理论意义与实践价值。
>
> (周家仙，2009)

第四节　教育科学研究的原则与过程

　　教育科学研究具有其区别于其他科学研究的独特属性，这些特点属性也反映在教育科学研究的原则确立上。从下文对教育科学研究的原则的论述中我们可以看出，诸如伦理性原则和生态性原则的确立就突显了这方面的特点。相对教育科学研究的原则而言，教育科学研究的过程与其他科学研究的过程就比较相似，只不过在具体操作上有所差异而已。

一、教育科学研究的原则

1. 客观性原则

　　在教育科学研究过程中要坚持做到实事求是，一切以客观实际为准绳，根据事实本来面目加以考察，排除一切主观偏见。

　　首先，由于教育现象和问题的复杂性，搜集资料要全面细致、真实可靠，防止以偏概全，以假乱真；其次，分析资料要客观考量、深入探究，力求去伪存真，事实说话；再次，实施研究要遵循规范的程序，运用科学的方法，以便他人能够检验核实，重复研究；最后，推断结论要从研究的客观事实和客观结果出发，避免主观倾向和主观臆想的影响和干扰。

2. 伦理性原则

在教育科学研究过程中所采用的方法必须要符合当前的道德伦理，不能造成对学生权利的侵犯和身心健康的伤害等。

首先，在研究过程中要保障被试学生的知情同意权，要本着自愿精神，征得他们的同意，才能组织他们参与研究；其次，当被试学生不愿继续参与研究，要给他们自由退出的权利；再次，公平对待被研究者，保护被试学生免遭身心伤害，有条件的话，还应给予一定的报酬；最后，要为参与研究的被试学生的个人隐私保密。此外，若出于研究需要在研究开始时对被试学生有所"欺骗"，研究结束后应向他们说明真相，并致歉意。

> **知识小窗 1-5　　"罗森塔尔"实验违反了伦理性原则吗？**
>
> 远古时候，塞浦路斯国王皮格马利翁喜爱雕塑。一天，他成功塑造了一个美女的形象，爱不释手，每天以深情的眼光观赏不止。看着看着，美女竟活了。
>
> "罗森塔尔效应"，也称为皮格马利翁效应，产生于美国著名心理学家罗森塔尔的一次有名实验中：他和助手来到一所小学，声称要进行一个"未来发展趋势测验"，并以赞赏的口吻，将一份"最有发展前途者"的名单交给了校长和相关教师，叮嘱他们务必要保密，以免影响实验的正确性。其实他撒了一个"权威性谎言"，因为名单上的学生根本就是随机挑选出来的。8个月后，奇迹出现了，凡是上了名单的学生，个个成绩都有了较大的进步，且各方面都很优秀。显然，罗森塔尔的"权威性谎言"发生了作用，因为这个谎言对教师产生了暗示，左右了教师对名单上学生的能力的评价；而教师又将自己的这一心理活动通过情绪、语言和行为传递给了学生，使他们强烈地感受到来自教师的热爱和期望，变得更加自尊、自信和自强，从而使各方面得到了异乎寻常的进步。
>
> 有人认为罗森塔尔这种欺骗对那些不在名单上的孩子有很大的伤害，不符合伦理性原则，你认为呢？
>
> ——http://baike.baidu.com/view/41398.htm

3. 生态性原则

在教育科学研究过程中要考虑所进行的研究的生态效度。所谓生态效度，即研究的外部效度，也就是研究结果的普遍代表性、适用性和可推广性。简单来说，在特定的情景下得到的研究结论，在一般教育情景中是否也同样有效。如果这项研究只在特定情景下有效，在其他一般教育情景中无效，那么，该研究也就失去了代表性，失去了推广的价值。因此，在进行教育科学研究设计和方法选择时，都要考虑研究情景与真实的教育情景相符，研究结果才有一定的代表性，才具有较好的生态效度。

4. 系统性原则

在教育科学研究过程中，要用整体系统的观点来看待教育现象，指导科研活动。这是因为教育是一个复杂的系统,内部有各个元素相互联系,与外部的家庭、社会又有各种联系。当我们研究某一个教育问题时,要尽可能分析教育内外部各种联系,从多角度去考虑,才能较全面、系统地把握问题、探究问题,而不失之偏颇。

二、教育科学研究的过程

教育科学研究包含教育科学研究课题的确定、教育科学研究方案的设计、教育科学研究资料的搜集、教育科学研究资料的分析、教育科学研究结果的报告五个主要的步骤。一般来说,这五个步骤在时间序列上是依次推进的,由此形成一个教育科学研究的过程。本书随后的各章内容也正是按这一过程循序展开的。

图1-1 教育科学研究的一般过程

1. 教育科学研究选题的拟定

教育科学研究的首要问题是选题。选取了好的研究课题,不仅可以保证教育科学研究工作的顺利开展,而且能将该课题所取得的研究成果运用于教育实践,促进教育工作的进一步优化。那么,什么是好的研究课题呢?好的研究课题,是指有意义的、并且问题提法原则上是正确的,因而有可能实现的科学问题。科学研究就始于问题的提出,但科学研究不仅是为了解决问题,往往是引出更深的问题。正是"问题"的不断展开,导致科学研究的步步深入,推动科学的发展。这在教育领域也是如此。可以说,教育科学发展的历史就是它所研究的问题不断展开和深入的历史。对研究者来说,发现和提出一个有科学意义的问题,本身就是认识的成果。在资源有限的情况下,我们应该首先选择那些带有全局性的或紧迫性的问题,抓住教育内在的关系和联系来研究,立足于研究实际问题,探究内在规律,追求教育真谛。慎重地选取研究课题,才能真正发挥教育研究的效益。有关这一问题,本书将在第二章予以详细介绍。

2. 教育科学研究方案的设计

开展教育科学研究,设计课题研究方案是重中之重。科研课题方案就好像一项工程的蓝图,其设计的质量好坏,直接决定着研究的成功与否、水平高低。那么,什么是课题研究方案设计呢?教育科研课题方案设计,是所必需的人力、财力、物力、信息等元素按照研究的内容、要求和客观现实构成的一个包含时间安排序列、人员活动序列、信息传递序列等方面综合相关的合理系统,是研究人员为完成研究任务而进行的总体谋划工作。一个好的教育科研课题设计，对整个教育科学研究活动的实施和展开具有关键性的作用。有关这一问题，本书将在第三章予以详细介绍。

3. 教育科学研究资料的搜集

当研究方案设计完成后，资料搜集就是实施研究的重要基础环节。简单地说，搜集资料就是借助于一定的研究手段获得所需要的信息的过程。这里的研究手段不仅包括文献研究，更主要的是包括各种实证研究，诸如实验研究、调查研究、质性研究、行动研究等。通过这一环节的研究搜集到资料，为教育科学研究提供必要的信息，特别是为研究之初的假设提供必不可少的论证依据。有关这一问题，本书将在第四、第五、第六和第七章分别予以搜集资料的实证手段方面的详细介绍。

4. 教育科学研究资料的分析

对搜集到的教育科学研究资料还需要进行分析。这里不仅要运用理论思维分析通过定性研究搜集到的资料，更要运用统计手段分析通过定量研究搜集到的资料。所谓研究资料的分析，就是运用统计和思辨的方法对搜集到的资料进行去伪存真、由表及里的研究，以揭示问题的实质和主要特点，揭示资料本身蕴含的核心内容和意义。有关这一问题，本书将在第八和第九章分别予以分析资料的统计手段方面的详细介绍。

5. 教育科学研究结果的报告

"有了好布料，不等于有了好衣服"。把教育研究结果第一手材料变成研究报告，还需要进行思维加工和文字加工。对于一个教育科研课题来说，撰写研究报告是课题研究的最后一个程序，如果这最后一个工作没有做好，那么再好的研究也得不到大家的广泛认可和有效推广。撰写教育科学研究报告的过程是实践操作的概括过程、理论思考的提炼过程和整体研究的反思过程。因此，研究者在撰写科研报告时要有严肃的态度、严谨的学风和严密的方法，而报告本身必须具备科学性、客观性、公正性、确证性、可读性几个特点，以使最终教育科学研究报告能将研究结果的价值最大限度地呈现给教育工作者和有关教育部门。有关这一问题，本书将在最后一章予以详细介绍。

让我们回到本章开头提到的那个案例。其实，无论是像小刘这样刚刚进入教学岗位的新手教师，还是已经具有丰富教学经验的教师，都普遍存在着这样一种困惑。在广大教师队伍中有不少人，对教育科学研究存在着不正确的理解和畏难情绪。对于这样一种情况，我们应采取如下措施：首先，我们应该纠正"教育科学研究是只有教育专家们才能做的工作"这样一种错误的观念。让小刘这样的教师认识到结合自己的教学

> 实践进行教育科学研究是一项十分有意义的工作,教育科学研究既可以解决教学活动中遇到的实际困难,又可以提高自身的教学素质;其次,我们可以帮助小刘这样的教师克服进行教育科学研究的畏难情绪。其实,很多教师之所以觉得教育科学研究很难进行,往往是因为对教育科学研究不够了解。我们可以使其初步认识到教育科学研究的性质和特点,以及教育科学研究有哪些类型和方法等,让他们结合自己的教学实践选择适合自己的教育科学研究的类型和方法;最后,我们可以向其介绍教育科学研究的一些基本的过程,让其对教育科学研究有一个粗略的认识。至于具体如何开展教育科学研究,可以参考本书以下几章的内容。

本章小结

- 教育科学研究对教育活动和教师专业化发展的作用和意义,可从理论和实践角度分别谈。
- 教育科学研究的性质是其科学性,教育科学研究有教育性、发展性、研究因素难控性以及研究效果的延迟性等特点。
- 教育科学研究的类型可从多角度去划分,按分析资料的方法可划分:定量研究和定性研究;按时间延续性可划分:纵向研究和横向研究;按样本大小可划分:个案研究和群体研究;按研究取向可划分:探索性研究和验证性研究;按研究过程的灵活性可划分:定式研究和变式研究。
- 教育科学研究的方法,包括实验法、调查法、质性研究法、行动研究法以及它们各自所属的具体方法等。
- 教育科学研究的过程包括:教育科学研究课题的确定;教育科学研究方案的设计;教育科学研究资料的搜集;教育科学研究资料的分析;教育科学研究结果的报告。在这个过程中要遵循客观性、伦理性、生态性和系统性原则。

思考题

- 什么是教育科学研究?教育科学研究的意义是什么?
- 教育科学研究是否具有科学性?
- 教育科学研究特点有哪些?
- 教育科学研究类型和方法有哪些?
- 教育科学研究过程是怎样的,以及这个过程中该遵循什么原则?

问题探索

- 在教学过程中,我们往往会观察到这样的一些现象:学生入校的基本情况差不多,而一些教师任教班级的学生在一段时间的学习之后,学习的整体水平要比其他班级学生好很多;有些班主任老师在学生管理工作中能轻松有效,有些班主任却总是遇到一堆"困难"的学生等。对于这些现象,如果我们要对其进行深入研究,可以采用什么样的研究方法,请试着说说你的研究思路,并思考如何运用该研究指导教育实践。
- 在教育实习或实践过程中,请试着选定一个你所关注的研究课题,并将该课题研究的预设过程详细的整理出来,包括研究设计的总的步骤以及资料搜集和分析的方法。并思考各个环节的可行性。

第二章　教育科学研究选题拟定

---本章细目---

本章要点

第一节　教育科学研究选题的意义与原则

一、选题的意义
1. 选题彰显教育科学研究的价值
2. 选题提供教育科学研究的动力
3. 选题决定教育科学研究的方向与水平
4. 选题制约教育科学研究的思路与方法

二、选题的原则
1. 必要性原则
2. 可行性原则
3. 创新性原则

第二节　教育科学研究课题的类型与来源

一、课题的类型
1. 依据不同的研究范围划分
2. 依据不同的研究目的划分
3. 依据不同的研究层次划分
4. 依据不同的研究领域划分

二、课题的来源
1. 来自教育实践的归纳与反思
2. 来自已有研究的交流与争鸣
3. 来自教育改革的发展与需要
4. 来自相关理论的学习与应用

第三节　教育科学研究选题的过程与策略

一、选题的过程
1. 选定研究方向
2. 检索相关文献
3. 初定研究课题
4. 确定研究课题

二、选题的策略
1. 选题前的准备
2. 选题时的操作

本章小结

思考题

问题探索

本章要点

■ 选题对教育科学研究的意义
■ 教育科学研究选题应遵循的基本原则
■ 教育科学研究中课题的主要类型
■ 教育科学研究中课题的来源
■ 教育科学研究选题的过程与策略

> **想试着回答一下吗……**
>
> - 问题、课题和选题,是一回事吗?
> - 英国学者贝尔纳是一位著名科学天才,但贝尔纳一生未能获得诺贝尔奖,有人说"他总是喜欢提出一个题目,抛出一个思想。首先自己涉足一番,然后,就留给他人去创造出最后的成果。"对此,你作何评价?
> - 古语云:秧好一半谷,题好一半文。教育科学研究中,好的选题同样重要。那么,何谓好的选题呢?
> - 课题越大,价值越大;课题越小,价值越小。你同意这一观点吗?
> - 教育活动中问题处处存在,但问题并非就是课题,那么,如何将问题转化为研究的课题呢?
> - 教育文献浩如烟海,你能快速地查找到研究所需的文献资料吗?

　　丁老师从师范大学毕业后已经在某高中工作三年了。在她周围的同事中,有的不时在期刊中发表教育科研方面的论文,有的已经在区里甚至市里申报成功科研项目,而她至今还没有任何教育科研成果和项目,学校科研室主任和校长都曾经鼓励她要兼顾教学与科研。她也曾多次下定决心,要像她的那些同事一样,努力成为一名研究型教师。但是,每次当她着手准备开始教育研究时,却不知道研究什么。她认识到在自己的教学实践中,值得思考的问题不少,但似乎又不知道选择什么问题,而且也不清楚别人是否研究过。为此,她很苦恼。

　　你能给予丁老师一些有价值的建议吗?通过本章的学习,相信你能从中找到答案,进而帮助丁老师走出苦恼。

　　科学研究始于问题,教育科学研究也是如此。在教育科学研究中,课题的确立是我们首先需要加以研究解决的问题。选题是确立课题的过程,是一个发现问题、提出问题、论证课题并最终确定课题的过程。因此,教育科学研究首先要做的就是恰当地选择研究课题,然后根据选定的课题展开研究。本章将阐明教育科学研究中选题的意义与原则、课题的类型与来源、选题的过程与策略,以便学会如何从大量的教育理论和实践中发现问题并转化为研究课题。

第一节　教育科学研究选题的意义与原则

对教育科学研究来说,好的选题是研究的良好开端,为随后研究把握了方向和过程,并彰显整个研究的价值。尽管教育科学研究的选题范围广泛,方向各异,但好的选题总是遵循着一些基本的原则。了解教育科学研究选题的意义和原则,不但能增强研究的自觉意识,而且可提升研究的科学水平。

一、选题的意义

选择和确定研究课题,是进行教育研究的首要环节,是一项完整的研究工作的开端,对教育研究工作起着十分重要的开局作用。爱因斯坦(Einstein)在他的《物理学的进步》中指出,提出一个问题往往比解决一个问题更重要,因为解决问题也许仅仅是一个数学上或实验上的技能而已。而提出新的问题,探索新的可能性,从新的角度去看旧的问题,却需要创造性的想象力,而且标志着科学的真正进步。可见科学发现中的第一重要内容是发现和提出问题。英国科学家贝尔纳(Bernal)指出:"课题的形成和选择,无论作为外部的经济技术要求,抑或作为科学本身的要求,都是研究中最复杂的一个阶段。一般来说,提出课题比解决课题更困难……所以评价和选择课题便成为研究战略的起点。"(转引自随启仁,1983)

爱因斯坦(A.Einstein,1879—1955)
现代物理学的开创者、集大成者和奠基人,相对论的创立者。1921年获诺贝尔物理学奖,1999年被美国《时代周刊》评选为"世纪伟人"。

1. 选题彰显教育科学研究的价值

教育科学研究是有目的的实践活动,它要追求某种价值的实现,并力求价值最大化。

这种价值固然与教育科学研究所获得的成果息息相关，但也与选择的课题密不可分。这不仅是因为选题的好坏直接制约着研究成果的大小，而且因为问题是整个教育科学研究活动的逻辑起点，也是教育科学研究的灵魂，能够发现并提出有价值的研究问题，是教育研究者的必备素质。对于研究者来说，什么是问题、如何发现问题、怎样选择问题、选择的到底是问题还是命题、是真问题还是假问题，关系着整个研究的价值和意义所在(李爱民，2005)。从这个意义上说，首先是选题而非结果彰显着教育科学研究的价值。

2. 选题提供教育科学研究的动力

教育科学研究是一个艰苦的过程，不仅需要研究者付出脑力和精力，而且考验着研究者的体力和耐力；不仅需要研究者长期的观察、思考和积累，而且在研究的过程中会遇到难以预料的困难、障碍和挫折，往往需要研究者付出巨大的意志努力。要顺利地实施预定的研究计划，实现预期的研究目标，离不开来自内部和外部的动力。研究者所选择的问题是"须要研究探讨并加以解决的事物的矛盾或疑难之处"(丁煌，1991)，是研究者期望的东西和体验的东西之间的差别(转引自吴康宁，2002)，这种矛盾或差别引发的认知冲突会引发起研究者的好奇心和探索兴趣，激发出发动、维持和调节整个研究过程所需要的巨大动力。

3. 选题决定教育科学研究的方向与水平

选择课题还决定着研究的方向与水平。教育活动过程中，出现的问题有许多，但并不是每一个问题都具有科学研究的价值，都值得作为科学研究的对象。在人力、精力、财力、物力和时间都有限的情况下，选择什么样的课题、课题选择的好坏，直接决定着研究的方向，关系着研究的全局。选题是否具有必要性、可行性和创新性，既是其教育科学研究基本能力与水平的反映与体现，反映着研究者的敏锐性、洞察力、思考力，也决定着科研最终成果的水平。实践证明，课题选择得好，可以事半功倍，顺利地完成科研任务，反之则劳而无功，造成人力、物力、财力和时间上的浪费。因此，在教育科研的立项中，选题成为首先考量的要素。

4. 选题制约教育科学研究的思路与方法

研究思路是研究者从研究目标开始到问题解决的整个思维过程的概括线路。研究的设计或计划实际上就是研究思路的具体体现。一个教育科学研究采取什么样的研究思路，受制于研究问题的性质和特点。研究类型和研究方法的选择是研究设计的重要环节，一项教育科学研究，是纵向研究还是横向研究，是个案研究还是群体研究，是定量研究还是定性研究，是采取观察法、实验法还是调查法、测验法，抑或是综合采取多种研究方法，主要也是依据于选择的课题。例如，卢家楣(2009)在开展青少年情感素质课题的研究时，由于研究的问题是我国青少年情感素质的结构、现状和特点,因此在研究实施前,即确立了"理论的逻辑推演——理论的实践探索——理论的模型建构——理论的实证调查"的研究思路,并综合运用现象学方法、测量学方法、问卷法等多种方法,顺利实现了预期的研究目标。

二、选题的原则

选题是一项严肃的研究工作,也是一种灵活的研究艺术,一个好的选题,是科学研究成功的一半,正如著名科学家王选(2001)所说:"科研上取得重大成就的个人和集体几乎都是无例外地选择了好的方向和课题。"教育科学研究中,选题好或者说选择好课题,需要遵循必要性、可行性和创新性三个原则。

1. 必要性原则

教育科学研究选题的首要原则是选择的课题是教育中必须解决的问题,这是选题是否有价值、价值有多大的集中体现,也是一项研究是否值得开展、研究结果能否得到认可的基本前提。

选题的必要性,包括三个方面:一是具有理论上的必要性,即具有理论价值。这是指所确定的课题应符合教育科学本身发展的需要,有利于检验、修正、填补和发展教育理论,有利于建立科学的教育理论体系。这一必要性要求在教育理论上有所突破或者有重要的补充和完善。二是具有实践上的必要性,即具有应用价值。这是指所确定的研究课题应符合教育事业发展的需要,有利于提高教育教学质量,有利于青少年儿童的发展;应有助于解决教育过程中出现的各种问题,研究成果对教育改革与发展有直接的指导意义。三是在理论与实践上都是必要的,兼具应用价值和理论价值。如果某一选题是教育理论或教育实践亟待解决的问题,即具有迫切的需要性,那么这样的选题价值更大、更有意义、更值得研究。

2. 可行性原则

研究问题的可行性是指研究者具备课题研究的条件,也就是说,应该选择那些具备一定条件且通过主观努力可以进行研究、并有成功可能的问题,这反映了选题的可操作程度。缺乏可行性的选题,即使再有必要性,也无法付诸实施。美国贝尔研究所科学家莫顿(Morton)就说过:"选择题目不能草率,如果根本没有实现的可能,选题就等于零。"

问题研究的可行性可从两个方面分析。一是客观条件,包括与课题相关的资金人力、文献资料、工具设备、技术手段、理论准备、专业指导、社会支持等方面的条件。二是主观条件。研究者若想顺利开展课题研究,必须对研究的问题充满兴趣,必须掌握相关的理论、相关的方法;必须保证拥有所需要的时间和精力,必须要有必要的经验积累和前期准备。也就是研究者本人具有相应的知识结构、智力层次、研究能力、思想水平、科学品格、心理素质、专业特长和兴趣爱好等。

3. 创新性原则

选题的创新性原则,是指所选择的研究课题必须具有新意,有独创性和突破性。选题的创新性是整个教育科学研究创造性的首要体现,是衡量选题价值大小的重要方面。

教育科学研究选题的创新性有多种表现。一是"发现了别人没有发现的问题"(胡兴宏,2009)。教育活动中客观存在着大量的问题,教师发现蕴含在习以为常的教育现象背后难以察觉的问题的过程,实际上是将客观问题转化为问题空间(problem space),也就是在头脑中对问题信息进行认知加工的过程,这本身就是创造性的表现。二是选择前人未曾解决或未完全解决的问题。对于理论性的研究课题来说,力求有新发现、新观点、新见解;对于应用性的研究课题来说,力求有新内容,有解决问题的新途径、新方法。如《中学语文教学》2004年第8期发表的《绿色作文"零概念"》一文,作者提出并界定了"绿色作文"的含义和特点,找到了作文教学的"空白点",提出了新理论,探讨了新方法。三是拓展甚至开辟了新的研究领域,这是更高层次的创新表现。当然,对一线中学教师来说,选择前人没有研究或研究极少的课题自然是创新,但老生常谈的问题也可以做出创新性的成果。选题的创造性不在于问题本身如何古老,也不在于前人在这个问题上做了多少重复性的研究工作,重要的是教师自己是否把握了课题的本质,找到问题的症结所在,如何做出创造性的突破(桂诗章,2007)。

知识小窗 2 - 1　　　　　何谓好的选题?

吴康宁(2002)认为,一个"好的"研究问题,应当不论对于教育理论的发展或教育实践的改善来说,还是对于研究者自身的发展来说,都是"真"问题;是同时符合"外在标准"与"内在标准","客观标准"与"主观标准","利他性标准"与"利己性标准"的问题。

裴娣娜(1995)认为,好的研究课题应具有以下特点:问题必须有价值;问题必须有科学的现实性;问题必须具体明确;问题要新颖,有独创性;问题要有可行性。

教育家程千帆(转引自邓李梅,2005)认为,选题要像开矿一样,不要选穷矿,不要选人家开采过的、没有多大发展前途的矿,也不要选那些岩石过硬,而自己的技术水平还暂时达不到要求的矿;要选人家没有开过,具有学术价值和发展前途,技术水平能够达到的矿。

第二节 教育科学研究课题的类型与来源

由于教育现象的特殊性和复杂性,在教育科学研究中,不仅课题的类型多种多样,既有大课题与小课题之分,也有理论课题与实践课题之别,而且课题的来源十分广泛,或来自教师的教育实践,或来自教师的理论学习。中学教师了解教育科学研究中课题的类型和来源,对于选择必要性、可行性和创新性的研究问题很有意义。

一、课题的类型

我们可以依据不同的标准对教育科学研究中的课题类型进行划分。

1. 依据不同的研究范围划分

从教育科学研究所涉及的范围上划分,可相对分为大课题和小课题两种类型。

(1) 大课题

大课题,也可称为大问题。这种课题涉及的研究范围比较大,往往是对教育活动中宏观和中观问题的研究,这类研究或者直面教育的基本理论问题,或者对教育活动做前瞻性思考,或者力求探索教育中的基本规律,一般研究周期长,投入的人力、物力和财力多,研究对象的取样广。"它是在一定时空里,关涉了教育全部或主要方面的各种因素的矛盾和疑难。如'当代世界教育发展的状况如何?''当代中国教育改革的状况如何?''为什么素质教育的发展存在如此混乱的状况?''怎样进行教育评价?'等。"(黄甫全,2003)

(2) 小课题

小课题,也可称为小问题。这种课题涉及的研究范围比较小,往往是对教育活动中微观问题的研究。"它是在深入而具有普遍性的层面里,聚焦于教育某方面的一两个因素的实质或关系的矛盾和疑难。"(黄甫全,2003)与大投入、大规模的基础理论研究不同的是,小课题研究主要是教师以解决教学中存在的实际问题为出发点,以改善教学质量、提高教学效果和提升教师研究能力为归宿的研究活动。小课题研究首要目的是为了解决教育教学中的实际问题,有别于学术专家的大型课题研究,因而属于微观层次的小型研究(贺斌,2006)。有研究者认为(王红艳,2006),教师选择小课题的标准可概括为六个字:想做、可做、能做。所谓"想做",就是指从当前的问题库中选择当前自己最想解决同时也是最需要解决的问题,作为小课题进行研究。"可做"是针对教师自身的条件而言,指进行小课题研究,必须将教师的经验、素养、时间、精力等因素考虑在内,必须从实际出发,在充分了解自己的基础上,做自己力所能及的事。"能做"是针对小课题本身而言,指选择的小课题是个小而明确的教育教学中的具体问题,有个具体明确的切入点,在实践中操作起来相对容易。

> **热点聚焦 2-1　　　　　　　微型课题研究**
>
> 　　微型课题研究是研究者采用一般的科学研究方法对细微的教育问题进行观测、分析和了解,从而发现日常生活中常见的教育现象之间本质联系与规律的认识活动。其主要任务不是建立新的思想和理论,也不是发现或发展教育科学知识,而在于解决教师工作过程中的具体问题,有效地改进教育教学工作;在于普及教育科学研究,促使教师养成科学的思维习惯,提高自身的研究能力与水平,提升自己的成功经验,形成教育教学个性化风格。
>
> 　　作为教育科学研究的一种形式,微型课题研究有它自身的特点,主要表现在:① 小:研究的内容主要是教师教育教学过程各个环节的、有价值的细小问题。"小"还表现在研究的规模上,微型课题研究涉及的范围小、人员少、时间短,因而规模小、投资少。② 活:微型课题研究的选题论证、方案设计、立项开题、实施研究等相对简便,在研究的组织形式上,教师可以单独研究,也可以合作研究。③ 实:选题贴近学校、贴近教师、贴近教育教学实际。研究过程"踏实",在教中研、研中教,不是游离于教育教学实践之外的活动。④ 短:课题研究的时间视研究内容而定,可长可短,时间短的两至三周就可以解决问题,长的三至五个月,最长的一般不超过一年。⑤ 快:速度快、效率高,一个问题解决了,就可以转入到下一个问题的研究;一个问题解决了,就可以得到一点收获。
>
> (袁玥,2007)

2. 依据不同的研究目的划分

从教育科学研究的目的上划分,可以分为理论课题和实践课题两种类型。有时,某一课题兼具理论性和实践性,属于综合课题。

(1) 理论课题

理论课题,也可称为基础性研究课题。这类课题主要研究教育领域内的基本规律及各类教育现象间的本质联系,其最基本的目的是扩展知识(维尔斯曼,袁振国主译,1997)。理论课题一般是比较抽象概括的,具有较高层次和较广范围,其研究成果一般具有普遍性,但其成果大多不是能立即对教育实践起作用的,其价值有时不能完全预见,但对于理论建构来说,对教育的发展可能具有深远的意义(李琼,1998)。例如:"关于教学系统的协同效应的研究""主体性教学的研究""潜在课程的研究"等都是理论课题。

(2) 实践课题

实践课题,也可称为应用性研究课题。这类课题主要研究改造或直接改变教育领域内的某些现象或过程,其最基本的目的是解决当下的实际问题(维尔斯曼,袁振国主译,1997)。实践课题一般是较具体的,针对于教育改革和实践中某一独特的问题,其研究成果不一定具有普遍性,一般只致力于解决一个具体的问题,而且直接发挥作用,但也可能有较广的适用范围,有较大的持续推动作用。例如:"感知新教材的主要途径""引导学生掌握学习的过程""运用协同学观点处理数学教学内容"等都是实践课题。

3. 依据不同的研究层次划分

从教育科学研究的层次上划分,可以分为描述性课题、解释性课题、预测性课题、干预性课题四种类型。

(1) 描述性课题

描述性课题,这是教育科学研究最基本的层次,研究者通过对教育活动中的现象进行观察、记录、分类、归纳,描述该种现象的现状和特点,主要回答"是什么"的问题。

(2) 解释性课题

解释性课题,是在对教育现象进行描述的基础上,探索、分析、理解该现象的发生原因,揭示教育现象之间的因果性联系,主要回答"为什么"的问题。

(3) 预测性课题

预测性课题,主要回答"将会怎样"的问题,一般是对教育现象的发展趋势进行预见、研判,在描述和解释的基础上,综合分析主客观因素。

(4) 干预性课题

干预性课题,是对"应该怎么办"的回答,往往是依据前期的研究结果,提出相应的教育对策,并检验对策的有效性,很多时候,某一课题包含着多种研究层次,属于综合课题。以对儿童说谎问题的研究为例,描述性课题旨在描述儿童说谎行为的各种表现和主要特点,解释性课题旨在揭示儿童不同说谎行为的不同原因,预测性课题是对儿童可能的说谎行为、哪类儿童在什么情况下可能说谎进行判断,如果是对儿童的说谎行为进行控制,则属于干预性课题。

4. 依据不同的研究领域划分

从教育科学研究指向的领域上划分,可以分为教学课题、教育管理课题、德育课题、教师专业化课题等不同类型。

教育活动涉及的领域非常广泛,但对中学教师来说,所选择的课题往往与实际的工作息息相关,因此教学问题和班级管理问题是涉足最多的领域。如一个数学教师从学生普遍存在的厌学情绪中,认识到这是学生学习的最大障碍。为了帮助学生克服厌学情绪,她运用心理匹配原理,进行《注重心理匹配,迎合学生需要》课题实验,从而有效调节了学生的学习方向,激发了学生主动学习的兴趣,教学效果显著。班级管理过程中,一所学校针对班级晨会教育存在着盲目性和随意性的现状,开展《晨会教育系列》的课题研究。组织有经验的老师围绕道德观点、规范训练、生活常识、心理辅导等方面编写晨会系列教材,并在班级中组织实施,取得很好的教育效果。

学术研究 2-1　　　　教学研究的选题类型

李冲锋(2009)把教学科研的选题分为理论运用型选题、学科交叉型选题、专题探讨型选题、专人研究型选题、比较研究型选题、历史探索型选题等六种类型。

理论运用型选题是指从理论运用于教学实践的过程或现象中选择研究题目。理论运用型选题研究多是一种演绎研究,它侧重于把理论的概念、方法、工具等运用到教学中来进行具体的演绎。

学科交叉型选题是指在两个或多个学科的交叉中选择教学科研题目。通过从不同学科的不同视角,对教材、教学内容、教学过程等展开研究,会产生许多某一学科内部研究所不能看到的研究成果,这对推动教学改革会有很大的帮助。

专题探讨型选题是把教学中需要探讨的具有相同或相似性质的问题、现象,集中为专题并从中提炼出研究题目。每个学科领域都会有许许多多的专题,教师可根据自己学科的特点,选择相应的专题展开研究。

专人研究型选题是指教师把自己感兴趣的某一位人物作为研究的对象,并从其身上选择可资研究的题目。专人研究往往是对某个人的作品或教学思想与实践进行深入的探讨。

比较研究型选题是在对两个或多个事物的比较中选择教学科研的题目。比较研究可以是横向的,也可以是纵向的。

历史探索型选题是指为探索某一事物或问题的历史发展状况而选择的研究题目。每个学科都有自己的发展历史,都可以结合自己学科的特点选择历史探索型研究。

二、课题的来源

教育科学研究中问题处处存在,因此课题的来源十分广泛,概括起来主要有以下四个方面。

1. 来自教育实践的归纳与反思

对中学教师来说,教育科学研究最迫切的任务就是要解决当前教育实践中亟待解决的问题,在教育教学实践中遇到或关注的问题是研究课题的主要来源,也是根本源头(桂诗章,2007)。实际上,教师处在教育教学第一线,对教育教学中的具体问题有较为深刻的直接体验和感性认识,结合自身或他人的教育教学实践活动,在教育教学中科研,在科研中教育教学,教与研相互统一,相互促进,这是一线教师科研的优势所在。

在中学教育实践中,存在着许多值得研究的问题,对这些问题进行适当的筛选、提炼,就可能成为很好的研究课题。比如,课堂教学基本环节的研究,学生解数学问题思路的研究,学生解题错误的研究,中学生早恋问题的研究,如何评价学生的学业成就的研究等。这里的关键是教师要自觉归纳,经常反思。如某教师发现许多教师把"公开课"上成"演习课",整个教学过程都按照他们事先演练好了的计划操作进行,针对这个问题,该教师提出了"公开课的问题与对策"这一课题进行研究。又如,有些教师通过大量的听课发现,教师在课堂上所讲的很多话学生是并没有注意听、也没有认真地去听的,而在老师看来这些话又是对学生的学习有影响的,于是就提出了"课堂教学中如何提高学生的注意行为"这一问题,并转化为课题进行研究。再如某位教师在教学反思中发现,学生有时自认为懂了,其实并没有懂。没有经过学生亲身体验、感受过的知识,不能认为已经真懂。她将这一思考的结果进一步深化,就写出了《"听懂"是真懂了吗?谈学生认知结构的内化》一文(尹国强,杨晓萍,2009)。

2. 来自已有研究的交流与争鸣

教育科学研究离不开交流与争鸣。"思想的产生是交流对话的果实。思想的形成和发展需要和古贤古哲对话,也需要与当代同仁交流。""教育争鸣是在知识边缘上的'交谊舞会',是带有'视角偏见'的老师和学生、研究者和实践者、庙堂者和江湖人切磋琢磨的合奏。"(周作宇,2001)这就启发中学教师,要经常搜集、阅读教育研究文献,主动关注、参加教育教学会议,以一种批判的眼光认真审视他人的研究选题、研究方法和研究结果,从中提出新的研究课题。实际上,教育科学研究中很多学术论文即是研究者之间交流、商榷甚至争鸣的结果,很多教育期刊中还开辟了"学术争鸣"方面的专栏。

需要强调的是,中学教师并不一定要进行纯粹理论上的学术争鸣,实际上,对别人研究过的课题进行重复性研究也是课题的重要来源。这里的重复性研究不是简单地重复别人的劳动,而是借用原来研究的概念、理论、范式、方法或工具,针对不同的样本、不同的地域、不同的文化背景进行新的研究,只要符合必要性、可行性和创新性的原则,这种课题同样是好的选题。此外,从广义上说,教育研究的交流与争鸣还包括教师自己与自己进行的研究对话与交流,对自己已有研究的质疑、拓展、深化与发展,也是重要的课题来源。

3. 来自教育改革的发展与需要

这是一种自上而下的选题途径。经济社会的发展、人民群众的期盼和世界教育的潮流,对我国教育事业提出了更高的要求,是教育改革的强大动力,而教育的改革需要教育科学研究提供理论支撑和智力支持,教育科学研究的选题也必须回应教育改革的发展与需要。

各级教育行政部门、教育研究机构和教育学术团体会定期发布教育科学规划课题指南,课题指南往往反映了国家或地方教育改革中面临的重要问题、未来的发展趋势,并提供多领域、多层次、多类型的科研系列课题,供各级各类学校及各教育科研部门选择申报。

围绕这些研究项目,结合本地和学校的实际,可以分解出很多研究课题,教师可以从中选择适合自己研究的课题。此外,一些教育学术期刊中的"选题指南""选题要点"或"征稿启事"中提出的年度选题要点,也反映了当前教育改革的重点、难点和热点问题,可供广大教师选题参考。

学术研究 2-2

2011年上海学校德育实践研究课题指南(中小学思想道德建设)

上海市中小学生假期生活状况调查

上海市不同性别中小学生心理健康教育差异化研究

上海市中等职业学校心理健康教育示范校建设标准研究

中小学生行为规范教育过程中社会时尚因素影响的研究

非沪籍中职学生思想道德状况及对策研究

"温馨教室"建设中构建良好师生关系促进有效教育的实践研究

后世博时期上海市中小学生国际理解教育研究

上海中小学生特殊家庭家校合作策略研究

新媒体环境下家校沟通方式的研究与指导

依托高校资源创新学生社会实践工作机制的研究

中学生法制教育内容与载体研究

自主招生政策背景下的学生发展轨迹研究

上海社区教师的发展现状调研及其对策

农村实践基地指导教师素养调研及其应对策略

优化学校软环境提升中小学生学业效能的研究

中学生生命价值体验教育的实践研究

提高初中生思想政治课课堂教育创新能力的实践研究

农民工家庭亲子沟通方式指导与干预的研究

新时期德育管理者和培训者培训模式的研究

利用网络技术进行班主任培训的研究

中小学家庭教育指导课程的开发与实施

中小学德育品牌项目建设的研究

中小学生健康生活习惯养成教育的指导与研究

社会转型期中小学生健康人格培养的实践研究

(摘自"上海教育"网站)

4. 来自相关理论的学习与应用

古今中外的教育文献记载了大量的教育理论,但任何教育理论都不是尽善尽美的,都存在一些需要完善、充实和发展的地方,教师可以通过对其学习、分析、评价,从中发现问题,或受到启示,提出新的课题。同时,教师在运用有关的教育理论指导实践的时候,也会发现原有理论的不完善、不适宜的情况,从而提出研究的课题。"中学数学自学辅导教学实验",就是受有关"程序教学理论"的启发,吸收了程序教学中的一些思想,结合我国中学的教学实际设计和研究的。

教师的眼光还不能局限于教育理论本身。它山之石,可以攻玉,教师可以运用学科移植法来提出问题。学科移植法就是借用其他领域、其他学科的基础理论、研究成果或研究方法,用来解决本学科中的问题,正如杜威(Dewey)所说:"无论哪门学科的方法、事实和原则,只要能使我们更好地解决教育行政和教学上的问题,都是适当的。"(王承绪译,1981)这个"借"来的新理论,新方法,或者仿照别的学科进行新试验,对教育改革问题加以研究,对习惯了的老问题可能会产生新认识、赋予新意、揭示规律。如:把语文教育看成是有机体,移植医学上的病理学原理,开展"语文课堂教学失误之诊断"等课题研究。

实践探索 2-1　　　　　关于问题的来源

学者吴岱明(1987)认为,研究问题的来源有八个方面:社会生产和现实生活中所提出来的实际问题;学科交叉所产生的空白区;对已有理论、传统观点和结论的怀疑;书本上记载的难题;研究工作中的"反常"现象;学术争论中所提出的问题;对前人或他人著作或理论的讨论或检讨;导师的意见或课题。

有学者(冷余生,董云川,2003)认为教育前沿问题由"五个点"构成,即:学术界或社会普遍关注的热点;学术研究和教育实践中引起争论的焦点;学术研究或教育发展与改革中久攻不下的难点;在学术或教育实践领域虽然重要却被忽视的薄弱点或空白点;学术领域或教育活动中学科之间的交叉点。

还有学者(胡兴宏,2009)认为,教师的研究要"在身边找课题":在已有的成功经验中寻找生长点,从面临的突出问题中寻找突破点,从教育发展的大趋势中寻找挂钩点,从当代教育理论中寻找支撑点。

第三节　教育科学研究选题的过程与策略

选题是研究的起点,是整个教育科学研究中具有战略意义的一步。一个必要、可行且富有创新性的课题,是一个需要付出脑力、体力和意志努力的动态过程,从长期的积累到灵感的触发,从方向的确定到问题的确立,从蒙眬模糊到逐渐清晰,往往需要艰辛的孕育。这个过程,既要遵循一定的步骤,又需运用恰当的策略方法。

一、选题的过程

教育科学研究的选题是一个复杂的过程,由一系列环节有机构成,其中,以下四个环节必不可少。需要强调的是,这四个环节之间并不是单一线性的关系,而是有交叉、有重叠、有反复,最终目的是确定一个具有必要性、可行性和创新性的研究课题。

1. 选定研究方向

研究方向是发现问题和提出问题的基础。教育科学研究选题最难的恐怕是不清楚该研究什么,之所以不清楚如何选择或者不能正确选择研究课题,首先就在于缺乏明确的研究方向。对于初学研究的人来说,一开始往往对多个研究方向感兴趣,而难以聚焦于某个方向,由此造成选题的不确定性,不利于学术的积累,甚至错失研究的时机。因此,选题首先必须确定正确的研究方向。

如何确定研究方向呢?首先是在已有知识积累和实践反思的基础上,结合自己的专长和兴趣,圈定一个研究领域,并对该研究领域的研究现状长期持续跟踪,如课程改革领域、学科教学领域、班级管理领域、团队活动领域、教师专业发展领域等。由于研究领域涉及的范围很广,因此教师需要在该领域内聚焦某方面的研究主题。研究主题是一组相关问题的集合,是对研究领域的进一步收敛。如在学科教学领域中,选择情感与有效教学这一主题,这一主题包括教学中的情感功能、情感来源、情感教学的策略方法、情感教学的评价等多个问题。明确研究方向,就是要圈定研究领域,聚焦研究主题,从而为研究问题的最终确立奠定基础。

2. 检索相关文献

文献是用文字、图形、符号、声频、视频等技术手段记录人类知识的一种载体,是记录、积累、传播和继承知识的最有效手段,是人类社会活动中获取情报的最基本、最主要的来源,也是交流传播情报的最基本手段。在教育科学研究中,检索相关文献实际上贯穿整个研究的各个环节,但在选题阶段尤为重要,这不仅因为选题的必要性、可行性,特别是创新性需要已有的研究文献提供回答,而且文献本身就是选题的来源之一,上文中提到的选题来自已有研究的交流与争鸣、教育改革的发展与需要以及教育理论的学习与应用,实际上都必须以文献作为基础。

教育科学研究中可资利用的文献浩如烟海。如果按照文献的性质、内容的加工方式和用途来分,可以分为零次文献、一次文献、二次文献以及三次文献。零次文献,是指某些教育事件、行为、活动的当事人撰写的第一手资料,如教师日记、信件、教案、试卷、手稿等。

一次文献,是直接记录教育活动的事件、经过、成果、知识和技术的专著、论文、调查报告、档案材料等,具有很高的直接参考价值和借鉴作用。二次文献,是对一次文献进行加工整理,使之系统、条理化的检索性文献,如题录、书目、索引、提要、文摘和检索光盘等,二次文献具有客观性、可检索性、汇编性和简明性。三次文献,是在利用二次文献基础上对一次文献进行广泛深入的分析研究之后综合浓缩而成的参考性文献,如动态综述、专题述评、进展报告、数据手册以及辞书、年鉴等,具有综合性、概括性、浓缩性和参考性的特点。对于中学教师来说,经常检索的文献包括图书辞典、报刊论文、学位论文、会议论文、统计年鉴、教育档案等文字资料和光盘、磁带、照片、影视、实物等非文字资料。随着信息科学技术的发展,网络信息资源在教育科学研究中越来越重要。

实践探索 2-2　　　　　文献检索的一般步骤

1. 分析研究课题,明确检索要求

分析课题,是实施检索中最重要的一步,也是检索效率高低或成败的关键。面对一个课题,需要找出它的研究范围,所处的国内外水平及将要达到的目的。

2. 选择检索工具或检索系统

一般来说,选择检索系统应遵循以下几条原则:

① 根据检索目的确定所需检索系统的类型。如果需要统计数据,应检索数值型参考工具书或者数据库;如果只需要文摘,可检索纸质型文摘或者书目型数据库;而需要原文者,可检索全文数据库。

② 根据信息需求的内容、专业范围来选择数据库。如检索专业性较强的课题,可选择专业数据库或某一数据库中的专业文档;如检索内容分布广泛或属交叉学科的课题,可同时检索多个不同的数据库。

数据库记录的来源亦是选择数据库的条件之一。如来自期刊、报纸或是会议资料、学位论文、科技报告等,有时还需要考虑是否容易得到原始文献。

3. 确定检索途径

检索途径即开始查找的入口点,常用的检索途径有:

① 分类途径。即利用目次表或分类索引进行的检索,关键是确定类目或分类号。

② 主题途径。即利用主题索引进行检索,关键是确定主题词或关键词。

③ 著者途径。即利用著者索引进行检索,关键是书写准确著者的姓名。

4. 记录和阅读文献线索

当利用检索工具查到与检索提问相一致的线索时,应仔细阅读各条线索,若内容切题,则要及时完整地记录下来,以备进一步索取原始文献。

5. 索取原始文献

当文献类型和出版物的名称明确以后,即可利用各种馆藏目录或联合目录查找所需文献的收藏单位,

> 进行借阅或复制。或者通过国内终端向国际联机检索系统订购原文。有一部分文献通过网络数据库检索,也可以直接得到原文。
>
> (蒋永新,2008)

3. 初定研究课题

教育中客观存在的大量问题只是潜在的可供选择的课题,并不一定就是现实的研究课题,问题上升为研究问题才成为课题(李爱民,2005)。选题过程中检索文献的目的就是了解国内外在所选定的研究方向上的研究现状以及存在的不足,最终将客观问题转化为研究问题,初步确定自己将要研究的课题。在这个环节中,初定问题的过程往往在范围上由大到小,逐渐达到明确具体。初步提出的问题一般总是比较空泛、笼统的,需要进行分解。同时,这个环节往往还需要对关键概念进行操作定义,以进一步明确研究的问题。关于操作定义,我们将在第三章进行具体的叙述。

4. 确定研究课题

课题初步确定后,在实施具体的研究之前,还必须对课题进行论证,在论证的基础上,最终确定研究课题。课题论证是对所选择的课题进行再认识、再分析和预测,也就是在文献资料的基础上,对选题的必要性、可行性和创新性进行理性的分析评价,认识课题的类型、目标和研究思路,预测课题的可能结果。进行课题论证的目的在于避免选题中的盲目性,明确研究思路,以便进一步提出研究假设、设计课题方案、拟定研究计划。一旦在论证中发现选题不当,则需进一步查阅相关文献,重新锁定研究问题,乃至调整研究方向。

课题论证包括自主论证和专家论证。自主论证,就是课题选定后,研究者本人对研究课题的目的意义、内容、方法步骤、与课题有关的研究动态、完成课题的主客观条件、最终成果等进行分析、评价和预测。任何一项教育科研课题的确立都有必要进行自主论证,自主论证一般无需写出论证报告。如果是申请立项的课题或者是大课题,则还需要进行专家论证,由研究者向有关专家或组织提交论证报告或项目申请书,由一些教育专家、同行、科研管理者对课题进行评审。对于重大课题,常常必须写出开题报告,组织开题报告会,并经过同行专家的审议。无论是自主论证还是专家论证,通常都要回答以下问题:研究问题的性质和类型,即具体要解决什么问题,要达到什么目的,问题的性质是什么,属于什么类型的问题;该课题的迫切性和针对性,具有的理论价值和实践意义,即课题为什么要研究、为什么值得研究;该课题以往研究的水平和动向,包括前人及其他人有关研究的基础,研究已有的结论及争论等,进而说明该课题研究将在哪方面有所创新和突破;该课题的理论、事实依据及限制、研究的可能性,研究的基本条件(包括人员结构、任务分配、物资设备及经费预算等);该课题研究策略步骤及成果形式,即要说明采用什么研究方法或手段完成课题研究,并预计课题研究的重难点,以及如何突破。

实践探索 2-3　　　　　中学教师常见选题误区

1. 范围太大。如"中学语文教育研究""中学生数学素质教育探讨"等课题,研究范围太大,显得无从下手。
2. 目标不明。如"应试教育利多还是弊多"这一课题,研究的主攻目标不明确,研究难以顺利进行。
3. 问题太小。如"一道课本习题的教学",范围太窄,意义不大,实系小论文题目,并非科研课题。
4. 课题太难。如"中外物理教育层次结构比较研究"这一课题,对一般中学物理教师来说,在现有条件下资料缺乏,课题研究难以进行。
5. 经验之谈。如"一道习题的教学反思",纯属经验感想之谈,不是科研课题。

(苏继红等,2006)

二、选题的策略

教育科学研究中,由于问题的类型多样和研究者之间的差异,选题的方式方法多种多样,很难说某种方法具有普适性。但是,我们仍然可以从中归纳出一些选题的策略,下面从选题前的准备和选题时的操作两个方面做些简要叙述。

1. 选题前的准备

选题固然是一个将问题转化为研究课题的过程,但教师在选题前需要经过长期的积累、思考和酝酿,所谓厚积而薄发,没有充分的准备,很难抓住研究的契机、提出恰当的课题。

(1) 培养问题意识

问题意识反映了研究者对教育问题的敏感度和前瞻性,在研究过程和科研创新活动中占有非常重要的地位。有研究者指出,教育研究中的问题意识,是人们在教育研究和实践活动中,以专门的教育知识和经验为基础,逐步形成的认识教育问题的实质和类型、发现并提出需要研究解决的教育问题的意向和能力(黄甫全,2003)。还有研究者认为,问题意识是一种思维品质,是人们在认识活动中经常意识到的一些难以解决的、感到疑惑的实践问题或理论问题,并由此而形成的一种怀疑、困惑、探究的心理状态。具有问题意识是科学研究者充满生命力的表现(于洪卿,2010)。这种问题意识不仅对选题,而且对整个教育科学研究都具有非常重要的作用。

然而,一线教师欠缺的往往首先就是问题意识。辉进宇、褚远辉(2005)和叶增(2007)均认为,当前中小学教师教育科研中普遍存在缺乏问题意识的问题。很多教师常常是凭直觉或经验开展教育、教学活动,对一些现象或问题见怪不怪,习以为常,缺乏理性的思考,没有敏感性。缺少问题意识,就无所谓教育科研。因此,能否发现教育过程中的问题并产生对这些问题进行研究的意识,在很大程度上决定了教育科研的方向及其成果的学术价值。为此,教师要多注意观察身边的人和事,要以积极、探究的态度观察身边正在发生的教育现象与实施某项行动后的状态变化,然后对现象进行思考,作初步分析,提出问题(刘世金,朱福春,2007)。除了对教育活动中的现象保持敏感度外,教师还需要具有前沿意识,也就是在从事某一学科、领域问题研究的过程中,时刻关注着该学科、领域的研究特点和学术动态,把握该学科、领域最新的研究成果。缺乏前沿意识,很难提出前瞻性的研究课题。

知识小窗 2-2　　　　问题意识三例

1774 年英国化学家普列斯特利在化学实验过程中曾发现一种能帮助物质燃烧的气体,但由于他受当时占统治地位的"燃素说"的影响,便把这气体叫"无燃素空气",只写文章作了介绍。1775 年法国化学家拉瓦锡看到此文后,意识到这是一个有价值的新课题,立即进行研究。经过反复实验,认真分析,他认定这是一种新元素,从而发现了"氧",推翻了"燃素说",有力推动了近代化学的发展。而普列斯特利却失去了他鼻尖下的真理。

20 世纪 80 年代,上海一位初中历史教师看到了中央电视台播出的历史文献片《让历史告诉未来》,产生了把影视素材引入历史课堂教学的想法,尝试之后深受学生欢迎。后来,他在多年经验积累的基础上,提出了"人文类课程中影视信息开发的研究"课题,研究成果获得了很好的评价。

一位班主任老师遇到一位聪明、性格孤僻、行为怪异的孩子,该学生在课堂上从不听讲,经常发出奇怪的声音引起大家的注意,在教师面前总是流露出胆怯和质疑的眼神。该教师提出了一系列的问题:导致该生性格差异的原因是什么?是家庭环境、教育环境还是其他问题?该如何转变这个孩子?并展开了《"怪孩子"变"乖孩子"策略研究》。

---

(2) 积累研究素材

如果说问题意识是内隐的,那么,积累研究素材就是外显的行动,从广义上说,积累研究素材本身就是一种研究行为。研究的素材包括直接素材和间接素材两种。直接素材的积累主要通过经验观察的途径,如观察教育活动中的事件、行为、现象,与学生、家长和同事的对话或访谈,搜集教育活动中的一手资料(如教案、学生作品)等。间接素材的积累主要通过文献阅读的方式,尽管中学教师的教育教学工作繁忙,但磨刀不误砍柴工,抽出时间进行文献的阅读和理论的学习是十分必要的。

无论是直接素材的积累还是间接素材的积累,都需要教师养成两个好习惯。一是记录,好记性不如烂笔头,教师把所读、所见、所思、所感记录下来,为以后的选题奠定基础。李镇西(2009)在总结自己科研写作的体会时首先就提到要日积月累,不能急功近利。"常常有老师平时不写文章,到了要评职称或其他急需文章的时候,才匆匆炮制。对普通教师来说,最初的写作就是记录自己的教育足迹、思想历程,是和自己的对话,而不一定非要为发表才写作。我最初每天坚持写的《教育手记》《教育日记》《教育随感》等,都没想到要发表,只是觉得应该把自己每天丰富的生活、奔腾的思绪记录下来。但天长日久,十几年过去了,这些写给自己看的文字都成了我珍贵的财富!"二是反思,包括对经验观察的反思,对研究文献的反思,当然,也包括对自己教育活动实践的反思。研究者还提出"教育反思是促进教师成长的科研范式"的命题,认为作为研究的教育反思,让教师在实践中能够养成"发现问题—提出问题—探究问题—讨论问题"的思维习惯,使教师批判和研究的意识贯穿到日常具体的教学工作中。通过反思,教师形成自己对问题的看法,提升自己理性分析问题的能力,实现由"经验型"向"研究型""学术型"和"创造型"角色的转换(梁燕玲,2006)。

2. 选题时的操作

教师因教育实践的困惑、理论学习的触动、教育研究的争鸣或教育改革的需要,而产生了解决某个问题的动机,就会在长期的研究准备基础上,开始选择所要研究的课题。从问题中确立一个恰当的课题,往往需要运用问题分解策略。

首先,从横向角度来说,问题分解就是把一个问题从不同的角度分解为相互联系的若干小问题,从而使得研究的问题进一步明确化。也就是说,将所要研究的问题展开成一定层次结构的问题网络,从而在问题具体化的基础上选择确定问题(裴娣娜,1995)。例如,陈宁(2007)在开展初中生写作效能感的研究时,首先确定了自我效能感和初中作文教学这一研究方向,在查阅国内外关于写作心理、自我效能感和写作效能感研究三方面文献的基础上,确定了初中生写作效能感研究这一课题,并进一步分解为写作效能感的结构、现状、影响因素和培养策略四个层层递进的研究问题,最终实现了预期的研究目标。

其次,从纵向角度看,问题分解就是从一个较大的初始问题出发,逐渐缩小研究范围,最后聚焦为一个具体的问题,从而使得研究的问题进一步明确化。如,若我们最初选择的问题为"激发高中学生英语学习兴趣的研究",但就主客观条件来说,这个问题太大,那么可以将问题范围逐渐缩小,从"激发高中学生英语学习兴趣的研究"到"激发高中学生英语课堂学习兴趣的研究",最后聚焦为"激发高中学习困难学生英语学习兴趣的研究"。

> **实践探索 2-4　　　　选题过程中的思维策略**
>
> 选题思维策略就是研究者处理、加工研究对象的思维方法。
>
> ① 对立思维策略
>
> 研究者有意站在现成的理论、权威观点的对立面，从相反的方向怀疑它们的合理性，寻找反驳他们的突破口，或者对教育教学实践中习以为常的现象进行质疑。如《反思是教师专业发展的有效途径吗？》一文（金学成，《上海教育科研》，2007年第4期）。
>
> ② 逆向思维策略
>
> 在选题时，如果能够逆向思考，往往会获得有新意的研究主题。如《"中国之行"对杜威及其教育思想的影响》（王彦力，《教育研究与实验》，2006年第2期）一文中，作者认为，不只是杜威对中国教育有影响，而且中国教育对杜威也有影响。
>
> ③ 类比思维策略
>
> 类比思维策略主要通过两类事物相互比较，发现异同，寻求有新意的研究主题。类比思维策略主要包括：第一，横向类比。通过与其他学科研究对象类比和借用其他学科的理论、方法，来发现本学科研究的新问题；面向实际生活，从日常生活经验中提出教育科研课题。第二，纵向类比。主要是对历史上前后出现的事件进行比较，或从历史事件中看出其对当代相关事件的启示。
>
> ④ 聚类思维策略
>
> 在教育科研选题中，研究者运用聚类思维策略，是为了发现研究对象之间的内在联系，把相关对象整合为一个研究类型，以整体类型为研究对象，探索类型的内在机理和外部功能。
>
> （王凯，2009）

让我们回到本章开头提到的那个案例。丁老师的苦恼实际上很多中学教师都曾体验过。像丁老师一样，越来越多的中学教师都希望通过研究来解决教育实践中的问题，提升自身的教育科学素养，成为一名研究型、学术型教师。这是教师开展研究的重要动机。但是，当教师们真要从事研究的时候，首先碰到的就是选题的问题。案例中，丁老师感觉"在自己的教学实践中，问题很多"，但却不知道如何选择课题，也不清楚已有研究的现状。针对这种情况，我们给丁老师提出三点建议。首先，确定一个研究方向。尽管教学中的问题很多，但一个人在某个阶段的时间、精力和能力有限，外部所能提供的客观条件也有限，因此，不可能解决所有问题，可以先确定一个方向，如教学方法问题、教学资源利用问题、教材处理问题、教学评价问题等。当然，也可以视野更开阔一些，在班级管理、教师成长领域选择一个方向。如果仍然无法确定，就可以去查阅各级教育规划课题指南,从中得到启示。其次,检索阅读相关文献。"不清楚别人是否研究过"恰恰是因为没有阅读文献所致。无论是传统文献还是网络文献,都可以通过锁定的研究方向中的关键词进行搜索,在阅读一定的文献后,就会了解研究现状,自己所要研究的问题将会在此过程中慢慢清晰起来。最后,确定研究课题。在这个过程中,需要对慢慢清晰起来、初步锁定的问题进行分解,使之更加明确具体,对年轻教师来说,刚开始研究的切入口宜小,小课题深耕细作,往往会获得令人欣喜的成果。需要指出的是,要使自己的研究更有价值、更有新意,除了上面三点外,丁老师还需要在日常的教育教学工作中和阅读研究文献时,保持敏感性,培养自己的问题意识,并坚持记录与反思,做好研究素材的积累。

本章小结

- 选题是确立课题的过程,这个过程,是一个发现问题、提出问题、论证课题和确定课题的过程。选题是进行教育研究的一个首要环节,起着十分重要的开局作用。选题彰显教育科学研究的价值,提供教育科学研究的动力,决定教育科学研究的方向与水平,制约教育科学研究的思路与方法。
- 教育科学研究的选题,需要遵循必要性、可行性和创新性三个原则。必要性,包括理论上的必要性、实践上的必要性以及在理论与实践上均具必要性。可行性可从客观条件和主观条件两方面衡量。创新性表现为,发现了别人没有发现的问题或者选择前人未曾解决或未完全解决的问题,更高层次的创新则是拓展甚至开辟了新的研究领域。
- 依据不同的标准可对教育科学研究中的课题类型进行划分,如大课题和小课题,理论课题和实践课题,描述性课题、解释性课题、预测性课题和干预性课题。
- 教育科学研究中课题的来源十分广泛,主要有来自教育实践的归纳与反思,来自已有研究的交流与争鸣,来自教育改革的发展与需要,来自相关理论的学习与应用。
- 教育研究问题的确定是一个复杂的过程,明确研究方向、检索相关文献、初定研究课题、确定研究课题是必须环节。
- 选题的策略包括选题前的准备策略和选题时的操作策略两个方面,前者如培养问题意识和积累研究素材策略,后者主要是指问题分解策略。

思考题

- 在教育科学研究中,选题具有什么作用?
- 教育科学研究中的选题需要遵循哪些基本原则? 如何理解这些原则?
- 教育科学研究中的课题有哪些类型?
- 教师通过哪些途径选择研究的课题?
- 教育科学研究的选题包括哪些环节? 其间,会用到哪些选题的策略?

问题探索

- 从文献中搜索已有的一些教育科学研究,分析这些研究的课题类型和选题来源。
- 请运用本章所学知识,选择一个教学领域或班级管理领域的课题,并撰写一份课题论证报告。

第三章 教育科学研究方案设计

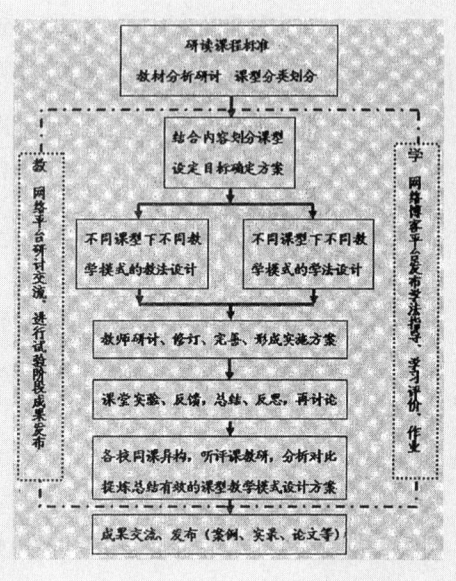

本章细目

本章要点

第一节 教育科学研究方案设计的概述

一、教育科学研究方案设计的意义

1. 研究前的整体把握
2. 研究中的实施依据
3. 研究后的总结反思

二、教育科学研究方案设计的要素

第二节 教育科学研究方案设计的要素：概念、目标、内容和假设

一、界定核心概念

二、明确研究目标

三、拟定研究内容

四、建立研究假设

1. 研究假设的概念及分类
2. 研究假设形成的条件

第三节 教育科学研究方案设计的要素：对象、方法和过程

一、确定研究对象

1. 研究对象取样的类型
2. 研究对象取样的原则

二、选取研究方法

1. 常用研究方法的比较
2. 教育质性研究中常用方法的举例
3. 研究方法选取的原则

三、制订研究过程

1. 制订技术路线
2. 制订研究计划
3. 课题立项申报书举例

本章小结

思考题

问题探索

第三章　教育科学研究方案设计

本章要点

- 教育科学研究方案设计的要素
- 核心概念的界定
- 研究目标和内容的制订
- 研究对象和方法的选取
- 研究过程的制订

> **想试着回答一下吗……**
>
> - 教育科学研究也要像做工程那样进行设计吗?
> - 教育科学研究方案设计是否"百度"或"谷歌"一下就能完成呢?
> - 一位中学教师对"是否一种新的教学方法比其他方法更能提高初中生的学习成绩"这一研究感兴趣,那么该研究中的变量是什么? 又该如何形成研究的假设呢?
> - 你知道"在口头表达能力上,男生比女生的口头表达能力差"是什么类型的假设吗?"在口头表达能力上,男生与女生无差异"又是什么类型的假设呢?
> - 假定对高中三个年级的男生进行心理健康素质的测验,你认为哪些因素可能导致测验成绩出现差异呢?
> - 1936 年,美国权威的《文学摘要》杂志社,为了预测总统候选人谁能当选,发出了 1 000 万份调查表,回收了 200 万份,预测兰登当选并大力进行宣传,但最终的结果却失败,你知道这是为什么吗?
> - 某研究者想了解中小学教师职业倦怠的现状,利用寒暑假进修期间随机访谈了几位与他一起进修的中小学教师,你觉得这种方法得出的结果可信吗? 为什么?

　　丁老师通过前一章的学习后,对于做教育科学研究,不但信心增强了,而且好像也有把握了,结合实际她想到班上不少同学平时考试成绩不错,但是面临一些大型考试(如全市统考)就心理紧张和焦虑,进而导致考试失常,进而她想到他们还要面临更重大的考试——高考。于是为了帮助学生克服考试中的紧张和焦虑,提高考试成绩,丁老师决定拟定一个课题:高中生考试焦虑的对策研究。但接下来该如何实施这项研究,丁老师却不知所措,并陷入一片迷茫之中……

　　你能给予丁老师一些有价值的建议吗? 通过本章的学习,相信你能从中找到答案,进而帮助丁老师走出迷茫。

当研究者确定了研究的选题之后,接下来该思考的就是"如何研究"的问题了。这里一个首要的任务就是详细规划教育研究活动的全过程,即将研究所必须的人力、财力、物力、信息等元素按照研究的内容、要求和客观现实构成一个包含时间安排序列、人员活动序列、信息传递序列在内的综合的运作系统。这一过程就是教育科学研究方案设计。教育科学研究方案是对整个研究的过程所做的全局安排。良好的方案是确保教育科学研究取得成功的重要前提。

第一节 教育科学研究方案设计的概述

教育科学研究方案设计是整个研究活动蓝图的绘制,其合理与否将直接影响到研究结果的科学性和可靠性,影响到研究预定目标的实现以及研究的质量和效率。可见,教育科学研究方案设计在不同研究的阶段都有着重要的意义。

一、教育科学研究方案设计的意义

教育科学研究方案设计对于整个研究的意义主要体现在研究前的整体把握、研究中的实施依据和研究后的总结反思三个方面。

1. 研究前的整体把握

研究课题的确定并不意味着研究目标和内容的明确、研究对象和方法的合理、研究思路和过程的可行。因为课题研究在实际实施过程中会牵涉到很多因素,以至于我们无法把握研究的重点,无法顾及具体研究中的一些细节。而教育科学研究方案的设计则需要研究者对课题研究的方向和进程形成清晰的认识,做到心中有数,有事可为,一步一步地走向预期的目标。这有助于研究者明晰研究的目标、内容、范围、方法、程序等,有助于研究成员对于研究课题的整体把握,使课题内容更加具体化、操作化,从而有助于研究有条不紊地展开,不至于在研究过程中走弯路。

2. 研究中的实施依据

一个课题,尤其是较大的课题往往不是凭一己之力就能完成的,而是需要多人共同协作才能完成。如果没有制订出统一的研究方案,研究人员可能各自为战、缺乏协调。教育科学研究方案设计则需要研究成员在相互交流沟通的基础上,制订出规划整个研究的具体步骤,对课题研究中涉及的人力、物力、财力和时间作出统筹安排,这就有助于课题组成员统一研究思路,相互协调,保证课题研究顺利开展。此外,成文的研究方案还可以作为同行间沟通的依据,以便征求建议与得到指导,有助于课题研究趋于完善。

3. 研究后的总结反思

由于课题研究是一个循环往复的过程,因此一个研究阶段的结束并不是研究的终止,而是下一个研究阶段的基础,甚至有时一个课题的结束往往是另一课题研究的开始。如此一来,就需要研究者对上一阶段或上个课题研究进行总结和反思。如果没有设计相关研究的方案,这种反思就显得随意和盲目,而书面的教育科学研究方案则有利于研究者对课题研究过程的反思及最终成果的评价工作,进而有利于以后研究的顺利开展、研究能力的不断提高。

二、教育科学研究方案设计的要素

尽管许多教师都认识到教育科学研究方案设计的重要意义,但是在具体操作中却不明白如何设计,出现诸如研究方案概念模糊、陈述混乱、没有整体规划、对后继行动缺少实际的帮助等问题(李哉平,沈江天,2009)。其中,最重要的原因就是不知道教育科学研究方案的要素究竟有哪些。因此,明晰研究方案设计的要素对于教育科学研究方案的设计非常必要。

随着国家对教育科学研究的重视,各级政府都有各式各样的课题,如全国哲学社会科学课题、教育部课题、省市级课题和区县级课题,并且不同级别的课题还有重点、一般和规划之分。不同级别和类型的课题对于研究方案设计的内容要求也不尽一致(见知识小窗3-1)。仔细研究发现,课题研究的方案尽管形式多样,但一般都包括研究背景、概念界定、研究目标、研究内容、研究方法、研究过程等几个要素。此外,研究对象和研究假设也涵盖在研究内容和研究方法内。

知识小窗 3-1   各级课题方案申报要求

全国哲学社会科学课题

一、课题设计论证:1. 本课题核心概念的界定,国内外研究现状述评、选题意义及研究价值;2. 本课题的研究目标、研究内容、研究假设和拟创新点;3. 本课题的研究思路、研究方法、技术路线和实施步骤

二、完成课题的可行性分析

三、已取得相关研究成果的社会评价,主要参考文献;课题负责人的主要学术经历;主要参加者的学术背景和研究经验、组成结构;完成课题的保障条件

四、预期研究成果

教育部人文社会科学研究项目

一、本课题研究的理论和实际应用价值,目前国内外研究的现状和趋势

> 二、本课题的研究目标、研究内容、拟突破的重点和难点
> 三、本课题的研究思路和研究方法、计划进度、研究基础及资料准备情况
> 四、本课题研究的中期成果、最终成果,研究成果的预计去向
>
> **上海市教育科学研究项目**
> 一、情报综述:国内外对本课题相关研究现状述评
> 二、课题设计论证:1. 本课题核心概念的界定,国内外研究现状述评,选题意义及研究价值;2. 本课题的研究目标、研究内容、研究方法、实施步骤;3. 本课题的关键问题和拟创新点
> 三、完成课题的可行性分析
> 四、负责人和主要成员曾完成哪些重要研究课题;科研成果的社会评价;完成本课题的研究能力和时间保证;资料设备;科研手段
> 五、预期研究成果
>
> **静安区教育科学研究项目**
> 一、立论依据:本项研究的理论价值和实践意义,国内外研究现状分析
> 二、研究方案:研究目标、研究内容、研究方法、研究过程、本项目拟解决的关键问题和特色创新之处
> 三、完成研究的条件分析:包括现有的研究工作基础、研究的外部条件,课题组人员结构,研究经费、设备等
> 四、成果形式:最终完成时间,阶段成果,最终成果及其形式

第二节 教育科学研究方案设计的要素:概念、目标、内容和假设

在明晰了教育科学研究方案设计要素的基本情况后,接下来就需要进一步探讨与"做什么"相关的四个要素,这就是核心概念的界定、研究目标的明确、研究内容的拟定和研究假设的建立。

一、界定核心概念

核心概念的界定是指对课题研究中的关键概念进行明确界定,以避免不同的人从不同的角度来理解所产生的歧义,同时还是课题的管理者按照研究者规定的范围来评价该项研究是否合理的依据。

一般而言,对概念界定的常用方法有两种:一种是概念性定义,另一种是操作性定义。概念性定义也称抽象定义,是根据概念或假设的特征来界定概念和变量的内涵,以凸

显被界定概念和变量的本质特征。操作性定义用具体的事件、现象、方法或能够直接感知的东西来界定研究变量,多采用经验方法,它着重界定变量的外延或操作项目、过程和步骤(董奇,1992)。比如,用韦氏智力测验分数代表学生智力水平,用各科成绩的平均数代表学生的学习成就,用学生到校率、迟到和早退的次数与时数、上课认真听讲情况、作业完成的认真程度等具体和可感知的现象代表学习态度(董奇,1991)。再如,对"当代青少年理想的调查研究"课题中,关键的概念是理想,就概念性定义来说,理想是指与美好愿望相联系、有可能实现的想象。尽管这一内涵界定也很重要,但仅此还不能说研究的问题是明确的,需要进一步给出操作性定义,如可将理想概念化为个人理想、家庭理想、社区理想和社会理想,这就将问题明确化、具体化、可操作化了。正因为操作定义在课题确定和具体研究中的重要意义,所以布里奇曼(Bridgman)于 1923 年提出操作分析方法(即操作性定义)后,曾于 1971 年被美国《科学》杂志列为世界五大哲学成就之一。随后,巴克拉克(Bachrach,1981)指出,操作性定义是科学研究基本的要求,而德鲁和哈德曼(Drew,Hardman,1985)更认为,操作性定义是提炼问题的关键,而且在研究之初必须进行操作性定义(转引自 Green,1992)。值得注意的是,不管采用何种方式界定,一定要尽可能借鉴相关的权威观点,而不能闭门造车地随意创造出一个新概念来。

布里奇曼(P.W.Bridgman,1882—1961)
美国实验物理学家、科学哲学家,操作主义的创始人,获第 46 届诺贝尔物理学奖。在《现代物理学的逻辑》(1927)里提出了"操作性观点"(operational point of view)的概念。

二、明确研究目标

研究目标是对整个研究内容的高度概括,指的是对课题研究所要达到某种研究结果的概括性预期。在表述研究目标时一般可以从理论目标和实践目标两个方面入手。所谓理论目标指的是课题研究在理论上能达到的预期结果,如"深入探究教师情绪智力的概念,揭示其内涵和特点";而实践目标指的是课题研究在具体实践上能达到的预期结果,如"探寻教师情绪智力的干预措施,提升教师情绪智力水平"。在具体行文中需要具体、明确,并且可以采用"揭示""了解""探索""构建""形成""建立"等常用词语,如课题《针对小学生差异开展爱国主义情感教育的研究》原先的研究目标:"① 使各层次学生的爱国主义情感得到较好的培养;② 使广大教师较好地掌握在爱国主义教育中针对学生不同基础和特点开展教育活动的方法。"可以改为"探索在小学生中进行爱国主义情感教育时,针对学生不同的基础和特点,有区别、分层次地开展教育活动的途径、方法"(祝庆东,2011)。在具体的实践中,一些教师往往会出现用行动目的代替研究目标,研究目标过大、过空,以及条目过多、过杂等问题,这就需要我们明确研究目标撰写的具体要求,并多借鉴一些范例加以练习。

实践探索 3-1　　研究目标表述中的常见问题分析

1. 用行动(工作或教学等)目的代替研究的目标

例:"九年一贯制学校开展环境教育的实践研究"

原有目标:使学生获得环保的基础知识和观点;从小培养学生的环保意识与责任感;使学生懂得最基本的环境伦理;使学生懂得如何保护环境。

改后目标:通过学校环境教育的开展,探索行之有效的环境教育的内容、途径、策略和方法。

2. 目标过大、过空

例:"二期课改背景下校本资源库建设的实践研究"

原有目标:探索并总结信息化时代,如何改革传统教育思想和模式,总结学生学习的方法和经验;大面积提高教师应用现代教育技术的水平。

改后目标:通过本课题的研究,探索校本资源库建设的分类方法、管理流程以及服务方式,为教师教学提供丰富、高效、多样化的网络资源和平台。

3. 条目过多、过杂

例:"高中地理学科学生自主学习的教师指导研究"

原有目标:研究地理教学过程中,学生自主学习中产生的各种问题和现象,找到问题的根源;探索符合学习实际的地理课题教学模式;完善校本课程建设、管理,提出对策建议。

改后目标:调查研究地理学科学生自主学习的现状和问题;探索地理课题教学中学生自主学习的教师指导对策与方法;研究课外地理活动中,学生自主性学习的教师指导策略与方法。

(陈宇卿,2011)

三、拟定研究内容

研究内容是研究目标的具体化,指的是为达到研究目标所要开展的具体研究。拟定研究内容时要首先考虑与研究目标的内在联系,并从研究课题结构上分析,其包括几个子课题,子课题又包括几个部分,如此逐一分解最终形成研究内容序列。例如:"导学式初中语文大单元教学模式的研究",研究的内容主要是构建大单元教学模式教学中的"八课型","八课型"也就是子课题。"八课型"是指"预习课""教读课""自读课""回读课""延伸课""活动课""作文课""测评课"几个部分,每一个课型均有学校课题组分别研究形成丰富多彩的、多种多样的教学活动形式(模式)。最终构成了大单元教学模式的主体内容。总之,在拟定研究内容时,要注意其与研究题目、研究目标之间的内在联系,同时还要兼顾研究内容之间的逻辑性,使研究内容呈现出层次感。

> **实践探索 3-2**
>
> **"高考'3+X'实施对中学化学教学影响的研究"的基本内容**
>
> 本课题研究的中心是采用现代教育研究的理论和方法真实地、科学地研究高中学生的学习心理变化,以及对化学成绩的影响,在现代理论的指导下探索出一套有效提高化学教育教学水平的新思路、新做法,具体内容包括以下三个方面:
>
> 1. 以调查问卷和数据统计方法,以较大范围的观察对象,连续三年跟踪观察,力求揭示在"3+X"实施前后高中各年级学生对化学学科学习动机、学习兴趣、学习负荷等方面心理变化规律。
>
> 2. 通过数据跟踪搜集、统计,比较高考"3+X"实施前后会考和高考成绩的变化情况,分析"3+X"实施前后学生学习成绩的变化,从而探索现行教学模式和学生学习状态对高考"3+X"的适应性。
>
> 3. 在分析学生学习心理和学习成绩变化的基础上,结合当前教育教学改革的精神,在现代教育理论的指导下,探索如何提高高中化学教育教学水平的各种教学活动形式,并在此基础上力求形成一些符合当前教改形式并切实可行的教学模式。

四、建立研究假设

国家级的课题,如全国哲学社会科学的课题不仅需要研究者拟定反映研究结果预期的研究内容,还需要研究者针对研究结果设想出一种或几种可能的结论,这就涉及研究假设的问题。事实上,无论是哪一类研究都是需要假设的,尤其是量化研究,其假设还应该包括变量。

1. 研究假设的概念及分类

(1) 假设的概念

假设(hypothesis)是根据研究者所掌握的知识,在进行研究之前对研究变量之间关系作出的一种推断。假设具有以科学理论与实验为基础的科学性和推测性。例如,研究初中生亲子、同伴、师生关系对学业的影响中,研究者可以假设良好的亲子关系会对学生的学业产生积极的影响。对各种教育问题和现象所作的尚待证明的初步解释都属于假设。研究假设具有以下三个特点：① 研究假设必须是针对所要研究的问题而作出的尝试性的理论解答，它不同于一般的理论解释；② 研究假设必须能够由经验事实来检验；③ 研究假设必须与有效的观测技术相联系，如果不能准确地观察和衡量就无法证明或否定研究假设。

> **知识小窗 3-2　　　　研究变量的概念及分类**
>
> 　　变量(variable)是指在数量上或质量上可变的事物。在教育科学研究中，这个事物可以是研究中的条件、现象、事件、特征、属性等。教育科学研究涉及的变量是大量的、多种多样的。根据不同的标准可以分为许多类型。
> 　　1. 自变量与因变量　　根据变量之间的因果关系，变量可分为自变量和因变量。自变量(independent variable)是由研究者主动操纵而变化的变量，能独立变化并引起因变量变化。因变量(dependent variable)是由自变量变化引起变化的变量，是研究中需要观测的指标。在教育实验研究中，自变量即为刺激变量，因变量即为反应变量。如在研究父母不同教养倾向对高中生心理健康的影响中，父母的教养倾向是自变量，高中生的心理健康水平是因变量。
> 　　2. 主体变量与客体变量　　以研究对象为主体，变量可分为主体变量与客体变量。主体变量(subjective variable)指存在于研究对象主体身上的各种变量，如性别、年龄、教育水平、性格等；客观变量(objective variable)指存在于研究对象主体以外的各种变量，如团体气氛、他人行为、态度等。
> 　　3. 直接测量变量与间接测量变量　　根据是否可直接对变量进行测量，变量可分为直接测量变量和间接测量变量。直接测量变量(direct metrical variable)主要指如年龄、身高、体重、受教育年限、学习成绩、教学方法、学习时间、家庭结构等可以直接通过测量获取的外部客观事实或现象；间接测量变量(indirect metrical variable)主要指如动机、智力、态度、友谊、价值观念等无法直接通过观察、测量获得的内部心理状态或过程。
> 　　4. 操作性变量与非操作性变量　　从变量是否可由研究者主动加以操作角度划分，变量可分为操作性变量与非操作性变量。操作性变量(operational variable)指研究者可主动加以操作的变量，如教学方法、惩罚方式、学习次数、奖品数量、学习内容等；非操作性变量(non-operational variable)指在研究前已存在或研究时研究者无法主动加以操作的变量，如年龄、生理成熟过程、性别、社会地位、家庭结构、父母职业、受教育水平等。在实验研究中，自变量是研究者必须主动加以操作的，但是在其他研究中，如涉及自变量，则无法主动加以操作，而是能进行测量。
> 　　5. 相关变量和无关变量　　根据变量是否对研究结果产生影响，变量可分为相关变量和无关变量。相关变量(relevant variable)指对因变量产生影响的变量，主要是指研究者所要研究的自变量和研究者不研究但却对研究结果产生影响的额外变量(extraneous variable)。无关变量(irrelevant variable)指对因变量不产生影响的变量。如研究父母不同教养倾向对高中生心理健康的影响中发现，具有相同教养倾向的高中生的心理健康存在差异，需要考虑学生本人的个性特质等其他原因是否会对其心理健康产生影响。此时，个性特征就是额外变量，虽然不是研究者所研究的自变量，但它对研究结果产生了影响。学生的姓名等因素不会

对其心理健康产生影响。

> 关于变量的分类,需要指出的是:其一,上述五种分类是按五个不同标准进行的,因此,各类别之间并非各自独立,而是相互交叉的。例如,研究父母不同教养倾向对高中生心理健康的影响,父母的教养倾向是自变量、主体变量、间接测量变量和可操作性变量;其二,除上述分类外,还可以从其他角度进行分类,如定性变量与定量变量、间断变量与连续变量、简单变量与复杂变量、具体变量与抽象变量等。

(2) 假设的分类

按研究假设的性质,可分为特定假设、一般假设和虚无假设三种。

① 特定假设 是推测特定对象之间关系的假设,指向个别的、具体的、特定的事例。如"在口头表达能力上,甲班学生要比乙班学生口头表达能力强"。这个假设中,甲班学生和乙班学生是特指的,不能推论到其他班级。

② 一般假设 是推测一般种类之间关系的假设,指向普通的、抽象的、可推广的事例。如"在口头表达能力上,男生比女生的口头表达能力差"。尽管在实验过程中,选取部分男生和女生作为样本进行研究,但其研究结果可以推广到同类的男生和女生中。

③ 虚无假设 是推测某种不存在的、无倾向的关系假设,指向中性的、无差异的、无区别的事例。虚无假设在表述上大多采用某变量与某变量之间"无差异""不相关"等形式来陈述变量之间的关系。如"在口头表达能力上,男生与女生无差异"。虚无假设一般不反映研究者对研究结果的期待,虚无假设的本意是想通过事实的检验来否定虚无假设,结果的倾向性也就明显地显现出来。

按假设在表述变量关系时所具有的倾向性,可以分为定向假设和非定向假设。

① 定向假设 即在陈述中示意假设结果的预期方向,指出变量之间差异的特点和倾向。采用定向假设比较符合人们的思维习惯,易于理解和讨论。如"男生的推理能力比女生的推理能力强","学生的学习动机强,则学习成绩好"。

② 非定向假设 即在陈述中不提及假设结果的预期方向,而是期望通过搜集数据、检验结果来揭示变量间差异。如"6岁男孩的利他行为和女孩的利他行为有着显著差异"。若这个非定向假设被搜集到的事实数据接受时,我们便可以从实际的男生和女生利他行为的平均次数上进一步判定其方向性,得出研究结果。

2. 研究假设形成的条件

科学研究假设的形成是从观察发现到理论发现的中介环节,是由个别特殊的发现过渡到普遍一般发现的方式。一般需要经过下列步骤:首先,要在搜集一定数量的事实、资料基础上,提炼出科学问题。其次,寻求理论支持,形成初步假设。为了回答问题,要充分运用各种有关的科学知识,并且灵活地展开归纳和演绎、分析和综合、类比和想象等各种思维活动,形成解答问题的基本观点,而这种观点常常表述为新的科学概念,并以此构成假设的核心。最后,要推演出相关现象的理论性陈述,使假设发展成比较系统的形态,具有严谨的系统和稳定的结构。在课题申报书写作过程中还要与研究目标和研究内容联系起来,针对课题的研究目标和内容逐一建立假设,如实践探索3-3中每一个研究假设都是针对相应的研究目标与内容来建立的。

实践探索 3-3

全国教育科学"十一五"规划教育部重点课题——
我国青少年情感素质现状、发展及培养的研究目标、内容与假设

研究目标与内容	研究假设
1. 对情感素质概念的特征、内涵和结构进行理论界定和论证	1. 从心理层面来讲,情感素质与认知素质一样,具有特定的心理品质和发展规律,是一个有具体指向性的心理研究领域和概念体系,具有其特定的概念特征、内涵和结构
2. 编制符合心理测量学标准的中国青少年情感素质测量表,调查我国青少年情感素质现状和发展特点	2. 虽然情感素质的结构及其心理成分错综复杂,但心理研究的进展使从心理测量学的角度对其进行科学的测量具有可行性
3. 揭示影响我国青少年情感素质形成和发展的主要因素及其作用机制	3. 多种因素对青少年情感素质的综合影响具有一定的规律性,可以对其从心理机制的层面给予论证和揭示
4. 探索有效促进青少年情感素质形成的培养模式,从理论和实践的层面构建有效的培养途径及其适当的教学策略	4. 青少年情感素质的发展可以通过适当的教育进行优化
5. 探讨青少年情感素质的发展对青少年全面发展的作用和价值及其情商素质对其他素质的影响	5. 优化青少年情感素质的教育系统具有自身的特征和机制,可以通过教学模式和教学测量进行阐明和规定

研究者要进行理论构思、形成科学假设,其自身需要具备以下三个基本条件:
① 丰富的背景知识　研究者需了解不同的学科知识,掌握与研究课题有关的

材料等。比如,要研究班集体的结构和形成特点,就要懂得教育学、心理学、社会学等知识,善于分析班集体中的群体关系、非正式结构,以及由于性格、气质等方面原因而互相吸引的原因。

② 扎实的经验基础　研究者要有目的地、系统地研究整理有关教育教学的各种资料和经验,以及参加教育教学实践。要把握社会发展的需要和时代的走向,洞察现实存在的弊端,了解有关领域国内外研究的基本情况,以及相关领域的研究成果。这是形成假设的源泉,它为假设的形成提供认识论依据。

③ 科学的思想方法　研究者要有辩证唯物主义与历史唯物主义观点。描述性的经验代替不了科学规律,为此以描述性的经验为出发点,运用逻辑工具,导出假设命题,有可能是经验规律的补充,如果得到实践验证,那么经验就上升为理论,达到本质的认识。假设可以通过类比、归纳、演绎等方法获得,关键在于是否掌握科学的思想方法论。

第三节　教育科学研究方案设计的要素：对象、方法和过程

明确了教育科学研究方案设计中与"做什么"相关的四个要素后,接下来就该设计"如何做"的问题,其主要包括研究对象的确定、研究方法的选取和研究计划的制订三个要素。合理的取样方法、研究方法和研究过程不仅可以保证研究结果的科学性和可靠性,而且还可以使研究事半功倍,节省人力、物力、财力及时间。

一、确定研究对象

任何科学研究必须确定研究对象,尔后方能依据对象来选择资料搜集及数据分析的方法。教育科学研究也不例外。教育科学研究的对象非常广泛且数量庞大,但囿于人力、物力、财力等条件的限制,研究者们不可能也没有必要对全部教育对象都做研究,而仅需从中选取部分具有典型意义的对象来研究。那么,如何选取具有典型意义的研究对象呢?这就涉及统计学上的一个术语——"取样(sampling)"。所谓取样是指在总体(population)中依据一定的规则只抽取部分个体(即样本)作为研究对象,并利用样本(sample)包含的信息去推断总体特征的过程。在这里,总体指的是研究对象的全部个体,而样本指的是从总体中抽取的部分个体所组成的集合。

知识小窗 3-3　　　　　取样的基本原理

某研究者想了解某市中学生的心理健康状态，但由于全市中学生的数量太大，不可能对每个学生都进行逐一测量，研究者仅需在该市中学生总体中按照一定的规则抽取部分学生对其进行心理健康状态的调查，然后将得出的研究结论推断全市中学生的心理健康状态。假设该市中学生总体为 39 000，从中随机抽取 2 000 人进行心理健康状态调查，获得结果为心理健康状态良好，从而可以推断全市小学生心理健康状态也良好。本例中 39 000 为总体，2 000 为样本。取样的原理如下：

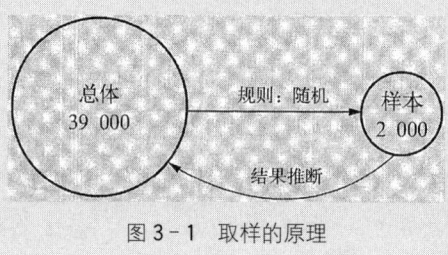

图 3-1　取样的原理

1. 研究对象取样的类型

研究对象选取的方法很多，但依据取样规则是否遵循随机化的原则（即取样时要保证总体中的每个个体被抽中的概率相同），可以将对象选取的方法分为随机取样和非随机取样两大类。

（1）随机取样

随机取样（random sampling）是指在选取样本时遵循随机化的原则，主要方法有：简单随机取样、系统随机取样、分层随机取样和整群随机取样等。

① 简单随机取样（simple random sampling），又称纯随机取样，是指对研究总体不作任何分组处理，按照随机化的原则直接从总体中抽取样本的方法。在简单随机取样中总体里的每个个体被抽中的概率都是相同的。简单随机取样主要通过以下两种方式来实现：一是抽签，首先给总体中的每个个体编上号并做成签，然后将全部的签充分混合后，从中随机抽取所需的样本数，被抽到的签对应的个体就组成了所需的样本；二是采用随机数字表，首先将总体逐一进行编号，然后在随机数字表中任意规定取样的起点和取样的顺序，再依次把最后几位数字小于总体编号的数字选出，最后将抽到的号码对应的个体组成样本。

虽然简单随机取样简单易行，而且在理论上最符合随机化的原则，保证每个个体被抽到的概率相等，从而能够选出具有代表性的样本，但是这种方法在具体操作中也有一些局限，如当总体量成千上万时，要将每个个体都编上号是非常繁琐的。同时简单随机取样还忽略了总体内部的特征,有时容易导致取样偏向。例如在高中文科班级中共有50名学生,其中男生10名,女生40名,如果采用简单随机取样的方法抽取10名学生作为样本,样本中就很有可能全部是女生。

② 系统随机取样(systematic sampling),又称等距取样或机械取样,是指把总体中的每个个体按顺序排列编号后,先确定第一个样本的编号,然后依据固定间隔抽取样本的方法。固定间隔即为抽样比率,其计算公式为 $k=N/n$(k 为抽样比率,N 为总体数,n 为样本数)。例如,某教师为了解本校1000名高一新生的兴趣爱好,需要从中抽取100名学生作为样本,抽取比率为1000/100=10,按照学生的学号,首先确定第一个样本的编号,比如这个编号是6,然后依据抽样比率进行抽样,则抽取的编号分别为6,16,26,36,……,直至编号600。需要注意的是第一个样本的编号不能大于抽样比率。

系统随机取样比简单随机取样的操作更为简单易行,并且由于能比较均匀地抽到总体中各个部分的个体,从而比简单随机取样更具样本代表性,因此在实际生活中的运用较为广泛。然而由于系统取样本身具有周期性的特点,如果在遭遇总体中个体的排列具有某种顺序(如男性编号为奇数、女性编号为偶数)以及个体排列具有与抽样间隔对应的周期性分布时,则容易产生取样偏差。例如,欲考察某地区高三学生考前焦虑状况,而该地区有一所重点高中三年级学生100人,依据总体及样本容量要求,抽样比例为200,重点高中学生的编号刚好为308—408,若选定第一个样本的编号为9,那么抽到的编号为9,209,409,509,……,如此一来,重点高中的学生一个都没有抽到。因此,在采用系统随机取样时首先必须考察总体排列的顺序特征,通过改变样本第一个编号或抽样比率来克服周期性问题对抽样造成的偏差。

③ 分层随机取样(hierarchical sampling),又称分类取样或配额取样,是指依据总体已有的某一特征,将总体分成若干层,然后依据各层在总体中所占的比例确定每一层的样本量,最后分别在每一层中采用随机的方式选取样本的方法。例如,采用上述容易导致简单随机取样产生偏差的例子,高中文科班级中共有50名学生,其中男生10名,女生40名,拟抽取20人作为样本。首先依据性别将总体分成男生和女生两层,然后依据各层在总体中的比例确定每层的样本量,男生层样本量为 $10\times 20/50=4$ 人,女生层的样本量为 $40\times 20/50=16$ 人,然后再随机从10名男生中随机抽取4人,从40名女生中随机抽取16人,此20名学生就构成了样本。

分层随机取样充分利用总体的已有特征,从而使抽取样本的代表性更强,因而是一种非常实用的抽样方法。但是值得注意的就是分层的标准问题。一般而言,按照某一特征分成的各层间差异越大越好,而每一层内部个体间的差异则越小越好。

④ 整群随机取样(cluster sampling),又称聚类取样,是指依据总体已有的某一特征(班级、区域)划分为若干子群体,然后采用随机的方法从总体中抽取几个子群体的全部个体作为样本的方法。整群抽取的单位不是个体,而是整个子群体。例如,要考察某学校高一学生情绪智力对学习倦怠的影响,假设该学校高一共12个班级,可以随机抽取3个班级(子群体)的所有学生都作为此次调查的样本。

整群随机取样由于是对子群体的全部个体都进行教育研究,因此在组织和实施时都比较方便,这就可以简化抽样的过程,降低取样的人力、物力和财力。尤其是进行教育干预的实验时,不会因为研究打乱原有班级的结构,也不会打乱正常的教学秩序。但是如果子群体在总体中分布不均匀,则会降低样本的代表性。例如,如果上述例子中12个班级都是平行班,那么抽取样本的代表性就很强,但如果其中有2个班级是重点班,而如果抽取的3个班级都是普通班或者都是重点班时,则样本的代表性就比较差。

> **知识小窗 3-4　　整群随机取样和分层随机取样的异同**
>
> 整群随机取样和分层随机取样既有相似之处又有不同。相似之处是这两种方法的第一步都是根据某种标准将总体划分为一些子群体。不同之处是分层抽样要求各个子群体之间的差异较大,而子群体内部差异较小;整群随机取样则要求子群体之间的差异较小,而子群体内部差异较大。换言之,分层取样是用代表不同子群体的子群体来代表总体中的群体分布,整群随机取样则是用子群体代表总体,再通过子群体内部样本的分布来反映总体样本的分布。
>
> (黄希庭,张志杰,2005)

(2) 非随机取样

非随机取样(non-random sampling)在选取样本时不遵循随机化的原则,而是根据研究者的主观意愿和判断或根据选取条件是否方便来取样,主要方法有:方便取样、立意取样、定额取样和滚雪球取样等。

① 方便取样(convenience sampling),又称偶遇取样,指的是以研究者取样方便为原则的取样方法。如某教师想了解当前中小学教师职业倦怠的现状,可以选择与他一起参加寒暑假进修的中小学教师为该次调查的样本。又如质性研究中的对某些典型案例、极端个案分析时,一般也是采用此种方法选取身边易于研究的个体。方便取样可以节省大量人力、物力和财力,并且操作简单易行,但是这种取样方法偶然性很大,因此样本的代表性不高。

② 立意取样(purposive sampling)，又称主观取样，指的是研究者根据自己的主观判断来选择和确定所需样本的方法。例如，为寻求提升中小学班主任情感素质的方法，可以选择优秀班主任为样本，通过访谈归纳出提升中小学班主任情感素质的策略。立意取样可以充分发挥研究者的主观能动性，有目的地选择对研究更富有意义的样本，但是此种取样方法要求研究者具有丰富的研究经验，对于参与研究不多的研究者不建议使用。

③ 定额取样(quota sampling)，又称配额取样，指的是研究者依据可能影响研究变量的因素(性别、年级、文理等)将总体中的所有个体先分层，然后根据比例计算出各层的样本数，最后对每一层分别取样，但取样的方式不是随机的，而是依据研究者的方便或主观意愿。定额取样和分层随机取样的第一步都是一样的，即根据已有信息把总体分成若干互不相交的层，但在第二步的取样上，分层随机取样采用的规则是随机，而定额取样则是非随机。例如，采用分层取样中的例子，在对 10 名男生中抽取 4 人和从 40 名女生中抽取 16 人时，不是按照随机的方式，而是由研究者自己决定，即为定额取样。

④ 滚雪球取样(snowball sampling)，指的是在已经抽取的部分个体的帮助下，获得更多研究对象的方法。例如，某研究想了解师范毕业生的就业倾向，但是由于他们大多处于实习阶段，不便于调查，可以采用网络问卷的方法，将网址发到几位师范毕业生 QQ，然后要求他们将网址转发给其他同学，以此类推，像滚雪球一样最终获得更大的样本量。滚雪球取样在利用网络问卷的今天使用很广泛，但是此种取样方法的质量很容易受到被试帮助程度的影响。如上例中，最先选取的个体中女生热心帮忙，而男的则不够，如此一来则容易产生女多男少的情况，使样本代表性出现偏差。

2. 研究对象取样的原则

取样的目的是为了减少人力、物力和财力，但必须以准确推断总体的特征为前提，这就要求选取的样本能最大程度地反映总体的真实情况，否则所得的研究结果就不可信了。因此，为提高研究质量，在选择取样的具体方法时，要切实了解和掌握各种取样方法的优缺点及适用条件，并在遵循取样基本要求的基础上兼顾以下两个原则。

学术研究 3-1　　　　　　取样的基本要求

1. 总体范围的确定

取样，首先要明确规定抽样的总体范围。一般来说，研究课题和研究目的决定了总体的范围。如，"上海市区初中学生身体素质的调查"这个课题的总体就是上海市区全体初中预备班至初三的中学生，不包括

> 郊县的初中生。如果总体范围不很清楚,在取样前应对总体作出明确的规定。否则,会对抽取样本和研究结果的推断造成麻烦。通常研究课题的确立就已基本框定了总体范围,研究者要考虑的是为什么要确定该总体的理由,以及研究的预期效果和可行性问题。
>
> 2. 取样的随机化
>
> 取样要尽可能做到随机化(randomization)。随机化是指总体中的每个个体被选入样本的概率(probability)不为零。也就是说,总体中的每一个个体入选的机会均等。随机是科学研究的基本原则。取样的随机化是一种精确而科学的过程,是科学研究结果可靠性的保证,可以避免研究者自觉或不自觉的偏见。抽签、摇奖就是根据取样的随机化原理设计的。严格的取样必须是随机的,这样可避免研究者的主观倾向或人为因素造成的取样偏差(sampling bias)。
>
> 3. 样本的代表性
>
> 样本的代表性指样本应具备总体的性质或特征,样本能在较大程度上代表总体。样本研究的关键在于取样和推论,取样是推论的先决条件,样本的代表性会影响研究结论的可靠性和研究结论的推断程度。代表性越高的样本,其研究结果的普遍性就越大;反之,如果样本没有代表性往往会导致研究的失败。
>
> 4. 合理的样本容量
>
> 样本容量又称样本大小,是指抽取样本的具体数量。样本数量的多少是研究无法回避的问题,是研究设计中重要的一环,也是比较困难的一件事。它既要符合研究目的、内容,满足教育统计的要求,又要考虑取样的可能性,并使误差减少到最低限度。一般来说,样本数越多,代表性越好,但是增大样本,势必增加研究的人力、物力、财力,增加研究的难度,造成不必要的浪费。如果样本数太小,则取样误差较大,样本不能代表总体,不利于统计分析,影响研究效果。样本数量究竟多少为宜,这是一个复杂的问题。我们很难说出一个确定的数字,样本数量要从多个方面综合起来考虑。
>
> (陶保平,2004)

(1) 目的性原则

所谓目的性原则是指在选择具体取样方法时要根据研究的目的来选择适当的取样方法。一般而言,教育科学研究都是根据较小样本的研究结果推论到更大的总体,从而得到某一群体的概括性陈述,即研究结果的推广性。如果研究的目的是研究的推广性较大,则需要选择随机取样的方法,而如果推广性要求不是很高,则可以选择非随机取样的方法。例如,某教师想了解全国中小学生心理健康状况,这项研究要求抽取的样本的信息能反映全国中小学生的情况,因此需要采用概率抽样的方法,如分层随机取样,这样才使样本能更真实反映总体的特征。若研究者采用非概率取样,如方便取样,则很容易产生样本偏差,并影响到最后结果的推论。

(2) 经济性原则

所谓经济性原则是指在选择具体取样方法时要以节省人力、时间和费用等为前提来选择取样方法,即以最少的资源获得最大信息。取样就是因为种种条件的限制不能对总体进行逐一研究时应运而生的,因此取样的首要目的就是为了节省人力、时间和费用等。例如,还是上述例子,如果对全国中小学生逐一进行调查,这确实能真实反映总体的情况,但是那样将要动员相当多的人,花费一笔很大的费用去调查,尔后还要对所有资料进行整理及分析,那又将耗费很多时间,但最终的结果或许和只抽取部分样本所得到的结果一致,有时还会因为中间过多繁琐环节而导致失误。

> **实践探索 3-4　　　取样中的"泰坦尼克号"事件**
>
> 1936 年,美国进行总统选举,竞选的是民主党的罗斯福和共和党的兰登,罗斯福是在任的总统。美国权威的《文学摘要》杂志社,为了预测总统候选人谁能当选,采用了大规模的模拟选举,他们发出了 1 000 万份调查表,回收了 200 万份,预测兰登当选并大力进行宣传。而刚刚起步的盖洛普公司通过自己另行抽取的 5 万名所得的资料,认为罗斯福获胜。结果如下:
>
> | | 罗斯福得票率 | 兰登得票率 |
> | --- | --- | --- |
> | 《文学摘要》 | 43% | 57% |
> | 盖洛普公司 | 56% | 44% |
> | 实际选举结果 | 62% | 38% |
>
> 最终这个调查使在 1936 年以前美国发行量最大的杂志——《文学摘要》威信扫地,不久只得关门停刊,后来盖洛普公司嘲笑《文学文摘》杂志说:"用两匹马来拉的车,用 50 匹马来拉是无用的。"《文学摘要》这次失误被人们称作抽样中的"泰坦尼克号"事件。

值得注意的是,以上两个原则在具体实施过程中很多时候又是相互矛盾的,因此一个好的抽样设计应将两者很好地权衡,既考虑研究的目的,同时也要出于经济的方面考虑,选出适合自己研究的最优取样方法,以提高样本的质量。

二、选取研究方法

一门学科的发展在很大程度上依赖于该学科研究方法的发展,教育科学研究也不例外。教育研究方法的进步对于教育科学研究具有巨大的推动作用和促进意义,正如巴甫洛夫所说:"科学是随着研究方法方面的成就前进的。研究方法每前进一步,我们就登高一个台阶,于是我们就看到许多新事物,看到更辽阔的远景。"然而,研究方法毕竟是工具而已,只有恰当地使用它,才能更好发挥其在服务于教育科学研究中的积极作用。这里就存在一个在教育科学研究的过程中能否正确选择恰当的研究方法的问题。正确选择恰当的研究方法会产生事半功倍的研究效果,反之,则会影响研究的效果和效率,甚至可能给研究带来错误的结论或负面的影响。而要做到正确选择恰当的研究方法,就必须首先认识各种研究方法,了解它们的运用利弊,掌握选择方法的一些原则。

1. 常用研究方法的比较

教育科学研究方法有很多种,本书重点介绍了实验法、调查法、质性研究法和行动研究法。每种方法都有着自己的优点,同时也有它的局限性。

(1) 教育实验研究法

教育实验研究法是教育科学研究的一个重要方法,是指研究者按照研究目的,合理地控制或创设一定条件,人为地变革研究对象,从而验证假设、探讨教育现象因果关系的一种研究方法。

教育实验研究法有着自己独特的优点,表现在:① 实验研究法是唯一能真正检验因果关系假设的研究,它通过控制无关变量,可以揭示自变量与因变量间的因果关系,比如,在语文学科的阅读教学中,要比较自学辅导法和情境教学法对提高中学生阅读水平的效果,我们需要控制学生学习能力、知识水平等无关变量的影响,来揭示自变量(两种教学法)与因变量(学生阅读水平)之间的因果关系;② 教育实验法通过人为地创设一定的情境,从而达到对自变量进行操作以及对额外变量进行严格控制的目的,使精确的教育教学方案改革成为可能,如在物理、化学、生物学科中,教师的演示实验、学生验证性实验、学生获得性实验,每种方式的特点、适用的范围条件与培养学生实验能力间有什么关系,这就需要通过科学的实验设计才能比较和检验自变量与因变量的关系;③ 实验法具有很强的可操作性,为教育理论提供了一条运用于实践过程的操作程序,教育实验过程本身就是教育教学的操作过程,这套操作过程如果证明有效的话,便可以直接用于教育实践中。

教育实验法也存在一些缺点,主要表现在:① 一般而言,实验研究适合于研究自变量数目较少且清晰、能对自变量水平进行划分和操作的问题,如教学方法与学生学习倦怠之间的关系,可以通过比较几种典型的教学方法(如讲解法、讨论法等),研究其与学生学习倦怠之间的关系。而对于学生的家庭教养因素对学习倦怠的影响是不适合用实验法去研究的,因为涉及的家庭教养因素变量过多且不宜划分变量水平;② 实验法通常是在人为的情境中完成的,通常这样的情境与自然状态下的教育情境是有很大区别的,所以实验法获得的结论有时很难推广到现实情境中,这就是实验法的外部效度问题,通常经过严格控制的教育实验均会导致外部效度较低;③ 实验法的科学性与现有的实验工具和分析手段的先进性是分不开的,现有的实验工具和分析手段还不能十分准确地测量教育情境下的各类复杂行为,导致实验数据偏离真值或系统误差较大,降低了实验法的内部效度。

需要补充说明的是,实验的内部和外部效度是相互制约的,为了获得较高的内部效度,研究者必须严格控制额外变量。但对实验的控制可能使研究情境带有较大的人为性,使外部效度受到影响,所以在研究中必须权衡这两种效度。如果研究者的目的主要是确定两个变量之间因果关系,那么就应侧重内部效度;如果以往的研究已确定变量间的因果关系,那么评价这种因果关系的外部效度对研究者而言就相对重要了。

(2) 教育调查研究法

教育调查研究法是一种研究者通过适当的方式对研究对象的心理现象和行为表现进行有目的、有计划、系统研究的方法。目的是全面地掌握所要研究问题或对象的情况。

教育调查研究法有着自己独特的优点,表现在:① 调查法是一种间接地研究教育现象的方法,不必在教育现场进行即时的观察,不像观察法那样直接用感官感知现实,不受现场条件及时间的限制,比较灵活机动;② 调查法的途径多样,既可以通过细致的访问、座谈等方式深入地研究某些事物与现象,又可以采用问卷、测验等手段对某些事物与现象进行区域性的、大范围的调查研究,也可以两者结合;③ 运用调查法时要求制订严密的计划,慎重地选择调查对象,科学地处理分析调查结果,并对调查时可能遇到的情况和可能参与进来的外来因素有一定的预见和估计,所以调查法具有严密性的特点。

教育调查研究法也存在一些缺点,主要表现在:① 研究中不能主动控制条件,研究人员对研究对象不能进行任何形式的干涉和影响,因此只能提供教育现象之间可能存在的因果关系的线索,并不能直接确定因果关系的存在;② 调查中所获得的信息来自于被调查者的作答,其真实性与可信度有时可能会受到一些环境条件等客观因素和被调查者作假等主观因素的影响;③ 调查对象必须有一定的代表性,如果任意确定对象或调查样本太小,就会影响结果的可靠性。

随着我国教育的发展和改革的不断深入,教育调查因其灵活、多变和严密的特点,多被教育研究者采用。通过调查,一方面我们可以为教育第一线的实际工作者提供经验教训,以更好地改进工作,提高教育质量;另一方面,所获得的资料可以作为各级教育行政部门制定政策、法令、法规和制订教育发展计划时的依据和参考。

实践探索 3-5　　　　　　调查研究实例

1994 年,某地教育局为对如何减轻学生过重的学习负担提供依据而组织教师对该区初中生和小学生学习负担进行调查。参加研究的教师在全区范围内抽取有代表性的 11 所小学和 11 所中学,并从中再抽小学

二、四、六年级,初中一、二、三年级,每个年级110人,共660人组成调查对象。在对这些对象进行一天上课后疲劳程度的测定和作业实际需要时间的调查,并整理出各年级学生上课后出现明显脑疲劳的人数百分比和课余作业实际需要的平均时间。通过比较发现:小学各年级学生一天最后一节课脑疲劳明显的人数均超过30%,而初中各年级未超过20%;课余作业的实际需要时间与教育行政部门当时规定的时间相比,初中各年级并未超过规定;小学均超过规定,且有年级愈低超过规定时间比例愈高的趋势。语文作业在全部作业中的比例随年级升高而降低;数学作业占的比例从小学低年级到初三,则随年级升高而增加。研究者根据这一结果,提出了减轻小学生过重负担的建议。

(蓟运河,2001)

(3) 教育质性研究法

准确来说,教育质性研究方法并不是一种单一、专门的研究方法,而是由多种多样的理论、范式、方法等组成的一个多元的、松散的集合。最常被介绍属于教育质性研究范畴的方法包括访谈法、观察法、讨论法、文献法等方法,此外还有民族志、历史研究、扎根理论方法、叙事分析、多元方法等也见其中。

鉴于教育质性研究法的内在歧异性,质性研究方法的最基本的特征似乎还是要从研究的形式来限定。这里,我们从质性方法形式特征出发,对质性研究方法作一个初步的界定。所谓教育质性研究法是指不依赖于量化的资料,而对教育现象的性质直接进行描述与分析的研究方法。

教育质性研究法有着自己独特的优点,表现在:① 质性研究强调在自然情境下进行,以便对个人的"生活世界"以及社会组织的日常运作进行研究。质性研究认为,个人的思想和行为以及社会组织的运作是与他们所处的社会文化情境分不开的。如果要理解个人和社会组织,必须把他们置放到丰富、复杂、流动的自然情境中进行考察,并试图做通盘的理解。因此,质性研究通常有较好的生态效度;② 质性研究也需要确定研究前的方案设计与实施思路,但不像量化研究的方案设计那样僵化和"一锤定音",可随着研究的进展作适当调整,具有一定的动态性和灵活性;③ 由于质性研究是透过被研究者的眼睛看世界,即"社会存在"要经过当事人的解释,研究者也须掌握被研究者个人的解释,才能明了其行事的动机,以此形成解释性理解。因此,质性研究对研究者与被研究者之间的关系非常重视,在研究对象选取上可以就近取样。

教育质性研究法也存在一些缺点,主要表现在:① 在整个教育质性研究中,研究者必须与研究对象有直接的接触,研究者本人就是一个研究工具,需要研究者把自己置放于一个不熟悉的情境中相当长一段时间,并在实地进行长期的观察,与当事人交谈,了解他们的生活和学习方式。因此,质性研究较费时、费力;② 属质性研究范畴的各种具体研究方法很多,而且每一种方法均有各自的适用范围(编者将在后文中详细说明质性研究中一些常用方法的优缺点)。因此,初学者较难掌握并灵活运用这些研究方法;③ 质性研究要求研究者能客观公正地解释观察到的各种现象,但教育现象十分复杂,任何一个细小的局部变化都有可能会引起整体的剧变。因此,对研究者的知识水平和经验要求较高。

(4) 教育行动研究法

教育行动研究法是指人们在教育实践的情境中进行的,旨在解决实际发生问题的,边探索边实践的研究方法。

教育行为研究法有着自己独特的优点,表现在:① 具有突出的实践性,因为教育行动研究法的出发点,不是研究教育理论问题,而是在教育实践中出现的为教育决策者、学校校长、教师们日常遇到和亟待解决的教育实践问题;② 教育行动研究将从事两种不同性质活动的主体——实践者(一线教师和教育行政管理者)与研究者(教育理论工作者)结合起来,倡导研究者不仅要深入实践第一线,而且更重要的是要使教育实践者同时成为自己实践情境的研究者,真正做到从实践中来,到实践中去,有助于培养一线教师的理论实践能力和反思能力,使之成为专家型教师,体现了研究与实践的统一;③ 在教育行动研究中,一方面注重研究的结果,即问题的解决、目标的达成,另一方面,一旦出现较为有效的结果,可以立即反馈到教育实践中去,影响教育实践过程,体现了结果与过程的统一。

教育行动研究也存在一些缺点,主要表现在:① 不适合解决教育中出现的理论问题,因为教育行动研究是着眼解决教育教学实践中出现的问题,而不是追求理论的发展或完善;② 仅适合中小规模的教育实践研究,而不适合宏观的教育实践研究,如困难学生的教育措施、不良心理行为的矫正等问题,可以通过教育行动研究来解决,但诸如怎样提高落后地区的教育质量、怎样提高留守儿童的人文关怀等宏观问题,无法通过教育行动研究来完成;③ 教育行动研究要求研究者做到边行动边研究、边研究边行动,以真正体现教育行动研究的精髓,这就需要研究者不仅具有相当的专业知识和实践操作能力,还应具有一定的洞察力、耐力和毅力,对研究者的要求较高。

2. 教育质性研究中常用方法的举例

由于上述四大研究方法都包含一些具体的研究方法或形式,因此在选定某一类研究方法后还往往面临进一步的具体方法的选择问题。此以教育质性研究法为例,对其所属的几种主要的具体研究方法作一优劣上的介绍。

(1) 教育观察法

教育观察法是指研究者根据一定的研究目的,直接观察被研究对象而获得研究资料的一种方法。

观察法的优点是：① 由于观察者与被观察者直接接触，中间不需要其他环节，观察到的结果，所获得的信息资料较为直观；② 观察一般是在自然状态下实施的，在一定程度上能获得真实生动的资料，观察法能捕捉到正在发生的现象，因此所获信息资料客观真实、及时新鲜；③ 在教育科学研究领域中，尤其是研究者在做探索性研究时具有较普遍的适用性，甚至在量化研究中也可运用。

观察法的局限性主要表现在：① 观察者对于所要观察的现象有时是可遇而不可求的。观察者只能消极地、被动地等待所要研究的现象发生；② 并非全部教育现象都可以观察，有许多现象是不适宜或不可能直接观察到的，如学生的某些内隐的情绪反应、异性同学的亲昵行为等；③ 虽然观察者本意不想干涉被观察者的活动，但在通常情况下，观察者的参与在某种程度上还是会影响被观察者的正常活动；④ 人的观察受主观意识的影响，不同的人对同一事物的观察，往往带有各自的主观性，影响客观化。

在使用观察法时，要纠正这样一种错误观点，那就是认为观察法太过简单，因此在科研中不可能通过这种方法做出重大发现。这种看法之所以错误，是因为没有认识到研究者对原有理论进行质疑和验证时，往往最终且最有力的证据总是事实，而这些事实则是通过观察获得的。所以，观察法只要使用恰当，也是能帮助研究者获得优质的研究资料的。

（2）实物分析法

实物分析法是指一种通过搜集和分析实际存在的物品来实现对教育问题或规律的探讨的方法。

实物分析法的优点是：① 相对于其他研究方法，研究对象更为宽广，可以把与研究问题相关的所有文字、图片、音像、物品等，如记录的文本资料（文件、规章、作息时间表、教案、学生作业等）、音像资料（照片、录音、录像、胶片等）、立体物品（雕塑、植物、日用品等）当作研究对象，因而研究思路更为灵活；② 实物分析法充分利用了现有的研究资源，节省了人力和物力；③ 实物分析法所获得的资料均是原始的真实的材料，代表了某种现象最真实的状况，所以具有很好的信度。

实物分析法的局限性主要表现在：① 由于实物分析法的对象是实物，不同的研究者对同一实物有不同的评价标准，同一实物也可以从不同的角度去评价，因此，要求研究者应具有丰富的知识经验和较强的问题分析能力，立足于客观事实，否则会导致主观随意性；② 实物分析法在收集有关实物时可能会存在一定的难度，有时会有实物不全、遗失或损坏等情况发生，给实物分析的准确性带来影响。

（3）教育叙事法

教育叙事法是指教育工作者用叙事、讲故事的方式表达其对教育教学的理解与思考的一种研究方法。教育叙事，叙的是教育教学工作中的真实细节、事件或者故事，其精髓在于表达感受，如表达自己的启发、感悟、反思、经验等等。叙事法是近几年颇受我国教育界关注的研究方法之一，教师以研究者身份从事的叙事研究是其中重要的组成部分。简单地讲，叙事就是"讲故事"，讲述叙事者亲身经历的事件。教师所写的教育叙事，陈述的是教师在学校生活、课堂教学、教改实践活动中曾经发生或正在发生的事件，也包括教师本人撰写的个人传记、个人经验总结等各类文本。这些"故事"样式的实践记录是具体的、情境性的，活灵活现地描绘出教师的经验世界，反映教师在教育教学活动中的真情实感和心灵成长的轨迹。

教育叙事法的优点是：① 叙事法接近日常生活与思维方式，能创造性地再现事件场景和过程，具有很强的可读性和吸引力；② 它可以帮助研究者从多个侧面和维度上认识教育实践，并给人们带来一定的想象空间；③ 教育叙事中的故事使人们产生亲近感，具有人文气息。

教育叙事的局限性主要表现为：① 一旦与其他研究方式混淆，容易遗漏事件中的一些重要信息；② 收集到的有用材料可能不容易与故事的线索相吻合；③ 容易忽略对故事叙述重点问题的把握；④ 研究结果常常不清晰。

以上粗略介绍了各个研究方法的优点和缺点，但优点和缺点绝不是说某种研究方法是"好的"或是"坏的"。对于任何一种教育研究方法，只要我们扬其长、避其短，就能在最大程度上发挥出各种研究方法的应用价值。当然，以上只是一些教育科学研究中较为常用的研究方法，随着科学技术的发展，特别是认知神经科学的发展，事件相关电位（ERPs）、正电子发射计算机断层显像（PET）和功能性磁共振成像（FMRI）等心理生理学的方法也逐步引入到教育科学研究中，并产生一个新兴领域——教育神经科学。

热点聚焦 3-1　　　　教育神经科学

教育神经科学是随着认知神经科学的发展而产生的一个令人振奋的新兴领域，它整合了心智、大脑与教育三个不同的研究领域，将包括认知科学家、心理学家、教学工作者等不同专业背景的学者齐聚一堂，将认知神经科学的方法论引入教育研究，了解人的学习能力，解决儿童发展过程中的各类问题。通过直接描述能力与大脑的联系，神经科学可以告诉教育心理学家人类各种能力的生理实质及其特性；通过研究注意、知觉、复述、编码、提取等环节，神经科学为学习的信息加工过程提供更为直接而确凿的证据；通过对大脑特定区域活动的观察，神经科学为探测特定经验会导致大脑特定部位变化提供直接手段。神经科学在指导有

> 效教学过程中的作用日益显著。教育神经科学重视脑、心智与行为之间的关系,强调认知神经科学的运用,重视教学实践过程中学习者的学习体验过程。教育神经科学将生物学的研究纳入教育研究范畴,尝试对学习与教育做出新的界定。由此,学习被视为根据外部刺激所形成的神经连接过程,而教育则是控制或增加刺激、激发学习愿望的过程。因此,教育神经科学肩负着将学习者神经发展机制与教学实践联系起来的使命,从而实现以确凿的科学研究成果指导教学过程,最终达到提高学习与教学效率的目的。
>
> (陈巍,张静,陈喜丹,丁峻,2010)

3. 研究方法选取的原则

由于教育研究方法的多样性,对于刚从事教育科研的人员来说常常会感到眼花缭乱,摸不着头脑。如果能归纳出几条选择研究方法的基本原则,建立一个有效的框架,就能帮助研究人员更有效地选择合适的研究方法。

(1) 目的性原则

一般来说,方法是有层次性的,不同层次的方法有其特定的应用范围和应用对象。在从事具体的教育科学研究时,研究人员首先要了解所要研究课题的特点、性质和研究对象,然后依据自己的研究目的,有针对性地选择相应的研究方法。凡符合研究问题的性质,并且能达到研究目的的方法,才是适当的方法。

比如某研究者想了解教师的课堂评价对学生学习行为的影响。这时候,观察法相比其他方法可能更有优势。研究者对这个班级的老师和学生进行观察,将课堂行为原原本本记录下来,如回答问题次数、学生与老师对视的次数等,然后整理分析学生对老师不同的课堂评价方式的反应。但如果是想探讨某种学习方法对学生学习的促进作用,这时教育实验法比其他方法可能更有优势。因为研究者只需要设置对照组,操作学习方法变量,控制其他的无关变量,便能得出很有说服力的实验结论。

(2) 可行性原则

可行性原则指的是在选取方法时要考虑客观条件和主观条件。客观条件是指必要的设备、时间、经费、技术、人力、工具等条件,主观条件是指研究者本人原有知识、能力、基础、经验以及对这个方法的掌握程度。

比如某研究者想了解"为什么有的学生成绩总是很好"这个问题,既可采用问卷法,也可采用观察法。但如果采用问卷法,就会受到学生在做问卷时表现出的社会称许性影响,而我们所使用的问卷或者量表无法有效地识别这种虚假的回答行为,导致所有的学生最终可能都会在问卷上选择积极的行为选项,这样得出的结果必定没有什么效力。所以此时选择问卷法便是不可行的,因为我们缺乏有效的工具,而观察法可能带来较好的研究效果。

（3）综合性原则

教育科学研究具有复杂性，有时只采用一种方法进行研究可能无法客观全面地对某个问题作出解释。如果研究者采用多种研究方法，从横向角度来说，可以保证对问题同时进行多维度的系统探讨；从纵向角度来说，对某个问题的研究往往是一个阶段性的过程，在研究进行到不同阶段时，依据实际情况选择更合适的研究方法有助于研究者得到更加科学的结果。

比如某教师想了解初中生的情感能力问题，编订一个有效的评估问卷，这就需要多种方法的综合使用。在研究初期，该教师需要查阅分析前人文献，获得有价值的资料和信息，作为自己量表的模板；但前人所处的历史文化环境可能与现在有很大的不同，所以在研究中期该老师需要抽取部分学生进行访谈，获得更有针对性的问卷题目，并请教相关方面的专家；在问卷编出后，此时除了进行一般的信效度分析外，该教师最好能设置相关实验来说明其实证效度。这样，一个具有评估初中生情感素质功能的科学调查问卷便可以使用了。

总之，在实际的研究中，依据研究目的以及研究的主客观条件，来挑选最适合的研究方法，必要时可以几种研究方法综合使用或嵌套使用（如在实验研究中使用问卷作为实验材料），来帮助研究者获得更好的研究效果。

三、制订研究过程

研究者在确定变量和假设以及选定对象和方法之后，接下来一项重要的工作就是对整个研究过程进行全面规划，不仅要厘清各个研究环节的逻辑关系及所采用的研究手段，还要将研究任务和目标加以分解，与时段结合起来，落实到人，制订分阶段的操作计划，这就是研究过程的制订。研究过程主要通过技术路线和研究计划两个方面来体现。

1. 制订技术路线

技术路线是研究的具体流程，通常应用简洁的图形、表格、文字等形式描述具体研究环节所采用的研究手段以及各环节间的逻辑关系。例如课题《我国青少年情感素质现状、发展及培养的研究》中的"技术路线"采用的是文字表述："情感素质内涵的揭示——通过实证研究揭示情感素质的结构——编制测试工具——小范围试用——全国范围调查——通过数据分析揭示青少年情感素质发展水平、特点和影响因素——以若干学校为探索培养模式"；也有研究采用图表表述研究路线的，如图3-1。

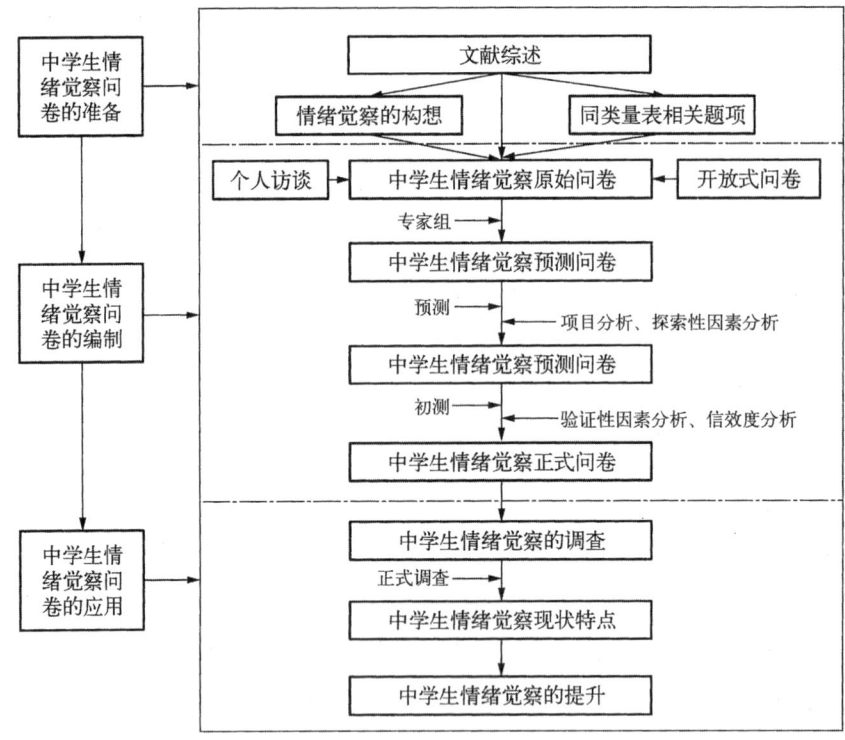

图 3-1

2. 制订研究计划

研究计划是对研究进行分步骤、分阶段的细化的描述,具体说明研究前期准备、中期实施及后期总结,还要大致说明每一阶段的时间安排及具体工作内容。例如某教师的课题"中学生情绪智力与学习成绩的关系研究"中的"研究计划"如下表。在制订完研究计划后,需要及时予以评定并修正完善,一般可以采用以下四个问题加以评定:① 研究计划中有没有时间进度表? ② 研究计划中有没有工作项目进度表? ③ 时间进度安排合理吗? ④ 能按时完成研究计划吗?

研 究 计 划
1. 准备期(2006 年 9 月—2007 年 1 月)
(1) 组建研究课题组,明确课题研究目标,明确研究任务
(2) 搜集研究资料,并对研究现状做出客观分析
2. 研究实施期(2007 年 2 月—2009 年 12 月)
(1) 理论分析框架建构

续 表

研 究 计 划
(2) 测量问卷编制及预测
(3) 测量问卷信度、效度检验及问卷修订
(4) 全国样本的测量
(5) 教育实验实施
3. 总结期(2009 年 12 月—2010 年 12 月)
(1) 整理分析研究资料
(2) 撰写研究报告和课题总结报告
(3) 成果展示和课题鉴定

当然,在研究具体实施过程中,我们还应遵循研究方案和计划的稳定性和灵活性相结合的原则。一般而言,研究方案和计划具有相对稳定性,尤其是研究思路,是整个研究计划的核心,制约着研究的技术路线及具体工作步骤,但同时又应注意其灵活性,因为研究计划本身带有构想的性质,在具体操作过程中难免会遇到新情况、新问题,这时要随时准备从实际出发,灵活修改和完善研究方案和计划,而不要受制于最初的预想,这种情况在行动研究方面尤其需要值得注意。

3. 课题立项申报书举例

```
＊＊＊基础教学改革研究课题
        申 报 书
项目类别:重点□  一般□(可多选)
课题名称：_____①_____
课题主持人：_____②_____
学校名称：_____③_____

④
通讯地址：_____
联系电话：_____
电子邮箱：_____
填表日期：_____
```

① 课题名称注意事项:
(1) 一般用陈述句表述,不宜用"如何培养……"之类的问句形式和口号式、结论式的句型。
(2) 课题名称的表述还应避免价值判断。
例:良好的学习习惯是提高中学英语学习成绩的基础
改:中学生的英语学习习惯与其学习成绩的相关研究
(3) 选题宜小,小题大做,不要大题小做。
例1:学生学习规律的研究
改:对高中学生学习方法指导的研究(缩小研究范围)
例2:发挥学生主体作用的研究
改:在初中课堂教学中发挥学生主体作用的研究(加限制性定语)
(4) 题目字数不宜太多,一般应少于24字。
(5) 题目一定要清晰、明了,能准确反映课题的研究方向,能涵盖主要的关键词。
例:仿真实验设计在初中生物学教学中的运用(在这里"仿真实验设计"和"初中生物学"就是关键词)
② 课题主持人注意事项:只能填写一人
③ 学校名称注意事项:一定要填写学校全称
④ 个人联系方式(通讯地址、联系电话和电子邮箱等)注意事项:填写负责人自己的联络方式,以便及时联系

一、简表

课题简况	课题名称	⑤					
	申请省教育厅经费	⑥ 万元	配套经费	学校	万元	起止年月	年 月至 年 月 (从申报年份开始计算,研究时间一般不少于2年)
				其他	万元		

课题主持人	姓名	⑧		性别		出生年月	
	专业技术职务			最终学位/授予国家			
	近3年教学工作简历⑨	时间	课程名称	授课对象		学时	所在单位
	教学改革研究和科学研究工作简况⑩	时间	课题名称(校、省、国家级项目;主持/参与)				概况(在研、结题、获奖)

课题组主要成员简况(不含主持人)	总人数⑪	高级职称人数	中级职称人数	初级职称人数	博士	硕士	学士
	姓名	出生年月	专业技术职务	工作单位		课题中的分工	签名

⑤务必跟封面上的课题名称保持一致
⑥根据课题实际需求进行估算
⑦提倡2年
⑧如实填写
⑨尽量将与申报项目"有关联"的课程列上,注意为"近3年"的,并非多多益善。
⑩将自己所"主持或参与"的"教改和其他科研项目"列上
⑪需要注意三点:(1)人员配备中宜高、中、初级职称搭配,年龄最好能有老、中、青,要具有课题研究所需专业技术人才等;(2)成员多少视课题大小而定,一般3~5人;(3)成员分工要写清楚,增强课题组成员责任感。

二、立项背景与意义

1. 国内外相关研究现状分析（简评国内外对此问题的研究进展情况，500字内）⑫	⑫ 归纳国内外相关研究；这个领域的代表人物、代表作、代表观点。 该部分比较重要，它反映了教师对项目研究所在领域的了解程度、知识结构和所研究目标的重要性。要有理有据，让评审专家认为你对这个课题相关资料及国内外相关研究动态是十分了解的人，甚至连评议专家也不清楚有些动态，这样他就不可能对你的项目轻易否定。在申报课题前一定要查找大量文献，引经据典。 首先，引入立项背景，宜写我们教育教学实践中出现的问题和发生的现象。 然后，针对出现的问题或发生的现象，在国内外一般是如何处理或解决的，它存在一些什么缺点或不足之处。 最后，说明你的课题是为解决这些问题（或其中某1~2个问题）而提出的，从而说明所申报的课题研究是有必要的。
2. 本课题对促进教学工作，提高教学质量的作用和意义（限列5条，300字内）⑬	⑬ 开门见山地提出，不要只说些"正确的废话"。 如：初中生的阅读现状已给我们语文教育工作者敲响了警钟，现在的学生在某种程度上失去了阅读，阅读也成为当前语文教学的软肋。我们认为，有必要进行在老师指导下的自主阅读。因此，我提出"农村初级中学学生课内外自主阅读的研究"这一课题进行研究，目的是在课内把阅读的时间（即课堂）还给学生，让他们真正做到自主阅读；把课内掌握的知识和技能迁移到课外，使课外阅读课内化，使之成为课内教材的有益补充，促进学生语文素养真正提高。

三、课题实施方案

1. 具体研究内容或对象：⑭	⑭ 研究内容指为达到目标而进行的主要研究工作，研究内容不可太多，工作量要适度。应与研究目标相呼应，即每一项研究内容对应相应的研究目标，顺序上应与研究目标一致。表述上应逻辑严密，层次清楚，详略得当，重点突出，力求创新。 如：（1）探究引导初中学生自主阅读课内教材的有效方法和途径。以"先学后教，以学定教，以教促学"为原则。一是设立预读课，让学生先自主阅读，初步形成自己的看法，提出自己的问题。二是教师在教前要自主解读教材，不唯教参是从；每节课尽量解决一个问题，要保证学生有自主阅读的时间，开展小组合作学习；教后认真反思，积极总结。三是紧扣文本，渗透阅读方法教育，使学生每学期掌握一种基本的阅读方法。四是设立单元反思课，总结反思本单元学习得失。 （2）探究组织学生自主阅读课外读物的有效方法和途径。一是设立自主阅读课，让学生在本节课内自主阅读课外读物，使课外阅读课内化。二是开展单元同步阅读。即在单元教学中，给学生提供一些同类型的课外文章阅读赏析。三是读写结合，坚持撰写读书笔记。 （3）对学生阅读的态度，阅读的需求，阅读的心理以及对阅读评价的方式方法做一些调查研究，使学生形成正确的阅读态度，健康的阅读心理；使教师掌握一套正确的阅读评价的方式方法。 本课题拟采用实验法、调查法，并结合实地考察、访谈等方式进行。实验对象主要是本校初中三个年级的学生，共134人。问卷调查的对象主要包括校内的学生与校外的学生，样本容量为1 243人，根据一定比例从好、中、差学校中抽取样本。
2. 研究拟达到的目标：⑮	⑮ 研究目标要与课题的名称和你的研究方法和条件相吻合，不能过低，也不要过高，过低了达不到主题的深度，如果一心为了想课题中标，把目标水准定高一点，过高了完成不了任务。研究目标一定要明确，不能含糊，担心目标定好了怕完成不了任务，把目标写得糊不清忽悠专家，这种做法也是不对的。研究目标不宜太多、过大，一般2~3点够了，多了让人感觉不易实现。建议根据你的成果形式来叙述。 如：（1）探究引导学生自主阅读课内教材的有效方法和途径。使学生每学期掌握一种基本的阅读方法。 （2）探究组织学生自主阅读课外读物的有效方法和途径。 （3）对学生阅读的态度，阅读的需求，阅读的心理以及对阅读评价的方式方法做一些调查研究，使学生形成正确的阅读态度，健康的阅读心理；使教师掌握一套正确的阅读评价的方式方法。

3.拟解决的关键问题：⑯	⑯也就是课题中的核心问题，是与研究目标密切相关的问题，不一定是最难的问题，而是决定课题研究工作成败的问题。数量上最好不超过3个，多了就不能突出"关键"了。
4.课题的预期效益（包括实施范围与受益范围等，200字以内）⑰	⑰首先可以说在教学效果的提高可以让学生从中直接受益……；然后，效果运用得好，可以向相关中学推广；最后，可以说促进了该课程效果的提高；主要是抓住课题研究成果价值来进行描述，其中可多用"有利于……，对……也是有益的"等字眼。
5.实施计划（含不少于2年时间的年度进展情况）⑱	⑱ 201 年 月—201 年 月 201 年 月—201 年 月 一般分准备、实施和结题三个阶段。 准备阶段：(即申报与立项阶段。从课题申报的时间起，到课题批准时间止)主要内容为：设计方案研究；搜集有关研究资料。 实施阶段：是整个课题研究的核心，必须对课题研究的内容和目标进行分解，由近及远、由浅入深地实施研究的步骤。每一步骤必将所要研究的内容、要达到的目标、所需时间和研究方式方法具体化，使之具有可操作性。其中不可少的一个阶段就是把课题项目的成果投入教育教学实践。 结题阶段：整理和分析研究资料；撰写结题报告；申请结题。
6.本课题的特色、创新及推广应用价值（200字内）⑲	⑲(1) 特色： 特色和创新就是本项目研究领域中，申请人独有的，与国内外同行所不同的地方，可以从以下几方面进行概括、提炼。 1) 纵向比：与过去同类研究相比有什么不同 2) 横向比：与目前同类研究相比有什么不同 3) 实际意义和学术价值有何特色 4) 预期研究成果有何特色和创新之处 5) 研究所用理论基础有何特色和创新之处 6) 研究方法和技术有何特色和创新之处 (2) 创新点： 要从研究的新思想、新方法、新技术明确回答所研究的内容到底创新在何处，应避免盲目的用"国内首创""国内领先""填补空白"等字眼。 只要有1～2个创新点就足够了，关键在于创新点的"亮度"，否则再多也无益。 (3) 应用价值及推广途径： 一般来说，可以写研究成果(如：研究报告)可以在……交流，对……也起到一个参考或借鉴作用。提高了……，促进了……，满足了……，加快了…… 首先在本校进行推广使用，完善后在其他相关学校推广。
7.本课题的主要研究方法（100字内）⑳	⑳主要研究方法最好有特色、有创新，要么是新方法，要么是经典方法的扩展，要么是经典方法与最新方法的结合。主要研究方法有：观察法、访谈法、调查法、座谈会、实验法、问卷法、文献分析法、历史研究法、模拟法、案例法等。

四、课题研究基础

1.课题组成员已开展的相关研究及成果概述（包括自选课题、校级以上课题、学位论文、学术论著论文及获奖励等，500字内）㉑	㉑在这里要实事求是地反映优势，突出水平。因为有限的经费必是择优支持最有基础、最有实力的申请者。因此，申请者及参与人所做的与本课题有关的研究工作积累和已取得的研究工作成绩要尽可能在500字内详尽地反映出。
2.已具备的教学改革与研究的基础和环境，学校对课题的支持情况（含有关政策、经费支持及其使用管理机制、保障条件等，可附有关文件），尚缺少的条件和拟解决的途径(300字内)㉒	㉒说明已具备完成研究的实验实训场所和实验实训设备，包括已具备的实验实训条件。注意：一般普通的设备不宜提及，要介绍与申请项目直接相关的关键性设备。 此外说明学校对课题的支持情况（如经费政策的支持、经常邀请相关专家到学校做专题讲座等）

让我们回到本章开头提到的那个案例。丁老师的迷茫相信一些初涉教育科学研究的中学教师都曾面临过，好不容易根据自己教学实践确定了一个非常有意义的课题，但是该如何实施这项研究却不知所措。案例中，丁老师选择一个非常有实践价值的课题"中学生考试焦虑的对策研究"，接下来就该规划整个研究，即本章的内容——教育科学研究方案的设计。首先应该界定研究的核心概念"考试焦虑"，然后拟定"了解中学生考试焦虑的现状和原因"和"探寻克服中学生考试焦虑的对策"两个研究目标，并依据研究目标拟定相对应的研究内容"中学生考试焦虑的现状及原因的调查"和"中学生考试焦虑克服对策探索"，接着确定对策为自变量，考试焦虑为因变量，进而提出研究的假设——一些对策能够缓解学生的考试焦虑；其次，应该选取研究对象和研究方法，丁老师的研究对象是中学生，但是由于条件限制，不可能对所有中学生都进行研究，只能选取部分学生做研究，因此需要依据目的性和经济性的原则选择具体的取样方法，与此同时还必须在各种常用研究方法的比较的基础上，选择适合丁老师课题的研究方法；最后，为确保研究有条不紊地完成，不至于使科研活动陷入混乱无序状态，丁老师还得制订整个研究过程，如技术路线、时间进度表等。此外，丁老师在具体操作过程中难免会遇到新情况、新问题，这时还必须从实际出发，灵活修改和完善研究方案和计划。

本章小结

- 教育研究方案设计至少应具备概念、研究目标、研究内容、研究假设、研究对象、研究方法和研究过程等要素。
- 研究变量是指在数量上或质量上可变的事物的属性或操纵的条件、现象、事件或事物的特征。从实验研究、访谈研究、观察研究、问卷研究等不同角度对各种研究中涉及的变量问题进行分类，主要分为自变量与因变量、主体变量与客体变量、直接测量变量与间接测量变量、操作性变量与非操作性变量、研究变量与非研究变量。
- 研究变量确定的步骤是选择研究变量、定义研究变量和控制无关变量。
- 研究假设是根据一定的科学知识和新的科学事实对所研究的问题的规律或原因作出的一种推测性论断和假定性解释，是在进行研究之前预先设想的、暂定的理论。
- 研究假设按其形成，可分为归纳假设、演绎假设和研究假设三种类型；按假设在表述变量关系所具有的倾向性，可以分为定向假设和非定向假设；根据研究假设的性质和复杂程度可分为描述、解释和预测三种，这也是研究假设发展的三个阶段。
- 研究者要进行理论构思、形成科学假设，其自身需要具备以下三个基本条件：丰富的背景知识、扎实的经验基础和科学的思想方法。
- 研究对象的取样分为随机取样和非随机取样两大类，随机取样又可分为简单随机取样、系统随机取样、分层随机取样和整群随机取样四种，而非随机取样可以分为方便取样、立意取样、定额取样和滚雪球取样四种。
- 在教育研究中，有几种比较常见的研究方法，分别是实验法、调查法、观察法、实物分析法、叙事法以及文献分析法。每种方法有着自己的优点，同时也有自己的局限。
- 研究方法的选取过程中应遵循目的性原则、可行性原则和综合性原则。
- 研究方案主要包括研究思路和技术路线两个方面的内容。研究思路是整个研究的指导思想，指的是从宏观上提出本研究计划从哪些方面开展研究、研究的基本步骤。技术路线则是研究的具体流程，指的是应用简洁的图形、表格、文字等形式描述具体研究环节所采用的研究手段以及各环节间的逻辑关系。
- 研究计划是在研究方案制订基础上的进一步细化，对研究进行分步骤、分阶段的细化的描述，包换研究前期准备、中期实施和后期总结，并要大致说明每一阶段的时间安排及具体工作内容。

思考题

- 如何界定核心概念？
- 确定研究目标过程中常见的误区是什么？
- 研究内容如何拟定？
- 如何科学确定研究的变量和假设？
- 研究对象的取样可分为哪几种？如何选择这些方法？
- 分层随机取样和整群随机取样有哪些异同点？分层随机取样和定额取样又有哪些异同点？
- 常用的教育研究方法有哪些？试着比较这些方法的优劣。
- 研究方案和计划的内容是什么？制订过程中需要注意哪些？

问题探索

- 搜索一份相关的教育研究设计，试着分析这份设计中核心概念是如何界定的？研究目标、研究内容和研究假设是什么？研究对象的取样方法和研究的方法是什么？最后分析研究过程的制订是否合理,作者能否按期完成任务?
- 结合第二章学习的内容,选取一个课题之后,请按本章学习的内容拟定一份课题研究设计。

第四章 教育科学研究资料搜集
——教育实验研究

本章细目

本章要点
第一节 教育实验研究的概述
一、教育实验研究的概念
1. 教育实验研究的定义
2. 教育实验研究的基本形式
二、教育实验研究的变量
1. 自变量
2. 因变量
3. 控制变量
三、教育实验研究的效度
1. 内部效度
2. 外部效度
四、准实验研究

第二节 不相等控制组设计
一、不相等控制组后测设计
1. 基本模式
2. 研究实例
3. 结果处理
4. 基本评价
二、不相等控制组前后测设计
1. 基本模式

2. 研究实例
3. 结果处理
4. 基本评价

第三节 时间序列设计
一、单组时间序列设计
1. 基本模式
2. 研究实例
3. 结果处理
4. 基本评价
二、控制组时间序列设计
1. 基本模式
2. 研究实例
3. 结果处理
4. 基本评价

第四节 相等时间与相等材料样本设计
一、相等时间样本设计
1. 基本模式
2. 研究实例
3. 结果处理

4. 基本评价
二、相等材料样本设计
1. 基本模式
2. 研究实例
3. 结果处理
4. 基本评价

第五节 对抗平衡设计与修补设计
一、对抗平衡设计
1. 基本模式
2. 研究实例
3. 结果处理
4. 基本评价
二、修补设计
1. 基本模式
2. 研究实例
3. 结果处理
4. 基本评价

本章小结
思考题
问题探索

本章要点

■ 教育实验的基本要素
■ 教育实验的基本属性
■ 教育实验中控制变量的处理方法
■ 不相等控制组处理方法的基本模式
■ 时间序列处理方法的基本模式
■ 对抗平衡和修补处理方法的基本模式

想试着回答一下吗……

• 吴老师大胆创新采用分享阅读的方法教语文,结果学期末的时候班上同学的语文成绩提高了一大截,我们能断定这种教学方法起作用了吗?

• 王同学本学期采用了新的记忆方法来背单词,结果期末考试成绩的确有了提升。我们能否断定是记忆方法的改良导致了学习成绩的提升?

• 刘老师采用情感教学法教学生英语,但期末考试学习的成绩并没有提升,能断言刘老师的教学改革失败了吗?

• 小孙先用复述法记英语单词,一周后发现没有太多进步,进而改为联想法记单词,结果发现记住的单词明显增多,能说是后一种方法起的作用吗?

方老师给大学里的袁老师打电话,说她想尝试用计算机来提高学生的作文水平。袁老师听了就说好,还解释说:"就初学作文的人而言,好作文是改出来的。但是以前是用手写,每改一次就要誊清,总是这样,很费力,所以学生不喜欢写作文,讨厌改作文,于是作文水平就难以提高。现在利用计算机文字编辑软件,发挥其插入、删除、粘贴、储存等功能,可以让学生对自己的作文只修改个别地方而不影响全篇。这样,学生应该比过去喜欢修改文章了。"

方老师欣喜地说她也是这么想的,而且今天的这个电话就是请袁老师来指导这一项革新的。

袁老师高兴地答应了,说:"你那个年级有 4 个班,我们第一步是随机确定哪 2 个班用计算机写作文,哪 2 个班仍然手写作文,一学期之后我们来作总的比较,判断计算

> 机文字编辑软件是否有助于提高学生的作文水平。"
> "袁老师,我们相信一定会的,所以校长一声令下,整个年级都用计算机写作文。因为这是一个重要措施,所以想请你来指导。"
> "什么,一下子全铺开了?那我还来指导干什么?你们相信一定是好的,可是这个'相信'是要确凿的证据来支撑的。"
> 袁老师最后没有去指导,这究竟是什么道理呢?

完成了研究方案的设计以后,教育科学研究便进入研究资料的搜集环节。从本章开始,一直到第七章,本书将依次介绍教育实验研究、教育调查研究、教育质性研究和教育行动研究,这四种研究方法的运用,其实质都是搜集研究资料。

教育实验研究是搜集定量资料的重要方法。它是指研究者以科学理论为指导,有目的地控制和操纵某些教育因素,通过观测该控制条件下的有关教育指标的变化,来揭示教育活动过程的一种研究方法。因此,教育实验研究在教育科学研究中具有十分重要的地位。本章将阐明教育实验研究的内涵、种类和构成要素,并结合具体实例,着重介绍各种实验设计的基本方法。

第一节 教育实验研究的概述

在日常的教育实践过程中,我们常常要对很多的因果关系进行推断和确定。譬如,某位教师教学方法的调整是否有助于提升学生的学习兴趣,父母参与学校管理是否有助于提升学生的学习成绩,学生参与班级活动的积极性是否会影响教师的教学行为等。很多时候我们可以通过常识加以推断,然而有些时候常识并不可靠。我们希望有更确凿的证据来证明自己的观点或者验证自己对某种因果关系的假定。在所有的研究方法当中,实验法是唯一可以帮助我们推知因果关系的方法。

一、教育实验研究的概念

1. 教育实验研究的定义

在了解什么是教育实验之前,首先要了解什么是实验。所谓实验,是指在控制一定的条件下创设一定的情境,以引起被试的特定行为。采用这种方式作研究,就属于实验研究。从这一意义上讲,我们如果在教育实践过程中,通过创设一定的情境,来引发学生的特定行为，即为教育实验研究(education experimental research)。

2. 教育实验研究的基本形式

(1) 实验室实验

这是指在实验室内利用一定的设施，控制一定的条件，并借助专门的实验仪器进行研究的一种方法。

实验室实验，便于严格控制各种因素，并通过专门仪器进行测试和记录实验数据，一般具有较高的信度。通常多用于研究心理过程和某些心理活动的生理机制等方面的问题。然而在现实的教育实践过程中，往往很难达到实验室实验的条件要求。因此这种方法在教育研究中应用比较有限。

(2) 自然实验法

这是在日常生活等自然条件下，有目的、有计划地创设和控制一定的条件来进行研究的一种方法。

自然实验法比较接近人的生活实际，易于实施，又兼有实验法和观察法的优点，所以这种方法被广泛用于教育研究和教育心理研究。

与其他研究方法相比，实验研究的主要优点在于能够进行因果推断。理想的实验研究通常是除了要研究的这一因素外，不允许其他任何因素来影响结果。因此，从逻辑上我们就可以认为，结果的任何不同都是由我们所要研究的这一因素所引起的。比如我们考察教室的温度对学生学习效率的影响。在这一实验中，其他所有条件都要保持一致，而只有温度发生变化。如果结果发现学生的学习效率存在比较大的差异，那么推断这种差异是由教室的温度所引起的。

二、教育实验研究的变量

一项完整的实验主要包含三个基本要素，即自变量、因变量和控制变量。好实验与差实验的区别就在于是否有效选择、操纵和控制这些变量。接下来我们就这三个变量进行简单的阐述。

1. 自变量

在实验中实验者所操纵的、对被试的反应产生影响的变量称为自变量(independent variable)，它是实验的核心特征，实验之所以称其为实验，就在于它至少有一个自变量，而这一个自变量又至少分两个水平或者说类别。

我们以教学方法影响学生学习成绩的例子来说。"教学方法"就是一个自变量，它至少有两个水平或者说类别，比如"常规教法"和"革新教法"。在某些情况下，研究者把几个不同的自变量当作一个复合自变量(complex independent variable)来操纵，以确定它们的综合效应。例如,有些学校为提高学生的学习成绩进行实验,采取了一系列的教学改革措施,如使用新的教材、加强课堂管理、奖励成就等。假定这些措施确实提高了学生的学习成绩,那我们是不大可能鉴别出哪一个自变量在起什么作用的。或许其中只有一种措施才真正起作用,但设计这种实验的目的并非要鉴别出某个变量的作用,而是考察其综合效应。因此,只要研究者不对复合自变量作出分析性结论,这类研究无可厚非。由于复合自变量更接近日常生活实际,并能解决某些实际问题,因而常被研究者所采用。

自变量的可能取值称为因素的水平,它反映了因素所处的状态或等级。如"生字密度对阅读理解的影响"的实验,阅读材料使用同一种体裁、同一种主题、字数几乎一样的三篇文章,但生字密度分别是 1/20、1/30 和 1/40,则生字密度这个因素有三个水平。如何选择自变量并确定其水平呢?许多时候可以从实验假设中找到答案。如"范文在中学生习作训练中的作用"实验,自变量是"作文方式",有两个水平,"使用范文"和"不用范文"。

每个实验因素各取一个水平得到一个水平组合,称为一个实验处理。一般地,实验处理的个数等于各实验因素水平数的乘积。比如实验"使用计算器对中学生计算能力的影响",那就有两个因素,一是"计算工具",它至少包括"使用计算器"与"不用计算器"两个水平;二是"年级",它可以包括"低年级""中年级""高年级"三个水平,乘起来,$2 \times 3 = 6$ 种实验处理。对于单因素实验,一个水平就是一个处理。如果只有两个水平,一个是改革的做法,一个是通常的做法,这时可称前者为实验处理,相应的被试为实验组,而后者为非实验处理,相应的被试为对照组(也称为控制组),这是教育实验最常见的情形。

2. 因变量

因变量(dependent variable)是由操纵自变量而引起的被试的某种特定反应,即随着自变量的变化而变化的被试行为。研究者在实验中就是要对因变量进行观察和记录。教育实验中最常见的因变量是考试分数、及格率、解答一定数量题目所需要的时间等。何种指标作为因变量,要以实验课题的性质而定。选择的指标既要能反映操纵自变量而引起的变化,又要能反映实验的目标。

为了便于观察和测量,一是要将因变量分解为可测量的指标,二是要定义这些指标的测量方法。如林崇德主持的关于运算思维品质培养的实验研究,将因变量思维品质分解为四个指标:敏捷性、灵活性、深刻性和独创性。分别编制测验题目测量这些指标,根据测验分数将每个思维品质分成四等予以度量。其中敏捷性等级为:正确—迅速、正确—不迅速、不正确—迅速、不正确—不迅速;灵活性等级为:灵活、较灵活、不太灵活、呆板;深刻性等级为:逻辑抽象性强、逻辑抽象性较强、逻辑抽象性不太强、逻辑抽象性弱;独创性等级为:创造力强、创造力较强、看不出什么创造力、死板。

为了让实验结果更具科学性,研究中必须要选择恰当的因变量。在这个过程中,量程效应可能会造成潜在的威胁。量程效应包括天花板效应(ceiling effect)和地板效应(floor effect)。所谓天花板效应,是指反应指标(比如测验的分数)普遍高,比如大多数人获得高分,又比如平均分是 92 分,接近于满分(比如 100 分);所谓地板效应,是指反应指标(比如测验的分数)普遍低,比如大多数人不及格。天花板和地板效应都阻碍了因变量恰当地反映自变量的效果,也就是说,不能恰当地拉开学生能力或某种品质的差距,这也就不能更好地实施因材施教,因此要努力避免。谨慎的做法是在正式实验前进行预实验。假如在预实验中发现被试的反应都接近量程的顶端或底端,那么实验任务就需修正。

3. 控制变量

凡是能够对因变量产生影响的变量都是相关变量,这些相关变量中除了用于研究的自变量外,还有不用于研究的相关变量,称之为额外变量(extraneous variable)。由于在实验中额外变量必须加以控制,所以又称控制变量(controlled variable)。假如不对额外变量加以控制,它就可能与自变量一同引发因变量的变化,造成研究者难以区分额外变量的效应和自变量的效应,无法确定哪个才是真正解释因变量变化的原因,即引起自变量效应和额外变量效应混淆。并且还可能引发零结果,即自变量的操作未引起因变量的变化。

对于任何一个实验,需要控制的变量都很多,远远多于自变量的个数。而实验设计的一个重要任务就是控制额外变量的干扰,防止混淆的发生。由于不同实验类型中额外变量不同,因此控制的方法也有所差异,主要有:随机化法、排除法、恒定法、匹配法等。

(1) 随机化法

随机化技术是使用得最为广泛的控制方法。随机化保证了每个被试有均等的机会被分配到实验中的任意一种处理之下,因此任何与被试有关的特殊特征在所有组之间应该是平均分布的。我们将动机水平作为例子,虽然实验者不可能对每名被试的动机水平进行测量,但这一变量仍可用被试的随机分组而得以控制。我们推测每一组碰巧都有一些动机水平很高的被试,一些动机水平中等的被试,还有一些动机水平较低的被试。因此,组与组之间在平均动机水平上应该是相当的,这对于其他未知或未曾想到的额外变量而言也是如此。

> **知识小窗 4-1　　　随机化控制与协方差分析**
>
> 随机化控制是指随机抽出一批学生,再随机分配于实验组和对照组。如果实验结束时,实验组的成绩显著优于对照组,那么我们可以说用于实验的革新教学方法的确提高了学生的成绩。这里的逻辑是:因为通过随机化,我们在实验开始之前就造成了实验组和对照组在与实验有关的其他重要变量上,比如智商、动机、家庭的社会、经济地位等,做到了平均值无显著差异,所以假如实验组的成绩显著优于对照组,那就只能

> 用"革新教学方法"的有效性来解释了。
> 　　但是,随机法虽然好,却会要求打乱学校里已有班级,这对学校的日常工作带来麻烦。于是最方便的做法是整班抽样,比如1班作为实验班,2班作为对照班。如果1班的成绩显著高于2班,那么我们就说革新教学方法是有效的。但是这里有一个问题:假如1班本来就在各方面(包括学习成绩)优于2班呢?那么哪怕所谓的革新教学方法是无效的,1班的成绩照样会显著高于2班的,这时你用"革新教学方法有效"来解释,那不是指鹿为马吗?又比如,假如1班本来就在各方面(包括学习成绩)差于2班呢?那么哪怕所谓的革新教学方法是有效的,促进了1班的成绩,却没有超过2班,那你说,这就表明革新教学方法是"无效"的吗?在上述两种情况下,为了确切地评估革新教学方法的有效性,我们需要借助于协方差分析。
> 　　我们可以把随机分配看成为"实验控制";把协方差分析看成为"统计控制"。在做教育的实验研究时,我们需要就实施或执行这两种控制而向专家咨询。

(2) 排除法

当我们知道哪些因素是额外因素时,我们的方法便可以直接一些,例如,可以选择完全避免或排除我们不需要的变量。这似乎很简单,但事实上,你会发现要完全去除一个变量还真是件不容易的事情。

排除法是把额外变量从实验中排除出去。例如,外界的噪声和光线影响实验,就可以通过隔音室或暗室排除它们。从控制变量的观点来看排除法的确很有效,但在实际使用起来却存在困难。首先完全排除额外变量并非易事,特别是额外变量由一系列因素组成,如噪声、温度、照明条件等,那么排除起来就极为困难;另外排除法还有可能降低实验的外部效度,使得实验结果难以推广到更大的范围中。

(3) 恒定法

当消除额外变量有困难时,实验者常采用恒定法来控制额外变量。恒定法就是使额外变量在实验过程中保持恒定不变。例如,实验必须在同一房间内,在照明和温度水平相同的情况下,在一天里的同一个时间段进行(如果该实验要进行几天的话)。在这里,实验地点、温度水平、照明水平和一天里的时间段等因素,没有被排除,而是保持在一个恒定的水平上。

(4) 匹配法

匹配法旨在使实验组和控制组中的被试属性相等。使用匹配法的具体做法就是:先就某些与实验有着高相关的特性对所有被试进行测量;然后根据测得的结果匹配分组让实验组和控制组相等。例如,在"练习对钢琴学习效果影响"的实验中,需要先预测被试弹钢琴的水平,然后把两个预测成绩相等的被试分别分到实验组和控制组,匹配成条件相等的两组被试。这种方法在理论上是可取的,但在实际操作中却很难行得通。因为,如果须匹配多个特性(或因素)时,实验者就会感到顾此失彼,甚至无法进行。比如力图使两组被试的年龄、性别、起始成绩、智力等因素都匹配就很困难。即使匹配成功,也会有很多被试不能参加该实验。更何况,一些中介变量如动机、态度等,无法找到可靠依据进行匹配。因此,实际应用中,匹配法常常是配合其他技术共同使用的。

三、教育实验研究的效度

所谓教育实验的效度,是实验结论基于事实或证据可以被证明或解释的程度。效度包括内部效度和外部效度。

1. 内部效度

关于实验结论的真实性,用实验的内部效度来衡量。内部效度,是实验结论的可解释程度。其含义是,就实验样本而言,因变量的变化在很大程度上是由自变量引起的。换句话说,内部效度反映了对实验样本而言实验结论的真实性程度。

下面让我们来看两个研究范例,通过比较,你就能明白实验研究内部效度高低的奥秘。

例1:高内部效度的研究

一位体育教师要对2种不同的训练方案可能对初二年级学生体育技能测试成绩产生影响的问题进行实验研究。这位体育教师计划用两个总体情况相似的教学班,并且在每个班级随机指定28名学生作为研究对象。将这两种训练方案分别运用到两个班级中,时间为16周。最后,他本人负责对2个班级进行同样的体育技能测试。

这项实验具有较高的内部效度。为什么呢?这是因为:如果两个班的体育技能测试成绩有差异,比如说,2班的平均分显著高于1班的平均分,我们就可以充满自信地得出方案2比方案1更有效的结论。因为两个班的基本情况是相似的,两组被试是随机抽取的,实施与测试的教师又是同一位体育老师,上课和训练时间也相同,只有"方案"的不同。

例2:低内部效度的研究范例

研究者想探究3种类型的教材对初二数学课的学习有什么不同的影响。有3位教师参与研究,他们分别在不同的学校教学。其中两名教师每人教4个班的初二数学课,一名教师教3个班。有一所学校的班级是按照能力分班的。碰巧参与研究的这个学校的这名教师教的是能力高的班级。每位教师使用一种教材,为期9周。9周后,对学生进行测试,每位教师都使用自己出的试卷。

对这个实验,无论测试结果如何,都无法得出哪套教材更好的令人信服的有效解释。因为这个方案当中充满着变数:学生能力不同,在多大程度上影响了测试结果?3位教师的教学水平差异情况,在多大程度上影响了结果?不同教师分别命题的试卷对测试结果又造成了多大的影响？对于这三个问题，我们无法作出准确的判断。就是说，该实验中至少有三个重要的额外变量没有得到控制：学生能力、教师的教学水平、试卷。我们也就无法凭借测试结果的不同推断三套教材的优劣。所以，通过这个实验方案而得出的结论是无法"被证明的"，即缺乏内部效度。

2. 外部效度

外部效度，是实验结论的可推广程度。其含义是，由实验样本得到的实验结论推广到全体研究对象（目标总体）的有效程度。换句话说，外部效度反映了对目标总体而言实验结论的真实性程度。显然，如果一个实验结论对实验样本都不真实的话，更谈不上推广到目标总体后会有多真实。所以，内部效度低的实验其外部效度一定低，影响内部效度的额外变量一定影响外部效度。因此，可将内部效度看成外部效度的一部分。

例如，在一所重点中学高一年级随机抽取了入学成绩相当的两个班，由同一个数学老师任教并进行"教法"实验，实验班采用"自学辅导法"，对照班采用传统的"讲授法"。学期末用同一份试题进行测验，结果是实验班成绩显著高于对照班，说明"自学辅导法"比"讲授法"更有效。由于两个班入学成绩相当，授课的老师相同，有相同的教学时间，用同一份试题测验，主要是"教法"不同，所以这个实验有较高的内部效度。由于两个班是随机抽取，所以实验结论对该所中学是有效的。对条件相似的重点中学而言，结论可能也一样，即有一定的外部效度。但如果将实验结论推广到普通中学，外部效度就会降低。

四、准实验研究

从上面的论述中，我们了解了教育实验研究的基本思想和构成要素。我们了解到一项好的实验研究，要求研究者对实验的过程要加以严格的控制，并且要对实验对象进行随机选择、随机分配，接受不同的实验处理。在这种严格而又标准的控制前提下，实验研究才能够真正揭示出不同变量之间的关系，从而作出因果解释和推断。

然而，在真正的教育实践过程中，这一前提往往是不具备的。也就是说，在具体的教育研究过程中，我们无法做到像实验室研究那样严格而又标准的控制。比较常见的有以下几种情况：第一，在现实的教育实践中，研究者往往无法对自变量进行完全的操控。举一个极端的例子，譬如说研究者要研究新旧教材对学生学习成绩的影响。按照标准实验研究的做法，应该随机地选取被试，然后进行随机分配，一部分被试用旧教材，而另一部分被试则使用新教材，然后比较两组学生在学习成绩上的变化。然而这样的安排在现实生活中往往是不可行的，因为教材的使用往往不是教师能控制的。除此之外，在某些特定的研究中，研究者也无法对研究的自变量进行有效的控制。譬如说，研究者想考察和论证因为被试类型的不同(如独生子女和非独生子女)、所属环境的不同(如单亲家庭或正常家庭环境中成长)等原因导致的学习成绩差异,这些都是研究者无法操纵的。在这种情况下,我们无法用精细的实验进行考察和论证。第二,在现实的教育实践中,研究者往往无法随机挑选和分配被试,来接受不同的实验处理。譬如,我们想论证两种教学方法孰优孰劣,我们往往很难做到随机挑选和设定两个完全匹配的被试群组,然后施加不同的实验处理。更为切实可行的做法往往是,在现行的自然年级班集体中,选取两个平行班,分别施加不同的实验处理。通过比较两个班学生学习的结果,来判定不同教学方法的优劣。在这种情况下,标准的随机化和严格的控制无法正常实施,研究者通常会采取另外一种更为切实可行的研究方法——准实验研究设计(quasi-experimental research design)。

所谓"准",意为"类似于""接近于"或者"几乎"的意思。所以从字面上理解,准实验研究就是接近于真实实验的研究设计。更为严格的界定,准实验研究是指在无须随机安排被试时,运用原始群体,在较为自然的情况下进行实验的研究方法。和真实的实验研究相比,准实验研究控制性有所降低,但现实性增强。在准实验研究中,无法对实验条件进行严格而准确地控制,这在很大程度上降低了对研究过程的控制水平,导致了我们在解释实验结果时无法完全确定变量之间的因果关系。但和真正的实验研究相比,准实验研究更为符合研究的实际,相对来讲具有更强的现实操作性。在研究中如果能够尽可能地运用实验研究的原则和要求,尽可能地控制无关的因素,其研究同样能够为假设提供强有力的支持。

从研究设计的基本思想来看,准实验研究设计与实验设计相类似,只不过在实验的控制方面达不到实验研究那样的精确。但准实验研究设计在总体上还是遵循了实验设计的基本原则,因此在很多方面与实验研究设计有很多相同之处。而教育实验从其本质来看只能是准实验。

准实验研究设计方法有很多,其中比较常见的准实验设计方法包括不相等控制组设计(nonequivalent control group design)、时间序列设计(time series design)、相等时间样本设计(equivalent time-samples design)、相等材料设计(equivalent materials design)和对抗平衡设计(counter-balanced design)等。在下面的章节中,我们就来看一下具体的研究如何来开展。

第二节 不相等控制组设计

何谓不相等控制组设计?对这一实验研究设计的认识,我们可以从其名称中进行了解和把握。首先,所谓"控制组",说明在这样的研究设计中需要设定一个控制组。而与控制组相对应,也就必须设置一个实验组。所谓"不相等",意味着实验组和控制组由于现实或者研究问题的制约,无法按照随机化的原则来选择和分配。在这里,实验组和控制组从一开始就不是完全相等的①。我们对其中的实验组施加实验处理,而控制组不进行任何的实验处理。最后通过对实验组和控制组后测结果的比较,来考察实验操作对个体的影响。不相等控制组设计又可以进一步细分为两大类,即不相等控制组后测设计和不相等控制组前后测设计。

一、不相等控制组后测设计

1. 基本模式

不相等控制组后测设计(nonequivalent posttest control group design)的基本做法要求设立一个实验组和一个控制组,然后给予实验组实验处理,同时测量两组被试在某一心理品质上的差异,从而来推断实验处理对个体行为的影响。在这里,实验组与控制组的区分往往并不是依照随机化的原则进行划分的。不相等控制组后测设计的基本流程可以用表4-1表示:

表 4-1 不相等控制组后测设计的基本流程

被试分组	实验处理	同时后测
实验组	接受	R_1
控制组	不接受	R_2

R 表示对测量的反映,比如学习成绩等。

2. 研究实例

某课题组想要考察教师的学习方法指导对学生学习成绩的影响,采用不相等控制组后测设计,研究方案为:

阶段一:被试的选取

为了不干扰正常的教学秩序,研究者在某中学选取一名教师,以该教师所教授的两个班级为研究对象。其中一个班级被随机确定为实验班,而另一个班级则被确定为控制班。

阶段二:研究干预阶段

在实验班的教学过程中,教师每周上一节关于学习方法的指导课,而在控制班则不开

---

① 这里的不相等是指在随机意义上的不相等,并不意味着实验组和控制组之间在相关特征上没有相似之处。

展任何学习方法的指导活动。

阶段三：后测阶段

学期结束时，测验两个班学生的学习成绩。

3. 结果处理

采用独立样本 t 检验考察两个班级学生学习成绩差异的显著性水平。若差异显著，那么在一定程度上可以说，教师对学习方法的指导在一定程度上帮助学生提高了学习成绩。

4. 基本评价

不相等控制组后测设计可以进一步推广，即设置多个实验组，并对实验组施加不同的实验处理，但同样需要设定一个控制组，不加任何实验处理。最后同时对实验组与控制组进行测量，比较不同实验处理的效果。这一研究设计被称为不相等多组后测设计。譬如，一位初中生物老师，教 4 个班级的生物课。在教学过程中，这位老师不断改进自己的教学方法，为了验证不同教学方法的效果，他在自己所教授的 3 个班级（实验班）中分别采用一种新的教学法，而另一个班级（控制班）则采用传统的教学方法。通过比较不同班级最终的考试成绩，在一定程度上可以判定不同教学方法的效果。

需指出的是，虽然不相等控制组后测设计在研究过程中设置了控制组，从而在一定程度上排除了选择、成熟和练习效应等因素对实验结果的影响，但这一研究设计的控制程度显然是非常低的。在这过程中，有很多的因素都会干扰研究的结果，从而使得我们对于研究结果解释的说服力大大降低。由于我们之前没有对参与研究班级的初始水平进行测量，所以最后出现的差异很有可能并不是由于教学方法的不同造成的，而是因为不同班级学生的学习能力之间本身就存在很大的差异。因此，在进行不相等控制组后测设计时，应尽可能的搜集相关的资料，了解实验组与控制组之间的相似程度。如果有充分的证据表明，实验组和控制组在很多关键变量上并不存在显著的差异，才可以采用不相等控制组后测设计。否则所得的结果将很容易出现错误的解读。为了很好的避免这一问题，对不相等控制组后测设计的一种改进是进行不相等控制组前后测设计。

二、不相等控制组前后测设计

1. 基本模式

不相等控制组前后测设计（nonequivalent pretest-posttest control group design）与之前的不相等控制组后测设计有一定的相似之处。其最大的不同在于，不相等控制组前后测设计在选取实验组和控制组之后,首先对实验组被试和控制组被试进行一次测验(即前测)。然后,实验组接受某种实验处理,而控制组则不接受任何的实验处理和操作。最后,对实验组被试和控制组被试再进行一次测验(即后测)。通过比较实验组和控制组前测和后测结果的变化情况来推断实验处理的效果。不相等控制组前后测设计的基本流程如表 4-2 所示：

表 4-2 不相等控制组前后测设计的基本流程

同时前测	被试分组		实验处理	同时后测
R_1	$R_1 \approx R_2$	实验组	接受	R_3
R_2		控制组	不接受	R_4

2. 研究实例

某一课题组要考察书法练习对儿童注意力发展的影响,采用不相等控制组前后测设计,研究方案如下：

阶段一：被试选取与前测

为了保证正常教学的教学秩序,研究者在某中学三年级选取两个现成的班级参加实验。为了保证这两个参加研究的班级成员注意力的水平相近,研究者对该年级所有的班进行了前测,以检验班级的初始水平。然后从中选出两个注意力总体水平相接近的班级参加实验研究。其中一个班级被随机确定为实验班,而另外一个班级则为控制班。

阶段二：研究干预阶段

在实验班开展书法教育课程,每周 2 课时。教材选用标准的书法练习教材。而控制班则按照原有的教学计划进行学习。这一过程持续两年。

阶段三：后测阶段

经过两年的教学干预之后,同时对两个班级学生的注意力水平进行测查,所得结果作为后测的成绩。

3. 结果处理

在进行数据处理时,一种简单的做法是将两个班的后测成绩分别减去各自的前测成绩,并采用独立样本 t 检验对这两个差值的差异显著性进行统计检验,最后判断实验组和控制组在实验前后,其注意力是否发生了显著的差异,从而得出相关结论。另外,还可采用重复测量的方差分析对结果进行统计检验。具体操作可参阅相关统计教材。

在这种准实验研究设计中,如果实验的处理确实有效,那么实验的结果大体将如

图 4-1 所示：

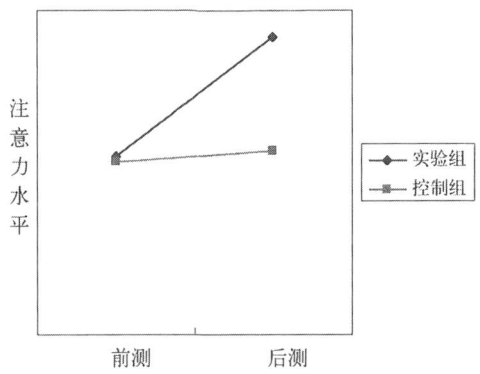

图 4-1 不相等控制组前后测设计的结果

4. 基本评价

不相等控制组前后测设计目前来看是应用最为广泛的一种准实验研究设计。相较于之前的不相等控制组后测设计，它既有控制组，同时也有前后测，可以比较好的控制成熟、历史、工具等因素的影响。但在进行不相等控制组前后测设计的过程中，仍需要注意以下几方面问题：

第一，之所以要进行前测，目的在于检验实验组和控制组原有的近似程度，只有当两个组的原有水平相接近的时候，才能够实施这种准实验研究。另外，在根据前测选择实验组和控制组时，要避免极端数值的影响。也就是说，在这里同样要避免天花板效应和地板效应。

第二，在实验实施的过程中，要尽可能保证实验组和控制组之间的相对对等性。如在上例中，研究者要尽可能保证实验班在师资力量、课时内容、教学方式等方面与控制班相一致。否则很难解释最终的结果到底是因为研究处理的原因造成的，还是由于两个班在其他方面的差异造成的。

第三，对最终的结果进行分析时，要运用统计手段考察实验前后两组的变化之间是否存在显著的差异。只有统计结果显示差异显著时，才能在一定程度上说明实验的操作对个体的行为产生了影响。

热点聚焦 4-1　　　可以不要控制组吗？

我们看表 4-2、图 4-1，想一想，不相等控制组前后测设计里不要控制组可以吗？你看，实验组有前测，比如测得平均分是 75 分，然后实验组接受革新教学方法的处理，一个学期之后，实验组接受后测，测得平均分是83分,统计分析表明属于显著提高。这不就表明了革新教学方法具有促进学生学习的功效吗?

其实未必。我们想,一个学期,时间不算短,儿童少年会成长,他们会变得更成熟,更懂事。这一切都会促使他们的学习成绩好起来,这叫"自然的进步"。我们看图4-1,两条线的起点在一起,这表明两个样组(比如班级)本来是差不多的。我们再看控制组的线条,它微微向右上延伸,那就显示了自然的进步,因为控制组是不接受干预的。现在我们看实验组,假如实验处理是无效的,那么这根线段就应该像控制组的,也就是说两根线应该是重叠的。所以,实验组的线段究竟是否反映了实验处理有效果,这是需要对比控制组的线段才能知道的。如果没有控制组,单看实验组,我们是不能确切判断实验处理是否有效的。比如,假使没有控制组,我们单看实验组的线段,那么有什么理由不认为自然的进步也会造成这样倾斜的线段呢?可见为了确切判断实验处理是否有效,控制组是必需的。

第三节 时间序列设计

如果研究者在某项研究的初始阶段对被试的某种行为进行了反复的测量,然后让被试接受某种实验处理,最后在对被试的该行为再进行反复的测量,发现被试的行为在干预前后出现了显著的变化,那这一结果能说明什么?在很大程度上说明了研究者的实验干预对个体的行为产生了影响。这就是时间序列设计最基本的思想。

我们不妨以一项研究的例子来加以说明。在一项研究中,研究者想要考察限制枪支法律对犯罪率的影响。他们记录和搜集了该法令颁布前后几年犯罪率的变化,得到了如

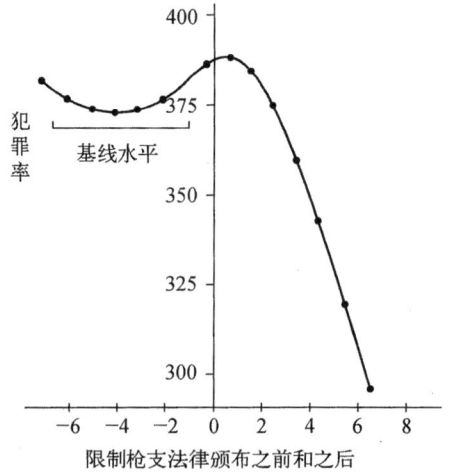

图4-2 限制枪支法律颁布前后犯罪率的变化

图 4-2 所示的结果。这一结果说明了什么？很简单，说明犯罪率很多年来一直保持稳定，而当该法令颁布之后，犯罪率却急速下降。这一结果直观而又清晰地揭示出限制枪支法令的颁布对社会犯罪率的影响。

在实际的教育研究过程中，我们同样可以借鉴这一方法来考察研究者的某种实验处理对个体行为的影响，即时间序列设计。时间序列设计包含多种不同的设计类型，但所有的这些设计类型都要求对被试的初始状态进行测定，而且要进行多次测定，人们常常把被试接受实验处理之前经过反复测量得到的测量分数称为基线（baseline）水平。然后在被试接受过实验处理之后，再对被试进行一系列的后测，通过比较后测分数与基线水平的差异，来揭示实验处理对个体行为的影响。时间序列设计一般可以分为单组时间序列设计和控制组时间序列设计。

学术研究 4-1　　　　考察单个学生的行为变化

图 4-2 可以迁移过来，帮助我们理解怎样判断纠正一名学生的顽固的不端行为的方法是有效的。也就是说，是"这个"做法在纠正这名学生的不端行为。

当你确定了一项不端行为要纠正之后，只要这项行为不会引起学生自己或他人的严重身体和心灵的伤害，那么从教育科学研究的角度看，你可以先单纯地观察一段时期，比如一个月，做好观察记录，这样就有了"基线"。比如平均说来，这个捣蛋的学生平均一星期欺负同学多少次。之后，你采取措施，他欺负同学的次数就下降了，比如表现为图 4-2 的右半部分线段，这似乎表明你的措施奏效了。这不就表明了革新教学方法具有促进学生学习的功效吗？

但是，从教育的科学研究的角度讲，为了更确切地表明你的方法是奏效的，这里建议你突然中断你的教育措施。为什么呢？推理是这样的：假如那学生的行为改善的确是你的措施造成的，那么在你中止这项措施后，他就会"老毛病"重犯。这就形成了一个比较。有了这个比较后，你再恢复原来的教育措施，这样就有比较充足的理由表明那学生的不端行为是被你的这项教育措施纠正过来的。

一、单组时间序列设计

1. 基本模式

单组时间序列设计（single-group time-series design）是针对某一被试群组来进行的，研究者在该群组接受实验处理之前和之后，对被试的行为进行多次的观察和评测。在这里，接受处理之前的观察和评测可以视为重复的前测，而接受处理之后的观察和评测则可以视为重复的后测。单组时间序列设计的基本模式如表 4-3 所示：

表 4-3 单组时间序列设计的基本模式

研究对象	观测1	观测2	观测3	观测4	实验处理	观测5	观测6	观测7	观测8

2. 研究实例

某课题组想要考察榜样和强化对儿童诚信观念的影响,采用时间序列设计,研究方案如下:

阶段一:确定基线水平

选取某校一个班40人作为研究对象,在开始的四周时间里,老师每周五下午对学生的诚信观念进行测量,确定基线水平。

阶段二:实验干预阶段

在第二个阶段,老师每天给学生讲一个关于诚信的小故事,当学生做出正确的道德判断时,立即给予表扬强化。

阶段三:复测阶段

在上述阶段完成之后,老师再度在四周的时间里,每周五测量学生的诚信观念。

3. 结果处理

对于单组时间序列设计的结果,不能用实验前后最接近的两次测量结果进行比较,也不能简单地用干预前后测量分数的均值进行比较,而是要采用回归方程来判断前后数据之间的关系。具体的做法为:

首先,根据实验处理前的各次前测结果求出回归方程①。然后按外推法将假设不接受实验处理的情况下,对应后测的各次测试时间上可能的结果推算出来。即对前测结果作直线回归后再外推计算出后四次观测的估计值,作为与后四次观测结果进行对比的数值。由于是对单组被试进行比较,所以必须用相关样本的 t 检验作估计值与真实值之间差异显著性的统计检验,确定接受实验处理前后是否存在显著差异。这一过程可以用图 4-3 来表示:

单组时间序列设计的结果存在多种可能,图 4-4 表示了几种可能的结果模式。其中坐标轴中横轴上的 O_s 代表观测,X 代表实验处理,纵轴则代表因变量的量度。

对于上述结果应该怎样解释呢?对于结果 A 来说,显然实验处理是无效的,因为被试在实验处理前后的行为没有发生任何的改变。对于结果 B 来说,实验处理的结果同样也是无效的,因为被试的某种行为特征本身就在发展提高当中,实验的处理并未对其产生

---

① 回归方程的计算方法参阅本书相关章节及相关统计书籍。

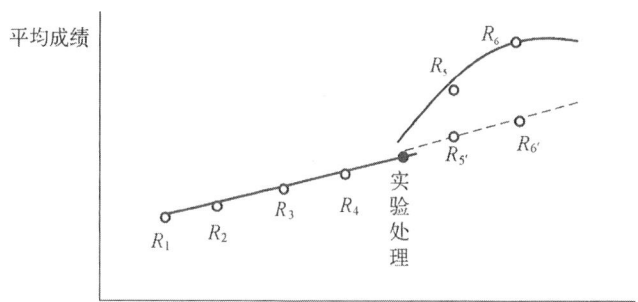

图 4-3 单组时间序列设计结果处理过程图示

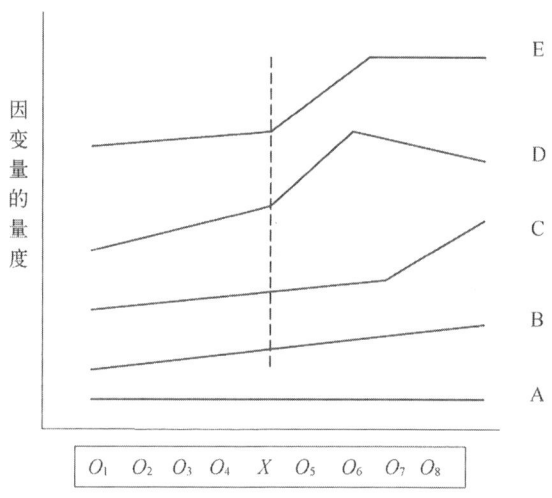

图 4-4 单组时间序列设计的几种可能结果

任何影响。我们不妨用一个例子来说明。假如某教师想要考察书法练习对儿童智力发展的影响，最终得到的测量结果如结果 B 所示，那说明什么呢？说明儿童在实验的观测期间其智力一直处于发展提高过程之中，而书法练习的实验处理并未对其发展产生任何的影响。对于结果 C 来说，我们可以看到，在实验处理作用了一段时间之后，被试的行为并未产生明显的变化，而在过了一段时间后却出现了明显的提高。如果在这一过程中能够排除其他因素的影响，那么我们可以说实验处理是有效果的，只不过这一效应存在一定的延时。对于结果 D 来说，我们可以看到，在实验处理作用了一段时间之后，被试的行为特征有了短暂的提高，而后又恢复到了原有的水平。这说明实验处理的效应是短暂的，随着时间的推移，这一效应会逐渐的弱化和消失。对于结果 E 我们可以看到，经过实验处理之后，被试的某种行为特征有了明显的提高，而且一直保持在较高的水平。这说明实验处理的效果是明显而长期的，说明实验处理具有真实而长久的效应。

从上面的分析可以看出,时间序列设计的多次观测是非常有用处的,它不仅可以揭示出实验处理的真实效应,还能够表现出短暂效应、延时效应等。然而如果实验控制的不当,则会对结果的解释造成很大的困难。单组时间序列设计的实施过程中一个比较关键的注意点是要尽可能保持多次观测难度的一致性。假如一位老师想要考察某种教学方法对学生学习成绩的影响。在实施新的教学方法前后考试的难度差异很大的话,最终结果的解释将变得非常困难。

4. 基本评价

单组时间序列设计的优点主要体现在:第一,它可以比较好地控制无关变量对实验结果的影响。在单组时间序列设计中,要在一段时间里对被试进行一系列的观测,因此可以比较好地控制被试自身成熟因素对实验结果的影响。对于临时事件的影响,虽然不能完全加以排除,但比起之前只进行一次前测和一次后测的研究处理而言,临时事件的影响显然要低了很多。第二,它可以比较好地控制测验因素的影响。对于被试反复的测量,可以避免单次测验出现较大偏差的风险。因此,单组时间序列设计通过实验处理前后的一系列观测,能够在较长的时间范围内评价实验处理对被试的影响,并进一步检验自变量和因变量之间的因果关系。

单组时间序列设计的缺点主要体现在:第一,这种研究处理是在无控制组的情况下进行的,因此不能够排出与实验处理同时发生的偶发事件的影响。如在研究实例中,若该教师进行实验干预的过程中,恰好碰到整个学校开展思想道德教育。那么最终学生诚信水平的上升就很难说是教师的实验处理造成的,还是全校性质的思想道德教育造成的。第二,在这种研究处理条件下,要对被试进行反复观测,这很容易使被试产生疲劳、厌烦,从而影响其在实验中的表现,最终影响实验处理的效果。

二、控制组时间序列设计

1. 基本模式

控制组时间序列设计(time-servies design with control group)和单组时间序列设计最大的不同,在于其增加了一个控制组。控制组和实验组都可以是由一个完整的班级构成,只不过实验组接受了实验处理,而控制组没有接受实验处理。控制组与实验组同时进行前测和后测,以便于两者的结果予以比较。对于控制组时间序列设计来说,实验组与控制组的相似程度越大,实验所得的结论也就越可靠。控制组时间序列设计的基本过程如表4-4所示:

表 4-4 控制组时间序列设计的基本过程

实验组	前测1	前测2	前测3	接受实验处理	后测1	后测2	后测3
控制组	前测1	前测2	前测3	不接受实验处理	后测1	后测2	后测3

在这种研究处理中,由于增加了控制组,很好地克服了单组实验处理的缺点,能够很好地控制临时事件对研究结果的影响。例如,在一项研究中,采用有控制组的时间序列设计,在对实验组实施实验处理之后,立即进行观测,结果发现,两组都产生了一个比较大的增长。在这种情况下,由于两组出现了相同的变化,那么就不能将这种变化归为实验处理的效果。这一变化很有可能是某一外部因素同时对实验组和控制组产生了影响。

2. 研究实例

某教师教某学校初中一年级三个班的英语,他决定进行一项研究,考察不同的反馈类型对初中生英语学习成绩的影响。研究采用控制组时间序列设计,研究方案如下:

阶段一:被试的选取与前测观察

该教师随机选取两个班级作为研究的实验班,另外一个班级作为研究的控制班。此外,该教师还精心处理了6份内容不同但难度水平大致相等的测验试卷。首先对三个班级进行前测测量,测验时间为1小时,每周进行一次,三周完成前测。

阶段二:实验干预阶段

在进行完三次测验之后,该教师分别对实验班1给予正反馈,对实验班2给予负反馈,而对控制班不进行任何反馈。研究基本过程如表4-5所示:

表 4-5 实验的基本安排

班级	前测1	前测2	前测3	反馈类型	后测1	后测2	后测3
实验班1	O_1	O_2	O_3	正反馈	O_4	O_5	O_6
实验班2	O_7	O_8	O_9	负反馈	O_{10}	O_{11}	O_{12}
控制班	O_{13}	O_{14}	O_{15}	无反馈	O_{16}	O_{17}	O_{18}

阶段三:后测阶段

在实验干预完成之后,对实验班和控制班同时进行英语水平的后测测验。时间安排同样为每周一次,每次1小时,三周完成。

3. 结果处理

对于控制组时间序列设计的结果,研究者想要知道的是:(1)实验组的前测成绩与后测成绩是否有显著的差异;(2)控制组的前测成绩与后测成绩是否有显著的差异;(3)实验组和控制组的前测成绩之间是否有显著的差异;(4)实验组与控制组的后测成绩之间是否存在显著差异。

为此,对于研究结果可以进行如下的统计分析:首先,可以先计算实验组和控制组各自的前测成绩和后测成绩,求出平均值,然后采用相关样本 t 检验进行差异的显著性检验。若控制组成绩没有显著的变化,而实验组成绩有了显著的增长,那么可以说实验处理的效果是显著的。其次,可以将实验组的前测成绩和后测成绩分别与控制组的前测成绩和后测成绩加以比较,进行差异的显著性检验,以进一步判断实验处理的效果。

对于控制组时间序列设计结果的另外一种检验方法则相对比较复杂,类似于单组时间序列设计的检验方法。具体步骤为:对实验组的多个前测成绩和多个后测成绩,以及控制组的前、后测成绩分别按照单组时间序列设计的方法,分别求出各自的回归直线方程,这样就可以得到三条回归直线方程。实验组前测成绩的回归直线方程记为 L1,实验组后测成绩的回归方程记为 L2,控制组的回归直线方程记为 L3。然后检验 L1 与 L3 之间是否存在显著差异,以确定两组在选择上是否存在偏差。检验 L1 与 L2,或者检验 L2 与 L3 之间是否存在显著差异,以确定实验处理所产生的效果。若 L1 与 L3 不存在显著差异,而 L1 与 L2 或者 L2 与 L3 之间存在显著差异,则可说明实验处理是有效的。

4. 基本评价

与单组时间序列设计相比,控制组时间序列设计在很多方面弥补了前者的不足。采用这种设计方法,既能够通过系列前测与后测,对一组被试比较稳定的变化进行观测和了解,同时又能够对处理前后两组的系列变化进行比照研究。由于控制组的处理,临时事件对研究结果的影响有所降低。所以,总体而言,控制组时间序列设计被认为是一种比较完善的准实验处理形式。但是它同单组时间序列设计一样,也存在一些问题,应该得到关注。首先,实验前后一系列的前测和后测,还是很容易导致实验组和控制组疲劳、厌烦、敏感,以及练习效应。其次,这种设计往往要在实验处理前后进行比较长时间的观测,如果实验处理的效应是一种长时效应,那么观测的时间将会进一步拉长,这在很大程度上提高了研究的成本。

第四节 相等时间与相等材料样本设计

在前面所讲的不相等控制组设计和控制组时间序列设计里,一个最基本的做法是同时设置了实验组和控制组。控制组的设置在很大程度上帮助研究者排除了临时事件、个体成熟等因素对实验结果的影响。然而在实际的教育研究过程中,很多情况下无法设立控制组。在这种情况下，除了可以采用单组时间序列设计之外，研究者最常采用的是相等时间样本设计和相等材料样本设计。

一、相等时间样本设计

1. 基本模式

相等时间样本设计（equivalent time-samples design）不同于前两节所讲的实验处理，在这种实验处理中，由于种种原因无法设置实验的控制组，而只能采用一组被试进行实验研究，考察实验处理的效果。在这种情况下，研究者通常会把一组被试既作为实验组，又作为控制组，分别在不同的时间接受实验组的处理和控制组的处理，并且两种处理在时间上是相等的。在这里，同一组被试事实上等同于被拆分成两个组，在一段时间里是实验组，在另外一段时间里则是控制组。相等时间样本设计的基本模式可以用表4-6表示：

表4-6 相等时间样本设计的基本模式

被试	处理	观测1	无处理	观测2	处理	观测3	无处理	观测4

从上述基本模式的过程中我们可以看出，相等时间样本设计事实上就是将一组被试作为两个相等的时间样本，在相等的时间序列里，对被试进行重复的观测。这一处理与单组时间序列设计有些类似，但又不完全相同。在单组时间序列设计中，对被试只进行一次实验处理。而在相等时间样本设计中，将被试组"拆分"为两个相等时间的被试组，其中一个时间样本组按照固定的时间周期，反复地接受实验处理。而另一个时间样本组则按照同样的时间周期，反复地接受控制处理。

2. 研究实例

有教师想要研究学习反馈是否会对学生的写作成绩产生影响，采用相等时间样本设计，研究方案如下：

阶段一：被试的选取

由于该教师只教授一个班的语文写作，故只能选取该班级作为研究的对象。

阶段二：实验干预阶段

整个研究历时四个月，在这四个月当中，教师要求学生每周完成一篇作文。其中第一个月有学习反馈，第二个月没有学习反馈，第三个月有学习反馈，第四个月没有学习反馈。在有学习反馈的阶段，教师要对学生完成的作文进行详细的批阅，并给出恰当的评语。而在没有学习反馈的阶段，教师只在学生交上来的作文上批注"阅"字和日期，不做任何修改和评价。在这过程中，该教师请另外一名不知情的教师对学生的作文成绩进行评定。实验的基本过程如下所示：

$$X_1O_1 \quad X_0O_2 \quad X_1O_3 \quad X_0O_4$$

其中，X_1 代表实验处理，X_0 代表控制处理，$O_1 \sim O_4$ 代表四次观测。

3. 结果处理

对于相等时间样本设计的结果可以从三个方面进行统计分析。第一，进行处理条件与控制条件之间的比较，以考察处理效应。具体做法是采用相关样本 t 检验考察实验条件与控制条件下学生成绩差异的显著性水平。若差异显著，则在一定程度上可以说，实验的处理是有效的。第二，分别在实验处理条件下和实验控制条件下考察时间因素的效应。具体做法是，可将在第一个时间周期第一次实施实验处理所得的学生成绩和在第二个时间周期第一次实施实验控制所得的成绩，与在第三个时间周期第二次实施实验处理所得成绩和在第四个时间周期进行第二次实验控制所得成绩进行比较。即将 O_1、O_2 的结果与 O_3、O_4 的结果相比较，考察被试的成绩是否随着时间的推移发生了变化，以确定简单的时间效应。第三，为了进一步检验处理效果，还可以将第一个处理周期的效果与其他每一个处理周期的效果进行比较，并可以对各个处理周期的效果逐一地进行多重比较，以考察不同处理的不同效应。

4. 基本评价

相等时间样本设计的优点主要体现在：第一，对被试变量有比较好的控制。在相等时间样本设计中，由于只有同一组被试，这组被试既作为实验组又作为控制组，可以认为这两组之间在很多关键变量上是相似的，因此这种处理可以比较好地控制因被试之间的差异造成的对研究结果的影响。第二，在控制临时事件的影响上，相等时间样本设计比时间系列设计又进了一步。因为外来的偶发事件每次都与实验处理一起出现的可能性是非常小的，所以在分析研究结果，进行平均数比较时，临时事件造成的偏差可以得到比较好的控制。

相等时间样本设计的主要缺点主要体现在以下几个方面：首先，采用单组处理，并进行反复的测验，很有可能会对被试的心理产生影响，从而使实验结果出现一定的偏差。其次，在实验过程中，被试要接受实验处理，又要接受控制处理。多重处理的反复出现往往会产生相互的影响，从而使每一种处理作用的有效性有所降低。最后，在这种研究处理中，只采用一组被试，使得样本的代表性较低，从而会影响实验结果的概括性和适用性。

二、相等材料样本设计

1. 基本模式

相等材料样本设计（equivalent materials design）和相等时间样本设计很相似，事实上前者更像是后者的另外一种应用形式。当研究者只能将一组被试或一个班级的被试作为研究对象时,另外一种可能的做法是,让这一组被试在不同的时间阶段,在不同的实验处理条件下,分别完成两次或多次不同但相似的任务。在这里,同一实验组相当于参加了多次实验,由于不同实验阶段研究的材料是类似或等值的,所以通过比较被试在不同阶段的表现一样可以了解实验处理的有效性。相等材料样本设计的基本模式如表4-7所示:

表4-7 相等材料样本设计的基本模式

材料A		材料B		材料C		材料D	
实验处理	观测1	控制处理	观测2	实验处理	观测3	控制处理	观测4

2. 研究实例

某研究者想要考察分散学习与集中学习对学生记忆效率的影响,由于现实原因只能选取一个班级进行实验。研究者采用相等材料样本设计,研究方案如下:

阶段一:研究准备阶段

研究者借鉴艾宾浩斯研究记忆的方法,编制了四套不同的无意义音节表作为研究的材料。这四套无意义音节表在形式和数量上大体相当。

阶段二:实验干预阶段

研究者将整个实验分成四个研究周期。在第一个研究周期里,研究者要求被试采用集中记忆的策略来背诵第一套无意义音节表。研究者记录每个学生完全记住这套无意义音节表所花的总时间。在第二个研究周期里,研究者要求被试采用分散记忆的策略来背诵第二套无意义音节表,并记录每个学生完全记住所花的时间。第三、四个研究中期重复上述两个过程,只不过被试的材料分别替换为第三套和第四套无意义音节表。同时分别记录学生完全记住这些无意义音节表所花的时间。实验的基本过程如下所示:

表4-8 记忆策略对学生记忆效率影响实验的基本过程

无意义音节表A		无意义音节表B		无意义音节表C		无意义音节表D	
集中记忆	时间1	分散记忆	时间2	集中记忆	时间3	分散记忆	时间4

3. 结果处理

相等材料样本设计结果的处理与相同时间样本设计的方法相似。同样可以从三个方面进行统计分析。第一,进行处理条件与控制条件之间的比较,以考察处理效应。具体做法是采用相关样本 t 检验考察实验条件与控制条件下被试行为差异的显著性水平。若差异显著,则在一定程度上可以说,实验的处理是有效的。第二,分别在实验处理条件下和实验控制条件下考察时间因素的效应。具体做法是，可将在第一个时间周期第一次实施实验处理所得的学生成绩和在第二个时间周期第一次实施实验控制所得的成绩，与在第三个时间周期第二次实施实验处理所得成绩和在第四个时间周期进行第二次实验控制所得成绩进行比较。考察被试的成绩是否随着时间的推移发生了变化，以确定简单的时间效应。第三，为了进一步检验处理效果，还可以将第一个处理周期的效果与其他每一个处理周期的效果进行比较，并可以对各个处理周期的效果逐一地进行多重比较，以考察不同处理的不同效应。

4. 基本评价

在实施相等材料样本设计时，最为关键的一点在于保证不同材料的等价性。材料之间的差异是不可避免的，但作为研究者应尽可能使不同的材料在被试的兴趣以及难度上尽可能地接近。这一点是研究者在实际研究过程中面临的最大挑战。

如果能够保证研究材料的等值性，那么相等材料样本设计还是能够比较好地揭示实验处理与被试反应变量之间的因果关系。并且在控制被试自身特点、临时事件影响等方面均有一定的优势。然而，和相等时间样本设计一样，样组的代表性，以及重复测量对被试心理的影响等因素都会对实验结果产生一定的影响。在解释实验结果时，应该对这些因素加以注意和说明。

第五节 对抗平衡设计与修补设计

在现实的教育实践过程中开展实验研究往往面临很多现实的问题。如实验处理呈现的顺序可能会影响研究结果，或者研究者来不及找到两组整体相似的被试，或者难以安排同时开始实验等。在这些情况下，研究者常常采用对抗平衡设计和修补设计方法来开展教育实验研究。

一、对抗平衡设计

所谓对抗平衡设计（counter-balanced design）是指通过对所有被试都给予全部处理而达到或提高实验控制目的的一种处理。在这种研究处理中，研究者将实验材料或处理条件在顺序上对各组被试轮流或交替呈现，其目的是使各组被试在接受各种处理的顺序和实验情景方面的条件和机会均等。在对抗平衡设计中，对于实验处理顺序的安排，通常采用的模式就像使用拉丁字母组成的方阵一样，所以对处理顺序的这种排列方法简称为"拉丁方阵"。

1. 基本模式

如前所述,对抗平衡设计的基本结构模式就是对实验处理或实验材料进行拉丁方阵排序。所谓拉丁方阵,就是指所借用的几个拉丁字母随机排列,每个字母在每行每列中只能而且又必须出现一次。最简单的拉丁方阵是 2×2 的方阵,我们用字母 A、B 为例,构成的拉丁方阵为:

$$A \quad B$$
$$B \quad A$$

例如,研究者想要探索两种不同的强化方式对学习效果的影响。这两种不同的强化方式是:A. 固定时间强化(X_1):不管学生的学习成绩如何,只有等待某一特定时间到来才"强化"。如:教师固定在每个学期的中段考时,才对学生优者表扬,差者批评。B. 不定时强化(X):教师对学生的强化,没有固定的时间,如教师经常对学生优者表扬,差者批评。

根据上述处理模式,研究者选择两个班的学生,在第一学期,A 班接受固定时间的强化,而 B 班则接受不固定时间的强化;在第二学期,B 班接受固定时间的强化,而 A 班则接受不固定时间的强化。在每个学期的实验前后,都分别对各班学生的学习成绩进行前测和后测。最后,把这两种不同的强化方式各自在各学期内所发生的变化的总和进行比较,即可知两种不同的强化方式对学习效果影响的优劣。

方阵的大小是根据研究中实验处理的数目而定的,如果实验处理有三种,那么参与实验的被试组也要增至三个。每组仍对所有实验处理轮流实验一次,在这种情况下,各种实验处理的次序应该像下面的方法排列:

表 4-9 对抗平衡设计的模式

组别		时间		
		1	2	3
	A	$O_1 X_1 O_2$	$O_7 X_2 O_8$	$O_{13} X_3 O_{14}$
	B	$O_3 X_2 O_4$	$O_9 X_3 O_{10}$	$O_{15} X_1 O_{16}$
	C	$O_5 X_3 O_6$	$O_{11} X_1 O_{12}$	$O_{17} X_2 O_{18}$

注:X_n 代表实验处理;O_n 代表观测。

也就是说,对抗平衡设计是根据实验处理的多少及其顺序,按照研究计划和拉丁方阵模式,对各组被试按不同顺序,随机轮换实施所有处理的一种研究方法。在很多教育研究中,需要进行多种实验处理,而又不能像实验室实验那样随机的分配被试,同时又不能进行不相等控制组前后测那样的准实验处理,并且被试接受实验处理的顺序可能会对处理效果产生影响。在这种情况下,对抗平衡设计可以说是一种比较好的准实验研究处理。在具体的运用过程中,对抗平衡设计还可以作各种变形。如在实验处理之前既可以施加前测,也可以不施加前测。

2. 研究实例

某教师想要考察四种不同的课外阅读材料对提高中学生阅读能力的作用,这四种课外阅读材料分别为:A 小说;B 散文;C 诗歌;D 剧本。采用对抗平衡设计,研究方案如下:

阶段一:被试的选取

该教师在初中某年级选取四个平行班,首先对所有学生进行一次阅读能力的测试,以了解学生的基本情况。

阶段二:实验处理与实施

整个实验分为四个阶段,每个阶段持续时间为一个月,总共四个月完成。实验之前,教师准备好多篇在字数和难度上大体相当的推荐阅读材料,这些阅读材料分为四种类型,即小说、散文、诗歌和剧本。实验的处理分成四种条件,A 条件:教师要求学生每天阅读一篇小说;B 条件:教师要求学生每天阅读一篇散文;C 条件:教师要求学生每天阅读一篇诗歌;D 条件:教师要求学生每天阅读一篇剧本。在每一阶段的最后一周的星期五,对学生的阅读能力进行测量。实验的基本安排如表 4-10 所示:

表 4-10 阅读材料提升中学生阅读能力实验的基本过程

	第一阶段	第二阶段	第三阶段	第四阶段
班级 1	A	B	C	D
班级 2	B	C	D	A
班级 3	C	D	A	B
班级 4	D	A	B	C

3. 结果处理

对抗平衡设计所得研究结果的处理要根据实验处理的数目,以及由此而确定的拉丁方阵的大小及其排列方式来确定。如果是 2×2 的方阵(如下图),可以进行如下处理:

$$X_1 O_1 \quad X_2 O_2$$
$$X_2 O_3 \quad X_1 O_4$$

首先,求出 X_1 处理条件下,两个因变量度量 O_1 和 O_4 的平均数,然后求出 X_2 处理条件下,两个因变量度量 O_2 和 O_3 的平均数。最后,检验两个平均数差异的显著性水平,以确定不同实验处理效果的差异。

对于采用3×3,4×4等拉丁方阵排列的对抗平衡设计所得的数据,通常采用的统计分析方法是进行方差分析。我们以一项简单的3×3拉丁方阵的结果为例,简单地介绍一下统计的大体过程。

假设在一项研究中,有三个组分别为组1、组2和组3,每组人数为5人。实验处理共有三种类型,分别为A、B、C。实验的安排如表4-11所示:

表4-11 实验安排表

组1	A	B	C
组2	B	C	A
组3	C	A	B

实验结果的原始数据如表4-12所示:

表4-12 实验的原始数据

组别	被试序号	实验处理A	实验处理B	实验处理C
组1	1	1	7	8
	2	2	4	11
	3	4	6	14
	4	5	10	8
	5	6	9	9
组2	6	6	2	9
	7	8	5	8
	8	6	3	10
	9	12	3	10
	10	10	2	4
组3	11	10	12	14
	12	7	12	12
	13	10	14	8
	14	12	10	10
	15	6	10	14

获得原始数据之后,接下来就要进行方差分析了。方差分析的第一步是将每一组所有被试在每一种处理条件下的得分进行加和,并进一步求出每一组得分的总和以及每一种实验处理条件下所有被试得分的总和。在上例中,加和结果如表4-13所示:

表 4-13　实验数据

	实验处理 A	实验处理 B	实验处理 C	总和
组 1	18	36	50	104
组 2	42	15	41	98
组 3	45	58	58	161
总和	105	109	149	363

接下来要进行方差的分解，根据方差分析的基本过程分别求出总的平方和、组间平方和、组内平方和以及误差①。通过方差的分解和分析，可以比较清晰地反映出实验处理之间的差异、被试组之间的差异，以及两者之间的交互作用。从而在一定程度上控制了被试因素对实验结果的影响。

4. 基本评价

对抗平衡设计是准实验处理中比较复杂的一种处理方法。这种研究处理的主要特征是对几个被试组，按拉丁方阵随机排列顺序。每一组都要按顺序轮流接受所有的实验处理。在准实验研究中，由于在被试的选择上无法做到完全的随机化，而只能采用现成的群体进行研究，所以不可避免地会受到很多因素的影响。其一，不同组别之间的差异会对研究的结果产生影响。其二，处理的特定顺序也会对实验结果产生影响。当然，还包括重复的测验、被试的成熟以及临时事件等因素的影响。

然而在对抗平衡设计中，由于对所有的被试组都呈现了所有处理，采用了拉丁方阵排列的方式，因而上述可能因素产生的混淆，都不会对实验处理的主要效果产生大的影响。因为在这一研究处理中，各种可能存在的效应都会在每一组发生。也就是说，所有的被试组都经历了这些效应的影响。在统计过程中，通过方差分析，进行方差的分解，可以很好地区分出实验处理的效应和各种误差效应。在这种情况下，实验处理的效应有了一个比较好的剥离，因而可以比较好地呈现实验处理的效果。

综上所述，对抗平衡设计是一种比较有效的准实验处理，对很多无关变量能够进行比较好的控制。但这种方法，无论在实验处理还是统计处理上，都相对比较复杂，在实际的操作过程中，一定要加以深入的了解。

二、修补设计

在现实的教育研究过程中，经常会出现的情况是，研究者来不及找到两组整体相似的

---

① 方差分析的基本过程参阅本书相关章节或相关统计参考书。

被试，或者难以安排同时实验。在这种情况下，实验者往往只能在未作前测的情况下先对经过某种处理的被试进行测试以获得后测结果。但这种情况下，我们无法断定后测的结果究竟是否是因为实验的处理造成的。即在这种情况下，我们不能够确定后测结果与实验处理之间的关系。此时，如果研究者获得了另外一个被试组，那他可以通过对这一被试组的考察，进一步确定后测结果与实验处理之间的关系。这种研究处理类似于对一项不完美研究的修补，因此可以称之为修补设计（make-up design）。常见的修补设计主要有两种，即两个非实验处理不同模式结合的设计和分隔样本前后测设计。

1. 基本模式

我们首先来看一下两个准实验处理不同模式结合的设计方法。所谓非实验设计是指一些实验控制很低的研究处理，从某种意义上讲这种研究处理不能够满足真正实验的一些基本准则。常见的非实验设计包括单组后测设计、单组前后测设计、固定组比较设计等。这些研究处理从实验控制的角度来看，未能有效控制无关因素的影响，因而在解释结果时受到了很大的限制。但研究者可以将两个非实验处理结合起来，以弥补单一的非实验处理之不足，从而使得研究的控制水平提高，达到准实验处理的要求。最简单的修补模式是由一项单组后测设计和一项单组前后测处理相结合构成的研究处理。其基本模式如下所示：

$$\text{被试组 1} \quad \text{实验处理 } X \quad \text{观测 } O_1$$
$$\text{被试组 2} \quad \text{············} \quad \text{观测 } O_2 \quad \text{实验处理 } X \quad \text{观测 } O_3$$

从上述模式可以看出，如果在一项研究中，仅仅对被试组 1 进行实验处理，并进行后测。那显然很难解释实验处理与后测结果之间的关系。因为被试自身的成熟、特点、临时事件等都有可能导致后测结果的变化。譬如说，一位英语老师在教学班上尝试新的教学方法，结果学期末考试学生的成绩很好。那么这一结果有很多可能的解释。可能这位老师选的这个班级本身英语水平就很高，可能这个班级学生因为成熟的原因学习英语的能力有所提高，还有可能其他偶发的事件导致了英语学习成绩的提高等。在这里，单组后测设计无法解释实验处理与后测结果之间的因果关系。如果在一项研究中，仅仅采用第二种方式，即对被试组 2 进行前测、实验处理和后测，虽然对实验过程有所控制，但仍然会有很多的因素影响到结果的解释。然而如果将这两种非实验处理结合起来，形成如上所示的基本修补模式，就可以扬长避短，使之成为一种比较适用的准实验处理。

另外一种修补处理方法是分隔样本前后测设计。前面一种修补设计是两种不同的非实验处理所构成的。有些时候，研究者还可以将两种相同的非实验处理相结合，使之构成一项准实验处理。在实际的教育研究过程中往往是将两个同样的单组前后测处理结合起来,构成另外一种修补处理,这种修补处理又可称为分隔样本前后测设计。

分隔即为不同,在这一研究处理中,研究者是将两个不同的样本分别进行单组前后测处理,只不过,由于现实的原因,无法同时进行测验。从而在时间上有所区隔。最后将其结果进行整合。分隔样本前后测设计的基本模式如下所示:

被试组1   前测(O_1)   实验处理(X)   后测(O_2)

被试组2   前测(O_3)   实验处理(X)   后测(O_4)

在上述模式中,两个单组前后测处理构成了一项准实验研究处理。须指出的是,任何一个单组前后测处理都是不充分的。成熟的因素、偶发事件的因素、测验的因素都可能会对实验结果产生影响。但在这种修补的处理中,两个单组前后测处理的结合,则在一定程度上可以控制这些因素的影响。若实际的研究结果表明 O_2 大于 O_1,而且 O_4 大于 O_3,那么研究者有理由相信,那些影响实验结果的因素,每次都与实验处理伴随出现的可能性是比较小的。在这里出现的差异更有可能是实验处理所造成的。

2. 研究实例

下面我们用两个研究实例,分别说明一下两种修补处理方法如何来实施。

例1:两个非实验处理不同模式结合的设计实例

某英语教师尝试进行教学方法改革,并希望能验证新教学方法的效果。由于他每个学期只教一个班级,故采用两个非实验处理不同模式结合的处理,研究方案如下:

阶段一:被试的选取

由于该名教师刚刚接手某一班级的英语教学工作,之前未对本班同学的英语水平进行测定。而学期结束后,该教师转而教授另外一个班级。在研究中,该教师只能取自己所教授的班级的学生作为研究被试。

阶段二:实验干预阶段

研究分为两个时间阶段,在第一个学期,该教师在刚刚接手的班级里,进行教学方法改革,尝试采用新的教学方法进行教学。学期末全班考试的成绩作为后测成绩。到了第二学期,该教师调至同年级另一班级进行教学,以第一学期该班英语考试成绩作为前测成绩,第二学期全班考试成绩作为后测成绩。实验干预同样为新的教学方法。研究的基本过程如下:

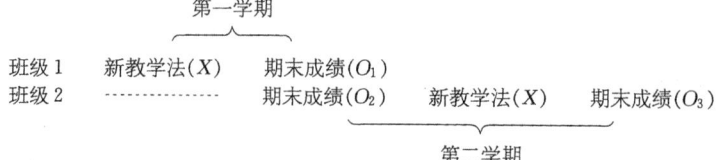

例2:分隔样本前后测设计实例

假设某大学按照教育计划,要对860名大学一年级新生进行一次多媒体使用技术的培训。由于师资的原因,无法同时开展培训,每期只能安排两个班的学生(约80人)参加培训,共10期完成。在这过程中,培训的内容和教师保持一致。校方采用分隔样本前后测设计检验培训的效果,研究方案如下:

阶段一:被试的选取和安排

选取第一期和第二期参加的学生作为研究对象。其中,第一期参加的两个班级随机确定,第二期参加的两个班级同样为随机确定。

阶段二:实验干预阶段

在第一期培训开始之前,首先对第一期两个班学生使用多媒体技术的能力进行测量和评价。然后开展多媒体使用技术培训。培训结束后,再次对学生使用多媒体技术的能力进行测量和评价。第二期两个班的学生重复上述过程。研究的基本安排如下所示:

```
                    第一期
班级1    前测($O_1$)    培训($X$)    后测($O_2$)
班级2                          前测($O_3$)    培训($X$)    后测($O_4$)
                                       第二期
```

3. 结果处理

对于前一种修补处理(例1)的数据进行统计分析,可以进行多种比较。如果将 O_1 和 O_2 进行比较,那就是固定组的后测比较。这种比较的最大问题在于,由于两个组是不相等的,所以无法说明最终 O_1 和 O_2 的差异究竟是由于实验处理造成的,还是因为两组本来就有所不同。若将 O_2 和 O_3 进行比较,则属于单组前后测比较。在这种情况下,虽然组与组之间的差异不存在了,但由于缺乏控制组,所以很难控制被试的成熟等因素对实验结果的影响。我们固然可以采用相关样本 t 检验考察 O_2 和 O_3 之间的差异显著性,但在进行结果解释时却无法排除其他因素的影响。

然而,从这项修补处理整体来看,由于成熟、组间差异等因素都可以得到一定的控制,所以如果 O_1 比 O_2 有显著的提升,同时 O_3 比 O_2 也有类似的显著提升,那么研究者基本上还是可以做出推论说实验处理是有效的。

对于分隔样本前后测设计(例2)的结果,既可以采取横向的比较,又可以采取纵向的比较,最好还要将横向比较与纵向比较的结果相结合。因为单纯的横向比较,可能会因为成熟和组间的差异影响结果解释。而单纯的纵向比较又有可能因测验和成熟等原因,造成研究结果解释偏差。通过这一处理模式,如果发现 $O_2 > O_1$,并且 $O_2 > O_3$,$O_4 > O_3$,那么多方面的证据都表明实验的处理是有效果的。在这里,同一被试样本前后测差异显著性的检验要采用相关样本 t 检验,而不同被试样本之间的比较要采用独立样本 t 检验。

4. 基本评价

两个非实验处理不同模式结合的设计虽说在一定程度上对无关变量进行了控制,但这种控制程度显然是比较低的。在这一过程中,测验的等价性、临时事件的影响等因素都有可能会对实验的结果产生影响。这一研究处理往往是因为现实的原因,无法实施更好控制的情况下才会使用。而对于研究结果的解释同样要非常的谨慎。

分隔样本前后测设计的使用往往是由于现实情况的限制,尤其是在研究需要涉及的被试人数众多,需要对全体被试都给予实验处理,但条件又不允许对每名被试同时施加实验处理的情况下,这一研究处理的实用性变得非常突出。在采用这一研究处理时,往往不要求对整个实验的全程进行自始至终的研究。对于一些延续周期较长的训练计划,研究者可以从计划实施的起点开始研究,也可以从计划实施的中途开始研究。最后只要对相继得到的各期实验处理效果进行比较,就可以揭示实验处理的效果。

但应注意的是,分隔样本前后测设计毕竟是一种控制不够严格和充分的研究处理。因此,在应用这一研究处理时,要尽可能地对影响实验结果的因素进行控制。如测验难度的匹配,对于成熟因素的控制等。

让我们回到本章开头提到的那个案例。我们看到袁老师拒绝了去那所学校指导用计算机文字处理系统训练小学生写好作文的邀请。这究竟是为什么?是因为那家学校不通过实验就对一个年级的学生全部实施了这样的作文教学。因此,即使这样的教学是有效的,却也不排除别的方法,比如传统的作文教学也有效。只要不能这样地排除,那么传统的作文教学也就有可能和利用计算机文字处理系统来训练小学生写好作文有一样的效果。既然可能有一样的效果,那么为什么非得采用计算机文字处理系统来训练呢?像这种没有比较、对照地显示一种用具、处理、措施等为"有效"的做法叫"演示"。

实验与演示的最大区别就是科学实验要有对照组或控制组。假如那所小学把一半班级保留做常规的作文教学,而让另一半班级试用计算机文字处理系统训练法,那就是可以通过比较对照组,从而确切判断革新教学法是否有效?是否和传统教学同等有效?是否效果超过传统教学法?只有对最后一个问题做出了肯定回答,才表明采用计算机文字处理系统来训练小学生写好作文是一个值得优先选择的好教法。

本章小结

- 实验是探索因果关系最强有力的科学研究手段。
- 实验的基本要素是处理好自变量、因变量和控制变量,一个自变量至少要有两个水平。
- 教育实验如果能做到随机分配被试,那是最好的,但是教育实验通常是准实验。
- 教育的准实验处理类型法往往有固定的形式,但同样可以对这些实验处理进行一些改动。好的准实验研究同样需要对实验的过程进行比较严格的控制。
- 教育实验研究的设计方法主要有控制组设计、时间序列设计、相等时间样本设计、相等材料设计、对抗平衡设计和修补设计等。

思考题

- 为什么说教育实验的本质是准实验?
- 准实验和实验有什么区别?
- 为什么对照组(控制组)是必要的?
- 对一名学生可以做实验吗?为什么?
- 不相等控制组前后测设计的研究结果如何处理?
- 对抗平衡设计的一般过程是怎样的?

问题探索

- 设计一项教育实验研究来检验下面的假设:小班化教学有利于学生学习动机的激发。
- 试对一篇公开发表的教育实验报告进行剖析和评价。
- 为什么说只有实验研究能够帮助我们推知因果关系?
- 教育实验中需要控制的额外变量主要有哪些?

第五章　教育科学研究资料搜集
——教育调查研究

本章细目

本章要点

第一节　教育调查研究的概述
一、教育调查研究的概念
二、教育调查研究的特点
三、教育调查研究的类型
1. 常模调查与比较调查
2. 现状调查与发展调查
3. 抽样调查与个案调查
4. 问卷调查与访谈调查
四、教育调查研究的步骤
1. 确立调查主题
2. 制订调查计划
3. 搜集调查材料
4. 分析调查材料
5. 撰写调查报告

第二节　教育调查问卷初步设计

一、问卷调查的特点
1. 调查工具的统一性
2. 调查方式的灵活性
3. 调查过程的匿名性
4. 调查结果的量化性
5. 问卷调查的局限性
二、问卷的基本结构
1. 卷首语
2. 问卷的主体
3. 结束语
三、问卷编制的准备阶段
1. 问卷编制前的探索工作
2. 问卷编制前的理论准备
3. 问卷编制的题项搜集
4. 问卷编制的注意事项
四、问卷编制的设计阶段
1. 问题表述形式的选择

2. 问题的语言和设问方式
3. 问题的排列组合

第三节　教育调查问卷的试测、修订和实施
一、问卷试测
二、问卷修订
1. 问卷的项目分析
2. 问卷的因子分析
3. 问卷的信度和效度检验
三、问卷实施
1. 调查样本的抽取
2. 问卷的分发与回收

本章小结
思考题
问题探索

本章要点

■ 教育调查研究的内涵及其类型
■ 教育调查研究的一般步骤
■ 问卷中问题表述形式的题项设计
■ 问卷的修订——项目分析与信效度检验

想试着回答一下吗……

● 在幼儿园和小学里,女教师一直在数量上占绝对优势。有专家和媒体认为这对男孩的个性发展会带来不良影响,比如男孩"娘娘腔",于是呼吁"大力倡导男教师走进幼儿园和小学,对男孩灌注阳刚之气"。这样的看法对不对呢?你用什么方法来检验?

● 有一种观点认为"不良行为"与家庭的"教养方式有密切的关系,家长教养方式不当是造成子女行为不良的重要原因。"你如何证实这种观点是正确的还是错误的?

● 中学生越来越多地使用各类电子产品,对此,有人认为弊大于利,有人则持相反观点。你如何确定哪一种观点更为合理呢?

● 假设你想要了解阅读时间与阅读能力提高之间的关系,你将采取什么方法来探测?

王老师有点困惑。一方面,她看到自己学校里有很大一部分中学生是"哈韩""哈日"一族。这些学生对于我们的近邻韩国、日本的崇拜几乎达到了疯狂的程度,身上挂着日韩饰物,耳朵听着日韩音乐,眼睛看着日韩剧集……王老师于是有点赞同这样的舆论评价:现在的中学生因为生活条件好了,物质产品丰富了,再加上外国在不少物质产品的生产工艺上比我国先进,因此,滋生了某种程度的崇洋媚外的心态,这样一来爱国主义的精神必然会有所减弱。

但是,令王老师困惑的另一面则是:当她举行严肃主题的班级活动,比如要求学生评论社会思潮、社会倾向时,有不少同学发表了慷慨激昂的言论,表现出相当高涨的爱国主义热情。

那么现在学生的世界观、价值观、人生观究竟怎样呢?王老师去问鲁老师,鲁老师要王老师读完本章以后再来讨论。

教育调查研究是搜集定量资料的另一种重要方法。它通过问问并记录被调查者的反应，获取调查者所需要的信息，以了解某种教育现象、特点以及有关变量间的相关关系。由于教育调查研究具有操作相对便捷、高效等特点，在学校教育研究中备受教师青睐而得到较广泛的应用。本章将阐明教育调查研究的内涵、种类和基本步骤，并结合具体实例，着重介绍问卷调查的基本过程和基本方法。

第一节　教育调查研究的概述

上述问题在日常学习与未来教学中会经常遇到，不胜枚举。仔细盘点后，你会发现这类问题具有以下几个共同特点：1. 我们想了解的事情往往已经发生了或正在发生；2. 要了解这些事情的相关情况，只能向当事人询问（要么一对一地询问（访谈），要么编一份问卷来询问）；3. 当事人的应答有多大程度的真实性，这依赖于当事人的合作意愿以及理解与表达能力；4. 要了解事实真相，就需要搜集许多当事人提供的相关情况，然后进行逻辑推导或统计分析，最后才能回答相关问题。在教育教学过程中，我们把致力于解答这类问题的最基本的科学研究活动叫做"教育调查研究"。

一、教育调查研究的概念

教育调查研究（investigation research）是指在科学方法论和教育相关理论的指导下，围绕着具体的教育问题，研究者有目的、有计划地通过问卷、访谈等手段，搜集有关事实材料，并对搜集到的数据资料进行定量、定性分析，从而了解被调查问题的现状，发现教育现象之间的关系，探索教育规律的一系列教育研究实践活动。教育调查研究是一种通常需要通过抽样设计来询问并记录被调查者的反应，以探讨教学现象诸变量之间关系的研究方法。

> **知识小窗 5-1　　教育调查研究溯源**
>
> 调查研究作为一种经典的研究方法，最早在西方国家的社会研究中得以采用。18 世纪末，资本主义的社会矛盾日益尖锐，一些关心社会问题和社会发展的学者开始利用问卷、访谈等方法，围绕一系列社会问题，如人口、资源、移民、工人贫困等展开调查。此时的研究调查只是作为社会调查的组成部分隐含在社会调查之中。至 19 世纪下半期，由于教育测量活动的萌芽和产生，使教育调查研究逐渐"浮出水面"。历史上最早的专门的教育调查是美国学者赖斯（J. M. Reiss）于 1897 年所作的学校拼写练习的调查，结果表明，学生的拼写课程与拼写练习时间的多少并无必然联系，这一结论为改革学校拼写课程的可能性提供了

事实依据。1910 年由美国的肯德尔(N. Kendall)主持了为期一周的关于波士顿地区的学校制度的调查。此后,教育调查研究发展很快,不仅有个人主持的调查,而且也有团体主持的较大型调查。

(裴娣娜,1999)

二、教育调查研究的特点

调查研究同实验法等研究方法相比较,有其明显的特点:

① 间接性。调查研究是以间接的方式研究客观现象,而不是直接研究对象行为本身。如父母的教育观念、家长教育儿童的方法,只能通过向家长调查间接了解。

② 效率高,范围广。调查研究基本上可以不受时间、空间的条件限制,研究涉及范围广,搜集资料速度快,效率高,可以用团体方式进行。

③ 形式灵活,手段多样。调查研究既可通过访问、座谈等方式,向熟悉研究对象的第三者或当事人了解情况,又可通过问卷搜集书面材料等途径来了解情况,从而掌握研究对象的现状和发展趋向。

④ 自然真实,简便易行。调查研究在自然进程中搜集资料,有利于了解研究对象的"本来面目"。同时它主要通过考察现状而非实验来进行研究,因而不需要像实验法那样控制实验的对象,比较简便易行。

调查研究除有上述特点和优点之外,还存在以下不足:

① 调查研究旨在考察现状,是在自然进程中搜集材料,而不是通过实验,主动操纵和改变现象与变量,因此它不能确定现象之间的因果关系。例如,我们可以通过调查发现A、B 两现象之间具有密切的关系,但究竟哪一个是原因,哪一个是结果,却难以断定。

② 调查结果的可靠性往往依赖于被调查者的合作态度与实事求是精神,常常可能出现主观偏差,而研究者往往难以控制这一点。由于调查是向别人间接了解情况,被调查者所反映的现象事实的客观性和真实性决定了调查所搜集到的资料的可靠性。出于种种原因,有时被调查者可能有意或无意地加入自己的主观臆想或偏见,而调查者却难以了解这种主观加入的程度,从而影响调查结果的可靠性。

③ 调查结果的延时性。由于调查方法获得的结果资料一般都是通过书面或口头语言等形式表达出来的关于事实的报告,因而具有延时性。

三、教育调查研究的类型

教育调查研究种类繁多,根据不同的标准,有着不同的分法。但每一种调查研究,都包含目的、对象、内容、范围、方法等诸多因素,而每项因素又会体现出各不相同的特征,从而形成比较明显的界限。根据调查目的、调查对象、调查内容等的不同,教育调查研究可分为多种类型。

1. 常模调查与比较调查(Norm Survey vs Comparative Survey)

根据调查对象的目的,可将教育调查研究分为常模调查与比较调查。常模调查是依据抽样技术,从教育现象所涉及的总体中选择一类代表性样本实施调查,从而获取该总体的一般状况或平均状态。比如,某教育局想了解其地区三年级数学教学的情况。此时,可以根据学校的类型(如重点学校、一般学校和薄弱学校等)从中抽取几所大家公认的代表性学校,然后再选取三年级中有代表性的几个班级作为调查对象,对这些班级的学生实施统一的数学能力调查。然后对所获得的数学成绩进行分析,得到平均趋势。这样的调查研究就是典型的常模调查。比较调查是比较两个群体、两个地区、两个时期的情况而实施的调查,如关于甲地区与乙地区初等教育质量的调查等。

2. 现状调查与发展调查(Status quo Survey vs Developmental Survey)

根据调查对象发生发展的状况,教育调查研究可以划分为现状调查与发展调查。

现状调查旨在了解某种教育现象当前基本状况与特点,是针对调查对象的当前状况、特征及规律而展开的综合性的专门调查研究。通过现状调查,研究者将获得有关这一教育现象的描述性数据,以便发现和明确可能的问题。如中学生道德现状调查报告、香港地区中文教育的状况、贫困地区义务教育的实施情况调查等等,都属于现状调查。

发展调查是指在一段相对比较长的时间内对某种教育现象进行调查,目的是探明其前后的变换与差异,如小学生阅读能力随着年龄的不同表现出哪些特点就是典型的发展调查研究。

3. 抽样调查与个案调查(Sampling Survey vs Case Survey)

根据调查对象的性质来划分,常见的教育调查研究可分为抽样调查与个案调查。

抽样调查是从研究对象的总体中抽取一些个体作为样本,并通过样本的状况来推论总体的状况。抽样调查比普遍调查要节省时间、人力和经费,资料的标准化程度较高,可以进行统计分析和概括,能够了解总体的一般状况和特征,调查结果具有一定的客观性和普遍性。但其调查内容不如个案调查那样深入、全面,工作量也较大,在资料处理和分析上需要运用较复杂的技术。一般情况下,教育调查研究往往以抽样调查为主。因此,在运用教育调查研究时,正确的抽样是确保调查结果具有科学性的基石。

个案调查是从研究对象中选取一个或几个个体进行深入、细致的调查。其主要作用是详细描述某一具体对象的全貌,了解事物发展、变化的全过程。与抽样调查相比,个案调查不是客观地描述大量样本的同一特征,而是主观地洞察影响某一个案的独特因素。个案调查能够详细地解剖某一个案,能够在实际生活中体验到当时、当地的情景和气氛,能够深入了解行为的背景和发展过程。但调查资料难以标准化,只能依靠主观判断得出研究结论,结论的客观性和普遍性难以检验。如通过对某位有名的教师实施调查,了解如何在教学中因材施教。这样的调查就是典型的个案调查研究。

此外,还有一种很少使用的教育调查,叫做普遍调查。普遍调查是对较大范围的地区或部门中的每一个对象都进行调查,其调查对象是总体。由于普遍调查的工作量很大,所花费的时间、人力和经费很多,因此,除统计部门和政府部门外,一般教育研究很少采用这种调查方法。如教育部实施的全国统一高考就是典型的普遍调查。

4. 问卷调查与访谈调查

按照开展调查工作的方式或具体的调查方法,教育调查研究又可以分为访谈调查与问卷调查。这是研究者通常默认、并且认为最为本质的分类方式。

问卷(questionnaire)一词源于法文,意为"一种为了统计或调查用的问题表格"。其形式是一份精心设计的问题表格,用以测量教育活动中事物的特征以及人们的行为、态度等。问卷调查法是研究者用统一、严格设计的书面调查表(问卷),通过让调查对象严格依照问卷上所规定的每个题目作答,以此来搜集关于某种教育现象的特征及其数据资料的一种研究方法。

访谈调查法又称访谈法、谈话法或访问法,是指通过研究者与被调查对象的直接对话而搜集事实材料的一种教育调查研究方法。它是一种最古老、最普遍的资料搜集方法,也是教育和社会研究科学中最重要、最常用的调查方法之一。访谈是一种研究性交谈,也就是两个人(或更多人)之间一种有目的的谈话,其中由研究者一方通过询问来引导被访者回答,以此了解调查对象的行为或态度,最终达到调查目的。

实践探索 5-1　　　教师胜任力的问卷调查

徐建平、张厚粲编制了《教师胜任力测验》。该测验包括 50 个项目,10 个分量表。各分量表名称分别为个人特质、关注学生、专业素养、人际沟通、建立关系、信息搜集、职业偏好、尊重他人、理解他人、测谎量表。测谎量表主要用于筛查有说谎倾向的被试。各个分量表中包括的项目数不等。得分越高,表明该教师的胜任力水平越高。王沛、陈淑娟编制了《中学教师胜任特征问卷》。该测验包括 59 个项目,包括任务导向胜任特征问卷和关系导向胜任特征问卷,前者包括业务知识、认知能力、教学监控能力、职业动机和职业发展 5 个子问卷,后者包括沟通合作、学生观、个人修养和个性特质 4 个子问卷。

四、教育调查研究的步骤

教育调查的全过程，一般可分为确立调查主题；制订调查计划；搜集调查材料；分析调查材料；撰写调查报告等五个步骤。

1. 确立调查主题

在调查前，首先必须明确调查方向，确立调查主题。只有明确要解决的问题，才能正确选择并运用调查的各种手段和技术，达到调查目的。这是调查的"战略起点"。为此，需要考虑以下两方面的问题：

① 调查研究的价值。任何一次调查都要考虑其价值的大小。从研究现状去考察有无先进性，从现实出发去考虑它的实用性，从理论上去考虑它的独创性。

② 调查研究的可能性。所选主题，从人员、时间、经费和环境等方面去考虑，条件是否具备？预期结果将会怎样？

选取主题以后就要对所选题目进行进一步的了解。这里主要工作就是查阅与本题有关的重要文献，从中了解：在这个问题上前人已经做过哪些重要工作？哪些问题已经解决了？哪些是遗留下来尚待解决的？他们采用的是什么研究方法？他们所得结论的科学性如何？只有在对以上诸问题弄清楚之后，我们才好开始新的研究工作。因为只有在前人已有的科学研究成果的基础上我们才能继续前进。科研工作贵在创新，如不了解前人已有的成就便贸然行事，势必重复别人的老路，其结果除造成浪费外是不会给科学宝库里增添什么新东西的。要知道我们的教育科研工作并不是从零开始，对于前人已有的宝贵科研成果一定要尊重、要利用。某人某项科研成果之所以能有一定的高度，是因为他这项科研工作一开始就是站在前面巨人的肩膀上。因此，查阅资料这步工作万万不可忽视。

当然查阅文献要有方法，为了节省时间和精力要先查索引，看文章的摘要，阅读文献综述、科研情报及动态之类的东西，然后按图索骥从中再查找与自己研究有关的重要资料，耐心细读，并于读后做出摘要或记录，直到全部掌握这方面有关的重要资料，不能再发现新的内容为止。

除查阅文献外，还应通过调查、访问及观察等手段对有关问题的实际情况进行初步了解，目的是要对于此问题研究的价值及可能性进一步摸底，做到心中有数。

一方面查阅文献，另一方面实地了解，这样就能做到心中有数，就可据以确定这项研究的题目与范围，并进而制订科学研究的工作计划。

2. 制订调查计划

教育调查计划一般包含以下内容：

① 调查课题和目的。写明调查课题的具体名称和主要内容以及此次调查的主要目

的和意义。

② 调查对象和范围。即写明在哪一部分人中进行调查,以及调查对象的年龄、性别、抽样方法、样本容量等。

③ 调查手段和方法。说明确定用哪一种手段和方法进行调查或综合运用哪几种方法和手段进行调查。

④ 调查步骤和时间安排。说明调查将分几步进行,每一步的具体内容和时间安排以及完成的最后期限。

⑤ 调查经费的使用安排。说明调查所需经费的来源和预算,以及如何使用这些经费。

总之,在研究工作计划中应明确规定:所要研究的问题及其范围,要采用的研究方法,研究对象的抽样、时间进度等。在这个计划之下,对于某项或某一方面的工作还可制订更详细的具体工作计划。

在研究工作开始之后,也许会发现原计划某些地方不符合当前的实际情况,这就需要对原计划进行某些调整。我们一方面要尽量尊重原计划,使研究工作能按部就班地进行,但也不能完全受原计划的限制,主要是从实际出发,实事求是地开展工作,把计划性和灵活性有机地结合起来。

3. 搜集调查材料

搜集材料,即在教育调查过程中,采用问卷、访谈、测验、开调查会等教育调查的具体手段全面搜集资料。为了保证所获材料的信度,在搜集调查材料时应注意以下几点:

① 尽可能保持材料的客观性。调查者不能带主观偏见和倾向性,也不能任意取舍材料。

② 调查组各成员要采用统一标准采集材料,否则会影响材料的信度。

③ 在搜集材料时还要注意不能把事实和意见混在一起,"意见"往往带有主观色彩。对被调查者提供的材料,需进行核实,以保证材料的可靠性。

④ 尽可能采用不同手段或途径,从不同角度和侧面,不同层次和环境较广泛地搜集材料。

⑤ 在搜集材料时若遇到不利于证实自己假设的事实,或者人们对同一事实持两种及更多种不同的观点时,千万别回避它或者轻易舍去,应该认真对待。若能解开这一疙瘩,可能又是一项新发现。

4. 分析调查材料

在教育调查中,那些直接采集到的材料称为原始材料,必须对之进行整理分析,使之达到系统化和条理化,以便使调查者弄清材料之间的相互关系,发现教育现象和事物联系的规律,解答调查者提出的课题,这就要作一系列整理分析调查资料的工作。

这里所说的资料不是指在查阅文献时所获取的资料,而是指在查阅文献的基础上,针对所要研究的问题,重新搜集来的资料。这样所搜集到的资料就远不限于旧的文献,主要是采用观察、调查、访问等方法所获取的事实材料。只有掌握了大量的新资料,才有可能对科研工作作出新的贡献。

对于新搜集的资料首先要进行鉴别。即就资料的真实性、可靠度以及价值大小进行辨别,并决定取舍,只把那些有用的材料留下来。经过鉴别,留下来的材料也可能是散乱的、不明确的。因此,还必须对这些材料进行整理。归类与统计方法这时就会很有用处。经过整理之后,关于这一问题的情况就比较清楚了。在教育科学研究上,做到这一步,也有可能产生一定的效果,对于教育事业作出一定的贡献。例如:一个调查报告只要抓住了主要问题,做到准确可靠,并且得到的结果或结论是人们过去所不了解或不注意的,那么,这个调查报告本身就具有科学价值。千家驹曾做过一个关于我国教育经费的调查,用历年教育经费的统计数字来证明:我国教育经费少的主要原因不是由于我们国家穷,而是由于我们对教育不够重视。因为我国教育经费不仅绝对数字少,而且在国家预算总支出中所占的比重也小。这样的调查报告虽然只是说明一种现象,但这个报告很有说服力,而且产生了不小的影响,引起了有关方面及社会人士的重视。

接下来就要分析调查资料,它对于教育调查研究的质量起着决定性的作用。分析调查资料就是在已经搜集并整理的材料的基础上,再做进一步的逻辑推理。这里要注意的是,虽然这时已有材料可据,并非个人凭空冥思苦想,但是也要注意个人思考是否带有一定的片面性与局限性。因此,还是应该在参与研究人员之间,或者在更大的范围内展开讨论,以收互相启发、集思广益之效。

在分析调查资料时,如果发现原有材料尚有欠缺之处,那就应当重新在材料的搜集与整理上再下些工夫,因为只有在占有足够材料的基础上才可能进行合理的分析研究,从而得出可靠的结论。

5. 撰写调查报告

把科学研究的全过程以及所取得的成果用文字完整地表述出来,就成为科学研究报告。科学研究报告的撰写不一定要遵照某种固定的格式,但一定要包括以下这些内容:研究目的,对象或抽样,采用方法,研究过程或程序,材料的归类与整理,结论,本研究的局限及对下一步研究的启示等等。报告文字不求华丽,但求简洁明确、浅显易懂,必要时可用图表表示,以期能给读者以更加简明清晰的印象。

第二节　教育调查问卷初步设计

问卷调查是现代教育研究中最为常见的资料搜集方法,特别是在教育调查研究中,它的使用最为普遍。教育研究实践中,问卷调查占有举足轻重的地位。甚至在某种程度上,教育调查方法常常专指问卷调查。在我国,如何加速教育科学研究的发展,从而为教育方针的正确制订与实施提供可靠的科学依据,这与教育研究方法的高效、恰当运用息息相关。问卷调查可以使被调查者较少受到调查者与自身主观意识和偏见的干扰,所获得的结果便于进行量化和更加严谨的统计分析,同时也能最大限度地消除调查对象的各种顾虑与忌讳,促使其真实、客观地回答问题,提供客观性较强的资料。此外,由于问卷调查无论是研究方案设计与实施、搜集与处理研究资料等都有相对标准化的工作流程或程序,易于学习、掌握与运用,能比较方便地获取有关事实性问题和态度性问题的资料,适用面相当广,因而广受教育研究者和一线教师的欢迎。鉴于此,本章主要介绍问卷调查的使用程序与研究步骤。

问卷调查是根据研究课题的需要而编制成的一套问题表格,由调查对象自填回答的一种搜集资料的工具,同时又可以作为测量个人行为和态度倾向的测量手段。问卷调查方法作为运用问卷这种搜集资料的工具,是调查者了解教育事实和测量调查对象行为状况的有效方法。

一、问卷调查的特点

1. 调查工具的统一性

每份问卷的内容和形式都是统一的,并且问卷的拟制、印发、回收往往也会要求统一时间进行。问卷调查工具的统一性,就可以按统一标准对不同地区、不同人群进行调查,搜集统一标准下的不同资料,也有利于运用电子计算机处理。

2. 调查方式的灵活性

虽然问卷调查要求利用统一问卷进行调查,但是实际调查方式不要求统一。实际调查的方式,既可以派调查员送问卷给被调查者当面填答,也可以邮寄或调查员分发给被调查者自己填答后再寄回或收回,还可以通过组织将调查者集中起来一起填答后当场收回。因此,问卷调查方式灵活、方便,有利于调查实施。

3. 调查过程的匿名性

问卷调查要求被调查者在问卷上不署名,有的甚至单位名称、住址等也不写。这样,在调查过程中被调查者有匿名性特点,即调查者收回问卷后,不知谁填答那份问卷。问卷调查过程中的匿名性特点,能使被调查者消除顾虑,对不愿意面对面谈敏感性问题能作出真实的回答。从而有利于搜集访谈调查所搜集不到的资料。

4. 调查结果的量化性

调查结果要求设计问卷的问题,既借助概念引申出变量、变量引申出指标,又借助量化尺度或量表"量度"来设计答案,这样问卷实际上也是一种测定教育现象的量化工具。正因为如此,所以问卷调查的结果就会获得反映教育过程数量特征的原始数据。有了这种调查结果的量化性,才便于后面进一步进行定量分析。抽样问卷调查后的结论,还可以推断调查总体。

5. 问卷调查的局限性

(1) 相当比率的问卷经常无法收回

问卷法依赖于被调查者的合作程度。如果被调查者对所调查的内容兴趣不大,或者态度不积极,责任心不强,或遇到一些突发事件无法完成问卷时,回收问卷数量自然会受影响。当回收的问卷数量达不到要求时,就会影响研究的正常进行。

(2) 问卷结果有时并不可靠

问卷上的答案是最后的与绝对的数据,因为我们除了问卷上的答案外,对被调查者"一无所知",特别是自填式问卷调查,调查者难以了解被调查者是认真填写还是随便敷衍,是自己填答还是请别人代劳。当被调查者对问题理解不清时,他们也无法向调查人员询问,各种错答、误答、漏答的情况难以避免。还有,被调查者由于各种原因(如自我防卫、社会称许、理解和记忆错误等)可能对问题做出虚假或错误的回答,在许多场合对于这种回答要想加以确证又几乎是不可能的。这样可能导致问卷调查的质量比较差,可信度不高。这也是当前问卷调查所面临的主要难题之一。因此,要做好问卷设计并对取得的结果作出合理的解释,必须具备丰富的心理学知识和敏锐的洞察力。

(3) 对被调查者有一定的文化要求

由于问卷都是通过文字的形式呈现,所以要求被调查者能看懂问卷,理解问题以及答案的含义,选择填写答卷的方式,这样问卷的结果才能真实可靠。但是不是所有的人都具备这种能力,因此对于儿童或一些文化程度较低的人群,就不适宜填答问卷。这样,调查对象的范围就在无形中受到了限制。

二、问卷的基本结构

问卷通常由卷首语、主体、结束语等部分组成。

1. 卷首语

每一份问卷的开头,必须有一段简短的前言,说明研究的目的,指导调查对象如何回答,作某些必要的说明,以解除调查对象的思想顾虑。这部分内容叫做卷首语或前言。包括以下内容:① 标题,是对问卷内容的概括性表述,如"中小学教师环境教育能力调查问卷";② 自我介绍(让调查对象明白调查者的身份或调查的主持单位);③ 调查的目的(让调查对象了解调查者想调查什么);④ 问卷作答需要的大致时间、回收问卷的时间、方式及其他事项(如告诉调查对象本次调查的匿名性和保密性原则,调查不会对被调查者产生不利的影响,真诚地感谢调查对象的合作,答卷的注意事项等);⑤ 指导语。旨在告诉调查对象如何填写问卷,包括对某种定义、标题的限定以及示范举例等内容,特别是说明答题的计分规则以及如何作答。它对于问卷的作用就相当于家用电器说明书。

> **知识小窗 5-2　　　　　　卷首语样例**
>
> 　　为了更好地推动我国中小学校网络教育的发展,中央电化教育馆和中国教育技术协会中小学专业委员会共同组织这次中小学校网络教育的问卷调查,本问卷不涉及具体单位或学校的绩效评价,只是为了深入地了解情况、发现问题,以期为我国中小学校网络教育的组织和管理部门提供参考和决策依据。
>
> 　　以下问卷内容,希望您能认真填写。问卷的设计采用填空和选择题(请在相应的序号上画"√")以及简答的方式。
>
> 　　您的回答和提供的情况对这项教育调查研究无疑是重要而有意义的,谢谢您的支持与合作!
>
> 　　　　　　　　　　　　　　　《我国中小学网络教育的现状、存在问题及其对策》专题研究组
> 　　　　　　　　　　　　　　　2003 年 9 月 1 日

2. 问卷的主体

问卷的主体即问题,由题干、选择项或填空等共同组成。一般分为开放式、封闭式和混合式三种。

(1) 开放式问题

开放式问题是指调查者不提供任何可供选择的答案,由被调查者自由答题,这类问题能自然地充分反映调查对象的观点、态度,因而所获得的材料比较丰富、生动,但统计和处理所获得的信息的难度较大。问卷的题型可以是填空式的,也可以是问答式的。

开放式问题举例:

例1）在学习之余，你有什么爱好？

例2）你喜欢什么样的老师？

例3）你学习的主要动力是什么？

开放性问题用在那些不能用几个简单种类而需要用较多的细节和论述加以回答的复杂问题。它们被用来引出调查对象独特的见解、观点或目标。开放性问题特别有助于预备性调查。其中，研究者尚未确定哪些现象特征与其研究有关，因而必须详尽地描述所有潜在的有关特征。不论在哪里，只要准确性、详尽性和彻底无遗性比时间更为重要或比编码简化和数据分析更为重要，开放性问题就是更为可取的。同样，比率量表和定距量表测量的变量一般也是用开放性问题测量，因为要列出一切可能的回答是不现实的。

（2）封闭式问题

封闭式问题也叫结构式问题。它的特点是，问题的设置和安排具有结构化形式，问卷中提供有限量的答案，这些答案既可能相互排斥，也可能彼此共存，让调查对象根据自己的实际情况在答案中选择。封闭式问题，由于已设置了有限的答案供受试者选择作答，因此它适用于广泛的、不同阶层的调查对象；同时有利于控制和确定研究变量之间的关系，易于量化和进行数据的统计处理，因此，研究者普遍喜欢使用封闭式问题。

封闭式问题又可分为：① 是否式（把问题的可能性答案列出两种相矛盾的情况，请调查对象从中选择其一"是"或"否"，"同意"或"不同意"。）；② 选择式（每个问题后列出多个答案，请调查对象从答案中选择自己认为最合适的一个或几个答案并作上记号）；③ 评判式（后面列有许多个答案，请调查对象依据其评判等级或与自身的关系等级进行选择）。

封闭式问题样例：

例1）你对目前的学习状况感到满意吗？是（　） 否（　）

例2）我对自己目前的学习状况感到非常满意。完全不符合（　） 不大符合（　） 比较符合（　） 完全符合（　）

封闭式问题适用于问题答案可划分成各种水平且选项数量较少的情况。大多数封闭式问题用于测量那些定名的变量（如性别或肤色）、等级的变量（如教育水平）或经过定距测量已被人为划分成较少等级选项的问题变量。由于定义的连续性，加上种类繁多，所以比率变量和定距变量并不完全适用于封闭式问题。将连续变量划分成间断变量的缺点在于，如果研究者所定的选项太多，则不利于作答；如果他们观点错误，有分歧，则他们一定会丧失大量信息。像类别变量一样，封闭式问题的选项应该是详尽无遗的（不遗漏任何选项)。封闭式问题一般是本身齐全的,能迅速回答的,因而所需指导比开放性问题需要的少。因而,封闭式问题更适用于一个教育水平较低的样本,一般认为较适用于邮寄的和自答的问卷。

(3) 综合型问题

综合型问题也叫半结构式问题。为了调查需要,有时可以综合开放与封闭的优点,并弥补其不足,采用综合型问卷法,这种问题以封闭型为主,适当加入若干开放性问题。研究者对于比较确定的问题,用封闭式问题提出,而对于尚未明了的问题,或深层次的调查,便采用开放性问题。

半结构式问题样例:

例1) 在义务教育阶段,培养学生的数学素养涉及的内容应包括:

A. 学习基本知识　　　B. 训练基本技能　　　C. 培养基本能力　　　D. 培养学习态度

E. 其他(请自己填写)

3. 结束语

结束语在问卷的结尾,一般内容是对接受调查者表示感谢,或者请被调查者对问卷指出简短的评价。

> **实践探索 5-2**　　　　　　　学生学习策略调查
>
> 周国韬和张林(2002)编制了由认知策略和认知调控策略两部分内容组成的中学生学习策略量表。认知策略分量表含有四个子量表:选择信息策略;信息编码策略;深加工贮存策略,指学生将学过的知识归纳、整理、系统化的策略;检索应用策略。另认知调控策略分量表(SR)也含有以下四个子量表:计划策略;监督检查策略;反馈调节策略;总结策略。
>
> 周永垒、张奇、韩玉昌和张侃(2005)编制了中学生学习策略问卷,整个问卷共56题。每个题后有4个可供选择的项目(完全符合、基本符合、有时符合、基本不符合、完全不符合),计分时奇数题按 4,3,2,1,0 得分,偶数题按 0,1,2,3,4 得分。该问卷将中学生学习策略划分为即认知策略、元认知策略和目标管理规划策略,在此基础上获得了适用于我国东部沿海三省(辽宁、江苏、福建)地区的中学生学习策略问卷的初步标准化常模表。

三、问卷编制的准备阶段

问卷设计的准备阶段是整个问卷设计的基础,是问卷调查能否成功的前提条件,需要调查人员在根据调查目的确定所需的信息资料之后,进行问题的设计与选择。其重点在于:既要对与主题有关的内容、对象、范围等情况有确实的了解,又要对与调查主题有关的各项理论有清楚的认识。因此,问卷设计之前的准备工作,主要是做好如下三项准备:

1. 问卷编制前的探索工作

此工作可分为:① 通过初步查阅有关参考资料,进一步确定研究主题、对象、调查范围等,初步明确问卷实施的理论可行性;② 通过初访或咨询相关专业人士(包括专业研究者以及可能会提供帮助的人)以了解可能实施问卷调查的对象、时间、地点等一般情况,初步明确问卷实施的现实可行性。

在确定研究主题时要注意明确该主题是否是某领域研究的重点、热点或焦点。他人做过的事情,如果没有对其增加新知识,再做没有意义。有经验的研究者,通常是根据最新的文献的知识和追踪研究动向,总能够确定重要的研究主题。没有经验者,需要注意的是:查阅最新相关问题的文献,从中寻找能够支持自己创意的证据。通过请教其他研究者、特别是相关领域的专家来检讨研究主题,这是一种有效的学习和训练,同时也是研究计划中最为重要的一步。

在确定调查主题时,可以依循下述步骤来评价所选主题的质量:

① 该问题,经由研究的历程,可获得有效的解决吗?
② 这个问题,重要吗?
③ 这是个"新"的问题吗?这个问题的真实答案是否容易获得?
④ 你能够计划并确实地执行这个研究吗?
⑤ 你容易取得相关的资料吗?
⑥ 有足够的经费,来支持你执行研究工作吗?
⑦ 有充裕的时间,来完成该项研究方案吗?

2. 问卷编制前的理论准备

根据经由初步查阅有关参考资料所确定的调查主题,详细查阅和研读相关参考资料,特别是与此主题相关的学术刊物上的文章,同时与专家讨论,提出并论证问卷的初步构想和理论架构。

例如,我们想编制一份教师职业承诺的问卷调查上海市某中学教师的职业承诺状况。此时,我们应该尽力通过 CNKI(中国期刊网)、百度、谷歌学术网等专业网站和大型搜索引擎搜集以"中学教师职业承诺"为主题的文章。然后将这些文章进行整理后,首先提出或得到"教师职业承诺"这一概念的定义,并且可以确保该定义要比以往文章中提到的定义更全面、更准确、更能够使人们理解什么是"教师职业承诺"。

假设我们通过对相关概念定义的比较、归纳和逻辑推导得出了我们的"教师职业承诺"定义为：教师职业承诺是一种态度体系，是建立在对职业认知基础上的情绪情感以及行为意向，包括教师对其所从事教育教学工作认同、意愿和原因，是教师从事教育教学工作的出发点，是个人与其所长期从事工作的一种"心理合约"，外部表现为个人对该工作或职业投入和努力。这样的话，我们就知道未来问卷的编制内容一定要围绕着"对教育工作的认同、意愿和原因"以及"对教育工作的投入和做出的努力"等方面来组织与展开。在搜集与整理问卷中的问题时也要遵从上述主题。

当然，教育研究主题往往比较复杂，其定义的背后还会涉及组成成分或内部的逻辑结构这一问题，即可能会包括明显的几个子主题。这里还是以"中学教师职业承诺"这一主题为例来加以说明。我们在搜集相关参考资料时还发现许多国内外研究者认为"教师职业承诺"是个多维结构的概念，并且绝大多数人主张教师职业承诺是由情感性承诺、继续性承诺和规范性承诺共同构成。其中，情感性承诺是指个体对所从事的职业的心理归属感；继续性承诺指对离开原职业的代价的认知；规范性承诺则指个体留在原职业中工作的一种义务感。对此，我们认为有道理、符合我们的感受以至专家的意见，因而也想同时考察这三个成分是否在教师们身上同时存在。

此时，我们不仅形成了有关主题的核心概念的理论建构，从而确定了下一步应当搜集或设计问题的范围；而且我们还进一步确定了可能搜集或设计的问题之间的逻辑归属关系。那就是围绕着"对教育工作的认同、意愿和原因"以及"对教育工作的投入和做出的努力"这样的主题所搜集或设计的问题最后可以分为三套明显可以区分开来的题库：反映情感性承诺的题库、反映继续性承诺的题库和反映规范性承诺的题库。

3. 问卷编制的题项搜集

问卷编制的质量在很大程度上取决于在问卷设计之前能否尽快尽可能多地搜集到质量较高的备选问题。对此，我们还是以编制一份教师职业承诺的问卷为例来予以说明。首先，我们在进行理论准备工作的过程中或许已经接触到了那些以问卷调查的方式进行相关主题研究的文章，其中有一部分附有研究者编制或采用的问卷。我们可以把这些问题项目整理在一起，进行初步归类后形成一部分备择问题题项。其次，我们可以根据自己的理解来自编一些题项。再次，我们可以求助于该领域的专家，请他们给自己提供一些题项。最后，最重要的是根据随机抽样原理从本研究总体中选择20～30个个体进行针对性问询（如向他们询问"您认为什么叫教师职业承诺？""职业承诺高的教师有什么样的表现"等问题），或者利用简单的开放式问卷来搜集可能的题项。然后将这些题项进行归类整理后形成初步的题项。

4. 问卷编制的注意事项

问卷是问卷调查的主要工具,科学地设计问卷,是问卷调查关键性的环节。问卷设计的质量,直接影响到问卷调查的回收率、有效率以及被试者的回答质量,因此,我们对问卷的设计应给予足够的重视。

要想通过问卷的方法比较顺利地获得真实可靠的资料,并使它易于整理和统计,就必须遵循一定的原则。问卷设计中应该特别注意以下几个事项:

(1) 问题应与研究目的或内容相符

首先根据调查的目的确定调查指标,即具体的调查内容;再根据调查指标具体设计出调查题目。调查目的是问卷编制的灵魂,它决定着问卷的内容和形式。而调查内容对问卷的编制工作也有着直接的影响。由于调查内容的不同,使得被调查者对调查的重视程度、敏感程度、熟悉程度等都存在不同的差别,因此,调查者要弄清这些情况,并据此采取不同的方法进行问卷的编制。

(2) 问题要简明客观,无暗示性

调查者在编制问卷中的问题时应使得问题的表达清楚,能够使被调查者正确理解,且对题意的理解应该是唯一的。同时要避免问题的含义过于抽象。问题的语句形式要简单,特别是避免使用多重否定词,因此问题的表述形式一般采用以下两种形式:不完整的简单陈述句,或者是简单疑问句。同时,问题表述明确没有歧义、没有双重问题,如:你经常从广播电视和课外书中获得环境知识吗?(在这个问题中,广播电视与课外书两个内容产生了并列关系。)

(3) 问题不能超出回答者的知识和能力范围

问题的语句和措词要适合被调查者的文化水平、理解能力和职业特点,应该避免使用生僻词汇以及复杂的专业术语。如:你如何评价自己的气质?(在这个问题中,"气质"一词作为心理学专业术语,一般作答者无法正确理解。因而回答时出现理解错误。)

(4) 搜集的数据易于统计和解释

根据决定采用的数据分析方法,调查者要注意问卷中问题提出的形式。比如,调查者如果对搜集的数据主要采用定量分析时,问题的形式就必须是以封闭式问题为主了;而若以定性分析为主的话,问题的形式则必须以开放式问题为主。此外,调查者在选择统计方法时应考虑量表的数据类型。比如,量表式问卷(意指等距量表)提供区间数据,适宜用参数统计分析;排列秩序的题项提供顺序型数据,适宜非参数统计分析;次数统计适宜用卡方检验分析。

四、问卷编制的设计阶段

1. 问题表述形式的选择

首先,问卷设计者要考虑的是根据准备阶段的工作要选择什么形式的问题表述或呈现形式,即是采用开放式问题、封闭式问题还是综合型问题。

(1) 开放式问题的优缺点

开放式问题的优点在于:

① 它们可用于这样两种情况,即当一切可能的回答选项均未被得知,或当调查人员希望看到受调查者认为什么是适当的回答选项时。例如,"目前影响您生活质量的主要问题有什么",这一开放性问题,除预料中的调查研究结果(污染、犯罪等)外,还可披露研究者所未曾预料到的某些结果。

② 它们允许受调查者充分地回答,愿意写多详细就写多详细,而且可使他澄清并阐明其答案的缘由及意义。

③ 它们可在问卷上所列回答选项过多时使用。例如,人们可收到对"目前影响您生活质量的主要问题有什么"所提问题的 75 个回答,其中许多回答的出现率每一个仅有几次。在一份问卷上把所有 75 个问题都列上,那不太可能(即使所有问题都是可预料到的),但若删掉一些,那就没有适当的答案供所有受调查者选择了。

④ 它们对不能压缩成少数几个种类的复杂问题是较为可取的。

⑤ 它们给予受调查者以较多的创造性或自我表达的机会。受调查者感到回答是独一无二的,是自己的,而不是研究者逼他做的。有些人感到,封闭式问题通过将字句放在回答者嘴里的方法,将一个人为的结构强加给受调查者,而不是让受调查者以一种较自然的方式去组织自己的回答。

开放性问题的缺点包括:

① 它们可导致搜集的信息无价值和不相干。开放性形式旨在保证所有有关的信息均能充分详细地包括进去,但无法保证不相关的信息不掺杂进去。

② 各人的资料常常不是标准化的,因而难以进行对比或进行统计分析,如计算百分比等。

③ 编码往往非常困难和主观,因而使编码员之间的可信度降低。

④ 开放性问题需要比封闭式问题更高的写作技能,更好的语言表达能力,以及一般来说更高的教育水平。

⑤ 开放性问题旨在全面,并探究主题的所有方面。但太全面了,就可能使受调查者

感到不知所云，从而需要由访问员对问题作试探，或紧接着问一些更具体的问题。这一特点使开放性问题一般地不能用于邮寄或其他自答问卷。自答问卷一般依靠较不复杂的封闭式问题。

⑥ 开放性问题需要受调查者花很多的时间和精力，从而引起高度的拒绝率。

⑦ 开放性问题需要较多的篇幅从而使问卷看来较长，因而可能使一些不希望答一份过长问卷的受调查者怯于执笔。

(2) 封闭式问题的优缺点

封闭式问题的优点在于：

① 回答是标准的，因而人与人之间可作对比。

② 对回答进行编码和分析很容易，通常可直接从问卷编码，省时、省钱。

③ 受调查者通常对问题的含义较清楚，若有不清楚者，一般也可从回答选项中看清其含义。因此，较少有受调查者感到困扰而回答"不知道"或根本不回答的情况。这有助于提高问卷回收率，因为仅在一个问题上被难住就足以导致受调查者放弃整个问卷。

④ 回答比较完整（若备有所有适当回答选项的话），因而不相干的回答可减到最小限度。例如，向农村受调查者问开放性问题："你多久进一次城"，提这个问题本来的意思是想得到进城频度的估计数，但得到的回答则可能是"我想进就进"或"当交通方便时"之类不贴切而且不可用的回答。而备有回答选项"一周或不到一周一次、一周二至五次、每天"的封闭式问题，则更可能引出可用的信息。

⑤ 封闭式问题可用于问一些敏感性问题，如收入、毕业年数、年龄等等，将选项分成若干个区间段，受调查者更愿意作出选择，而往往不愿意说出确切的数据。

⑥ 封闭式问题对受调查者通常较为容易，因为他只需选择一个种类就行了，而开放性问题则需自撰答案，那就难多了。

封闭式问题的缺点有：

① 很容易使不知道如何回答或没有看法的受调查者猜测回答甚至随便乱答。针对这种情况，则应有一个"不知道/说不清"的选项。

② 受调查者可能由于下列情形而感到难答：问卷上完全未写有适于其回答的答案，或写得不详细，而且受调查者亦无机会澄清或阐明其回答。

③ 对问题的不正确理解难以被察觉，而在开放性问题中，人们较易于从书面回答中发现受调查者误解了该问题。

④ 不同受调查者回答上的差异，会由于迫选式回答（forced choice response）而被人为

地消除掉。

研究者可以根据上述所列开放式问题与封闭式问题各自的特点,结合自己要研究的主题以及相应的各种条件选择何种问题呈现形式,或以何种问题呈现形式为主。

(3) 封闭式问题的表述形式

封闭式问题包括问题及答案两部分,其形式主要有下面几种:

① 填空式。即在问题后面画一短横线,让回答者填写。

如:1) 您的年龄

2) 您的性别

3) 您担任班主任的班级

填空式一般只用于那些对回答者来说既容易回答也易于填写的问题,通常只填数字。

② 是否式。答案只有"是"和"不是"(或者其他肯定和否定形式)两种,回答者根据自己的情况选择其一。因而也叫迫选式。例如:

1) 一个班的学生总会有好有差,教师不可能把每个学生都教成好学生。

　　对　□　　不对　□

2) 一个班的学生总会有好有差,教师不可能把每个学生都教成好学生。

　　是　□　　不是　□

3) 您家有空调吗?　　　　有　□　　　没有　□

4) 您赞成学分制吗?　　赞成　□　　　不赞成　□

是否式问卷是在民意测验的问卷中使用得最多的一种,其特点是回答简单明了,可以严格地把回答者分成两类不同的群体,但其弱点是得到的信息量太小,两种极端的回答类型不能了解和分析回答者中客观存在的不同层次。而且有些问题并非只有两种截然相反的结果。

③ 多项单选式

给出的答案至少在两个以上,回答者根据自己的情况选择其一,这也是问卷中采用最多的一种问题形式。

如:您的文化程度是

A. 小学及以下　　　B. 初中　　　C. 高中或中专　　　D. 大专以上

④ 多项限选式

指在所列举的多个答案中,要求回答者根据自己情况从中选择若干个。

如:你喜欢的第二课堂活动是什么?(请在你选择的项目的序号上画圈,可选三项)

1) 数学兴趣小组;2) 理化生兴趣小组;3) 外语兴趣小组;4) 写作兴趣小组;5) 合唱

队；6）舞蹈队；7）话剧、朗诵队；8）运动队；9）科技发明小组；10）手工编织小组

多项限选式比多项选一的方式更能反映被调查者的实际情况，但是我们无法从答案中看出被选择的顺序，无法区分选项间的程度差别。

⑤ 多项排序式。在所列举的多个答案中，选择两个以上的答案，并且要求被调查者为自己的选择答案排序。

例如，你喜欢的第二课堂活动是什么？（请将答案号码按照先后顺序填入下面空格中）：

1）数学兴趣小组；2）理化生兴趣小组；3）外语兴趣小组；4）写作兴趣小组；5）合唱队；6）舞蹈队；7）话剧、朗诵队；8）运动队；9）科技发明小组；10）手工编织小组

再如，你喜欢的第二课堂活动是什么？（请将上述答案号码按照先后顺序选择前三位填入划线处）：_____

⑥ 多项任选式。多项任选式是在所提供的答案中，被调查者可以任意选择各种不同数目答案的一种问题形式。如：你喜欢的第二课堂活动是什么？（请在题号上打"√"）

1）数学兴趣小组；2）理化生兴趣小组；3）外语兴趣小组；4）写作兴趣小组；5）合唱队；6）舞蹈队；7）话剧、朗诵队；8）运动队；9）科技发明小组；10）手工编织小组

⑦ 矩阵式。这是一种将同一类型的若干个问题集中在一起，构成一个系列问题的表达方式。

如：您对教师形象的看法如何？（请在所选方框内打"√"）

	很符合	符合	基本符合	不符合	很不符合
衣着整洁	□	□	□	□	□
举止文明	□	□	□	□	□
普通话标准	□	□	□	□	□
语言表达清晰	□	□	□	□	□

矩阵式的优点是节省问卷的篇幅，同时把同类问题放在一起，回答方式又相同，也节省了回答者阅读和填写的时间。

知识小窗 5-3　　　　常用的问卷量表

常用的问卷量表有：总加量表法、累积量表法、一致定位量表法和语义区分量表法等。

1. 总加量表法

总加量表法又称利克特量表,是由美国心理学家利克特(Likert, R. A.)于1932年创制的。这种量表形式主要有5点法、7点法和3点法。典型的5点划分为:

$$-2 \quad -1 \quad 0 \quad 1 \quad 2$$
$$(或)1 \quad 2 \quad 3 \quad 4 \quad 5$$

它表示了五种反应的连续体。还可以用7点法或3点法。3点法常用于有关小学生的研究。

2. 累积量表法

累积量表法是由古特曼(Guttman, L.)于20世纪40年代提出的。这种方法强调测量项目的单维性,假定测量同一维度特征的一组项目,可以按难度或数量的连续体排成顺序,表示接受项目所拥有"特征量"的程度。目前在能力测量和学业成就测验中运用得比较多。在项目设计时,把测量项目分解成若干两分小项目,以"是"或"否"方式作答。

3. 一致定位量表法

一致定位量表法是由瑟斯顿等在20世纪20年代末提出的,是等距量表问卷设计中最常用的方法之一,这方法以心理物理测量为基础,因此比较严密。这种方法的假设是,某一属性的测量,能够按一个量的维度排成等级,这时项目既不是单调、总加性的,也不是累积的,而是表示了不同于其他项目的量值。一致定位量表法要求由多个评判人对项目作出评定,确定量的维度,可以用成对比较法,也可以用连续间距法。然后按照一定规则选定最终量表。一般以11点量表作出评级,初选项目应不具有双重含义,并能以赞成或不赞成作出回答。

4. 语义区分量表法

语义区分量表是由奥斯古德(C. E. Osgood)、苏奇(G. J. Suci)和坦嫩鲍姆(P. H. Tannenbaum)等在1957年根据语义心理学研究提出的,已在问卷设计中被广泛应用。语义区分量表的设计采用因素分析方法,确定了语义的三维空间:评价、潜能、活动(评价:好——坏;潜能:强——弱;活动:快——慢)。每一维度用3~15组双极形容词测定,得出的分数求出总分,表示人们的态度或看法,还可以比较人们之间的差异。

2. 问题的语言和设问方式

书面语言是编制问题的基本形式。要设计出语义清晰准确、简明扼要的问题,必须正确运用语言。同时,同样的问题,提问方式如果不恰当的话,其陈述的效果必然会大打折扣、甚至起到背道而驰的作用。因此,在设计问题时一定要注意避免这两个方面易犯的错误。以下是几条常用的规则:① 问题的语言尽量简单,通俗易懂,不要使用复杂的抽象的概念及专业术语;② 问题的陈述尽可能简短清晰,使回答者一目了然;③ 问题要避免带有双重含义,一是明显具有不同的理解,二是一个问题中同时询问了两件事情;如"你教的班级好生和差生的比例占多少?"再如,"你们学校对道德表现和学习表现差的学生有特殊的教育措施吗?"④ 问题不能带有倾向性;如"大多数专家认为抽烟是有害的,你同意吗?"(这样的提问无意中告诉了受调查者吸烟是有害的,所以他们要谈的意见一定会与此相符。)⑤ 不要用否定形式提问;如"你不感觉到自己幸福吗?"(这样的问法会迫使人们漏掉"不"字,并在此基础上来选择回答)。一般情况下,一定正面肯定句,不要用假设句,更不要用反问句或否定句。⑥ 不要问回答者不知道的问题;如,你知道你们校长是如何评价你的吗? 面对这样的问题,受调查者可能因为自己不知道而无法回答或进行虚假回答。⑦ 不要直接询问敏感性问题。如"作为一名教师,你收过学生的礼物吗?"

3. 问题的排列组合

问题的排列与组合方式,即问题的结构,是问卷设计中的另一个重要问题。为了形成合理的结构,通常要注意两个方面:第一,要方便受调查者顺利地回答问题;第二,要便于调查后的资料调查和分析。在将诸问题最后连成问卷时,研究者者必须决定问卷中应该包括多少问题和用什么次序(顺序)呈现它们。一般而言,问卷问题排列顺序有如下几个原则:

(1) 敏感性问题和开放性问题放在问卷的后面

若敏感性问题放在前面,受调查者会对此产生反感,因而拒绝继续答下去。若这些问题在问卷的后半部分才碰到,即便受调查者拒绝回答敏感性问题,已答过的所有非敏感性问题的信息还是保留住了。

(2) 先问易于回答的问题

问卷上的第一个问题应非常易于回答。它们应该不会让受调查者感受到威胁,而且应该清楚,具有性质截然不同的回答选项。第一个问题一般应是关于一个事实而非一个看法或一个信仰的,而且应不需什么考虑。其他题目的排列则应该遵照先易后难的原则。

(3) 先问问卷中必需的信息

如首先取得诸如家庭成员姓名之类的人口统计学信息。在教育问卷调查中常常需要的人口统计学信息主要包括性别、年龄、年级(学生)、收入(教师)、民族等等。

(4) 避免建立反应倾向

刚才论及的规则主张建立一个诸如时间顺序之类的逻辑次序,并主张慎防逻辑次序的混乱。然而这并不是一条不需要变通的硬性规则;任何时候,只要研究者认为有必要建立一个逻辑次序或就同一问题问许多连续的问题时,就可能建立一个反应倾向。"反应倾向"就是以特定的方法,不管问题的内容或正确的答案如何就来回答各项问题的倾向,继而出现"默认"或"僵化"的反应模式。

如果在试测中就怀疑或看出问题次序而引起了反应倾向,那么研究者除改变次序外就别无他途了。最常用的方法是使问题次序随机化,或者使问题"和/或"回答的形式题有所不同。这样做的缺点是:受调查者的思维序列可能被打断。他可能被弄糊涂了,因为他必须从一种形式转到另一种形式,而且需要标上更多的回答选项。

(5) 需要可信度检验的问题成对出现

成对的问题——肯定/否定,常用于检验可信度。例如,我们可在问卷的一处问"因工作关系收取一定礼物应该绝对禁止(同意/不同意)",而在后面一点的地方问"因工作关系收取一定礼物应该可以允许(同意/不同意)"。如果问题由于含糊不清或某种其他原因而不可信,受调查者就会对两个问题都不同意或都同意(上面提到过的默认反应倾向可能导致对两个问题都同意)。使用这种问题配对法,不仅解决默认反应倾向的问题,还会使研究者发现问卷的信度问题。

(6) 确定"漏斗形技术"是否适用

某些研究者主张按漏斗形排列问题顺序。根据漏斗形技术,要先问范围广的、一般的、甚至开放性的问题,接着提出较为具体的问题,这样,漏斗就越来越窄了。这一技术,由于先问非威胁性(甚至不相干)的问题,而使受调查者不感拘束。通过使用漏斗形技术加上"筛选"问题,研究者就能确定具体问题是否适宜于受调查者,从而避免提出不宜问的问题。由一个经过过滤的或筛选的问题来确定后来的问题是否适于受调查者。但更可取的是先问易于回答的、封闭性的关于事实的问题,而后再问特别敏感的问题和开放性的问题。

> **热点聚焦 5-1　　　　　情感素质的问卷调查**
>
> 青少年是国家的希望、民族的未来,他们的发展状况始终受到社会的高度关注。由上海师范大学心理研究所所长、博士点学科带头人、博士后流动站站长、全国教育心理学专业委员会副主任、国家级教学名师卢家楣教授所带领的团队经过 5 年从理论到实践的研究,通过对全国 3 类地区、9 大城市及郊县、117 所学校的 25 485 名学生的实地调查,取得了重要的研究成果,首次揭示了我国青少年情感现状的面纱,为社会尤其是教育界认识、培养青少年情感提供了新的视角与第一手重要信息,也引起了媒体的广泛关注。该研究为国家社会科学基金项目、教育部"十一五"规划重点项目和上海市哲学社会科学规划项目。由上海师范大学心理研究所所长卢家楣教授带领的团队对全国 3 类地区、9 大城市及郊县、117 所学校,从小学四年级至高中三年级的 25 485 名学生进行了调查。调查发现,青少年情感分成 6 大类:道德情感、理智情感、审美情感、生活情感、人际情感、情绪智力。调查发现,我国青少年各类情感发展不平衡。在 6 大类情感上,生活情感(4.85)和理智情感(4.57)相对较高;情绪智力(4.41)和审美情感(4.28)最低。男女生情感素质主要存在结构性差异:在审美和人际情感上女生优于男生;而在理智情感上,特别是探究感和好奇感方面,男生明显

> 优于女生。一个令人担忧的重要发现是，青少年情感素质未随学段升高而提高，反而有下降趋势，其中乐学感（即对学习感到乐趣）和自信感的下降幅度达到了统计学上的显著水平。进一步研究发现，与小学学段和高中学段相比，初中学段学生的情感素质下降幅度最大。调查得出的其他结论还有：青少年情感素质与其所处地区的社会经济发达或落后无显著关联；与重点、非重点、中职等学校的对应虽然呈逐级降低趋势，但尚未达到显著差异；郊县学生在理智情感中的乐学感和自强感上的得分显著高于市区学生，在其他各情感上则无差别；青少年的情感素质与其对学习成绩的自我评价、父母受教育程度呈正相关——这从另一个侧面反映了家庭教育对青少年情感素质发展的影响。

第三节　教育调查问卷的试测、修订和实施

问卷初步编制完成后，不应立即向受调查者发放进行施测，而应进行试测，并在试测结果的基础上进行相应的修订。这是保证问卷调查取得成功的重要步骤之一。

一、问卷试测

在完成了问题语句的设计和排列以后，不宜立即分发，而应该在小范围内进行一次试测，通过试测检查问题是否能被调查者理解，所列举的限制性答案是否完善。通过试测，发现问题，及时修订，经修订后再分发出去。而且最好采取"调查者—受调查者"面对面的方式完成试测。在试测过程中，调查者随时记录受调查者提出的有关问卷的所有问题。并且在问卷作答结束后逐题询问受调查者，看看他们对于每道题是否可以理解以及他们所理解的含义是否与问卷设计者所要表达的含义一致。如果出现歧义，就要根据询问结果予以调整甚至增删。如果实在限于时空等客观条件，无法对参加试测者逐一进行事后询问，也必须利用简单随机化的原则从中尽力抽取较多的人进行询问，这样才能确保问题能够得到调查者的恰如其分地理解。这项工作看起来似乎比较繁琐甚至没有多大意义，实际上是保证问卷调查的信息准确性的重要措施。

二、问卷修订

一般而言，问卷试测及其定性分析是问卷修订的一个基本途径，通过这一环节，可以把那些表述不准确的、测查目的有重复的题项给予修正或补充。问卷修订的主要依据是

研究问题的理论基础和调查问卷的理论构想,前者决定了调查问卷设计的内容来源,是编制和取舍典型测查题目的理论依据,后者涉及在调查问卷的量化分析中各个题项的有效归属问题,是确定最终调查问卷的结构及其要素的参照标准。在问卷修订的实际操作中,项目分析和因子分析是主要的计量技术和处理办法,下面依次阐述它们在调查问卷修订中的具体应用。

1. 问卷的项目分析

调查问卷设计质量的好坏,需要通过问卷中每个问题的测量能力以及整个问卷测量能力的高低来检验。问卷中的每个问题叫做项目,因而问卷中每个问题的测量能力高低的检验叫做项目分析(Item Analysis)。项目分析主要回答的是问卷中具体的某道问题(叫做项目)作答的质量究竟如何。在教育问卷调查中,往往采用项目区分度这一统计学指标来说明上述问题。区分度(Discrimination)是指问卷项目或者试题对被试(考生)的心理品质和学绩水平的区分能力或鉴别能力。它是衡量题目质量的主要指标之一,是在编制调查问卷时筛选题目的客观依据,其数值在 $-1\sim1$ 之间,数值越高,说明题目设计的越好,有较好的区分度。依据测量学原理,测量学家伊贝尔(L. Ebel,1965)在大量的研究实践基础上,提出了衡量问卷题目或者试题的区分度的具体参考标准,认为鉴别指数在 0.40 以上表明此题的区分度很好,0.30~0.39 表明此题的区分度较好,0.20~0.29 表明此题的区分度不太好需修改,0.19 以下表明此题的区分度不好应淘汰。常用的区分度的计算方法有两种:鉴别指数法和相关系数法。

(1) 鉴别指数法(index of discrimination,简写 D)

鉴别指数的求解一般采用极端分组法进行。具体的做法是,首先计算被试在调查问卷上全部题目得分的总分,根据每个被试的总分按照降序排列,在高分端取前 27% 的被试总数,记为高分组,在低分端由后往前取 27% 的被试总数,记为低分组。然后,比较这两个极端被试组(高分组和低分组)在每个试题上通过率的差异,其中通过率是指被试在该题目上答对人数所占总人数的比率。具体而言,鉴别指数可由如下公式求得,并按照伊贝尔的评判标准对该题目的区分度做出判定。

$$D(鉴别指数)=P_H-P_L$$

公式中,P_H 为高分组的通过率或者难度,P_L 为低分组的通过率或者难度。例如,在某区的高中数学统考中,3 000 人参加了考试,若需对本次考卷的每个试题进行区分度检验,则首先要计算出高、低分组的具体人数,即 27%×3 000=810 人,然后分别计算高分组和低分组在每一试题上的通过率。若该次考试中,高分组和低分组在单选题中第 3 题的通过率分别为，$P_H=0.98$，$P_L=0.63$，则该题的鉴别指数为：$D=0.98-0.63=0.35$，说明该题的区分度较好。

另外，在极端分组后，也可以采用独立样本 T 检验方法，检验高、低分两个组在每个题项上的平均分差异，如果题项在高、低分组上的平均分差异显著则说明该题项具有较好的鉴别力，其中显著性水平取值为 0.05 即可，具体的检验步骤和操作方法，详见统计部分。

（2）相关系数法

根据调查问卷及题目的不同计分方式，可以采取多种相关系数计算办法获得相应题目的区分度。当问卷总分是连续变量，题目得分是二分变量时，可通过计算点二列相关的办法求解题目的区分度。当题目分数为 0、1 计分，问卷总分确定为及格和不及格或者达标和不达标两种时，可计算 Φ 相关求题目的区分度，具体方法详见统计中的相关分析部分。除此之外，在调查问卷中，比较常见的是等级评定量表式计分的题目，如态度评定量表中的 5 点计分选项：很满意、较满意、不确定、较不满意、不满意，分别记为 5 分、4 分、3 分、2 分、1 分五个等级，此时，这样的题目可以看作是多值的连续变量，由其组成的问卷总分也是连续变量，可以通过计算和检验题目与问卷总分的相关系数来确定题目的区分度，进而对问卷题项做出修订。一般认为，当题目与问卷总分的相关系数大于 0.30 且达到 0.05 的显著性水平时，表明该题的区分度较好。

2. 问卷的因子分析

一般而言，教育调查问卷的因子结构及其题目，往往是研究者预先就根据研究主题和调查目的拟定好了，完成问卷的项目分析后，便可以形成正式的调查问卷。但在一些精确性要求比较高的教育测量和评价活动中，需要对调查问卷进行测量学意义上的结构效度检验，通常采用因子分析技术，结合调查问卷的理论构想，来科学地确定每个题目的因子归属，若题目与相应的构想因子之间有较高的相关，其系数值或者因子负荷较大，一般为 0.35 或者 0.40，且在其他因子上的负荷值趋近于 0，就可认为该题目隶属于这个因子，应当予以保留。当题目同时在多个因子上都有较高的负荷值，或者与其他某个因子有且仅有较高的负荷值，又与理论构想存在较大偏差时，该题目应予以删除。另外，在大多数时候，需要删除那些由单一题目构成因子的题目。经过题项内部相关分析、因子分析方法选择、因子旋转后，参照理论构想和测量学原理，就可以对那些不合要求的题目逐一进行删除，达到科学修订问卷的目的。具体的因子分析方法和步骤，请参阅相关的统计学书籍。

3. 问卷的信度和效度检验

信度和效度是检查调查问卷质量必须要考虑的质量指标，问卷测量能力包含了两个方面的内容,即问卷测量结果的可靠性和准确性。可靠性和准确性是统计数据质量蕴含的最主要的两个特性,一个好的调查问卷设计不仅可以保证在多次重复使用下得到可靠的数据结果,即可靠性;更重要的是也可以保证所得测量结果能够反映它所应该反映的客观现实,即准确性。当建构和评估测量时,通常使用信度和效度这两个技术性指标。其中,信度是问卷测量稳定性的统计学指标;效度则是问卷测量准确性的统计指标。为保证调查问卷研究的质量,在问卷设计和数据分析过程中,必须对问卷调查数据进行信度和效度分析,以评估问卷的测量能力和研究效果。

(1) 信度检验

问卷信度(reliability)是指问卷调查结果所具有的内在一致性和外在稳定性的程度。内在一致性重在考察一组调查项目是否调查的是同一个特征,这些题项之间是否具有较高的内在一致性。内在一致性高则表明同一被试接受的各种题项的调查结果之间具有很强的正相关;外在稳定性是指不同时期对相同调查对象实施重复调查时,调查结果所具有的相关程度。如果两次调查结果的差异性很小,则说明调查问卷具有较高的稳定性。因此,一个具有良好信度的问卷,在不同的研究者、评分者、时间、情境等状态下,其所得的实测分数应该是趋近相同或者一致的。在实际应用中,信度检验一般是通过对平行问卷的实测分数求相关来估计各种信度系数的,所得的相关系数被称为信度系数,由此可知,问卷的信度系数介于-1和1之间,信度系数越大,调查结果越可靠。一般认为,0.90以上表示信度非常理想,0.60以下表示信度较差。根据信度的操作定义及其统计学方法,可将信度检验区分为复本信度、重测信度、同质信度、评分者信度四种类型。这四种不同的信度分析方法是针对不同误差源的,不同类型的信度系数大小反映着各类误差对调查结果影响的大小。

在教育调查研究中,复本信度的计算是通过设计具有功能等值但题目内容不同的两套问卷或者考卷来测量同一被试,然后求取被试在这两个问卷或考卷上得分的相关系数,其值的大小反映了这两个问卷或考卷在内容上的等值性程度。评分者信度是估计不同评分者对同一对象进行评定时的一致性指标。由于受评分者的主观判断影响,不同的评分人员往往对相同对象的评分存在着差异,若统计检验后,其数值比较大,且达到规定的显著性水平(0.05或0.001),则认为他们的评分结果基本一致,具有较高的评分者信度。估计评分者信度系数的方法是随机抽取若干份问卷或者考卷,让两位评分者分别评分,然后计算他们评分的相关系数,即为评分者信度系数。这两种信度系数主要考虑了问卷等值和评分者的误差效应,在实际的测量研究中,重测信度和同质信度是较为常用的信度指标。重测信度又称为稳定性系数,是估计问卷测量的跨时间一致性的指标。具体的计量方法是,采用同一问卷,在不同的时间对同一批被试前后各测查一次,计算这两次测量分数的相关系数(采用积差相关系数)即可得到重测信度系数,该数值的高低反映的是被试某种测试结果在经过一段时间之后的稳定程度,重测信度系数越高,表明测量结果越一致可靠。同质信度即内部一致性系数,是估计问卷内部各题目的一致性指标,反映的是各个题目之间的关联性,用于考查问卷的各个题目是否测量了相同的内容或特质。若题目之间的正相关越高,则问卷的同质信度越高。常用分半信度、库德—理查逊公式法和 α 系数法等方法进行测算。其中分半信度是将问卷中的题目平均分成两组,然后计算这两组得分的相关系数,再用斯皮尔曼—布朗公式加以矫正,即可得到同质信度。后两种分析方法是基于项目协方差的方法,具体的计算办法可以参照相关统计学教程或者教育测量书籍。

> **学术研究 5-1 问卷信度估计:从 α 系数到内部一致性信度**
>
> 问卷信度是衡量问卷质量的一个重要指标。自从 Cronbach(1951)讨论了 Guttman(1945)导出的 α 系数以后,α 系数几乎成了问卷信度的替身。同时,文献上对 α 系数的质疑和评论也持续了很长的时间,大量研究认为,α 系数不能很好地估计问卷信度。因此,应用工作者会有许多迷惑不解的问题:什么情况下 α 系数还有参考价值?如果不能用 α 系数,应当用什么来估计问卷信度?
>
> α 系数也经常被称为同质性(homogeneity)信度或者内部一致性(internal consistency)信度,它们是一回事吗?对此,温忠麟的研究发现,许多人将"内部一致性"与"同质性"作为同义词使用,对于单维问卷来说是对的,但一般情况下两者是不同的概念。内部一致性可以定义为题目之间的相关性,如果同一维度内部的题目之间相关高(可以理解为测量同一特质的题目之间相关系数的最小值高),则内部一致性高。同质性可以定义为所有题目都测量了相同的特质,如果所有题目之间的相关都高(可以理解为所有题目之间相关系数的最小值高),则同质性高。在因子分析中可知,相关高的题目将共享公共因子(common factor),所以衡量内部一致性和同质性,可以从因子分析入手。如果问卷是单维的(所有题目测量了单一特质),则同质性和内部一致性是一回事。在多维的情形,同质性高的问卷,内部一致性也高,但反过来不一定成立。对此,温忠麟认为,不论问卷是否单维(只要合成总分有意义),如果 α 系数高到可以接受,报告 α 系数并说明问卷信度不低于 α 系数就可以了。特别地,对于通常的单维问卷,如果 α 系数高到可以接受,其信度就有保证,问卷就可以接受。从这个角度说,α 系数还有参考价值,但要说明误差之间不相关是合理的,此时问卷信度不低于 α 系数。如果 α 系数过低,应当使用内部一致性信度即"合成信度"。
>
> (温忠麟,叶宝娟,2011)

(2) 效度检验

效度检验指的是问卷测量结果准确性的分析,即问卷的测量结果反映了它所应该反映的客观属性的程度。具体来说,效度检验必须针对其特定的目的、功能及适用范围,从不同的角度搜集各方面的资料分别进行。常用的效度检验有内容效度、结构效度、效标关联效度等指标。

① 内容效度。它是问卷内容与所要测量的内容全域之间的一致性指标，即这些题目内容能否构成该内容全域的一个代表性样本。一般而言，评价一个问卷或者试卷是否具备较高的内容效度，主要是看是否有明确的测量内容全域，以及问卷内容取样是否具有代表性。因此，在内容效度构建时，应尽可能详尽地规定问卷调查或测验的内容全域，划定内容范围，确定内容成分及其所占比例。这些工作完成的越详细，内容效度才会越高。在内容效度检验中，通常采用逻辑分析法、统计分析法来予以评估。其中逻辑分析法主要采取专家评定的方式进行，对问卷题项或者试题与原定内容全域的匹配程度作出判断。评估程序一般包括三步：一是界定和描述内容全域；二是将每个题目对应的内容成分确定下来；三是将问卷结构与内容全域结构相比较。值得注意的是，在进行专家判断之前，要仔细规定内容全域，详细划分次级纲目，科学分析题目与认知目标。

逻辑分析法虽然操作简便，但它也存在一些缺陷，如缺乏数量指标来描述测验题目与内容全域的匹配程度，判断的结果也将受到专家自身专业能力和主观标准的限制，产生评判者误差。为此，统计分析法通过制订匹配度的等级评定量表，实行计量分析，以内容效度系数来表示调查问卷的内容效度。具体操作方法如下：

要求专家在仔细审阅测验目标的基础上，独立地判断每个测验项目实际测到的内容与欲测量的目标内容之间的相关程度大小，并在"1"表示完全无关、"2"表示有点相关、"3"表示相关较密切、"4"表示完全相关的四点量表上作出判定，其中前两者为弱相关，后两者为强相关。以两位专家对某一问卷测验项目的内容效度判定为例，可以得到如下四种判定结果，见表5-1。

表 5-1　问卷项目的内容效度专家判定统计表

		专家二	
		弱相关	强相关
专家一	弱相关	A(均判定为弱相关的项目数)	B(专家二判定为强相关，专家一判定为弱相关的项目数)
	强相关	C(专家一判定为强相关，专家二判定为弱相关的项目数)	D(均判定为强相关的项目数)

依据表5-1的项目判定四种统计结果，可以采用以下内容效度系数(Content Validity Coefficient，CVC)公式计算出整个测评问卷的内容效度指数：

$$内容效度系数(CVC) = \frac{D}{A+B+C+D}$$

由公式可知,CVC 的值域为$[0,1]$,数值越大,表示内容效度越高。

② 结构效度。它也被称为构想效度,是指问卷调查能够测量到某种理论构想或者心理特性的程度。结构效度的验证一般包括四个步骤:第一,提出有关理论结构的说明,并据此设计测量用的题目。第二,提出验证该理论结构存在的假设说明。第三,采用各种方法搜集实际的资料,以验证第二步提出假设的正确性。第四,搜集其他类型的辅助证据,淘汰与理论结构相反的题目,或是修正理论,并重复第二和第三步,直到上述的假设得到验证,即测验的结构效度获得支持为止。否则,即表示该测验效度有问题或是该理论结构有问题,或是两者都存在问题。此时,必须重复上述步骤,直到理论结构被验证或决定放弃验证工作为止。检验结构效度的主要方法有发展的方法、测验内的方法、测验间的方法、实验干预的方法和认知心理学方法,其中在教育问卷调查研究中,测验内的方法是比较常用的方法,介绍如下:

测验内的方法是通过研究问卷的内部结构来评估结构效度的,用得较多的是内部相关法和因子分析方法两种。内部相关法是求取问卷题目得分与问卷总分的相关,或者问卷包含多个因子或分测验时,则计算各因子或分测验与总分的相关来估计问卷的结构效度。其理论依据是,当问卷具有良好的内部结构时,各个题目与总分或者相应的因子之间应有较高的相关,且具有统计学意义,而不同因子或分测验与总分之间的相关程度应高于它们相互之间的相关。相关系数的求解可以根据问卷计分方式及其数据类型,选择对应的相关分析方法获得。因子分析是一种多元统计技术,目的在于发现能够解释大量观测变量的相互关系模式的潜在因素。当理论构想为单一因素时,因子分析结果如果是一个主要因素,那么就符合假设构想。当理论构想需要多个因素时,因子分析结果如果也是相当数量的因素便可解释绝大多数变异时,那么也可验证结构效度。一般认为提取的因子的累积解释率在80%以上,方可认为问卷的构想效度较好,但通常情况下由于各种误差因素的存在,这个数值很难达到,在具体操作应用过程中,应视实际情况做出判断。

③ 效标关联效度。它是指一个测验同它的测量目标在多大程度上相符合。这里的测量目标是某种独立的或者外部的客观标准或者效标,表示研究者实际感兴趣的内容。效标关联效度的估计是通过求解问卷测验分数与效标的相关实现的,表示使用该问卷对处于特定情境中的个体行为或心理进行预测时的有效性。根据效标资料获得的时间不同及测验使用的目的不同,效标关联效度可以分为同时效度和预测效度两种。前者指的是测验分数与效标资料在同一时间内获得,计算它们的相关系数即为问卷的同时效度,后者则是在测验分数取得一段时间后才获得效标资料,然后计算它们之间的相关系数,即为预测效度。虽然相关系数的大小可以表示效标关联效度的高低,但效标关联效度的实际应

用价值则取决于效标本身的好坏。一个好的效标必须具备：有效性，能有效地反映测验所要测量的目标；可靠性，效标应该稳定可靠，不随时间、环境等因素变化；可操作性，必须可以观察和测量；实用性，测量效标应尽量省时、省力。

总之，教育调查问卷的编制和使用离不开扎实的专业理论知识和过硬的统计学基础，问卷修订是个繁杂的定量分析和定性判断有机结合的过程，调查问卷的修订需要运用多种统计学方法。问卷修订的内容主要包括对问卷题项和整个问卷的测量特性进行检验和评判，根据各种计量分析结果，来判定题目的取舍和问卷的测量价值。只有确保与问卷设计目的紧密关联的高质量的题项，才能从根本上确保问卷的质量。

> **实践探索 5-3　　　学生心理健康的问卷调查**
>
> 苏丹和黄希庭(2007)在文献综述的基础上，建构了适应取向的中学生心理健康的理论模型，并对中学生和中学教师进行开放式问卷调查，再参考同类量表，形成了包含 25 个题项的中学生心理健康量表。经对 1 567 名中学生进行测试，发现中学生心理健康包含生活幸福、乐于学习、人际和谐、考试镇静、情绪稳定等五个维度。该问卷采用 Likert 自评式 5 点量表法，从 1 完全不符合到 5 完全符合记为 1～5 分，得分越高表示心理健康状况越好。
>
> 李国瑞和余圣陶(2006)以中学生心理健康八条标准为理论构架，编制了《上海市中学生心理健康自评量表(SISMSS)》。该量表共 140 个项目，由三个分量表组成，即适应性诊断量表、疾病性诊断量表和测谎量表。适应性诊断量表包含 8 个小测验，即主动学习、情绪乐观与稳定、自制力、自我认知、成就动机、与人沟通、责任感、性意识；疾病性诊断量表包含 7 个小测验，即精神分裂症倾向、抑郁症倾向、轻躁狂倾向、强迫症倾向、焦虑症倾向、恐惧症倾向、歇斯底里症倾向。

三、问卷实施

问卷调查是一种间接的书面调查，它的实施有许多不同于直接口头访问调查的特点。

1. 调查样本的抽取

正式问卷一经形成，我们就得确定调查的目标人群，从中选取调查样本。在选取样本的过程中，我们除了依据调查的目的以及与之相对应的抽样方法以外，还必须注意以下两个因素对于抽样的影响或要求。第一是问卷的回收率，即发出问卷后，经被调查者填答并能被研究者收回的问卷比率。回收率的大小是与问卷的发放方式与问卷设计质量有关。第二是问卷的有效率，凡未作回答或者不按要求填答，都属于无效回答。有效率等于回收问卷总数减去无效回答数再除以回收总数，计算公式如下：

$$问卷回收率(R)=\frac{实际收回的问卷数}{发出问卷总数}$$

$$问卷有效率(K)=\frac{实际回收的问卷总数-无效回答数}{实际回收的问卷总数}$$

考虑到问卷调查的回收率和有效率一般都不可能达到100%，因此选择调查对象时，其数目应多于根据抽样要求的研究对象数，即：

$$n=\frac{n_0}{R\times K}$$

n_0——通过抽样确定的研究对象数；R——预测问卷回收率；K——预计问卷有效率。

例如，假定通过抽样确定研究对象有 $n_0=100$ 人，邮递问卷回收率一般在30%~60%，取 $R=50\%$，预计问卷有效率可达 $K=85\%$，则应发出问卷数为：

$$n=\frac{100}{50\%\times 85\%}\approx 235(人)$$

此外，就研究经验而言，要达到有效搜集和分析数据，完成调查报告，问卷回收率至少要有50%才是足够的，至少达到60%才算是好的。此外，调查结果非常重要时，回收率必须达到77%以上；调查结果比较重要时，回收率必须达到66%以上；调查结果不太重要时，回收率达到42%即可。

实践探索5-4　西北地区教师职业压力现状调查(问卷调查基本步骤举例)

(一) 对象

采用分层抽样的方法选取中小学教师共500名被试进行问卷调查，收回有效问卷468份。样本构成如下：

性别：男性220名(47%)，女性248名(53%)；学校：小学教师134名(28.6%)，初中教师165名(35.3%)，高中教师169名(36.1%)；教龄：1~5年90名(19.2%)，6~10年116名(24.8%)，11~15年129名(27.6%)，16~20年58名(12.4%)，21~25年57名(12.2%)，26年以后18名(3.8%)。

(二) 方法

采用问卷调查法(自编中小学教师职业压力现状量表)。量表编制步骤如下：

1. 应用半结构性问卷让40名研究对象自由撰文。要求他们以"作为一名教师，您是否感到有压力？压力是否给您带来了不良影响？如果是，主要在哪些方面？"为题写出自己的观点，接着对资料进行整理，确定研究的初步维度。

2. 编拟预试问卷

参考 SCL-90 症状自评量表和半结构问卷所搜集的资料,通过研究小组综合讨论,初步拟出中小学教师职业压力现状量表。主要包括总体压力感(1个项目);对教师造成的不良影响:身体(2个项目)、心理(2个项目)、工作行为(2个项目)、工作效率(2个项目)、人际关系(2个项目)五个维度,共11个项目。

3. 预试

随机选取 50 名符合要求的调查对象各填写一份预试问卷,整理问卷,进入项目分析。

4. 项目分析

除 1 项目的 t 值不显著外,其余所有项目的临界比率值均达到显著水准(0.05),因此删除不显著的项目。

5. 因素分析

总体压力感作为一个独立因素来对待,其余 9 个项目采用主成分分析法并配合正交旋转,进行探索性因素分析,检查量表的结构效度。KMO=0.814,χ^2 的值为 216.675(自由度=36)非常显著,代表母群体的相关矩阵有共同因素存在,适合进行因素分析。经过主成分分析,抽取出特征值大于 1 的因素 2 个。因素一包括 5 个项目,命名为健康因素,特征值为 3.137,解释变异量为 34.858%;因素二包括 4 个项目,命名为工作因素,特征值为 2.735,解释变异量为 30.392%。这样教师职业压力对教师本人造成的不良影响主要包括两个方面:健康因素、工作因素,两个因素可以解释总变异量为 65.250%。

6. 构想效度

将因素分析出的健康因素、工作因素与起初的设想:职业压力会对教师身体、心理、工作行为、工作绩效、人际关系五个维度造成不良影响进行验证。而健康因素就包括身体、心理、人际关系三个维度,工作因素就包括工作行为、工作绩效两个维度。这说明该量表具有较好的构想效度。

7. 信度分析

总 α=0.8850,两个层面的信度系数分别为:健康因素 α=0.8456,工作因素 α=0.7064;分半信度 α=0.8667。

2. 问卷的分发与回收

问卷的分发方式有多种,在教育传播研究中最常用的有三种方式。

(1) 邮政投递式

是指研究者通过邮局向被选定的调查对象寄发问卷,并要求被调查者按照规定的要求和时间填答问卷,然后再通过邮局将问卷寄回给研究者。邮递问卷有利于控制发卷的范围和对象,有利于提高被调查者的代表性,回答质量较高,可节省时间。但问卷的回收率较低,约在 30%~60% 左右。

(2) 专门递送式

这是研究者派专人将问卷送到选定的调查对象,待被调查者填答完后,再派专人收回问卷。这种方法最适合于有组织的集体调查对象。例如参加某次会议的代表,某一单位部门的成员等。这种方式的问卷回收率达 90% 以上,而且回收时间迅速、整齐。但由于被调查对象过于集中,范围较窄,代表性较差;而且由于过于集中,被调查者之间可以互相询问,互相影响,回答结果容易失真,甚至可能出现请别人代答的现象。

(3) 集中填答式

这是研究者亲自将调查对象集中起来,由研究者向调查对象说明调查的目的和填答问卷的方法,被调查者即时填答,然后由研究者把问卷搜集起来。这种方式的回收率可高达 100%,效率也高。但是,这种方式费人、费时、费钱,只适用于特定的场合,如对在校的学生、教师进行调查便较常用此法。不过被调查者的填答容易受研究者的主观因素的影响。通常为了取得较好的研究成果,可以三种方式同时结合使用。

随着网络技术的发展和普及,现在许多研究者把调查问卷发布在网站上,这种问卷的回收数量较大,但回答者主要是具有上网条件的用户,其代表性受到限制。

表 5-2 各种问卷调查方式的利弊

项 目	自填式问卷调查			代填式问卷调查	
	报刊问卷	邮政问卷	送发问卷	访问问卷	电话问卷
调查范围	很 广	较 广	窄	较窄	可广可窄
调查对象	难控制和选择,代表性差	有一定控制和选择,但回复问卷的代表性难以估计	可控制和选择,但过于集中	可控制和选择,代表性较强	可控制和选择,代表性较强
影响回答的因素	无法了解、控制和判断	难以了解、控制和判断	有一定了解、控制和判断	便于了解、控制和判断	不太好了解、控制和判断
回复率	很低	较低	高	高	较高
回答质量	较高	较高	较低	不稳定	很不稳定
投入人力	较少	较少	较少	多	较多
调查费用	较低	较高	较低	高	较高
调查时间	较长	较长	短	较短	较短

(4) 对回收问卷的审查

对于回收的问卷必须进行认真的审查,对一些回答不完整、不按要求回答和回答不正确的问卷都应作为无效问卷。在对问卷数据整理加工时,不能把无效问卷的数据算入,否则会造成降低研究的可靠性和准确性的后果。对问卷的数据处理,必须建立在有效问卷的基础上,才能保证问卷调查结论的科学性。

让我们回到本章开头提到的那个案例。王老师只是在不同情境下看到了貌似截然相反的两种现象。这两种现象是学生价值观的具体体现。要说明二者之间的内在联系,解开王老师心中的"心结",需要针对学生的价值观及其行为表现,利用本章所讲的问卷编制、施测与数据统计技术,编制质量良好的学生价值观问卷,然后根据抽样技术进行问卷调查,将搜集到的数据利用数据统计技术和 SPSS 等专业统计软件进行分析,就能够真正了解学生"心中稳定真实的想法"(价值观)。或许王老师最终发现,那些"哈韩""哈日"一族在人数上其实非常少,他们的想法并不代表学生们的总体趋向。同时,王老师所看到的那些"哈韩""哈日"一族的表现也只不过是他们在成长过程中的暂时性心理活动,这样的表现将随着他们的心理发展很快消失。

本章小结

- 教育调查研究是一种通常需要通过抽样设计来询问并记录被调查者的反应,以探讨教学现象诸变量之间关系的研究方法。
- 教育调查研究可分为多种类型。主要包括:1. 常模调查与比较调查;2. 现状调查与发展调查;3. 抽样调查与个案调查;4. 问卷调查与访谈调查。其中,第四种分类是研究者通常默认、并且认为最为本质的分类方式。
- 问卷通常由卷首语、主体、结束语等部分组成。其中,卷首语一般是由标题、自我介绍、调查的目的以及指导语组成。问卷的主体即问题,由题目、选择项等共同组成。一般分为开放式、封闭式和综合型三种。
- 问卷调查能否达到预定的研究目的,在很大程度上取决于问卷编制的质量。如何进行有效问卷的设计,这是教育研究工作者必须具备的重要能力之一。本节主要介绍问卷设计的前期准备工作,问卷编制应遵循的基本原则,问卷设计中问题的表述、呈现方式以及排列顺序。
- 问卷试测及其定性分析是问卷修订的一个基本途径,通过这一环节,可以把那些表述不准确的、测查目的有重复的题项给予修正或补充。必须对调查问卷中的每个题项逐一进行科学的内容分析和统计判断,保证所设计的调查问卷及其题项都符合测量学的质量要求。
- 问卷的统计与分析是教育问卷调查的重点,也是调研工作的难点。每种统计方法都有其具体的适用条件和操作要求。但应注意的是,无论进行何种类型的问卷数据分析之前,都需要按照一定标准将那些无效的问卷或者数据排除,以减少分析误差。

思考题

- 教育调查研究常用的类型有哪些？
- 问卷设计的一般步骤是什么？在具体问题的设计上应该注意什么？
- 什么是问卷调查法？它有哪些特点？
- 简要说明问卷结构。
- 题项的设计有哪些基本要求？
- 设计一份了解学生学习兴趣的调查问卷。

问题探索

- 很多教育调查研究的数据都是百分比，比如百分之多少的人赞成、反对或中立。这样的教育调查研究可以在哪里改善，以提供更具体的信息？
- 结构型问卷的题项选择数有的是单数，有的是双数，你认为哪一种好？为什么？
- 结构型问卷的题项选择数有的分为 10 档，就是从 1～10，你认为其合理吗？为什么？
- 请设想怎样把开放性问卷的资料予以数量化？

第六章　教育科学研究资料搜集
——教育质性研究

---本章细目---

本章要点

第一节　教育质性研究的概述
一、教育质性研究的概念
1. 教育质性研究的内涵
2. 教育质性研究的特点
二、教育质性研究的类型
1. 观察研究
2. 访谈研究
3. 实物分析研究
4. 个案研究
5. 叙事研究
6. 人种志研究
三、教师从事质性研究的独特优势
1. 外源性优势
2. 先天性优势
3. 动力性优势
4. 内发性优势
5. 发展性优势

第二节　观察研究
一、观察的准备
1. 明确观察目的
2. 制订观察计划
3. 设计观察表格
二、观察的进入与实施
1. 观察的进入
2. 观察的实施
三、观察的记录与分析
1. 观察的记录
2. 观察资料的整理与分析

第三节　访谈研究
一、访谈的准备
1. 确立访谈对象
2. 制订访谈计划
3. 设计访谈提纲
4. 做好访前沟通

二、访谈的进入与实施
1. 访谈的进入
2. 访谈的实施
3. 访谈的结束
三、访谈的记录与分析
1. 访谈的记录
2. 访谈资料的整理与分析

第四节　实物分析研究
一、实物资料的类型
二、实物资料的搜集
1. 搜集方案的制订
2. 搜集过程的实施
三、实物资料的分析

本章小结
思考题
问题探索

本章要点

- 教育质性研究的概念
- 教育质性研究的类型
- 观察资料的搜集与分析
- 访谈资料的搜集与分析
- 实物资料的搜集与分析

> **想试着回答一下吗……**
>
> - 有人说起教育研究方法的"第三次革命",你知道是什么吗?
> - 如何理解质性研究像一把大伞?
> - "教师即研究者"你听说过吗?但中学一线教师要做什么样的研究呢?
> - 你听说过叙事研究吗?它就是讲故事吗?
> - "察言观色"与观察法有什么区别?
> - 很多人认为访谈法比较简单,因为谈话人人都会,对此你有什么看法?
> - 你知道作为一名中学教师有哪些实物可以搜集吗?

刘老师是一位中学教师,有着10多年教龄,工作取得了许多成绩。但她还想在专业上进一步发展,成为一名优秀教师。她读过一些理论文章和书籍,大概了解优秀教师所具备的知识、能力、品质,还了解促成教师成为优秀的因素等等。不过刘老师总觉得这些理论离自己很远。于是她想通过做一项质性研究来考察成长为优秀教师的详细过程,从而促进自己的专业成长。对于质性研究,刘老师过去仅仅是听说过,但这方面的报告、讲座没有听过,文章、书籍也没有看过,周围的同事也没有做过类似的研究。现在她要以自己学校的优秀教师为个案进行质性研究,考察他们是如何成为一名优秀教师的。这样,问题就来了,到底什么是质性研究?与以往的研究有何区别?质性研究具体怎样做?例如方案如何设计,要搜集哪些材料,如何搜集和分析这些材料?面对这一系列疑问,刘老师渴望有一个指导手册之类的东西读一读,以便对质性研究有清楚的认识,对质性研究技能有基本的掌握。

教育质性研究法(qualitative research),是指通过搜集、描述和分析教育事物的文本和实物等资料来解释教育现象及其属性的一种研究方法。教育质性研究有其特定的内涵和相应的操作方法,并因其对定性资料的加工处理而自20世纪90年代以来逐渐受到我国学校教育研究的重视。本章将阐明教育质性研究的内涵、种类和基本特点,并结合具体实例,着重介绍观察、访谈、实物资料的搜集方法。

第一节 教育质性研究的概述

质性研究是一个跨领域的用语,它虽然在人类学、社会学、心理学、教育学、经济学等领域都有相同或相近的提法,但所指不完全相同,内涵的界定也有差异。这里拟从质性研究的概念、发展、表现形式、与教育实践的联系等几个侧面来了解质性研究。

一、教育质性研究的概念

1. 教育质性研究的内涵

质性研究(qualitative research)也被译为"定质研究""质化研究",还被称作"质的研究""定性研究"。不同的译法和叫法自有用意,令人想到对这种研究有不同的理解。本书采用"质性研究"的提法是出于如下几点考虑的:第一,这种提法也有许多学者在使用,包括我国台湾和香港的学者;第二,这种提法兼顾了"定质"与"定性"两个侧面,因为它们本意都指向英文的"qualitative research";第三,质性研究意为从质的方面而不是从数量的角度来探究事物的属性。其实,比"质性研究"的名称更复杂的是它的定义。

质性研究在国外已有数十年甚至上百年的历史,但至今没有一个统一而确切的定义。国外比较有代表性的说法见如下(下列引注均见孟万金、官群,2004)。

- 质性研究是用文字来描述现象,而不是用数字来度量(Krathwohl,1998)。
- 质性研究的渊源同文化人类学、社会学、心理学、人类语言学相关联,……是站在被研究的角度来描述和分析文化、人及群体行为的特征(Hudelson,1994)。
- 质性研究是一种质的范式设计,是在自然情境中以复杂的、独特的、细致的叙述来理解社会和人的过程(Creswell,1994)。
- 质性研究是理解人的现场研究,一般以参与观察、无结构访谈和深度访谈来搜集材料(Brugess,1984)。

- 质性研究是从非普遍性的陈述、个案中获得印象和概括的过程,是文化心理方法学的基石(Ratner,1997)。

以上所列举的定义还只是质性研究定义的一小部分,实际上的定义远不止这些。质性研究之所以有繁多而模糊的定义,在于质性研究不是来自一种哲学、一种理论,而是一个跨学科、超学科的领域,受到了多种主义、范式的影响。

我国从20世纪90年代开始介绍与运用质性研究,对质性研究进行定义并较有影响的是北京大学的陈向明,她参阅有关文献,结合自己的理解和研究经历,提出如下的定义(陈向明,2000):质性研究方法①是以研究者本人作为研究工具、在自然情境下采用多种资料搜集方法对社会现象进行整体性探究、使用归纳法分析资料和形成理论、通过与研究对象互动对其行为和意义建构获得解释性理解的一种活动。

上述概念不但描述了质性研究的内涵,而且揭示了质性研究的基本特点。从更简洁的角度可以认为,质性研究是指通过搜集、分析、呈现文本和实物等资料来解释社会、教育等现象特征及其属性的研究方法。

知识小窗 6-1   质性研究的渊源

质性研究的历史渊源可以追溯到人类文明的发源地之一的古希腊,"ethnography(民族志)"一词中的词根"ethno"就来自希腊文中的"ethnos",意指"一个民族""一群人"或"一个文化群体"。"ethno"作为前缀与"graphic(画)"合并组成"ethnography"后,便组成了人类学一个主要的分支,"描绘人类学"。"民族志"是对人以及人的文化进行详细地、动态地、情境化描绘的一种方法,探究的是一个文化的整体性生活、态度和行为模式,它要求研究者长期地与当地人生活在一起,通过自己的切身体验获得对当地人及文化的理解。

(陈向明,2009)

---

2. 教育质性研究的特点

质性研究是在批判和反对以实证主义为哲学基础的量化研究的过程中而逐渐发展并得到重视的,经过不断地积淀和探讨,质性研究形成如下一些特征:

(1) 强调自然情境

质性研究强调在自然情境中开展研究,反对在人工控制的实验室或其他场景中开展研究。质性研究理论认为,只有观察、体验被研究者的真实"生活世界"、与被研究者平等

---

① 原书用"质的研究方法",这是译名的不同,本书为行文一致,改为"质性研究"。下文凡出现其他名称者都这样替代。

对话、搜集被研究者日常生活(包括工作、学习)资料,才能真正地了解、理解被研究者的思想、情感以及他(们)的文化背景,更好地把握研究对象的本来面目,从而得出符合客观事实的结论。

(2) 关注整体的视角

质性研究强调从整体的视角来设计和实施研究,反对把研究对象"肢解"为一个一个的变量或因素来研究。质性研究者认为,社会现象和教育现象不同于自然现象,它们是相互联系的、复杂的、无法控制的,任何一个细小的局部变化都会引起整体的剧变,教育或社会现象中的"蝴蝶效应"更加常见。只有整体考虑事物的结构及其关系,才能更好地认识客观事物。

(3) 研究者本人是重要的研究工具

在质性研究中,不像量化研究需要研究者单独、专门汇报所使用的量表、问卷、仪器等研究工具,因为研究者本人就是重要甚至唯一的研究工具。在量化研究中,研究资料是研究者借助某些研究工具而获得的,在质性研究中,研究资料是研究者本人通过眼看、耳听、脑思及手记而得到的,这不仅需要研究者时间、精力的投入,还有思想、情感的投入,是认知、情感的复合过程。

(4) 重视研究者与被研究者关系

在质性研究中,研究者对被研究者而言,不是权威、外在、独立的,两者之间是一种平等、尊重、协商的关系。质性研究者认为,通过与被研究者及其所在环境的良好沟通,通过站在被研究者角度的"移情性体验",可以促使被研究者更加真实地提供信息及相关资料,从而使研究者更好地理解被研究者所处的情境,为获得真实有效的结论奠定基础。

(5) 研究具有动态性和灵活性

质性研究也需要研究前的方案设计与实施思路,但不像量化研究的方案设计那样僵化和"一锤定音",相反,质性研究提倡随着研究的进展,根据所获得的资料适当地修正和完善研究方案,因此,质性研究体现出较大的动态性和灵活性。因为,质性研究不像量化研究那样去验证先在的假设,而是在研究的过程中不断"修正航向",逼近事实及其背后所隐藏的规律。

(6) 注重描述性的资料搜集方法

在质性研究中,"文本"是一个重要的概念,它既指资料的表现形态,也指分析结果的呈现手段。因此,在质性研究中,所搜集的资料不是数量化的,而是描述性的;呈现的结果不是数字表格式的,而是叙事性的。质性研究是一种研究方式,其资料搜集方法有多种,如参与式观察、开放式访谈、实物分析、实地体验等。尽管在量化研究中也使用到观察、访谈,但其目的及分析结果均不一样。

(7) 以归纳法形成"扎根理论"

在量化研究中,采用的方式是理论先行,即以某种或几种理论为基础,得到一个预设性的假设,然后搜集量化的资料做验证,最终是证伪或证实假设,从而修正或丰富理论。在质性研究中,理论不是先在的,而是在拥有大量资料的基础上,自下而上地逐步归纳出来的。这样形成的理论是"扎根理论",具有很强的平民性和草根味,更容易受到被研究者及其环境的认同。

(8) 通过"共感"产生推广效度

在量化研究中,研究者以随机抽样及严密的设计等手段来保证研究的信度和效度,并凸显"求真"——探寻规律的价值取向。在质性研究中,通过研究者与被研究者之间建立的良好关系,通过对被研究者及其所在环境的深描,从而保证研究的真实性,实现了一种生态效度。同时,研究过程及结果体现出一种人文关怀。研究者通过移情性体验及描写,使阅读者对被研究者及其所处环境产生强烈的"共感",从而达到推进行动、尊重生命、追求真善美的效果,得到一种内部认同性的推广。

学术研究 6-1　　　　相关概念的辨析

1. 质性研究与定性研究

质性研究的内涵前面已做了分析,那么传统的定性研究又指什么呢?部分学者认为,我国传统的定性研究的含义比较模糊,所指比较宽泛,人们通常将所有非定量的研究都归入定性研究范畴,如哲学思辨、个人的片段思考与感想、个人经验或印象的描述、政策宣传或简单诠释等(卜卫,1997),甚至质性研究也包括在内(崔丽霞、郑日昌,2001)。也有一些学者认为(裴娣娜,1995;张民生、金宝成,2002),定性研究主要指研究资料的定性分析,即从质的角度对事物所进行的分析。

尽管现在的质性研究与传统的定性研究存在着区别,但对于名称是否更换,却有两种截然不同的意见。一种意见是启用新的译名,有人提出用"归纳取向研究"或"被研究者取向(或中心)的研究"代替原有的定性研究(王京生等,2000)。陈向明早先曾提出用质的研究这一译名。还有一种意见是保持原有名称,仍把"qualitative research"译作定性研究,但增加对这种方法的改造理解,使我国所使用的"定性研究"更符合国际的趋势与要求(邓津、林肯著,风笑天主译,2007)。

2. 质性研究与实证研究

尽管实证研究越来越受到大家的关注与重视,但对于实证研究却存在着不同的认识,对于质性研究是否属于实证范畴也具有不同的看法。有人认为,质性研究不属于实证研究(涂元玲,2007)。但更多的学者认为,由于质性研究也是基于经验的,并以描述事实为基本任务的,因此它应该属于实证研究(刘良华,2007;卜卫,1997;王京生等,2000;冯生尧,2002)。

知识小窗 6-2　　　　　　　　质性研究的发展

质性研究的发展受到了多种理论和学科领域的影响,跨越了自然科学、社会科学、人文科学,其中人文科学对其形成和发展的影响最大。

1. 质性研究的早期形成

有人认为,质性研究方法可以追溯到 1883 年德国学者狄尔泰(Dilthey)的《人文科学导论》(秦金亮、李忠康,2003)。在美国社会学领域,质性研究有着悠久的历史,大家熟悉的"芝加哥学派"的研究推动了质性研究方法的进展(刘晓瑜,1999)。在心理学界,实验心理学的创始人冯特曾提出创建和发展社会民族心理学,并通过档案文献法、语言分析法、口语记录法以及民族志法来进行。这也就是心理学中质性研究的雏形。

2. 质性研究的挫折期

由于早期的质性研究没有明晰的理论基础,缺乏统一的指导思想,操作方法不健全。加之 20 世纪前半叶正是实证主义大行其道的时候,特别是量化的手段和技术在不断革新发展,为量化研究提供了强有力的支撑。因此,质性研究在这一时期似乎有些停滞不前,没有受到应有的重视。

3. 质性研究的成熟期

20 世纪 70 年代前后,社会科学家们越来越认识到量化研究的局限与不足,后实证主义、批判理论在社会科学中得到传播。同时,质性研究在概念、术语、理论和方法方面也有了很大的发展,这使得人们重新审视研究范式,并提出科学范式与人文范式并列的主张。自此,质性研究在许多社会科学和人文科学中确立了相应的地位。

4. 质性研究和量化研究的整合期

90 年代以来,质性研究进入了后现代时期,其突出特征就是强调方法的包容性和主题的多元化(白芸,2002)。同时,学者们也都认识到质性研究和量化研究的优势和不足,从而形成了一种促进两种方法整合的思想与氛围(张光伟,2008;葛鲁嘉,2007;胡中锋、黎雪琼,2006;等)。即使是注重量化研究的心理学,也开始进一步关注、重视和应用质性研究,甚至有学者把质性研究看作"心理学研究方法的范式革命"(叶浩生、王继瑛,2008)。

罗伯特·E·帕克(Robert Ezra Park,1864—1944)

美国社会学家,芝加哥学派的主要代表人物之一。就学于密执安大学,1887 年获哲学学士学位。随后投身新闻界,热衷于城市社会问题和贫民阶层的调查报道。1914—1936 年在芝加哥大学社会学系任教。1925 年任美国社会学会主席。

> **学术研究 6-2　质性研究与量化研究的结合——混合研究设计**
>
> 对于量化研究方法与质性研究方法之间的结合问题,一般有三种观点:(1) 纯正派,认为两种研究分别基于不同的研究范式,不能一起使用。(2) 情境派,认为两种方法各有长短,应根据具体情况决定是否结合。(3) 实用派,认为两者可以结合,主要关注方法的具体操作,不讨论范式及宏观问题。(陈向明,2008)
>
> 目前两者的结合常见的大致有三种方式:(1) 顺序设计,指的是两种研究方法的使用存在先后顺序,体现为先量后质或先质后量两种形式。例如做"学生学习满意度的研究",就可以先对较大样本的学生做一个统计调查,然后根据研究问题的重点选择一部分学生、家长、教师、校长进行访谈,以便深入地分析他们回答背后的所思所想。(2) 平行设计,指在同一项研究中同时使用这两种研究方法,并进行相互验证与补充。例如做"中学生人际关系的研究",就可以一边对学生、教师、家长进行抽样调查,一边对学校、家庭的环境和学生的活动进行观察和访谈,然后对从不同方法得出的结果进行相关检验和相互补充。(3) 交叉设计,指在研究开始的时候使用一种研究方法,然后随着研究的进行,在继续使用这种方法的同时结合使用另一种方法。这种结合方式实际上就是两种方式的混合,可以使两种方法相互补充。例如做"学生学习方法的研究",就可以先对学生做一下观察,然后在对学生进行问卷调查及统计分析的同时,再对学生进行深度访谈,最后将各种研究结果加以综合。(潘娟,2004)
>
> 西方学者关于质的研究与量的研究相结合的历史要追溯到三角互证法(triangulations),再到混合方法(mixed methods),最接近的是混合模式研究(mixed model study)。混合方法的设计受到了三角互证法的启发,是指一开始就采用多种方法研究同一个问题,而不是等到研究结束之后再采用其他方法来验证。格里涅总结了混合方法的五个目的:(1) 聚合功能;(2) 补充功能;(3) 创新功能;(4) 发展功能;(5) 扩展功能。混合方法增加了研究的规模与范围。
>
> 阿巴斯等对研究的进程做了3个维度的分类(胡中锋、黎雪琼,2006):(1) 探究的类型:探索性研究和验证性研究;(2) 资料搜集方式:质的和量的方式;(3) 分析和推论的方法:质的分析方法以及统计分析方法。这3个维度产生了8种研究设计的组合模式(2×2×2 设计)。
>
> **8种混合研究模式**
>
> | 探索型研究 | | | | 实证型研究 | | | |
> |---|---|---|---|---|---|---|---|
> | 量的数据 | | 质的数据 | | 量的数据 | | 质的数据 | |
> | 统计分析和推论 | 质的分析和推论 | 统计分析和推论 | 质的分析和推论 | 统计分析和推论 | 质的分析和推论 | 统计分析和推论 | 质的分析和推论 |

二、教育质性研究的类型

正如量化研究具有常见的形式——问卷调查法、实验法一样,质性研究也有其表现形式。质性研究常见的表现形式有观察研究、访谈研究、实物分析研究、个案研究、叙事研究、人种志研究。严格地说,前三种是具体的资料搜集的方式,后三种是研究的类型。但由于要给大家呈现一个概貌,故而放在一起加以介绍。由于观察、访谈、实物分析在后面有详细的展开,此处只作简介。

1. 观察研究

观察是人们认识事物的一种重要手段,"察言观色"就是人们使用观察来认识与交流的一种体现。但观察研究与日常的观察有很大的区别,观察研究是有目的、有计划地运用观察来开展研究。观察研究指通过直接感知或借助科学仪器获取原始资料和信息的一种方法。

观察研究的种类有很多,根据不同角度的划分,可以得到不同的类型。以是否使用科学仪器,可分为直接观察与间接观察;以观察者是否直接参与观察对象的活动,可分为参与观察与非参与观察;根据观察地点的不同,可分为自然观察和实验室观察;根据观察内容是否有一定结构要求,可分为结构式观察与无结构式观察;根据对观察对象行为表现的取样方式,可分为时间取样观察和事件取样观察。除了这些常用的分类外,还有如定期观察与追踪观察、短期观察与长期观察、全面观察与取样观察、探索性观察与验证性观察、专项观察与综合观察之分。观察研究有些是量化的,有些是质性的,本章所探讨的观察主要是质性观察。

2. 访谈研究

访谈研究是通过谈话获取资料从而了解人或事物的一种研究方法。访谈法有人也称为访问法或谈话法。通过访谈研究可以详细地刻画人、事、物的性状,更可以深度地揭示其中的来龙去脉。由于访谈研究是以对话展开的,因此,在访谈研究中研究者作为研究工具的特点充分显现。这是对研究者的一种考验,同时也是发挥研究者主观能动性的机会。

从不同的角度划分,访谈法具有不同的类型。以访谈者对访谈的控制程度划分,可以分为结构性访谈、半结构性访谈和非结构性访谈,结构性访谈也称封闭式访谈,而非结构性访谈也称为开放式访谈;以被访谈者的数量来划分,可以分为个别访谈和集体访谈,集体访谈也称团体访谈;根据访谈双方是否直接见面,可以分为直接访谈和间接访谈。除这些常见的分类外,访谈还有以下的分类,如根据访谈的次数分为一次访谈和多次访谈,根据被访谈者的特征可分为一般访谈和特殊访谈,根据访谈过程安排的正式与否可以分为正式访谈和非正式访谈。在质性访谈中,通常采用开放式访谈和直接访谈,而且一般需要进行多次访谈。

访谈法具有两个显著的特点。首先是其互动性。在访谈过程中,访谈双方始终处于一种交流、沟通状态。在质性访谈中,研究者与研究对象是一种平等互动的关系,而不是权威的、行政的角色。这对于访谈者获取准确、可靠、深刻的资料十分重要。其次是灵活性。访谈者可以根据被访谈者的实际情况灵活地安排访谈日期、地点、时间等,在访谈过程中,访谈者也可以灵活地进行询问和调整访谈的重点。由于这些特点也使得访谈法具有深入、可靠性强、适用面广等优点和"耗时费力"等缺点。

3. 实物分析研究

实物分析是质性研究中一种独特的方式。从字面上理解,实物分析研究就是通过搜集和分析实际存在的物品而进行的研究。

实际上,实物分析的内涵很丰富。"人过留名,雁过留声",事物常常以某种形式留存"印记",这使得人们能够根据这些"印记"来再现当时的场景,也能够从中发现事物发生、发展的过程与线索,从而揭示出某种规律,像历史研究中的"论从史出"就特别强调对史料的占有。实物分析中的"实物"可以指与研究问题相关的所有文字、图片、音像、物品等,如历史文献(传记、历史资料)、记录的文本资料(文件、规章、作息时间表、教案、学生作业等)、音像资料(照片、录音、录像、胶片等)、立体物品(雕塑、植物、日用品等)。

实物分析法与文献法(或历史文献法)有联系,但并不相同。文献法的文献通常指纸质文献或电子文献,但实物分析法中的实物的概念却要宽广得多。尽管有些关于教育研究方法的教科书称文献"也包括实物形态在内的各种材料",但也主要指电影片、录像带、缩微胶片、光盘、磁盘等,与实物分析法中指的立体实物有所不同。文献法既可以用于量化研究,也可以用于质性研究,但实物分析法则主要体现为质性研究,特别是在人类学、历史学、考古学等学科中加以使用。

4. 个案研究

(1) 个案研究的概念

个案研究通常被看作是自然主义的、描述性的、质性的研究,但实际上,个案研究并非以量化和质性来进行区分,而是以个案研究与成组研究进行区分。

个案研究是指通过搜集完整、丰富的资料而对单一的对象进行深入探究的过程。个案研究中的个案对象可以是个人,也可以是一个机构、组织,甚至是一个事件。个案研究由于其对于对象了解的深入,具有"解剖麻雀"之功效,因此个案研究被广泛运用于教育、医疗、咨询、工商等领域。

(2) 个案研究的特点

首先,个案研究的对象是单一的。个案研究的对象可能是人、事、物,但不管是哪一种,它都是具体、单一、确定的。在教育及心理研究中,个案研究是比较常见的,像陈鹤琴就基于对自己儿子的研究写出了《儿童心理之研究》。在教育实践中,个案研究常常被用于对天才儿童、学业困难儿童、心理障碍儿童的教育上。

其次，个案研究的方法是综合的。个案研究作为质性研究的表现形式，通常运用观察、访谈及实物方法来搜集和分析资料，更加注重在自然情景下来开展研究。但正如前面所说，个案研究不是以质性和量化来区分的，在必要时也可以用测验法、实验法来搜集材料。

最后，个案研究的过程是深入的。个案研究的对象是单一的，也是个性化的，但个案研究通过内容及过程的深入来弥补这一不足。在个案研究中，过程是比较深入的，一般有一段时间的跨度；材料是具有深度的，往往从不同侧面、不同角度加以比较，这使得对个案的认识更加全面深刻。

（3）个案研究的意义与局限

个案研究作为大家常用的一种研究形式，有其重要的意义。具体体现在：① 个案研究在教育实践中具有独特的价值，可以为因材施教提供支撑，更好地关注个体的个性化需要与全面发展；② 个案研究可以通过生动的事例，为理论的理解、运用、推广、普及提供支持；③ 个案研究可以在可能的情况下作适度的推广，从而为获得共性特点和普遍规律提供条件。

个案研究的优势是很明显的，但个案研究也存在着难以克服的局限，主要体现在：① 个案研究的代表性往往受到质疑，不能简单把某个个案的结果推广到其他个案上；② 个案研究一般只能揭示事物的类型特征，其分析的过程也缺乏标准化，因此结论的获得具有一定风险；③ 个案研究的时间一般较长，在这一过程中，个案的"流失"会对个案研究造成直接的影响。

（4）个案研究的操作

要做一项个案研究，一般需经历几个环节。首先是个案对象的确定，个案对象确定的前提是选好问题，问题明确了，选个案才具有方向性和针对性。而个案对象选择的具体方法有很多，如极端个案抽样、强度抽样、最大差异抽样、同质性抽样、典型个案抽样、关键个案抽样等多种。其次是个案资料的搜集。个案资料的搜集方式有多种，但在过程中要注意资料的丰富性与完整性。再次是个案报告的撰写。个案研究的报告基本采用叙述的方式，也可以配以少量的图表和数字。在个案报告的开始要对个案情况作比较明确的介绍。

5. 叙事研究

（1）叙事研究的概念

叙事研究在社会学领域和西方已经有较长的历史，但这一方面在国内及教育研究中的应用却是近年来的事。

叙事即讲故事，叙事研究也就是通过搜集和分析叙事材料所进行的研究。叙事研究可以叙自己之事，也可以是叙他人之事。对于教师而言，可以是教学叙事，也可以是生活叙事。

(2) 叙事研究的特点

叙事研究呈现如下的一些特点。一是所叙之事是已经发生或正在发生的事件。叙事研究的事件不是叙事者的主观想象和虚构出来的，而是现实世界中真实存在的。二是所叙之事中隐含着相应的人物。叙事研究并不单纯地叙述事件，更主要是通过事件来分析其中人物的经历、思考与行动。三是所叙之事具有一定的情节。叙事研究的一个明显特点就是为读者呈现了一个或几个精彩的故事，可读性强。

(3) 叙事研究的意义与局限

叙事研究在教育领域中得到传播和应用之后，越来越受到教育理论工作者和教育实践工作者的重视，甚至成为一线教师研究方法的"新地标"。这是由于，教师擅长实践而惧怕理论、擅长叙事而惧怕写论文，因此，叙事研究就成为教师开展研究的一种有效形式。教育叙事研究的意义在于：叙事研究增强了教师研究的自信，使"教师即研究者"进一步成为可能；叙事研究促使教师反思自己的教育实践，为改善实践提供了新的视角与可能；叙事研究使教师的实践更加得到积淀和开放，有效地促进了教师的专业提升。

事物具有两面性，在彰显叙事研究优点的同时，也要了解其局限性。叙事不是唯一的方式和广泛受认可的形式，有时还必须以其他的形式进行表达。叙事研究由于把叙事作为重点，因此其篇幅往往很长，容易给人以冗长低效之感。

热点聚焦 6-1　　教育叙事的优点与局限性（郑金洲，2005）

教育叙事的优点	教育叙事的局限性
• 易于理解 • 接近日常生活与思维方式 • 可帮助读者在多个侧面和维度上认识教育实践 • 更能吸引读者 • 使读者有亲近感，具有人文气息 • 能创造性地再现事件场景和过程 • 给读者带来一定的想象空间	• 一旦与传统的研究方式混淆，容易遗漏事件中的一些重要信息 • 搜集的材料可能不太容易与故事的线索吻合 • 读者容易忽略对故事叙述重点问题的把握 • 难以使读者有身临其境的"局内人"感觉 • 结果常常不够清晰

(4) 叙事研究的操作

叙事研究看似容易，但真正做起来并不简单，特别是关于叙事文本的撰写及研究文本的撰写，对初学者更是一种挑战。具体而言，叙事研究可以有以下几个环节：① 确定研究问题。叙事研究的问题通常以描述性、解释性、过程性问题为宜；② 进入研究现场。在确定好研究问题时,要选择研究对象,并以某种方式进入研究现场。不过,对于中学教师而言,不存在进入现场的问题,因为教师每天都置身于研究现场之中;③ 形成现场文本。这是一个比较重要的环节。研究者要通过观察、访谈等形式搜集叙事材料,从而形成现场文本;④ 撰写研究文本。这也是形成研究报告的一个环节,在由现场文本转为研究文本时,研究者往往要有不断地往复和深度地思考,甚至还要借助于某些理论的启迪。

6. 人种志研究

(1) 人种志研究的概念

人种志研究是与人类学联系在一起的。人种志研究有时被称为实地研究或质性研究的代名词。但实际上,人种志研究与这些概念并不完全吻合。在社会学领域,人种志也称为民族志,或者说后一种称呼更为普遍。

何为人种志研究,也就是对某地方或某族群的社会和文化的全面描述。这一概念可能并未说明具体的资料搜集方法,只是告诉一个最后的结果——对事物的全面描述。实际上,人种志研究更多是通过田野研究的方式来展开。

实践探索 6-1

典型的教育人种志研究举例(威廉·威尔斯曼著,袁振国主译,1997)

城区课堂生活研究

市内高中决策研究

法律学校学生生活研究

综合学校学生关系研究

不分种族的城郊高中课堂里的同辈互动研究

不分种族的初中学校里儿童的种族态度研究

私立预备学校中教师互动模式研究

初等学校写作指导研究

乡村高中里的社会文化研究

---

(2) 人种志研究的特点

人种志研究作为质性研究的一种典型表现形式,呈现出如下一些特点。首先,具有现象学的特征。人种志研究强调从经历现象的角度来对现象进行仔细描述。这一特征启示,研究者一定要避免对被研究的现象产生先入为主的观念,复杂的现象不能被缩减为某些变量,要接受对现象的不同理解。其次,具有自然主义的特点。人种志研究总是在一定的情境中进行,它强调实地研究并强调情境性,认为对结果的解释依存于资料搜集的情境。再次,强调整体、全局的观点。传统的实验法、调查法是在事前形成假设,但人种志研究认为假设来源于资料,更加注重归纳而不是演绎。近年来,有人借用人种志研究的特点,提出了课堂志研究(余文森、吴刚平、刘良华,2005),这使得人种志研究又向教育实践迈近一步。

(3)人种志研究的过程

人种志研究一般经过如下的过程:确定被研究的现象,确定研究对象,形成假设(可能随时被修正),搜集资料(包括观察、录像、访谈等),进行三角互证,资料分析与编码,形

图6-1 教育研究中的质性研究方法(转引自陈向明,2000)

成报告。

实际上，质性研究的表现形式远不止以上的几种，譬如行动研究、生活史研究、历史研究等内容也有人列入质性研究的范畴。不过，相对而言，上述六种研究是比较常见的质性研究形式。

有人形容质性研究是一把大伞，这把大伞下面具有多样繁杂的内容，各种质性研究的细小分支不一而足。有人则用一棵参天大树来形象地展示质性研究方法的各种分支，这些分支在某种程度上也可以理解为质性研究的表现形式（见图6-1）。

三、教师从事质性研究的独特优势

质性研究由于其自身的特点，对于中小学教师用于研究身边的问题比较适合，作为未来教师的师范生，了解和认识质性研究与中小学教育实践的联系，对于学习质性研究方法和走向教师岗位都大有裨益。

1. 外源性优势

质性研究的特点是教师从事质性研究的外源性优势。首先，质性研究的平民性和互动性使"教师成为研究者"变得可能。在质性研究中，教师从后台走到了前台，从被动变为主动，研究的过程成为互动分享的过程。其次，质性研究对人的价值需要非常关注，教师本人及其人格、需要、情感、价值观受到尊重，对教师的研究以及教师对其自身和教育对象的研究更具人情味。再次，质性研究的过程性和情境性也特别适合教师。质性研究要求研究者深入实地，在现场中对社会（教育）现象的发生和发展过程进行了解探索。这些特点与要求特别适合教师，教师的研究可以在自己的课堂上和课外活动中随时进行，不必再去人为地创设情境。

2. 先天性优势

中小学教师的职业特点是教师从事质性研究的先天性优势。具体而言，教师对自己的研究对象特别了解，因为研究对象与工作对象在某种程度上重合。教师有进入现场的优势，教师的工作场所和师生的交流空间就是研究的现场，不必为此劳心费神。教师具有搜集资料的优势，教师可以比较方便地获得大量的研究资料，包括学生的、家长的以及其他教师的。另外，教师具有分析资料的优势，他们具有对小学教育教学的深刻体验和独到理解，因此更容易获得材料的意义性理解和解释。

3. 动力性优势

中小学教师专业发展的需求是教师从事质性研究的动力性优势。时代对研究型教师、专家型教师的呼唤日益升高，这些呼声主要来自对教师专业的认识及教师专业发展的关注。而实现这些专业发展目标的途径之一就是"让教师走到研究这条幸福的道路上来"（苏霍姆林斯基语）。确实，教师从事教科研，可以把学习、研究和工作更好地结合起来，更好地促进学生的发展、自己的发展、工作的改善。因此，在工作中研究和在研究中工作既是教师个人成长的内在动力，也是教师专业发展的外部动力。而这些动力将会成为教师从事质性研究的一种优势，使教师对身边的人和事的研究由自发变得自觉起来。

4. 内发性优势

教育实践的特点是教师从事质性研究的内发性优势。教育，与其他学科相比，具有很强的实践性和导向性。教育研究不能只停留于追求"事实"本身的"真实"和"客观"，还需要关注教育活动中人的情感、态度和价值观及其对教育行为的影响。同时，教育所体现出来的主观性、复杂性和价值性等人文特性，提示教育研究不能只是切割某些片段，对其进行某些静态的、孤立的、脱离情境的考察，绝非仅靠仪器及一些数字、图表和曲线就能获得价值的理解和现实的问题解决（扈中平，2003）。而教育的质性研究正好契合了教育的这一特性。如果教师从事质性研究，那么这就在某种程度上体现了研究问题、研究者、研究方法的吻合，从而达到相互促进，形成一种独特的优势。

5. 发展性优势

中小学教育科研的特点与现状是教师从事质性研究的发展性优势。当前，对于中小学要不要搞教育科研的争论越来越少，但对于中小学应该做什么研究却还有不同的认识。在很长一段时间内，教师对量化研究具有畏难情绪，特别是严格的实验设计更使教师力不从心；教师具有一定的研究热情，但研究选题及方法相对欠缺；教师的研究与实践没有非常完好地结合。而质性研究在弥补以往这些研究方式的不足和发挥教师自身优势方面将会有独特作用。

实践探索 6-2　　　　　质性研究与校本研修

目前，校本研修（过去称校本教研）在中小学如火如荼。作为促进教师专业发展和提高教学质量的主要措施与形式，校本研修在这方面发挥了积极作用。但随着校本研修的深入，随着对教师专业发展要求的提升，校本研修要在内容、形式、方法方面进一步拓展和优化。在这方面，质性研究在进入学校视野的过程中，可能成为提升校本研修质量的一个抓手，"质性研究方法和校本研究在内涵上有一致性"（王晓燕，2004）。

在中小学，观课、评课是校本研修的主要内容，个别和集体交流是主要形式。但从质性研究的角度，为了提升教学质量，不仅要关注教师的教学设计与实施，还应从整体的视角，关注教学环境和教学对象，特别是学生学习前的学习基础、需要、可能分析，学习中的学习表现观察，学习后的学习反馈评价把握，都有着十分重要的价值。而搜集这些资料的途径与手段，也不仅仅是一位或几位教师简单的、泛泛的听课笔记所能

> 包容的,应该结合有关的仪器(如视频工具),从不同的对象(如学生、相关教师、家长等)来搜集资料。搜集资料后的分析也不仅是抽象的概括和总结,或者就事论事的只关注细枝末节,而应当进行严谨的思考、缜密的分析。尽管这样投入的时间会更多,但这种研修方式如能尝试,会达到一种由"量的积累"到"质的提升"的境界,"由此,学校的校本研修工作会得到新的发展,教研组建设也会走上新的台阶"。(毛东海,2009)

第二节 观察研究

资料对于任何一项研究都具有重要的意义,历史学家傅斯年曾说过,研究就是"上穷碧落下黄泉,动手动脚找东西",而胡适也曾说过:"研究就是搜集资料的学问"。中国有句俗语,"巧妇难为无米之炊",讲的也正是这个道理。质性研究中原始资料的占有具有极为重要的意义。

质性研究资料的搜集方法是多种多样的。常见的、常用的主要有三种,分别为观察法、访谈法和实物分析法。本章第二节至第四节依次加以介绍。

观察法是质性研究中的一种重要方法。要用好观察法,做好观察的准备是前提,但更重要的是做好观察记录与分析。

一、观察的准备

1. 明确观察目的

进行观察前,首先要明确观察的目的,切忌为观察而观察。观察目的与研究目的并不相同,研究目的是总的、上位的,但观察目的是具体的、下位的。譬如做"中学课堂师生互动的现状与特点研究",研究目的是了解中学课堂师生互动的现状与特点,但观察的目的则是搜集课堂上师生互动的频率、互动的方式、互动的效果的原始资料。有时还要在观察目的中对观察的对象和内容作进一步说明。

2. 制订观察计划

明确观察目的后,要制订一个观察计划,作为观察的实施方案。观察计划一般包括如下内容:

① 观察的目的。为什么要进行这次观察?有何必要性与独特性?

② 观察的内容、对象、范围。计划观察什么?想对什么人观察?打算对什么现象进行观察?观察的具体内容是什么?内容的范围有多大?为什么这些人、现象、内容值得观

察？通过观察可以回答什么问题？

③ 观察的地点。打算在什么地方观察？观察的地理范围有多大？这些地方有什么特点？为什么这些地方对研究很重要？研究者将在什么地方进行观察？研究者与被观察者之间有多远距离？这个距离对观察资料的搜集有什么影响？

④ 观察的时间、频次。打算在什么时间进行观察？一次观察要多长时间？准备进行多少次观察？为什么选择这样的时间、长度、次数？

⑤ 观察的方式、手段。打算用什么方式进行观察？是隐蔽的还是公开的？是参与式还是非参与式？观察时是否录音、录像等设备仪器？使用这些仪器有何利弊？是否进行现场笔记？如果不能现场笔录怎么办？

⑥ 观察资料的效度。观察过程哪些因素可能影响观察资料的效度？准备如何处理？怎样才能搜集到准确的资料？

⑦ 观察的伦理道德问题。观察中可能会出现哪些伦理道德问题？准备如何处理？如何使研究者观察尽量不影响观察对象的工作、生活？如果有必要的话，可以为观察对象提供什么样的帮助？这样做对研究有何影响？

⑧ 观察的组织与分工。这次观察是一个人进行，还是以团队进行？如果以团队进行，每个人之间如何保持一致？每个人的观察任务与观察点有何不同？

尽管在质性观察中，观察的过程是开放的、灵活的，但为了能够使观察的过程高效有序，制订详细周密的观察计划是非常必要的。有人认为质性观察不需要精细的观察方案，这是一种片面甚至错误的认识。为了制订出具有科学性和可行性的观察计划，有时还需要进行预观察。

3. 设计观察表格

在制订完观察计划后，要精细考虑如何进行观察记录。不管是否允许使用录音、录像，现场的记录都是必要的，因为现场笔记与录音、录像记录的内容、重点都会有所不同。特别是在不允许使用记录设备时，更应该对观察的记录进行精细设计。要进行观察记录，设计一份观察记录表非常重要。质性观察的记录表与量化观察的记录表有很大不同，量化观察的记录表主要以数字或符号进行记录，而质性观察的记录表主要以文字进行记录。

质性观察的观察表比较简单，而且要留足够的空白以方便书写文字，以下一些内容可以作为质性观察表的设计要素：

观察内容、名称、要求；观察者；观察时间（具体到分钟）；观察地点；对象情况。

观察表的设计也可以从另外角度分为观察的环境、观察到行为事实、研究者的想法三部分。有时为了能够做好记录，在记录表上还可以就记录的条目作一些分类，如叙兹曼和斯特劳斯设计的现场记录表,笔记内容包括四个部分:实地笔记,专门记录观察到的事实性内容;个人笔记,记录下观察者观察时的个人感受;方法笔记,记录下观察者使用的具体方法及其作用;理论笔记,记录观察者的初步理论分析(陈向明,2000)。具体的内容详见后文。

在观察的准备阶段,还有一项需要特别考虑的事项,即与观察对象的沟通,如果被观察者是年幼儿童,可能需要与其监护人(如父母)或临时管理者(如老师)进行沟通。特别是在参与式观察中,有时观察者的身份是公开的,这需要被观察者或相关人员理解研究者的研究及其意图,以一种合作的方式参与到观察行动中来。否则,由于社会期望效应或被观察者认为研究对自己有不利影响,观察对象就会进行"伪装",从而导致观察资料的不真实。

二、观察的进入与实施

1. 观察的进入

这里的观察进入是指观察者进入被观察者的工作或活动场所,也即进入观察现场。除了隐蔽式观察之外,观察者总要有一个进入现场的过程,特别是在实地观察中,处理好观察进入对接下来的观察活动有很大的影响。

进入观察现场要注意处理好两点,一是选择好的观察位置,譬如光线充足;观察角度适当,能够观察到被观察者的全部行为;方便做观察记录。二是尽量不影响被观察者的正常活动。

2. 观察的实施

(1)观察的一般路径

观察实施后,一般按照先整体后局部、先全面后聚焦的方式进行观察。在观察的开始,研究者要用一种开放的心态对研究的现场进行全方位的观察。可以通过所有的感知觉来感受现场,包括静态的布置及所发生的一切。譬如要观察课堂,进入教室后,先把课堂的物理环境、整个空间的布置观察一番,包括学生课桌椅的摆放、讲台的位置、教室后面空间的利用,也包括墙壁上的装饰、黑板上的文字、教室后面黑板报的设计,还有教学辅助设备如电视机、投影仪的安放等等。

在对观察的现场有了整体的感知和初步的了解之后,就需要把观察的目光进行聚焦。聚焦的程度取决于研究的问题、观察的对象和研究的情境等因素。一般来说,聚集的方式有狭窄单一和开阔两种,前者焦点比较集中,对单一的现象或行为进行集中的观察(类似于西洋画中的焦点透视);后者的焦点比较开阔,注重对整个事件进行全方位的关注(类似于中国画中的散点透视)(谢春风,时俊卿,2004)。

(2) 观察的一些技巧

在观察过程中,除注意上述的一般路径外,还有一些技巧可以掌握。在实际观察时,并不一定严格按照上述的路径进行,有时也可以先局部后整体,譬如由于条件限制需要先观察局部,这就只能依现场情况而行。又譬如在单一聚焦和开放聚焦上,既可以两种聚焦交替进行,还可以从主次、动静、远近等角度进行观察。

在实地观察中,进行回应式反应也是一种重要的策略,也就是对当事人发起的行为作出相应的回应,而不是采取主动的行动。通过回应式反应,观察者可以对被观察的活动有更切身的体验。

在实际观察中,随着观察的聚焦,对于观察的内容会有重点地进行选择。譬如同样是观察课堂,不同的教师观察的内容就有很大差异。这一方面与研究问题有关,也与观察者的个人素养、观察的能力、观察的习惯及理论框架的把握有关。

三、观察的记录与分析

1. 观察的记录

(1) 记录的程序

记录开始,记录者先要就观察的现场画一张草图。草图不仅显示物理空间的布置,也包括人文环境。譬如进行课堂观察,可以先画一张教室的平面简图,并在图下写一段文字,用以说明自己进入这个教室的第一感觉。在质性研究中,画草图是常用的记录方式,因为图画可以更加直观地呈现现场信息。

在完成现场绘图之后,观察者在进行记录时,要根据时序进行,即按事件发生的先后顺序进行记录,这样便于整理和归类。记录的连续性是观察记录的一个重要特点。

观察记录中,要做到"能记尽记",记录的完整性和丰富性是观察记录的一个首要要求,特别是在观察初期更应该如此。质性观察的一个特点就是对事物的"深描",而要深描,就必须有详细的观察记录。

在进行观察记录时,要做到及时性,最好是同步记录。如果不能在现场记录,可以借助于录音设备来进行。如果录音也不行,可以通过"临时走开"的策略把重要的事实记下来。如果不能现场记录或录音,回来后要及时补记,否则就会功亏一篑。

(2) 记录的格式

质性观察记录的格式比较灵活,不像量化观察那样固定、标准、统一,往往因人因地而异。一条基本的原则是:清楚而有条理,方便今后查找。通常的做法是,在笔记的第一页写上一些基本的信息,如观察者的姓名、观察内容、标题、观察时间、观察地点、本笔记的标号。当然,这些内容也可以作为观察记录表的必要内容在设计表格时设计进去,进入现场时只要根据要求填写就可以了,这样免得遗漏某些基本信息。笔记的段落不要过长,一般有新的人物、活动时,都要另起一段。

笔记的内容除记录事实以外,还要记下自己的现场感受及思考。目前中学教师听课的听课笔记就常采用这样的形式,一般分为三列,时间一列,教学过程一列,点评及思考一列。叙兹曼和斯特劳斯的现场记录表更为精细,把现场笔记分为实地笔记、个人笔记、方法笔记、理论笔记四个部分,以下呈现一个使用这种笔记的样例。

表 6-1 实地观察记录表(陈宇卿,2012)

实地笔记	个人笔记	方法笔记	理论笔记
10:00——孙老师示范朗读,学生全体都很投入地欣赏。	我感觉孙老师读得真的非常棒,学生和我一样得到一次听觉和美文的双重享受。	我从学生投入的眼神中得出判断,他们当时的感受是否和我一样,需要进一步证实。	孙老师的语言感染力比较强。
10:10——孙老师提出一个综合性问题,安排学生相互讨论后,学生中举手人数减至3名。	我想是不是这个问题对学生来讲有点难?讨论的时间有点短,讨论的组织有点马虎?	我坐在一组学生旁边,听到他们的讨论。但我没有观察到其他组学生的活动。	孙老师的小组讨论的设置并不是很细致,至少没有针对学生的一些基础进行指导。
10:20——孙老师再次演绎一个课文片段的对话。	我又一次感受到读得非常精彩,学生们也认真在听。	我无法了解学生欣赏语言的同时是否理解对话的含义,需要进一步证实。	学生喜欢孙老师的课,很大的一个原因是可以欣赏到他的朗读。
……	……	……	……

(3) 记录的语言

观察记录的语言要做到具体、清楚、实在(陈向明,2000)。具体、清楚、实在三者是相互联系的,做到了其中一点,就会影响到另外两点。具体、清楚、实在是相对于抽象、模糊、虚浮而言的,观察记录的语言切忌概括性、总结性的话语,这既有悖于质性观察的"深描"特点,而且会导致丢失许多重要的信息。

当然对于记录语言的具体程度,对于不同的研究问题和研究情境,也会有所不同。譬如对于学生手中教科书的描写,如果目的是观察课堂,只要说明学生手中有无教科书,以及什么版本的就可以了;但如果是研究教科书的设计与使用,就要对教科书的外形作细致地描述。

记录的语言除具体外,还要做到清晰易懂,描述要尽量准确。使用的语言还要注意平实,不要使用生僻的词语,也不要使用文学性的语言、过于通俗的语言(如俚语)、过于程式化的语言(如新闻口号等)、学术性的语言,以免造成理解和交流上的困难。

2. 观察资料的整理与分析

观察进行一段时间之后,可以对观察资料进行整理。整理的内容一方面是对资料的检核,查看资料的完整性、准确性。另一方面是对资料进行编号,标明被观察者的基本信息(年龄、性别、职业等)、观察的基本信息(如时间、地点)以及观察者本人的情况等。通过编号,就可以对资料进行分类重组。

对原始资料的分类与重组,可以根据研究的问题而进行,从研究的问题出发来重组材料,从而使材料围绕着某个人物或事件形成一个链。另一种分析与整理观察记录的方法是图表法,这种方法对于质性观察的资料非常有用。图表是对文字记录的简化,将其中精彩的事件或活动清晰直观地反映出来。在质性研究中,可以采用网络图、矩阵图、曲线图、因果关系图等多种形式。例如,观察者可以将某个同学与其他同学交往的情况反映在网络上。在图6-2中,♀代表被观察者,④、⑦、⑧、⑩分别代表他周围的其他同学。从图表中可见,他平时总与④、⑦、⑩交往,但不和⑧交往。那么从中再分析原因。或者相反,从这个现象中探询该同学的交友观(白芸,2002)。

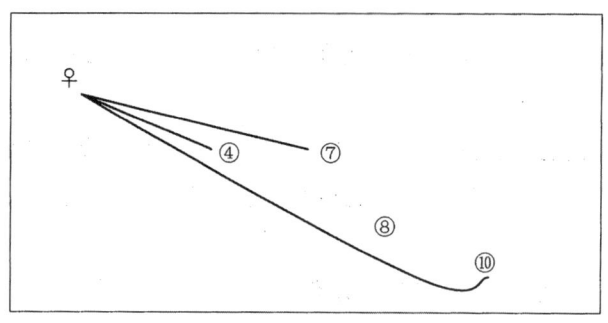

图6-2 某学生在班级交往的行动简图

第三节 访谈研究

在访谈研究中,做好访谈的准备十分重要,因为准备充分与否直接影响了访谈的过程甚至访谈的质量。当然,在实际的访谈中,从访谈的开始到访谈的展开再到访谈的结束,都有许多技巧或经验值得学习。访谈可以用录音或录像的形式加以记录,但最常用的仍然是文本记录,文本的记录与分析是访谈研究中的又一个重点。

一、访谈的准备

1. 确立访谈对象

在访谈研究中,访谈对象的确定是重要的环节。确立访谈对象首先要匹配研究的问题,根据研究的问题划定访谈对象的基本范围,然后再从中选择。确立访谈对象时还要考虑他们的特征,如性别、年龄、教龄、工作岗位、专长、学历等基本信息,有时还要考虑经历、性格、习惯、兴趣、爱好等,以便使所选择的访谈对象更具有针对性。在确立访谈对象时,也要考虑访谈的时间及人力因素,从而对访谈对象的范围及数量有更为精确的把握。

对于如何选取合适的访谈对象,在质性研究中提供了一些方法,从抽样的角度而言,可以称之为非概率抽样中的"目的性抽样",与量化研究中的"概率抽样"不同。目的性抽样的标准有强度抽样、最大差异抽样、同质性抽样、关键个案抽样、理论抽样、证实或证伪抽样、可能性抽样等。目的性抽样的具体方法有机遇式抽样、滚雪球抽样、方便抽样等。

在确立访谈对象后,为了使访谈计划的制订和访谈提纲的编制更有针对性,有时需要对访谈对象的材料进行搜集与分析。譬如,美国学者朱克曼在采访诺贝尔获奖者前,就搜集了《美国科学家》《诺贝尔奖金》等,了解获奖人的生平资料、合作者的姓名、工作。这样既说明访谈者认真负责,也会使提出的问题更有针对性,也便于拉近与访谈对象的距离(孟庆茂,2001)。

2. 制订访谈计划

制订访谈计划是访谈准备的重要工作,访谈计划制订与访谈对象确立有时是同步进行的。访谈计划一般包括访谈的目的、访谈的对象、访谈的形式、访谈的地点、访谈的日期与时间等。

对于访谈形式的选择,可以有直接访谈与间接访谈,个别访谈和团体访谈等形式之分。如果作为探索性,也可以采用电话等间接访谈的形式。在正式的质性访谈中,一般采用面对面的直接访谈。而关于个别访谈与团体访谈的选择,要根据研究的具体问题和条件而定,一般而言,总是两者结合使用。因为个别访谈与团体访谈各有优缺点,而两者又是互补的。可以先进行团体访谈,一般 5—8 人为宜,再在团体访谈的基础上进行个别访谈,可以更为深刻。

为了使访谈能够顺利、高效地进行,在制订访谈计划时,还要考虑访谈的工具,如访谈提纲、访谈记录纸、录音与录像设备(检查电源是否充足、存储器是否有足够空间等)、相关证明材料等。

3. 设计访谈提纲

访谈提纲可以视作访谈计划的一部分,但为了使访谈的过程能够围绕研究问题而进行,又常常把访谈提纲的设计单列出来。特别是访谈员不止一人时,制订好访谈提纲更为重要。访谈提纲主要是根据研究问题,而把所要了解的资料以要目形式加以呈现,一般用问题的形式加以表述。

在质性访谈中,尽管访谈的过程是灵活的、开放的,但一般要有一个访谈的提纲,主要是起到提示的作用,以免遗漏重要的问题。在实际的访谈中,并不一定按照提纲的内容机械地进行,常常会根据现场情况随时调整。

> **实践探索6－3**
>
> **个案访谈提纲的设计(一项关于班主任情感素质的研究)**
>
> (1) 您认为做班主任这么多年,对您在班主任成长方面最有影响的是什么? 为什么?
> (2) 您之所以成为一名优秀的班主任,您认为最关键的因素是什么? 为什么?
> (3) 您在班主任工作方面感到做的最成功的是什么? 为什么? 最不如意的是什么? 为什么?
> (4) 您在班主任工作方面读过一些什么书? 何时读的? 有何想法?
> (5) 从心底里讲,您从班主任工作中收获了什么? 或者您对班主任工作的基本看法是什么?
> (6) 如果给您自主选择的机会,您会做班主任吗? 为什么?
> (7) 请您就目前对班主任及其工作的评价方式谈谈自己的看法。

4. 做好访前沟通

在访谈研究中,做好访谈前的沟通是一项重要的准备工作。访谈者除与访谈对象沟通研究的目的、访谈的内容、取得访谈对象的支持外,还要就访谈的日期、时间、地点加以明确。双方要互留电话,以便随时取得联系。

访谈前的沟通主要指访谈者与访谈对象的沟通。但如果访谈者不止一人,访谈者内部也要做好沟通工作。

二、访谈的进入与实施

1. 访谈的进入

在访谈的进入阶段一般要解决三个方面的问题,一是进入访谈现场,二是与访谈对象建立联系,三是创设融洽的气氛。

进入访谈现场的方式,一般有隐蔽式进入、逐步暴露式进入、实地自然进入、开放式进入几种。这几种进入方式各有利弊,以实地自然进入最好,但这种方式要有时间和时机,并非都有条件使用。在质性访谈中,较为常用的是开放式进入。除正常进入外,有时也会有进入失败的情况发生,这时要反思自己及分析访谈对象的情况。在质性研究中,所有的东西都是资料。在进入现场时使用的策略、遇到的障碍以及克服阻力的方式都是研究的一个重要组成部分(陈向明,2001)。正如爱迪生发明灯泡的过程一样,他的失败从另一个方面而言是找到了走向成功的方法。

进入访谈现场后,要尽快接触访谈对象,并建立联系。为了使初次的接触为访谈的展开创造有利条件,要注意这么几点:一是恰当的称呼,称呼要自然亲切,避免对人不恭和过于奉承;二是要提供必要的信息,诚恳地表明自己的身份,避免访谈对象不必要的猜疑或好奇,但也要适可而止;三是表示访谈的意愿,对访谈作简要的说明,让对方做好进一步的心理准备。

在访谈对象不拒绝访谈时,就说明访谈进入基本成功了。但要巩固和保持这种局面,访谈者要不失时机地创设融洽的气氛,拉近与访谈对象的心理距离,为后续的访谈创设良好的背景。譬如可以拉家常,也可以谈天气,如果是家中或工作场所,还可以说说周围的环境。也可以根据事前对访谈对象的了解,谈一下访谈对象关心的话题。总之,切忌开门见山地直接提问。一般而言,在访谈开始前的一小段时间,并非正式地搜集资料,而更重要的目的是创设良好的氛围。

在访谈的进入阶段,还要做好一些相关的工作,如安排好座位,设想如何记录等。

2. 访谈的实施

在访谈开始后,一是要维持访谈的进行,二是要尽可能获得丰富、有效的研究资料,为了能够达到这些目的,掌握访谈中提问、倾听、回应的技术或技巧非常重要。

(1) 访谈的展开

① 访谈中的提问

在访谈过程中,尽管访谈者和访谈对象是平等的关系,但主导访谈进程的却是访谈者。主导访谈进程的策略之一就是恰当的提问,而恰当的提问与访谈问题的设计不无关系。

访谈问题的设计是非常重要的。访谈问题不同于研究问题,研究问题要转化访谈问题必须从正面变为侧面,实施迂回的策略。访谈提纲中也是问题的设计,但这种设计是预设性,在访谈现场还要根据情况灵活应变。在访谈中的提问要处理好研究问题、访谈提纲中的问题、实际访谈时提的问题三类问题之间的关系。

访谈的问题多种多样,一般可以从三个角度来认识。即开放型问题和封闭型问题、具体型问题和抽象型问题、清晰型问题和含混型问题。开放型问题主要是关于"什么""如何""怎样""为什么"之类的问题,封闭型问题主要是关于"是否"的问题。如"关于你对自己学习生活的感受,你能描述一下吗"属开放型问题,"你对学习生活满意吗?"则属封闭型问题。具体型问题询问事情的细节,抽象型问题则具有较高的概括性。如"最近的一次班主任研修活动,你们是如何进行的?"就属于具体型问题,"你们平时的班主任的研修活动是如何开展的?"则属于抽象型问题。清晰型问题指语义明确、单一,指向清晰,含混型问题则指语句结构复杂、意义多重的问题。如"你完成昨天的语文作业大约用了多长时间?"是清晰型问题,"你昨天下午几点、和谁一起出校门的?出了校门后是否去网吧了?"则是含混型问题。在质性访谈中,使用的问题应该是开放型、具体型、清晰型的问题,否则会影响访谈对象的回答和资料的质量。

访谈中除整体把握问题的类型外,还要注意就问题的顺序加以把握。问题的顺序可以由整体到局部,也可以由局部到整体,但一般而言,往往是由简到繁、由浅入深,从知觉层面的问题逐渐转向态度、情感、行为等更深层次的问题。对于问题之间的过渡要注意自然、流畅,而不是生硬地把自己的问题一个一个地抛出去。

在访谈中除注意提高提问的质量外,还要注意运用追问的技巧。追问就是访谈者就访谈对象所说的概念、观点、事件或某个词语作进一步地询问。追问需要把握时机、分寸和形式。一般而言,不要在访谈的初期过多使用追问,以免破坏对方的兴致。追问的分寸和形式要把握好,要考虑对方的感受及问题的敏感程度。有时候追问显得自己有点"笨",似乎很无知。这是正常甚至是必要的。在质性访谈中,访谈者主要是一名"学习者",而绝非一名"专家",即使你对某个问题有许多想法,这时你要把这些想法暂时"悬置"起来,而去了解访谈对象的想法,切忌自己高谈阔论(陈向明,2001)。

② 访谈中的倾听

访谈中的倾听非常重要。前面已经说过,在访谈中访谈者要"扮成"一名学习者,注意聆听访谈对象的陈述。实际上,听不仅是获取信息的一种重要手段,还是一种拉近距离、增加感情的方式。倾听的基本原则是不轻易打断对方,能够容忍沉默。

访谈中的倾听可以分为三个层面,一种是行为层面的听,即平时所说的有听的姿势,这可以有表面的听、消极的听、积极关注的听之分,听的不同方式影响了访谈对象说话的兴致。另一种是认知层面的听,即把对方的说话内容纳入到自己的概念框中,或是积极地捕捉对方的话语信息,并给予交流,这可以表现为强加的听、接受的听、建构的听。还有就是情感层面的听,这是把自己的听以情感性的方式加以反馈,这可以分为无感情的听、有感情的听、共情的听。如果访谈者用眼神、表情等方式对访谈对象的话语给予反馈,对方就会感到被同情和理解,从而更加积极和真切地继续自己的谈话。但要注意的是,在访谈中共情和沉默的运用要掌握火候,这需要在实践中不断地学习和积累经验。

③ 访谈中的回应

在访谈中,访谈者不但要适时提问、认真倾听,还要积极回应,将自己的态度和想法及时传递给对方,从而起到接受、理解、询问和共情的作用。访谈中的回应不仅影响到访谈对象的谈话风格和内容,而且在一定程度上限定了访谈的整体结构、运行节奏和转换规则(陈向明,2001)。

访谈中的回应包括认可、重复、重组、总结和自我暴露。表示认可的方式可以用"嗯""是的""很好"等言语行为,也可以用点头、微笑等非言语行为。重复即访谈者把访谈对象的话重复叙述一遍,以引导对方继续说下去;重组是访谈者把访谈对象的话换一种方式说出来;总结即把访谈对象说的一些话用一句话概括地说出来,以帮助对方理清思路,并检验自己理解是否正确;自我暴露即访谈者就访谈对象所谈的内容用自己的经历或经验进行回应。譬如在访谈中学班主任时,当班主任说到很累很苦时,访谈者可以用"是的,我也做过中学班主任,确实是这样"之类的话进行回应。但要注意,访谈者的自我暴露要适当、适度、适时,过多过少、过早过晚都不好。

在运用回应时,应该避免的方式是论说式、评价式的回应,特别要注意如何既让对方自由畅谈,同时能将对方的思路定位在自己的研究框架内。如何真正了解和理解对方,这就需要"真诚+关注+敏锐"。

示例　访谈中的回应(陈宇卿,2012)

访谈者:请您就多媒体的使用情况谈谈。

J老师:在地理方面,在多媒体的应用方面,有些变化过程、增长情况使用多媒体进行慢速演示使学生了解变化过程,对学生理解问题有帮助。有些资料性的内容,也是可以通过多媒体演示的方式提供给学生。

访谈者:就是说,对于学生理解问题是有一定的帮助。

J老师:但是有些地理的基础知识还是需要挂图等传统的教育手段的,使用了多媒体,一闪而过,学生没有留下多少印象。

访谈者:因为出示了图片,教师依据图片讲解,可以加深学生的印象。

J老师:对。但是有些过程,通过多媒体动画,通过动的形式也可以加深学生的印象。有些比较难一点的知识通过多媒体动画的形式提供给学生,通过动的形式便于学生理解。

访谈者:各有所长了?

J老师:是应该有所区别的,根据讲的内容不同要区别使用。有些材料,像教材中已经有的材料,用多媒体再显示一次,我认为没有必要,多媒体代替板书了,使用多媒体有些时候提供的内容也可能和教材有一定的区别。

访谈者：就是说因为使用多媒体，比如一段动画，其中可能有的内容与教材相关，有的可能与教材的关联度不大，过度强调可能就撇开了教材。并且，我也发现，我使用多媒体多了，板书不怎么写了。

这里访谈者采取了重复、重组、总结和共情的方法给予了四次回应，使得受访者将多媒体使用的利弊讲述了出来。

3. 访谈的结束

访谈结束是访谈的最后一个环节。好的访谈结束会给访谈对象留下好的印象，以便继续保持联系。访谈结束环节一般要注意以下几个方面的问题：一是访谈时间的把握。一般的质性访谈不要超过两小时，如果访谈对象年龄较小或出现身体原因时，时间应该更少。二是要表示感谢。对访谈对象给予的支持或帮助表示由衷的谢意。三是就后续的联系作出交代。

三、访谈的记录与分析

1. 访谈的记录

访谈的记录非常重要，这是以后整理和分析资料的基础。访谈记录的要求是尽可能的详细、完整。为了达到这一要求，一般要事先设计，怎么才能记得又快又好，譬如使用缩略语、符号等就是一个很好的办法。

访谈中的记录除进行笔录外，还可用采访机等录音设备，但要征得访谈对象的同意。笔录和机器录音各有优缺点，一般而言，如果能使用录音和笔录，尽量两者结合使用。为了使记录获得尽可能多的信息，除提高现场笔记的速度外，还有两点需要注意，一是及时补记，即把没有记录下来的东西及时补上；二是利用一切机会"抽空"记录。

在进行访谈记录时，要注意边听边记，不要因为听而忘了记，也不要因为记而忘了听。不能埋头只顾记录，而忽视了对访谈对象的回应。

在访谈记录过程中，对于记录的内容要把握以下要点（郑金洲、陶保平、孔企平，2003）：

① 要忠实地记录，实事求是，不要用自己的话来转述；

② 要逐字逐句地记，尽量用访谈对象的原话，不要润色；

③ 少作概括性记录；

④ 访谈记录除访谈对象的回答外，评注、解释以及对访谈场景和特殊事件的描述等都要加括号，以示区别。

知识小窗 6-3　　关于访谈记录的内容(孟庆茂,2001)

记录的内容可以分为四个方面:内容性记录,记录访谈对象所说的内容;观察性记录,记录访谈者所看到的东西,包括场景、受访者的表情、神态等;方法性记录,记录访谈者使用的方法;内省性记录,记录访谈者的个人因素对访谈可能产生的影响,以及访谈过程中的个人感受与心得。

2. 访谈资料的整理与分析

(1) 访谈资料的整理

在访谈结束后,对访谈资料进行整理就成为重要的工作。访谈资料的整理与分析应该随时进行,而不应该等到所有的访谈全部结束后才进行,最好是当天整理,如果当天来不及,也要在近期完成。

访谈资料中如果有录音,先应该把录音转为文字,形成文字稿。在此基础上,一是对访谈资料中的简化内容进行还原补充,二是对资料进行编号。之后,应该对这些资料进行复印,以便在分析时进行剪贴和分类。

(2) 访谈资料的分析

访谈资料的分析,即根据研究的目的和相关的标准将原始资料进行浓缩,从而形成一个有结构、有条理和内在联系的意义系统。一般有如下的四个步骤:

首先是对原始资料的阅读。这时研究者要不带任何价值判断和假设,不要有任何先入的观念,而是让资料本身说话。在阅读过程中,研究者本人的阅历会融入,这是正常的,也是对资料理解的过程。在资料的阅读中,还要注意寻找意义,即通过原始资料的阅读寻找事件及事件之间的联系,概念及概念之间的联系。

其次是资料的登录。也就是将原始资料打乱,赋予意义后以新的方式组合在一起。在这一过程中,研究者敏锐的判断力和洞察力是非常重要的,要从资料中找到一些焦点性的东西,并将之串联起来。

三是寻找"本土概念"。为了使资料保持原汁原味,研究者要从资料中理出一个"本土概念",它可能是词语,也可能是句子。

四是编码和归档。即根据研究主题理清访谈资料中的意义分布及相互关系,从而组成一个相关联的意义系统。

量化资料的分析通常用描述和推断的统计方式进行,质性访谈资料的进一步深度分析则采用类属分析或情境分析的方式进行,具体的内容详见陈向明所著的《教师如何做质的研究》。

第四节 实物分析研究

实物分析研究常常作为一种补充手段与观察、访谈结合使用,但要真正发挥实物分析法的优势,需要充分认识实物的类型及实物分析的价值与功能,进行周密的研究设计,保障资料搜集的丰富、全面和分析的深刻、精确。

一、实物资料的类型

实物资料按照不同的角度,可以有不同的分类。从功用的角度来分,可以有官方的、个人的之分。正式官方类的实物资料指那些被用于正式、严肃的社会交往场所,主要用于公众服务;而非正式个人类的实物资料则主要服务于个人目的,通常与个人的生活有关,如日记、信件、自传、个人备忘录等。官方类的资料通常由单位或组织保管,要查用,必须经过比较正式的程序,譬如政府文件、个人档案资料、单位的规划等;也有部分资料由个人保管,但其制作生产者为官方,譬如身份证、工作证等。个人类的资料则由个人收藏、保管,只要经过个人允许就可以了。

实物资料还可以从介质上来分,有纸质的和非纸质的。纸张的实物资料除常见的报刊、书籍外,还包括各类笔记、随笔、教师的教案、学生的书面作业等,也包括纸质的证书、信件等。非纸质的实物有如网络资料、以胶片或磁盘等形式保存的音像类资料,还有就是一些具体的物品。从实物资料的外观形式来看,可以分为平面的、立体的两种,平面的即大家常见的各种文献资料,立体的则是现实生活中存在的各种雕塑、生活用品、办公用品等。根据实物资料形成的时段,又可以分为研究之前已形成的和研究中间形成的。研究之前形成的实物资料是那些在研究之前就已经正式存在的物品,而研究之后形成的实物资料则是由于研究需要而形成的,如记录的笔记、制作的作品等。

对于针对教育的研究而言,可以从教育涉及的相关对象或要素以及教育实践的过程来搜集实物。比如从学校来说,学校的办学方针、办学方案、学校规划、学校课程表、各种规章制度、校园中的建筑、摆设、物品等都可以成为研究的实物。从教师来说,教科书、备课笔记、听课笔记、论文、案例、发言、批改的作业本、考试卷、公开课记录、说课反思、学习进修记录、个人日记、个人规划、学期小结、带教记录、获奖证书、使用的教具、办公桌上的摆设等都可以成为研究实物。从学生来说,作业本、美术作品、考试卷、笔记、周记、日记、备忘录、活动记录、学习成长记录册、奖惩记录、使用的文具、学生喜欢的物件、所写的随笔感想，甚至包括学生的练习纸等都可以成为研究的实物。

分类是为使用服务的，上述的各种各样的分类，展示了不同视角下实物的存在形态，这对于设计实物搜集方案时有很大的参考，可以帮助把所有可能的实物全部搜集起来，为后面的研究分析提供了更大的空间和质量的保障。

学术研究 6-3　教育科学研究资料系统表（喻立森，2001）

名称	功能	概念	内容	形式
事实性资料	事实依据	专门为教育科学研究提供事实依据的资料	古今中外已被发现和证实的各种形式、各种内容的事实资料，如文物、拓片、碑刻、教育史学专著、各种测验量表、各类教育实验报告、教育名家教学实录	古今中外的各种纸质、实物、电子资料
工具性资料	检索咨询	专门为教育科学研究提供检索咨询的资料	工具书、网上检索、学术动态综述	
理论性资料	理论性认识	专门为教育科学研究提供理性认识的资料	教育专著、论文、文集、语录、教育家评传、方法论著作	
政策性资料	政策依据	专门为教育科学研究提供政策依据的资料	规章制度、改革文件、政府统计资料	
经验性资料	感性认识	专门为教育科学研究提供感性认识的资料	调查报告、工作总结、经验、随笔、杂谈、教育艺术作品、教育参考书、各级各类学校教科书、教学大纲	

二、实物资料的搜集

1. 搜集方案的制订

相对于观察与访谈而言，实物搜集的过程相对简单，对前期准备的要求不是很高，这在有关的质性研究的书籍中也没有对搜集方案制订这一内容作专门的介绍。实际上，这样处理一方面可能使得质性研究的初学者对实物搜集方法的重要性的认识降低，导致现实使用实物搜集方法的案例很少。另一方面，也影响了对搜集过程的复杂性的认识，对实物搜集不做充分的准备，致使实物的全面性、典型性受到影响。为了更有效地做好实物搜集，搜集方案的制订也是必要和重要的。

一般而言，实物搜集方案的制订要考虑搜集的目的、搜集的范围、实物的来源、搜集的途径与方法等方面的内容。搜集的目的越明确，越容易搜集到针对性、有效性强的实物。搜集的范围一方面指哪些方面的实物，这先要通过查阅资料或前期沟通对这一问题有所准备,不能到场后再确定。还有就是指这些实物的跨度,包括时间跨度和空间跨度。譬如,要研究一位中学教师的成长过程,把教案列为实物搜集范围,那么就要明确是哪一时段的教案,是全部要,还是有选择。另外,若要看所教学生的作业,这也有时间的跨度,甚至还要确定所搜集的作业的频度。实物的来源是指这些实物可能在何处保管,是官方的,还是私人的。搜集的途径与方式则是考虑如何搜集,这要根据实物管理者来确定。但为了能够比较有把握地搜集到有关资料,除注重现场的沟通外,还要在去现场之前做一些相应的准备,如带上必要的介绍自己的证明材料、有关的摄录及存储工具等。

2. 搜集过程的实施

搜集实物必须征得当事人的同意。当事人可能是个人,也可能代表官方;可能是实物的主人,也可能是代管者,可以称之为资料的"看门人"。但不管怎样,研究者首先要想方设法找到资料的"看门人",然后与"看门人"建立联系和信任,再努力"打通"看门人,获得他们的允许,取得研究所需要的实物。

取得实物的过程并非一帆风顺,有时实物的"看门人"会拒绝提供实物。这时,要尊重他们的意愿,不能强求。当然,可以通过表达诚意和许诺保密原则等方式,尽可能地说服对方提供相应的实物。为了能够更好地、更有效地搜集实物资料,研究者要提前考虑实物的拥有者对实物的打算,是作为唯一的珍品,还是想换取一定的价值,要认真分析其中的原因,以便采取相应的措施取得这个实物。

有时,也会有确实无法获得实物的情况出现,这时可以通过复印、拍照等方式,间接地获得实物,这些复印及照片资料也可以反映在报告中。

在搜集实物的过程中,为了使实物搜集的内容更加集中,需要经常问自己的一些问题,如"我为什么要搜集这些物品?这些物品与我的研究问题有何关联?这些物品有何不同?它们与其他研究资料(观察、访谈资料)如何互为补充?这些实物我将如何进行分析?"(陈向明,2000)。通过询问这些问题,可以使实物搜集的方向性和目的性更加明确。因为,实物搜集一般也要通过多次才能完成,通过不断询问自己问题,可以适时地调整和优化自己的搜集行为。

三、实物资料的分析

对于实物资料的分析,可以有多种路径与方式,此处提供一种思路。

一是对实物材料进行整理归类,考虑与分析框架的磨合。在实物资料搜集达到一定程度之后,要形成一个分析的基本框架,并将实物材料根据分析框架进行"对号入座"。但这个过程并非单一、线性的,有时会在框架与材料之间有不同的往复。

二是对原始资料进行深度分析,体现洞察与解释。质性研究是通过资料获得事物的解释性理解和意义性建构,对于实物的分析更应该体现这点。实物资料不会自己"说话",要根据研究问题及目的,赋予实物资料以生命力,让其表达相应的"观点",切忌对实物资料简单堆砌。

三是对实物资料之间变化发展关系进行分析,体现事实之间的联系。"三角互证法"被作为材料检验和增加论证力量的一种渠道曾被广泛运用。实际上,在质性研究中,有人将"三角"扩展到"晶体",让资料之间进行多角度的互证。因此,在实物资料的分析时,不能只是独立地进行分析,还要注意资料之间的联系。

由于实物资料的独特存在形态,它可以拓宽视角和增强敏感度,加上实物资料的"客观性"更强,对于观点的说明也更加直观有力。实际上实物资料的分析除可以与访谈和观察中所取得资料互补使用外,还可以成为进一步研究和分析的出发点(马云鹏、林智中,1999)。

实物资料分析示例(白芸,2002)

对某生的作文的分析

话说很久以前,大铁椎是无比的英勇。

可是傻博士发明了时空机,把大铁椎给带//("//"表示一个涂抹掉的字"了")到了现在的当今//(抹去了"的")世界。

//(抹去了"可")就是因为大铁椎是古代人,所以他对现在的科学一无所知。他就//(抹去了写错的"往")住在那个傻博士家//、//(抹去两个写错的"里")。那个傻博士一打开电视机,一下子就出来了声音(被语文老师改为"电视机发出的声音"),把大铁椎一下子差点没有吓死(老师给改为"吓得瑟瑟发抖")。他问傻博士那是什么东西,那傻博//(抹去写错的"哈")哈哈大笑起来,"你连电视机都不知到(老师为他改为"道")吗?"(原文缺右引号)大铁椎说:"我对你这所有东//(抹掉写错的"西")西都不知道……(此处老师给添了",我很害怕。)"

大铁椎走出了房子就到了马路上,有两个警察看到了他的//(抹去写错的"穿")穿着和手里的大铁椎,以为他是一个精神病人,就跑过去想问他,大铁椎见人要追他,他的第一反应就是——快跑啊!

他逃到了一//(抹去"个")条死路里,两个警察也追到了这里,见大铁椎要向他们挥椎,他们就很快(老师改为"快")拔(老师改为"拔")出手枪,向地上开了两枪,只见大铁椎脸色发白,看着地上那两个洞,屏息观之,股粟欲堕,这时两个警察已把他给铐上了手铐,带回了局里,了解了情况。(老师添"后",改标点为",")就让那个傻博士把他送回了古代。

原来在古//(抹去写错的"代")代那么英勇的大铁椎在现代是那么的无能。

注:这篇作文是语文教师让全班学生根据刚学过的《大铁椎传》改写的。

分析:

从这篇作文来看,我暂时得到了如下结论。

① 该生语文基本知识掌握不够好,因为出现错别字较多,包括一些在初一年级掌握范围内的字,如"知道"的"道","拔出"的"拔"。这一点我早从他的语文教师那里得知,在每次默写"每周一诗"中,总会出现错别字,甚至不会写。语文教师还说,不光是这个学生,整个年级的学生普遍书写能力差,这也可能是这个年龄段的孩子都存在的问题。

② 该生的学习态度不够认真,因为这篇作文是打过草稿后誊写上去的,还是有 11 处因写错字而涂画的地方。从我了解到的其他情况看,也证实了我的结论:有一天他在一页很皱的纸上匆匆写了政治作业就交了,因为他又忘记带作业本了。

③ 该生想象力丰富,文章构思新奇,并对所学知识熟练运用,如"屏息观之,股栗欲堕"为《大铁椎传》中原话。——他平时并不怎么好学,但这次却将刚学过的知识运用在写作中,这一点我从语文教师对他的赞扬中也得到了证实;之后,我就此与该生的班主任(教英语)和其他任课教师那里进行了解,他们也这么认为。

④ 该生课外知识丰富,从作文中反映出他对武侠、科幻、侦破等题材的作品有所涉猎,并很有兴趣。——在我已经进行的一段时间的观察和访谈中,也了解到该生课余经常看那些方面的书,并经常去网吧玩网络游戏,在班级里有时会"施展功夫"与同学玩闹。该生在与我熟悉后,常常主动告诉我一些关于这类书、游戏的事。

热点聚焦 6-2   电子档案袋及其应用

电子档案袋具有的强大功能,诸如:聚集作品、合作学习、反馈学习过程、求职、评价和专业发展等,越来越受到教育工作者的日益重视。从 20 世纪 80 年代起,国内外的一些学者就开始了对电子档案袋的研究,但是已有研究多数集中在学生电子档案袋上,有关教师电子档案袋的研究相对较少,研究深度也显得不够。从目前国外现有教师电子档案袋应用方面来看,把电子档案袋作为进行教育管理、教学评价等方面的工具,不注重学习过程,缺乏合作及反馈而削弱了其应有的功能,难以适应教育教学实践的需求。基于电子档案袋的本质特性,尝试从教师知识管理的角度出发,结合教师的专业化发展需求,组建具有知识管理功能的教师电子档案袋理论框架,可能是一种新的研究视角。

电子档案袋的出现也为质性研究提供了方便。教师或学生的电子档案不仅记录了他们的成长,而且从某种程度上而言,也是研究他们成长的重要素材。有了电子档案袋,可以更为便捷地获得被研究对象的相关材料,也更容易携带、整理。

> 让我们回到本章开头提到的那个案例。刘老师的问题实际上包括两个方面，一个是关于"是什么"，即质性研究的概念、内涵、特点等，一个是"怎么做"，即质性研究的设计、资料搜集与分析等。对于第一个问题，刘老师通过本章的学习，可算大开眼界，她没想到质性研究有那么久远的历史，有那么复杂的定义，有那么多样的类型。同时她也了解了中学教师做质性研究的意义与优势，对于如何做质性研究更加渴望了。对于第二个问题，她通过对具体内容的学习与研修，发现了许多过去忽视的内容，特别是对于抽样的慎重更引起了她的注意。当然，对于观察、访谈、实物分析这几种质性研究常用的方式，她熟悉了具体的操作要求，并领悟了其中所说的注意之处，感到在实践中会非常受用。尤其是实物分析，她没想到竟有那么多的作用与功能。通过学习，她感到要做自己设想的那项质性研究已经具备条件了，她将把具体的细节确定下来，然后就开始付诸实施。

本章小结

- 质性研究没有一个公认的定义。一般从质性研究与量化研究的区分角度对质性研究加以概括性定义，认为其是从质的角度，以搜集、分析文本材料为主要手段的一种研究方式。
- 质性研究的发展经历了早期形成、挫折期、成熟期、整合期四个阶段。
- 质性研究具有多种类型，如观察研究、访谈研究、实物分析研究、个案研究、叙事研究、人种志研究等。
- 基于质性研究的特点、中小学教育实践的特点、教育科学研究的现状等，中小学教师做质性研究具有多重优势。
- 质性研究设计中要精心考虑研究对象的抽样及进入现场的方式和相应的预案。
- 质性研究中观察的记录具有特定的要求，要注意具体、清楚、实在。
- 质性研究中访谈除做前期准备外，在访谈开始后，要注意提问、倾听、回应等技术的运用。
- 中学教师可以搜集多种实物资料，但要用好实物分析法，还应注意各个细节的把握。

思考题

- 如何理解质性研究？它有什么特点？

- 常见的质性研究类型有哪些？
- 质性观察记录的基本原则和具体做法是什么？
- 访谈过程的技巧有哪些？
- 中学教育实践中可以搜集到哪些实物？

问题探索

- 深入到你的同学或一所学校中间，考察他们所做的研究是质性的，还是量化的。
- 以质性研究方式对中学教学实践中的某个问题进行研究，至少采用一种方式搜集资料。

第七章　教育科学研究资料搜集
——教育行动研究

---本章细目---

本章要点
第一节　教育行动研究的概述
一、教育行动研究的概念
1. 行动研究
2. 教育行动研究
二、教育行动研究的特征
1. 探索性
2. 问题性
3. 兼容性
三、教育行动研究的形式
1. 独立式教育行动研究
2. 支持式教育行动研究
3. 协同式教育行动研究
四、教育行动研究的模式
1. 勒温的螺旋循环模式
2. 埃伯特行动研究模式
3. 麦柯南行动研究模式
4. 埃利奥特行动研究模式

第二节　教育行动研究的计划
一、计划的基本内容
1. 确定课题名称
2. 提出研究假设
3. 设定研究变量
4. 选择研究方法
5. 安排研究进度
6. 落实人员分工
7. 拟定成果表达
二、计划的一般要求
1. 可行性
2. 层次性
3. 开放性
三、案例及其分析

第三节　教育行动研究的行动
一、行动的原则
1. 实践性原则
2. 指导性原则
3. 弹性原则
二、行动过程的记录
1. 研究日志
2. 教育叙事
3. 教育案例
三、案例及其分析

第四节　教育行动研究的考察
一、考察的内容
1. 考察参与的人员
2. 考察实施的方式
3. 考察使用的素材
4. 考察干扰的排除

二、考察的方式
1. 单一法考察
2. 综合法考察
3. 结构性考察
4. 非结构性考察
三、考察的主体
1. 研究者
2. 研究对象
3. 第三者
四、案例及其分析

第五节　教育行动研究的反思
一、反思对教育行动研究者的重要意义
1. 有利于增强教育者的责任感
2. 有利于增强教育者的成就感
3. 有利于增强教育者的专业技能
二、教育行动研究中反思的基本要素
1. 反思研究的问题
2. 反思制订的计划
3. 反思实施的行动
三、案例及其分析

本章小结
思考题
问题探索

本章要点

■ 教育行动研究的概念
■ 教育行动研究的特征
■ 教育行动研究常用的几种模式
■ 教育行动研究对研究者的意义
■ 教育行动研究的操作过程及其内容
■ 教育行动研究过程的呈现方式

> **想试着回答一下吗……**
>
> • 你知道研究教育问题的方法或类型有哪些吗？听说过教育行动研究吗？
>
> • 某中学老师最近发现本班学生的英语成绩一直下降，现在想探索性地研究一下其现象背后的原因，以便早日提高同学们的成绩，你知道如何制订研究设计吗？
>
> • 有人说，教师只需要在专家理论指导下教书育人就可以了，自己不需要做研究，你同意这种说法吗？为什么？
>
> • 有人说，专家只需要做好自己的理论研究就行，至于在现实中能否应用，这与他们无关，你同意这种说法吗？不同意的话，又如何让他们做到理论与实践相统一呢？
>
> • 教师能做到边行动边观察吗？如果可以，那么怎样具体实施呢？
>
> • 教育行动研究中研究者既要考虑和包容已有的制约因素、矛盾和条件，又要允许不断地修正计划，把未曾预见的和在行动中显现的情况纳入计划。请问这体现教育行动研究中制订的计划应具有什么特征？
>
> • 教育行动研究的根本目的是为了解决教育教学中的实际问题，你知道在教育教学中有哪些实际问题需要解决吗？
>
> • 任何研究都是从选题开始的，你认为教育行动研究的选题与其他教育研究方法是否有所不同？有的话，又体现在哪里？
>
> • "反思"是实现一名教师专业化成长的必经之路，你知道反思的基本要素有哪些吗？

　　小王是一名刚刚从师范大学毕业的大学生，主修英语，成绩优异，并经过师范专业培训，掌握了基础的教育理论和初步的教学技能。现他在一所中学任外语老师兼班主任。从教三个月来，班级学生英语成绩普遍有所提高，但有个学生经常上课期间扰乱别人听课，甚至打断老师的正常教学活动，王老师对此十分伤脑筋。为了帮助该学生解决违纪的严重缺点，王老师积极主动地向老教师求教经验。一位经验丰富的特级教师对他说，一般需要为期20天的时间，就可以解决这个问题，并帮助王老师精心设计了一个研究方案。王老师根据这位特级教师的指点，通过实践，果然有效地解决了该生的违纪行为。另外，由于问题行为的减少，该生的学习成绩也有了较大提高。

你知道王老师应用的是什么教育研究方法吗？这将在本章的学习中找到问题的答案。

教育行动研究是搜集资料的一种综合性方法。它通过研究者在教育情境中边探索边实践，来研究解决实际的教育问题。教育行动研究因其明确的实践指向以及对各种研究方法的兼容性，自20世纪80年代后开始进入我国学校教育研究者的视野，目前正日益受到教育科学研究工作者的欢迎。本章将阐明教育行动研究的内涵、种类和主要模式，并结合具体实例，着重介绍教育行动研究的基本过程。

第一节 教育行动研究的概述

一、教育行动研究的概念

1. 行动研究

关于行动研究(active research)的内涵，可谓众说纷纭。不少学者从不同的视角作出不同的界定，其中有代表性的观点主要涉及以下几种：英国学者埃利奥特(Elliott)认为："行动研究是通过对社会实践情境的研究去提高情境中行动的质量。"美国学者麦克纳(Mckenna)提出："行动研究是一种运用科学方法解决课程问题的系统的自我反省探究。"澳大利亚学者凯米斯(Kemmis)在《国际教育百科全书》中指出："行动研究是一种情境的参与者，为提高对所从事的社会或教育实践的理性认识，为加深对实践活动及其背景的理解进行的反思研究。"

2. 教育行动研究

美国哥伦比亚师范学院的考瑞(Corry)在《改进学校措施的行动研究》一书中，第一次系统地将行动研究引用到教育中来,使行动研究很快影响到教育实践。他提出:所有教育上的研究工作,都应由教育者来担任,其研究成果才不至浪费。同时,其他相关人员,诸如:学生、辅导人员、行政人员及家长若能不断检讨学校措施,学校才能适应现代社会的要求。当然,所有这些都需个人或集体采取积极态度,运用其创造性思维,指出应该改变的措施,并勇敢地加以试验,讲究方法,系统搜集证据,以决定新措施之价值。这种方法就是教育中的行动研究法。因此,在前人理解的基础上,结合我国教育研究实际,我们认为教育行动研究是指人们在教育实践的情境中进行的,旨在解决实际发生问题的,边探索边实践的研究方法。

知识小窗 7-1   行动研究的来源及其发展

"行动研究"是国外一种引人注目的社会科学研究方法。它产生于 20 世纪 30 年代。美国的柯利尔(Collier)在 1933 年至 1945 年担任美国印第安人事务局局长期间,安排专业人士和非专业人士结合一起研究改善印第安人和非印第安人关系的方案。在这一过程中他得到启发,认为专家研究的结果还需依靠实际工作者执行和评价,倒不如让实际工作者根据自身的需要,对自身工作进行研究,或许效果更好。他称此法为行动研究法。的确,专业性的研究需费较长时日,注重实际应用者等待不了取得研究结果后再来解决实际问题。所以对迫切问题的解决,难以采用全面研究的方式。更合适的是就已有资料提出改革措施,一边实施,一边观察分析结果,随时调整修改行为。行动研究法对实际问题解决的适宜性使它很快得到发展。

尽管如此,学术界比较一致的看法还是将行动研究的原创性努力归功于德裔美籍心理学家勒温(Lewin)。1944 年勒温提出了"行动研究"一词,不仅如此,他还构建了行动研究的基本理念和运作的模式。勒温与其学生对不同人种之间的人际关系进行研究时提出"没有无行动的研究,也没有无研究的行动"的论断,强调调查行动与研究间的密切关系,并且认为"将科学研究者的智慧与实际工作者的能力结合起来,解决某一实际问题的方法,就是行动研究"。而将行动研究首先引入、推广到教育研究领域的是美国哥伦比亚师范学院的考瑞(Corry)。他在《改进学校措施的行动研究》一书中详细介绍了行动研究的理论基础、特点、实施原则和程序。行动研究因提倡研究者深入实际,在实际情景中采取行动,有利于解决当时的社会问题,而得到很大发展。然而,到 20 世纪 60 年代中期,由于实证主义的突起,教育研究中尚未成形的行动研究模式便让位于技术性极强的"研究—发展—普及"(RDD)模式。进入 70 年代,由于实证研究的弊端日渐凸出,加之英国学者埃利奥特(Elliott)等人的积极努力,沉寂一时的行动研究再度在教育研究领域中崛起。近年来,随着世界范围内教育改革的不断深化,世界各国都十分强调教育科研为教育改革的实践服务,并在方法上提倡思辨型、经验型和实证型综合互补这一趋势,行动研究才发展成为一项声势浩大的国际性运动。目前,我国中小学"科研兴校"正在成为时尚,为使中小学科研真正能够兴校,在中小学广泛开展行动研究便是其重要保证。

(寇冬泉,黄技,2003)

二、教育行动研究的特征

教育界之所以越来越重视教育行动研究,是因为它有着区别于其他研究方法的一些特征。

1. 探索性

教育行动研究以解决实际问题为首要目标,鉴于任务的迫切性与实际情境的复杂性,允许研究者根据当时的认识水平和实际情况提出一个大致的设想。这一设想是暂时的、开放的、探索性的,允许在研究过程中随时加以修正或调整,从而把本来未考虑到却在行动中显现出的各种情况和因素容纳进去。这在一定程度上可以有效地克服以研究者主观假设为研究出发点的缺陷,通过深入接触实际,随时发现新情况和新问题并加以不断修正与调整,使问题的解决更为实效。

2. 问题性

教育行动研究的根本目的不是为了理论的发现或理论的应用推广,而是为了解决教育实践中发生的实际问题。解决实践问题是该研究的出发点和归宿。因此这里的问题不是教育领域各学科分支中的理论问题,而是教育决策者、学校校长、教师们日常遇到和亟待解决的具体实践问题。该问题可能发生在一所学校、一个年级、一个班级、若干学生,甚至一个学生身上,其研究对象也就具有明确的特定性。判断教育行动研究的价值,完全取决于对问题解决所具有的实际意义。

3. 兼容性

教育行动研究是可兼容各种研究方法于一体的一种综合研究方法。它可以依据要解决实践问题的具体情况优选一种或多种研究方法实施研究,具有"因材择法"或"因材组法"的特点。这突出表现在行动研究的过程中,既可以采用实验的研究方法,又可以采用调查的研究方法,还可以采用质性研究方法。针对实际工作中产生的问题,以可能解决问题的方法为手段,通过实践和研究来验证这些问题解决的效果。

三、教育行动研究的形式

当教师或其他教育者独自对教育实践中的问题进行系统探究,并发展出具体策略付诸实施从而改善实践时,独立的教育行动研究便发生了。但是许多时候,教育问题不仅涉及教师和学生,同时还可能涉及家长、教师同伴、校长、官员、传统意义上的研究者等诸多相关者,要有效地解决问题就需要多个相关者协同研究与行动。因此,从参加人员的构成看,目前的教育行动研究被分为三类,即独立式教育行动研究、支持式教育行动研究,以及协同式教育行动研究。

1. 独立式教育行动研究

独立式教育行动研究是指由校内教师,为解决教育教学中的实际问题,而进行的一项行动研究。采用此类教育行动研究主要是出于校内教育者对当前教育实践的不满意,对教育改革积极投入的态度。独立式教育行动研究的优点在于选题灵活,实施方便,但其不足在于对研究者能力要求比较高,需要研究者有较高的进取动机,有较强的批判反思能力,能够在自己习以为常的专业生活中发现问题,并有较强的分析问题和解决问题的能力。实际上,具备这种能力的教师相对较少。对于大多数教师的成长,以及专业工作的改进来说,总需要同伴的帮助,专家的引领,这就需要支持式或协同式的教育行动研究。

2. 支持式教育行动研究

支持式教育行动研究是指由校内教师作为主要研究者,来自校外的研究者作为咨询者或支持者,为解决教育教学中的实际问题而进行的一项行动研究。根据研究主体的不同,其又可以分为内生型支持式教育行动研究和外控型支持式教育行动研究两种。内生型支持式教育行动研究的参与者包括校内教育者和校外教育者,但以校内教育者为主,其优势在于与日常教学生活容易结合,教师的认可度较高,其不足在于需要研究者较高的成就动机,丰富的知识和教学技能,较强的批判反思能力。外控型支持式教育行动研究的参与者也包括校内教育者和校外教育者,但以校外教育者为主,其优势在于在教育行动研究初期,或是校内研究者成就动机不强、反思能力不强时比较有效,其不足在于限制校内研究者自主性,使行动研究容易脱离学校环境,持续性弱,实用性弱。

3. 协同式教育行动研究

协同式教育行动研究是指由校内和校外教育者共同参与,以平等协商的方式来解决教育教学中的实际问题而进行的一项行动研究。协同式教育行动研究变革的动因在于校内教育者对实践不满意,校外教育者对教育质量的关怀。其优势在于校内与校外双方自愿,优势互补,既能与学校环境结合起来,又能吸收外界智慧,其不足在于对校外教育者要求较高,双方沟通成本也较高。另外,需要注意的是,协同教育行动研究中的校外合作者往往因为自身的社会地位和学术知识优势,而影响对学校实践情境的真诚理解。

热点聚焦 7-1　教育行动研究的类型分析

从研究水平的角度,教育行动研究可以分为技术的、慎思的和解放的三种行动研究。不同水平的教育行动研究比较如下表。

类　型	技术的行动研究	慎思的行动研究	解放的行动研究
基本旨趣	能有效地实施变革	促进教育实践的改进	形成更加平等、公正的教育过程和生活世界
变革动因	外界推力	内在生长	内在生长
知识论	知识可以独立于求知者,研究者作为知识消费者	知识是个人的,由参与人士互动而建构	知识是个人的,由参与人士互动而建构,且以追寻平等和公义为过程
主要观点	假设世界知识是客观的在类似规律性命题(即可用实证验证)的取向下操作 确定性原则 重视效率和节俭	把现实看作在历史政治及社会脉络中互为主体的存在 视人类为积极创造知识的人 强调理解和沟通互动 在日常生活环境中寻求假设和意义	把现实看作在历史政治及社会脉络中互为主体的存在 假设必须批判意识形态,且付诸行动 寻求揭示具有压迫性和支配性的事物 检视和解释探究所依据的价值系统和公平概念

(赵明仁,王嘉毅,2009)

四、教育行动研究的模式

1. 勒温的螺旋循环模式

勒温(Lewin)是行动研究一位重要的先驱,他不仅首先提出行动研究这个概念,还提出行动研究包含计划、行动、观察和反省四个环节的理念,并建立行动研究螺旋循环操作模式(见图7-1)。后来,进一步把反思后重新修改计划作为另一个循环的开始,从而对螺旋循环模式作了修正(见图7-2)。这成为行动研究操作的基本架构。

2. 埃伯特行动研究模式

埃伯特(Ebbutt)提出了行动研究的模式结构,它包括如下几个主要步骤(见图7-3):

A. 一般概念的形成

包括问题的形成、问题原因的诊断、问题情境脉络的分析等。

B. 考察阶段

即资料搜集阶段,需要对资料搜集作出计划,采用哪种方法搜集资料?搜集哪些资料？由哪些人负责此项工作？

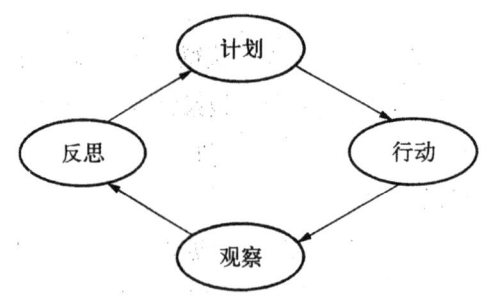

图7-1 勒温行动研究的螺旋循环模式

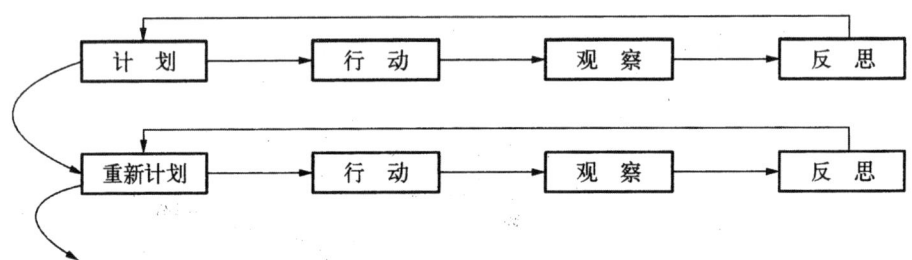

图7-2 勒温行动研究的螺旋循环模式修正图

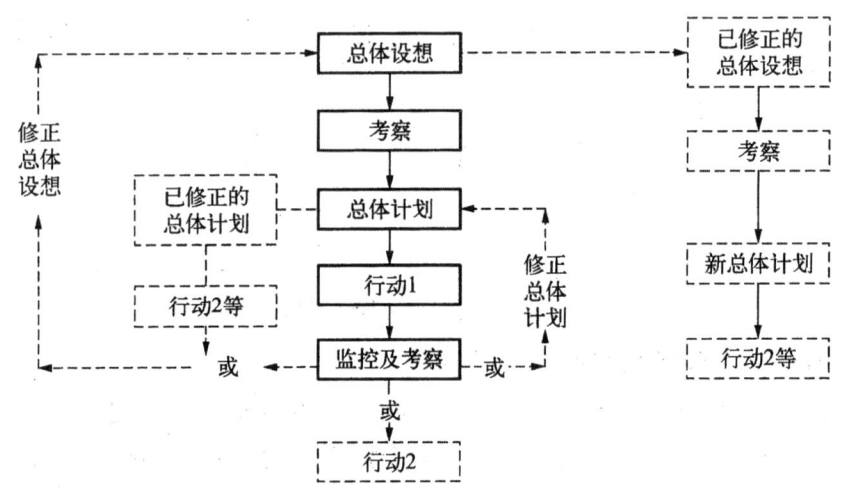

图7-3 埃伯特行动研究模式

C. 拟订整体计划

即拟订有效的行动方案，此方案会根据评价结果，适当加以调整。

D. 采取行动

即把方案付诸实施。

E. 行动监控与自我评鉴

方案实施的结果,如果依据原先概念无法获得答案,问题没有得到解决,则应该修正概念,亦即重新分析问题、重新诊断原因、重新搜集资料、重新计划,重新行动。

F. 修正概念、重新探测、重新计划、重新行动

3. 麦柯南行动研究模式

麦柯南(Mckernan)提出了行动研究的时间进程模式。它按时间进程包含几个行动循环,每一个循环包括有:确定问题、需求评价、提出设想、制订行动计划、实施计划、评价行动、作出决定(反思和对行为的反思)等七个基本环节,根据行动结果再次确定第二行动循环需要研究的问题(见图 7-4)。

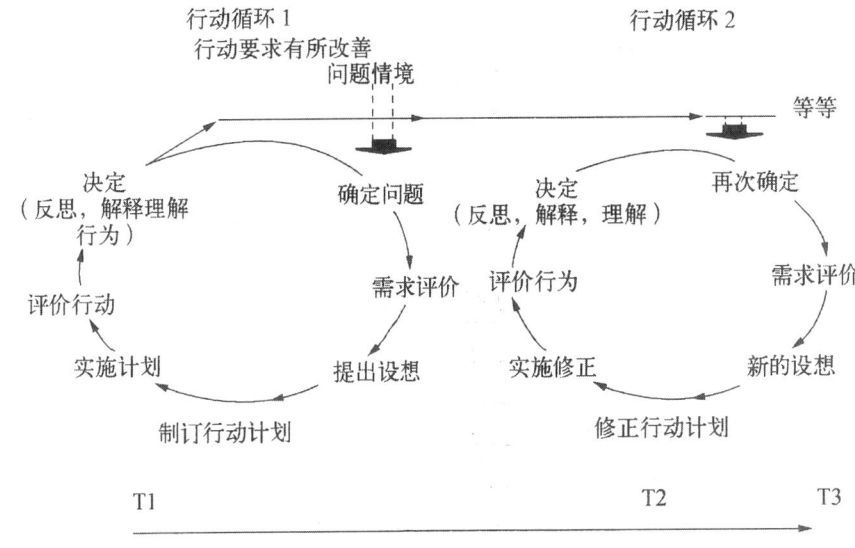

图 7-4 麦柯南行动研究模式

4. 埃利奥特行动研究模式

埃利奥特(Elliott)行动研究模式实际上也是一个时间进程模式。它包括几个循环,每个循环包含有:确定初步设想,对设想进行考察,即通过分析资料判断设想是否合理。如果认为基本合理,则制订总体实施计划,在总体实施计划中同时考虑打算进行几个行动步骤的计划,然后先进行第一个行动,并对第一个行动进行监测,了解其效果,根据监测获得的资料,分析失败的原因。在此基础上修改总体计划,尤其是对下一次的行动步骤做出调整(见图 7-5)。

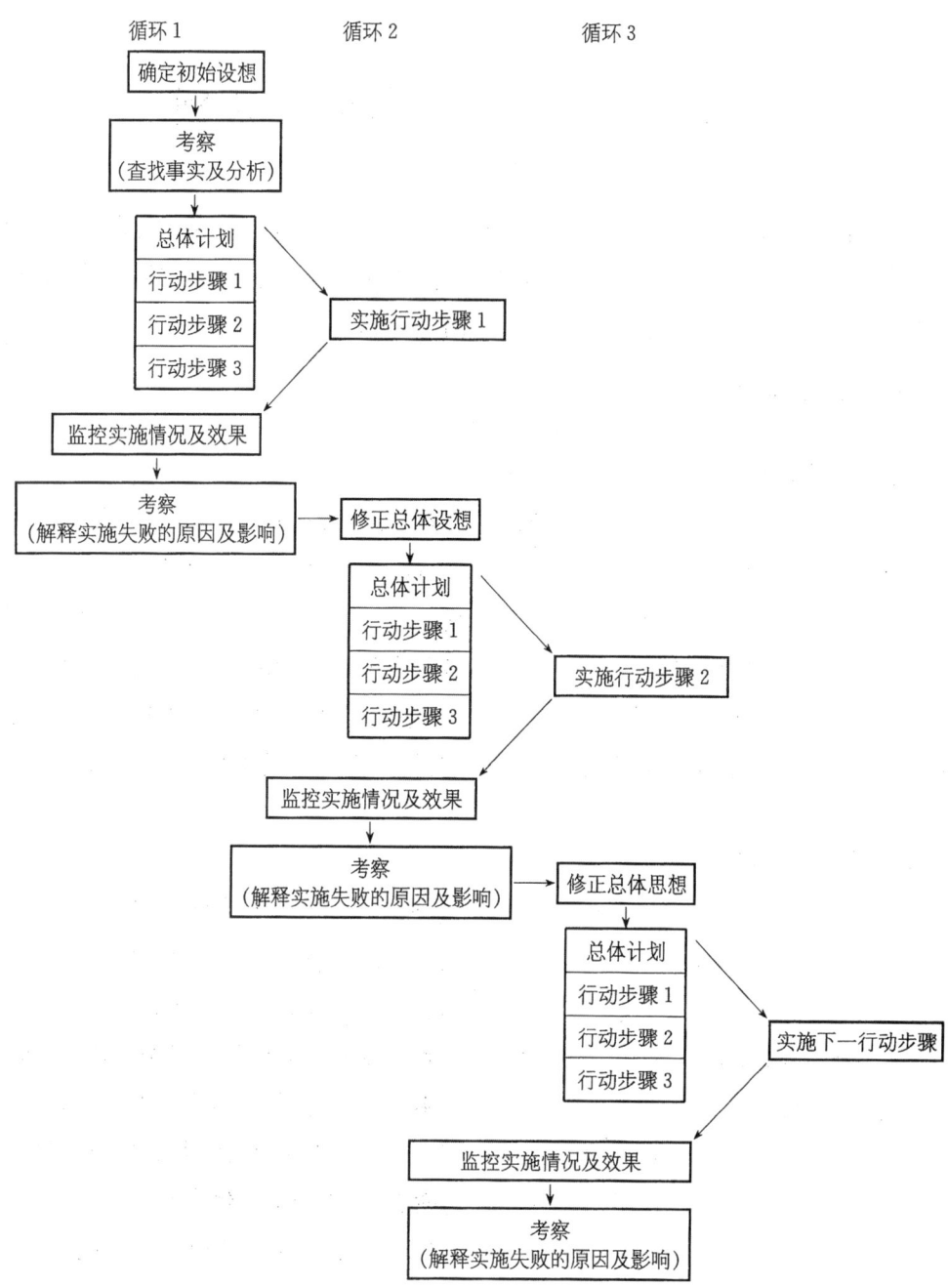

图 7-5 埃利奥特行动研究模式

第二节　教育行动研究的计划

在确定具体的问题领域之后,教师需要在搜集相关资料的基础上,审慎地制订出整个教育行动研究的计划,即行动方案。计划是未来行动的"蓝图",它不仅为教师提供了比较详细的研究步骤,而且有力地确保了整个行动的有效开展。

一、计划的基本内容

1. 确定课题名称

课题名称,即计划实施后可能达到的目标状态。虽然第一阶段,已经确立了要研究的问题,但是问题能否成为课题名称,还需要一个比较好的陈述。好的课题名称一般具有以下三个特征:① 不仅能准确地反映研究的范围、对象、内容、方法,而且能显示出研究变量之间的关系;② 在陈述预期目标时,尽可能做到客观、具体,使预期目标具有可操作性和可监测性,防止模棱两可;③ 课题名称应该简洁明了。例如,像"中学生的创造能力"这样的陈述如果作为最终的课题名称,无疑是太宽泛了。这类陈述几乎不含有任何问题,对研究的方向和内容也几乎没有现实的指导意义。

2. 提出研究假设

明确了研究问题以后,还要在了解课题研究现状,搜集、比较、分析、概括有关材料的基础上提出理论构想,即研究假设。研究假设(research hypothesis)是研究者在选定课题后,根据事实和已有资料对研究课题设想出一种或几种可能的答案、结论,是对研究结果的预测,是对课题涉及的主要变量之间的相互关系的设想。能否提出一个好的研究假设,不仅关系到研究的科学性水平,而且关系到能否制订出好的研究方案和取得好的研究成果。研究假设分为接受假设、拒绝假设、零假设三种。例如,关于以情优教法与传统教学法的比较研究,接受假设可以表述为:中学课堂教学中以情优教法优于传统教学法;拒绝假设可以表述为:中学课堂教学中以情优教法不如传统教学法;零假设可以表述为:中学课堂教学中以情优教法与传统教学法没有差异。

学术研究 7-1　　教育研究中科学假设的基本特点

教育研究中,一个好的假设往往要具备下面一些特点:

> 首先,假设要有科学性。尽管假设是一种有待验证的猜测,但这并不意味着可以随意进行。假设要有一定的科学依据,建立在明确的概念、已有的科学理论和科学事实的基础上,而不是毫无事实根据的推测和主观臆断。
>
> 其次,假设应当表明两个或多个变量之间的关系。在教育研究的过程中,变量之间的关系是十分复杂的,但作为一项研究,必须明确地表述所研究问题中的某些变量之间的关系。
>
> 再次,假设要用明确的语言表述出来。表述假设的语言应当清楚明白,不能含混不清、模棱两可。
>
> 最后,假设所表明的内容应该是可以检验的。提出假设是研究问题的开始,研究的最终目的是要按照这种假设搜集材料,最后验证假设是否成立。因此,对于一项教育研究的假设,应该具有可检验性。

3. 设定研究变量

在本书第四章有关教育实验研究中对变量的分类及其功能进行了详细论述,这与教育行动研究中涉及的变量在基本观点方面没有多大差异,如在教育行动研究中也涉及自变量及其操作,因变量及其测量,无关变量及其控制等问题。例如,某中学老师在研究"两种不同的教学方法对中学生学习成绩的影响"中,他选取的自变量是两种不同的教学方法,可以是以情优教法与传统教学法。因变量是学生的学习成绩,即分数。而涉及的无关变量较多,比如:① 学生原有知识水平与学习能力等无关变量;② 教师知识水平、教学能力、教学风格等无关变量;③ 课堂教学时间、课后作业、复习时间等无关变量;④ 班风、学风及同学关系等无关变量。第一类无关变量可通过前测加以控制,第二类无关变量可通过由同一位教师任教或寻找两位在上述各方面近似的教师任教来控制,第三类无关变量可通过规定相同教学时间、课后作业和复习时间来控制,第四类无关变量可通过事先寻找在这些方面相似的两个班来控制。

4. 选择研究方法

研究方法,是指研究者在教育行动研究过程中所需要使用的搜集资料和分析资料的方法,如问卷法、实验法、访谈法、观察法等。根据研究的需要,研究者既可以选用一种研究方法,也可以选用多种方法加以综合应用,后者在教育行动研究中更为常见。

例如:某中学老师发现,最近几年随着社会的快速发展,人们物质生活越来越丰富,"隐性逃课"现象也越来越普遍。所谓"隐性逃课"通常是指学生虽然没有旷课现象,但是学生在教室内并不是认真听老师讲授知识,而是我行我素无视课堂的存在,干自己想干的事情。该老师认为,若能了解"隐性逃课"的原因,那么对有效纠正"隐性逃课"行为、缓解"隐性逃课"现象、构建良好的师生关系、活跃课堂氛围以及提高教学质量都有着非常重要的意义。因此,他决定通过深入研究,来探寻中学生"隐性逃课"的相关问题。其主要采用文献法、观察法和访谈法。

5. 安排研究进度

研究进度是指在教育行动研究中，先做什么需多长时间，再做什么又需多长时间。它是行动步骤在时间上的安排。为了按时完成教育行动研究，这一环节显得十分重要。同时，为了能妥善处理一些始料未及的影响因素，要求行动者在时间安排上对行动步骤要有周密考虑，还要有适当的开放性和灵活性。

表 7-1 教育行动研究进度安排表

阶 段	起 止 日 期	主 要 任 务	效 果
完成总体计划			
第一行动步骤			
评 价			
修改总体计划			
第二行动步骤			
评 价			
……			

6. 落实人员分工

教育行动研究中若采用的是独立式行动研究，那么在计划中只需要表明研究者个人的基本资料，如专业、学历、职业等情况。若采用的是支持型或协作型的教育行动研究，那么为了使研究顺利进行，计划中对任务的分配尤其重要。具体怎么分工，则需要考虑所研究问题的特征、研究人员的能力等因素。

7. 拟定成果表达

与其他的教育研究一样，教育行动研究也应提供研究的预期成果及其表现形式，如研究论文、研究报告等。但有所不同的是，教育行动研究成果还能以"实践效果"的方式表达，例如"研究日志""教育叙事""教学案例"等。

二、计划的一般要求

1. 可行性

研究计划是教师制订的，是用来规范自身研究实践的，应具有可行性或操作性，否则将难以落实。考察一个计划是否可行，应从以下几个方面入手：

① 对这一课题的相关资料了解多少？

② 是否具备实施计划所必备的知识与能力?
③ 外部环境条件(人力、物力)许可吗?
④ 计划的时间跨度是否恰当?
⑤ 参与者的分工是否妥当?

2. 层次性

教育行动研究中的计划包括总计划和行动计划。总计划是对整个行动研究过程的总体规划与设想,因此在陈述上更具原则性和规范性一些;而行动计划,则要求明确、具体、有操作性。不同层次的计划应保持内在的一致性。

3. 开放性

计划的开放性是教育行动研究的探索性特征在计划中的体现。尽管像其他研究一样,教育行动研究中也有计划,但有所不同的是,教育行动研究中的计划更具灵活性。例如,教育实验研究中,研究者一旦制订好实验设计,研究者将严格按照实验程序进行操作,在其过程中一般不会调整研究计划,因此其计划具有严密性或刻板性。在教育行动研究中则不同,研究者既要考虑和包容已有的制约因素、矛盾和条件,又要允许不断地修正计划,把未曾预见的和在行动中出现的情况纳入计划。正是从这个意义上说,教育行动研究中的计划是开放性的、尝试性的,体现了边行动边研究的特点。

三、案例及其分析

某英语年级组长针对初中生英语学习缺乏自信心的问题,在教育行动研究的计划环节实施以下做法。首先,将课题名称确定为"提高初中生英语学习自信心的教学策略研究"。随后,带着这个问题认真分析原因,认为主要有以下几种因素影响初中生英语学习的自信心:① 学生英语听力能力差,用英语授课,学生听不懂;② 学生担心答错了丢面子;③ 长期养成的学习习惯使他们不积极参与;④ 学生回答问题后,未得到正确的对待(如回答时,有的学生说小话、不听;回答错,有的学生发出"嘘"声)。为了有效地解决这个问题,确定影响学生学习英语自信心的核心因素,决定采取比较研究的方法。具体地说,针对以上因素,让老师有意识地调整课堂学习气氛,消除学生的心理障碍。指出:你们回答问题时要大胆,想到什么就说什么,不要怕说错,即使说错了也是进步,至少把你想说的话说出来了。鼓励学生回答问题的积极性,树立其自信心,并且做了如下的工作:4月3日:重点关注学困生。4月4日:重点关注学生的情感体验。4月5日:锻炼学生的心理素质。4月6日:正确评价学生。在实施的过程中,让班长记录每次上课时发言的同学名单及其发言次数。每次下课后,该老师采用日志的形式记录实施的效果。

简要分析:上述是一个相对典型的教育行动研究中关于计划制订的案例。从案例中可以看出,该课题名称为"提高初中生英语学习自信心的教学策略研究",并提出四个假设。该案例中,自变量是学生的自信心,因变量是学生上英语课时互动的频率。额外变量就是研究假设中提出的四种因素。在研究方法上主要采用比较研究法。研究进度体现在7月3日、7月4日、7月5日以及7月6日各自做的事情。由于该教师采取的是独立式行动研究,因此,主要任务都是该教师一人承担。如果说有分工的话,那就是班长为该老师做了一些记录工作。对其研究的成果,该老师主要采用日志的方式加以记录。

第三节 教育行动研究的行动

教育行动研究的关键是在行动中研究,离开了研究者的实践行动,该研究也就失去了存在的基础。如果从教育行动研究的整个过程来看,研究者的实践行动具有重大意义,它既是问题解决的实际操作过程,也是前期制订的计划付诸实施的过程,还是后续反思改进阶段的实践基础。

一、行动的原则

1. 实践性原则

教育行动研究是一边行动一边观察的研究,是从实际工作需要中寻找课题,在实际工作过程中进行研究。因此,教育行动研究决不是闭门造车,空谈"假、大、空"的理论,而是在行动中,在对计划的落实中进行研究,从而达到及时地发现新问题,研究新问题,解决新问题。从这个意义上讲,教育行动研究计划实施的过程,也就是不断实践探索的过程。

2. 指导性原则

实施是对行动计划的落实和检验。这时的行动已经不是日常工作中例行公事式的习惯动作和机械操作,而是按研究计划(或改进方案)的要求进行实践,从而表现出教育行动研究具有一定的指导性。另外,指导性原则还体现在教师的双重角色之中。在教育行动研究的过程中,教师既是行动者又是研究者。作为行动者,教师要将自己拟订的行动计划付诸实施;作为研究者,教师要时刻监控行动的进展,观察新的行动产生的效果和影响,同时还要不断搜集研究过程和效果的数据资料,并反思、发现研究过程中的新问题。

3. 弹性原则

行动是参与研究者在获得了关于行动背景和行动本身的信息,经过思考并获得一定程度的理解后,按照研究计划采取的行动步骤。但是,我们必须注意,行动不是固定的,是可以随着教学情境的变化和研究者对问题认识的逐步深化而不断调整的。由于教育行动研究中的行动是在实际工作环境中进行的,许多因素不可能事先确定和预测,更不可能全部控制。另外,在行动的过程中,研究者也可能形成新的认识、新的想法,在这种情况下,就需要根据实际情况的变化和各方面研究者的监督观察和评价建议对问题和计划进行修订。相应地,行动也要随之调整。因此,教育行动研究中的行动是灵活的、能动的、不断调整的。在行动过程中,随着研究者对问题的认识逐渐深化,以及行动过程中各种信息的及时反馈,研究者可以不断吸取参与者的建议,对实施中的计划进行修改、调整,甚至是重新选择问题,开展研究。

二、行动过程的记录

在教育行动研究的过程中,需要对教育行动研究的过程进行记录或描述,常见的表达方式主要有以下三种:研究日志、教育叙事和教育案例。

1. 研究日志

(1) 什么是研究日志

研究日志(也称教学日志、工作日志或教师日志),是一种教师对学校生活事件定期的记录,它有意识地生动地表达了教师自己,是表述教育行动研究过程的重要方式之一。作为记录教育行动研究过程的研究日志,记录的是教师在教育行动研究中所观察到的、所感受到的、所解释的和所反思的内容。研究日志的主体部分应该是教师对观察的记录,其初稿主要是教师所见所闻、所感所思的自由写作。

(2) 如何撰写研究日志

研究日志常用的记录形式包括:备忘录、描述性记录和解释性记录。

① 备忘录是最常见的研究日志形式。备忘录的存在,就是研究者试着去回忆,写下特定时段的经历。在备忘录中,通常有比较鲜明的时间信号提示。撰写备忘录应注意:A. 在一个事件后,越早写备忘录越好;B. 在凭记忆写备忘录前,不要和任何人讨论,因为那会影响和修改你的记忆;C. 最好是依事件发生的先后次序写记录;D. 可在活动过程中用缩写符号、片语来简记一些重点,可摘要记录某一时段,有助于记忆;E. 早一点进行回忆,记忆会更清晰。

② 描述性记录包含研究活动的说明、教育事件的描述、个人的肖像与特征(如外表、

说话与动作的风格)的叙述、对话、动作、面部表情的描写、时间、地点与设备的介绍等。需要强调的是在任何可能的时候,有人说了什么话,最好直接记录,并用引号表示,或用独立的一段文字说明。即使当时的情景不允许及时记录,也要尽可能在事后的第一时间把记忆中尚比较鲜明的细节、研究对象的话语记录下来。

③ 在研究日志中,除了描述性的记录,还应含有解释性记录:如感受、解释、思考、推测、对自己假设的反思、理论的思考等。解释性记录可以是一个短句或几个短句构成,也可以由一个段落或几个段落组成。需要注意的是解释性记录不能单独构成一篇完整的研究日志,它往往渗透在备忘录和描述性记录中。

2. 教育叙事

教育叙事是研究者以叙事、讲故事的表达方式对教育现象进行陈述或解释,它也是表述教育行动研究过程的重要方式之一。教育行动研究中教育叙事有如下的特点。

第一,叙述的事件是已经过去或正在发生的教育事件。它所报告的内容是实际发生的教育事件,而不是教师的主观想象或对未来的展望。在教育叙事研究中,教师既是说故事的人,也是他们自己故事中的角色。第二,叙述的事件中包含与研究问题密切相关的具体人物。教育叙事特别关注教师的亲身经历,不仅把教师自己置于事件的场景之中,而且注重对个人或学生的行为作出解释和合理说明。第三,叙述的故事具有一定的情节。叙事谈论的是特别的教育现象中的冲突、问题或使教学变得复杂的任何东西,所以叙事不是记流水账,而是记述有情节、有意义的相对完整的故事。第四,叙述要把事件置于一个时空框架之中。

知识小窗 7 - 2　　　　教育叙事理解上常见的误区

误区1:教育叙事所叙述的纯粹是故事,而无个人的反思、评价,无个性化的想法。

误区2:认为平凡的教育叙事写了没什么意思,叙述的故事要催人泪下,感动他人,所以,在故事中加入虚构的成分,让故事情节变得跌宕起伏。

误区3:教育叙事就是自我表彰或是自我忏悔。

误区4:教育叙事就是记录课堂中发生的所有事情。

---

3. 教育案例

(1) 什么是教育案例

关于教育案例的含义,许多专家学者有过不同的表述。虽然说法不同,却也有一定的共识,即教育案例是在教育中含有问题或疑难情境在内的真实发生的典型事件。如同研究日志和教育叙事一样,教育案例是表达行动研究成果的一种重要的形式。

(2) 教育案例撰写时的构成要素

① 背景,即案例需要交代故事发生的有关情况:时间、地点、人物、事情的起因等,如介绍一堂课,就有必要说明这堂课是在什么背景下进行的,是一所重点学校还是普通学校,是有经验的优秀教师还是年轻的新教师,是经过准备的"公开课"还是平时的"家常课"等等;② 主题,即案例要有一个中心议题,想反映什么问题,是想说明怎样转变差生,还是强调怎样启发思维,或者是介绍如何组织小组讨论等,动笔前都要有一个比较明确的想法;③ 细节,即有了主题,写作时就不会有闻必录,而会对原始材料进行筛选,有针对性地交代特定的内容;④ 结果,即案例不仅要说明教育的思路、描述教育的过程,还要交代教育的结果,以加深对整个过程的内涵的了解;⑤ 评析,即对于案例所反映的主题和内容,包括教育教学的指导思想、过程、结果,对其利弊得失,研究者要有一定的看法和分析。评析是在记叙基础上的议论,可以进一步揭示事件的意义和价值。比如同样一名"差生"转化的事例,我们可以从教育学、心理学、社会学等不同的理论角度切入,揭示成功的原因和科学的规律。

三、案例及其分析

教学组织形式对缓解中学生政治课上"隐性逃课"的影响研究

张老师是一所普通中学的新老师,最近在给学生们教授政治课时发现学生们的上课热情一次不如一次,学生的课堂参与程度也比以前少了很多,上课的时候同学们虽然在"认真听",但是课堂气氛明显没有以前活跃。张老师根据自身的知识经验,认为引起这种现象的原因可能是:① 政治考试是开卷,学生上课自我感觉比较轻松;② 政治课是大课,有很多同学一起上,这样学生们觉得在干其他事情时不会被老师发现;③ 可能是自己的讲解方式比较单一,不足以引起学生持久的兴趣;④ 上课的内容比较枯燥,学生容易走神。

张老师通过查阅相关文献,了解到学生在政治课上的表现是一种"隐性逃课"现象,"隐性逃课"即学生在课堂教学活动过程中有意识地做出与教学无关或相关甚微的行为。接下来,张老师又对学生进行了观察、访谈,经过一系列的努力,张老师最终发现,导致学生在政治课上隐性逃课的主要原因是张老师的教学组织形式比较单一,不足以保持学生的兴趣。之后,张老师对自身的专业知识以及研究这种现象的一些客观条件作了综合的分析之后,他确定了所要研究的课题,即"教学组织形式对缓解中学生政治课上'隐性逃课'的影响研究"。

张老师在确定所要研究的课题后,开始采用不同的教学组织形式来缓解政治课上学生"隐性逃课"的现象,并且制订了相应的研究进度。具体地说,在"五一"过后改革自己的教学组织形式,由以前的讲解法变为学生之间的辩论赛,即5月4日~5月12日以学生间的辩论为主,5月14日对其进行课堂测评。但经过十天的研究,张老师发现这并没有引起学生的兴趣,"隐性逃课"现象依旧普遍存在。于是张老师决定更换这种教学方式,改为将学生分为小组,每个小组选择一个感兴趣的专题,然后在课堂上与其他小组分享自己小组的研究成果,张老师发现,这样做学生的兴趣提高了,"隐性逃课"现象也减少了很多。

通过这次研究张老师深深地体会到:作为一名教师,不仅仅要关注学生知识的提高,还要关注学生平时的行为习惯,因为这些不良的习惯可能间接地影响学生的学习成绩。同时,张老师也意识到在解决教育现象中的问题时要灵活,不要刻板地使用某一种方法,必要时多种方法可以综合应用。

简要分析:上述张老师的研究可谓是以教育案例的方式来呈现教育行动研究过程的典型案例。首先,张老师在上政治课的教学背景中发现问题,即发觉学生上课时参与程度明显减少,接着通过自身的经验,对这种现象进行原因的可能性分析,之后,又通过相对科学的方法——观察法、访谈法,来确定了出现"隐性逃课"现象的关键原因,并确定研究课题。其次,在细节方面,张老师通过制订研究的进度,以缓解"隐性逃课"现象,但在起初实施的过程中张老师采用第一种教学组织形式时并未达到预期效果,张老师反思后更换了教学组织形式,结果成功地缓解了政治课上"隐性逃课"现象。最后张老师针对该研究过程,又进一步谈了自己的心得体会,认为面对复杂的教育现象,教师要做个有心人,及时地发现问题、分析问题,以及解决问题,并在解决问题的过程中还要注意方法选择上的灵活性。

知识小窗 7-3

案例的三种结构:1. 先叙后议的教育案例;2. 先议后叙的教育案例;3. 边叙边议的教育案例,尤其以先叙后议的教育案例为多数。

优秀案例的特征:1. 短小精悍:教育案例一般以短小精悍为特征,案例的主要读者是教育工作者,而不是理论工作者,因此又长又大的案例一般教师往往一下子难以读完,也就难以理解,难以产生兴趣;2. 生动有趣:生动有趣主要取决于实例的选择和叙述,实例生动典型,叙述生动形象,整个案例就会引人入胜;3. 富有启发:教育案例的生命在于启发意义。实例生动也只是好玩,甚至让人感动;但是,教育案例不是文艺作品,教育案例需要启迪教育工作者。

第四节　教育行动研究的考察

由于教育教学实践的复杂性决定了教育行动研究必然要受到多种因素的影响,而且许多因素不可能事先确定和预测,更不可能全部控制。因此,需要研究者在行动过程中考察,不断发现,获得反馈意见,修改行动计划。教育行动研究中的考察,究其实质是搜集研究的资料、监察行动的全过程。总之,教育行动研究赋予考察以重要的地位,它不仅是对上一阶段实施过程的监督,也为下一阶段的反思提供重要的素材。本环节围绕"考察什么,怎么考察,以及谁来考察"展开,其主要涉及考察的内容、考察的方式以及考察的主体三个方面。

一、考察的内容

教育行动研究中的考察主要是对行动过程的考察,它是判断实施的效果是不是由方案带来的和怎样带来的。对教育行动研究过程的考察要全面,一般说来考察的内容主要包括以下四个方面:

1. 考察参与的人员

教育行动研究中的参与人员主要是教育行动研究中的研究者和研究对象。另外,为了克服研究者自身的偏见或能力上的不足,更清楚地揭露教育行动研究中的问题,也可以引入第三者的参与。在教育行动研究中,不同的参与人员扮演着不同的角色,并有其不同的分工。他们是否分工明确,各尽其职,如研究者是否积极主动地实施计划,发现问题时是否及时纠正;研究对象是积极参与还是应付式参与等,这些对教育行动研究活动能否顺利开展都有着重要的影响。

2. 考察实施的方式

问题的解决总是在一定的方式方法指导下完成的,教育行动研究也不例外。在教育行动研究中,需要考察研究者在实施过程中使用了哪些研究方法。因为不同的研究方法有不同的作用,从而产生不同的效果。只有通过认真细心的考察才能发现,哪些研究方法是有效的,哪些研究方法是无效的,如果方法有效的话,又体现在何处等等。对实施方式的考察,不仅有利于有效地解决当前问题,更对以后的相关研究有着重要的借鉴作用。

3. 考察使用的素材

对行动过程的考察,还需要对研究者使用的素材进行考察记录。所谓素材,狭义上讲,是指研究者使用的教材或称教学内容。广义上讲,除了教材外,素材还包括在解决问题的过程中研究者所引用的其他材料。在考察的过程中,不仅要考察所引用的素材与所要解决的问题的关系,即二者之间是并列关系、类属关系还是总括关系。还要考察所引用素材产生的实际效果,效果的体现方式,以及引用的各种素材优缺点等等。

4. 考察干扰的排除

教育行动研究,像其他研究方法一样,在实施过程中会受到多种因素的影响。因此,如何排除教育行动研究中各种不利因素的干扰,不仅仅是理论问题,更是操作过程中亟待解决的实际问题。教育行动研究中的干扰因素很多,如资料搜集问题。很多研究者不知如何有效地搜集相关资料,致使可利用的资源有限。有的研究者想通过网络查找相关文献,但是所在学校可能没有学术期刊资源库,这在一定程度上也限制了资料的搜集。另外,研究者的时间问题。由于研究者平时工作比较忙,有时即使自己制订了一个完善的教育行动研究计划,但在实施过程中没有充裕的时间,也会造成断断续续,无法顺利实施。某种程度上可以说,每一个干扰因素的排除,都意味着向问题的解决迈近了一大步。因此,在教育行动研究中,需要考察研究者在实施过程中是如何排除干扰因素,如何处理意外的情况,只有这样,才能确保研究的顺利开展。

二、考察的方式

教育行动研究中,考察的方式要灵活、有效。从方法上讲,可根据具体情况选用一种方法或几种方法合用。从类型上看,可选用结构性考察与非结构性考察,前者要求有预先设计好的较为严密的计划和程序,后者则无此严格要求。

1. 单一法考察

在教育行动研究中,根据解决问题的需要,研究者可以采用单一的方法对行动过程进行考察,例如观察法、调查法、问卷法、访谈法、文献分析法、日志法等等。这几种方法在前面几章都有详细的描述,这里仅补充说明另外一种方法:三角互证法。三角互证法就是从多个角度或立场来搜集行动研究中有关情况的观察和解释,并对它们进行比较。它要求研究者不仅要用不同的技术去研究同一个问题,还应该从不同的角度,让不同的人去分析、评价同一现象、问题或方案,这些人观点的一致性和差异性对教育行动研究的结果都极为重要。

在使用单一法时,研究者需要熟知每种研究方法的优缺点及其实施时的注意事项,只有这样,才能在遇到问题时选用合适的方法加以解决。

2. 综合法考察

在教育行动研究中,研究者在考察的方法上也可以综合应用几种方法。例如,为了问卷设计更加有效,事先可以采用调查法和访谈法搜集相关资料。与单一法相比,在教育行动研究中更多的是使用综合法。同样,综合法的使用,是建立在研究者对各种方法充分理解的基础上,然后根据实际需要,加以综合应用。综合法的优点是使得行动研究更为灵活,但是也会导致一些因方法混用而出现的一些问题。

另外,研究者还可以运用现代化的记录观察手段,对整个研究实地进行多方位的录音录像。这种方式的优点在于便于研究者准确地、反复地观察,但其不足是需要相应的设备,研究费用较高。

3. 结构性考察

结构性考察是指在考察的过程中,有详细的考察计划、明确的考察指标体系以及有系统的一种可控制考察。考察者需要事先设计好考察的内容和项目,制订出有关观察表格,并在实际考察活动中严格按照其进行观察记录。它的特点是目的性、计划性、系统性比较强。教育行动研究中应用结构性考察法一般包括四个方面:① 拟订考察提纲;② 确定考察总体范围;③ 确定具体的考察对象;④ 制订出标准化的观察记录卡片。考察者按照这四个方面预先作好观察设计,就会使观察结果精确化、数量化程度大大提高。

4. 非结构性考察

与结构性考察相对,非结构性考察没有事先规划好的、严格的考察步骤,一般依据行动发生、发展、变化的过程所进行的自然观察,多采用参与观察的方式进行。非结构性考察是对观察的具体内容、观察的进程、步骤等不作严密的设计,记录也不采用标准化方式的一种考察方法。其观察的结果也不具有统一的形式,观察所得到的资料通常一般进行定性分析。非结构性考察的目的只限于对研究课题的一般性了解,不需要对考察对象进行精确的测量。它一般作为其他研究方法的辅助手段,主要应用于教育行动研究的早期阶段。

三、考察的主体

教育行动研究中的考察是指研究者借助于各种有效手段搜集研究的资料,大致地了解研究的全过程。这种考察可以由研究者本人进行记录,也可以从他人视角来考察。如果想得到更为客观深刻的认识,应该将自我考察与他人考察结合起来。

1. 研究者

在教育行动研究中,研究者是优先选择的考察主体。这种方式的优点是充分利用研究者对研究问题的熟悉度、敏感性,从而有利于及时地发现问题和解决问题。其缺点是研究者在研究过程中往往会带有某些偏见,仅仅考察符合自己研究需要的内容,而忽视其他相关信息,从而容易造成重要信息的缺失。

2. 研究对象

研究者可委托一个或几个研究对象对正在进行的教育行动研究进行观察和记录。这种方式的优点在于可以消除因第三者出现在研究现场而带来的负效应,但其也有不足。首先,受知识经验的影响,使得研究对象对环境等方面的情况的理解可能与研究者的想法相去甚远,会导致记录的结果可能会出现一定的偏差。其次,研究对象本身是被观察者,当他变成观察者时,他的一些言行举止也会发生相应的变化,这对教育行动研究的结果也会有一定影响。

3. 第三者

研究者可邀请自己的同事或相关领域的专业研究人员来帮助观察和记录正在实施的行动计划。这种方式的优点是易于发现研究中出现的新问题,也易于促进研究者与专业研究人员的相互交流与合作。但其不足之处是由于每个人的知识经验的不同,导致对同一事物的看法出现一些偏差,那么研究者在整理资料时很可能会不明白第三者要表达的意思,从而对行动研究的进程有一定的影响。另外,研究环境中出现的第三者本身也会影响教育行动研究的效果。

四、案例及其分析

课堂考察记录

实施背景:一位实习教师在一所中学给初中一年级某班 45 名学生上英语课,使用的是人教社初中英语第一册教材。最近发现课堂上学生表现比较被动,大部分学生参加课堂活动积极性不高,与学校所期待的要求相距甚远。因此,决定围绕"初中生英语课堂教学中,如何培养学生的自信心"为课题在该班展开行动研究。并邀请经验丰富的年级组组长参与观察记录,以下是该年级组组长的部分考察记录内容:

时间:2011 年 3 月 9 日　星期三

考察对象:初中一年级某班 45 名学生

考察内容:

1. 考察教师的教,主要涉及教师的教学准备是否充足、教学态度是否认真、教学方法是否得当、意外情况如何排除等。

2. 考察学生的学,主要涉及学生是否认真听课、是否有积极回答问题的欲望、是否听明白讲的内容、是否对上课内容感兴趣、是否善于发现和提出问题等。

考察方式:综合应用访谈法、问卷法和结构性考察法

表 7-2 对学生结构性考察的表格

观察内容	评价方式		
	好	一般	较差
是否对本节课的学习充满兴趣			
是否能集中注意力,认真参与学习活动			
是否能积极参与操作活动			
是否善于发现和提出问题			
对老师提出的问题反应是否迅速			
是否能积极发言			
是否能认真倾听别人的发言,并及时完善自己的认识			
是否能正确解答课堂习题			

考察记录:

在上课过程中,我观察到该任课教师准备相对充足,在教英语单词时,主要采用传统的教学法,侧重于知识的记忆。在教学过程中,为了让学生能接受即将学习的新内容,首先讲了与之相关的中文语境。为了让学生乐于接受新内容,适时地使用情感调节策略。学生上课大多数能集中注意力,认真听讲,但是他们参与学习活动的积极性不高。他们有时会表现出不是很理解,紧锁眉头。有些学生想举手回答问题,但似乎又有些胆怯,举了下手马上就放下,表现很不自信。有一次班级一个同学匆匆举起了手,随即想放下,正好被任课老师看到,该任课老师马上点了他的名字,他很意外,怯生生地站起来,轻声地回答问题。该任课老师不仅没有表现出不耐烦,催他快点回答问题,相反,不停地暗示他可以慢点回答,边想边回答,并试着用鼓励性的话语让他大声说出来,结果该同学的想法和答案基本吻合。老师听完后,再次对其积极参与回答的行为加以赞赏。

课后,我先采用访谈法,咨询了一些同学不主动回答问题的原因,尽管回答有所差异,但主要涉及以下几个原因:① 学生担心答错了丢面子;② 学生不会用英语回答问题;③ 长期养成的学习习惯使他们不积极参与。随后,我又采用问卷法加以调查,调查结果如下:① 大多数学生表示对英语授课感觉不难(93%);② 在自我评价中,仅有 5 位同学认为自己能比较主动地参与课堂活动,与我们所观察和感觉到的比较一致,占全班人数 10.4%;③ 根据调查,有 2 位同学表示他们不主动回答问题是因为听不懂;④ 半数以上的学生表示他们不主动回答问题是因为学生平时缺乏锻炼、胆量小、性格软弱,怕同学笑话。

最终将考察的结果反馈给该任课教师,为该教师进一步研究提供了重要的参考。

(初一年级组组长)

简要分析:上述案例是一个相对典型的考察记录的案例。在考察的内容方面,考察参与的人员既有教师,也有学生。在考察的方式方面,根据授课内容的不同,不仅记录了教师应用的传统教学法,还记录了教师应用的以情优教法。在使用的素材方面,通过中文语境来促进学生对所受英语知识的理解。另外,面对想回答问题,但又不是很自信的学生,能够及时地发现,并应用鼓励、表扬等多种方法加以引导,最终收到良好的效果。在考察的方式方面,不仅在行动过程中使用了结构性考察法,在课后还使用访谈法和问卷调查法。本案例中考察的主体很明显,就是该任课教师邀请的年级组组长。最终年级组组长将考察的结果还反馈给该任课教师,为该教师进一步研究提供了重要的参考。

第五节 教育行动研究的反思

教育行动研究中的反思就是对研究过程中提出的问题、制订的计划、实施的效果作出客观、全面的评价。对有关现象和原因作出深入的分析和解释,找出计划与结果的不一致之处,从而形成下一步行动计划是否需要修正,需要哪些修正的判断和构想。因此,它既是教育行动研究第一个循环的结束,也意味着新的教育行动研究循环的开始。根据效果评估结果,若问题已得到解决,则及时总结经验;若问题未得到完全解决,则通过反思,修改计划,提出更加有效的解决方案;若在研究中发现新问题,则同样需要再次"计划—行动观察—反思",启动新一轮的教育行动研究。这个"反思"的过程实质上是让一线教师逐渐成为研究主体,成为连续不断探索的研究者,把学校教学改革研究持续下去,使教学研究成为教师的职业生活状态。正是在一次次"问题—计划—行动观察—反思"的循环往复中,教育者寻求到解决问题的方法,并实现专业化成长。

一、反思对教育行动研究者的重要意义

1. 有利于增强教育者的责任感

一般来说,缺乏责任感的教师,除非因教学上的失误或迫于外界压力,否则不会自觉反思自己的教学行为。而教育行动研究中的反思环节,要求教师自觉地在教前、教中、教后严谨地审视自己的教学行为,改进自己的教学实践,从而有利于提高教师的教育责任感。

2. 有利于增强教育者的成就感

反思是以解决现实问题为基本点,在具体操作中,实施者可以根据自身情况有针对性地提高自己的薄弱环节,也可以从各方面的训练中总体提高自己。实施反思环节,一方面要面面俱到,另一方面可以在某次具体操作中更侧重哪个环节的训练,从各个环节的提高

从而使教师整体素质得以提高。比如在某一次反思性备课中,可以专门训练导入这个环节,课前设计几种不同的导入方式,根据学生反应和教学效果加以鉴定,比较哪种导入更适合哪种类型的课程。这种方式使教师水平的提高落实到某个具体的环节上,既有实效性,又增加了教师的成就感。

3. 有利于增强教育者的专业技能

学会学习早已为人们熟悉,而反思环节强调教师要学会教育,即要求教师把教育过程作为"学习教育"的过程。既要求教师在教育中解决问题,又要求教师在教育中学会教育。在不断尝试"探索性教育"过程中,教师对教育有了自觉的意识,对教育活动的自我评价的习惯和能力不断提高,对教育过程进行修正和控制的方法和技能也相应提高,从而增强教师的专业技能。

二、教育行动研究中反思的基本要素

教育行动研究中反思的内容主要包括:反思研究的问题;反思制订的计划;反思实施的行动三个方面。

1. 反思研究的问题

教育行动研究是针对问题而实施的。因此,在反思的环节上,教师首先需要针对最初的问题具体地展开反思。通常的提问方式是:我是否解决了最初的问题? 或在多大程度上解决了最初问题? 还有哪些问题需要在下一步计划中得到解决等。

2. 反思制订的计划

教师的行动实践是在研究计划的指导下展开的。结合研究计划来进行反思具有两个方面的作用:一是有助于考察原有计划的合理性,二是有助于完善下一步的研究计划。具体地说,反思的内容主要包括:计划的实施是否顺利? 教育过程中是否有所改变? 改变计划的原因和方法是否有效? 研究进度、人员分工、资料的搜集和研究设计等是否恰当?

3. 反思实施的行动

在行动研究中,反思都是研究者的反思,是教师对自身行动实践的反观。主要反思预期的目标是否得以解决,非预期的事件是否有效解决。事实上,从参与者的角度看,实施效果的评判主要来自三方面:① 教师,即研究是否发展了教师的专业知识和能力,加深了教师对实践的理解;② 学生,即研究是否促进了学生对知识的习得、学习方法的掌握和良好学习习惯的养成;③ 第三者,一个好的行动研究,一定程度上具有典型性,如果在第三方看来,研究具有一定的迁移价值,那么这样的教育行动研究算是比较成功的研究。

> **学术研究 7-2　　　　反思环节的主要工作**
>
> 　　将反思放在教育行动研究后期提及,并不意味着反思只是在行动研究的后期进行。实际上,反思是推动行动研究不断深化的重要机制,它浸透于行动研究的全过程。在行动研究后期的反思工作主要包括以下内容。
>
> 　　1. 归纳、整理和描述工作。这部分工作主要是教师对已经观察和感受到的、与制订计划和实施计划有关的活动与各种现象进行归纳整理,对行动研究的过程进行系统描述,将获得的数据进行量化分析,必要时可用统计方法对数据进行处理。在此基础上,教师对照行动方案,主动检查教育教学改进的成效与存在的不足,总结行动研究的得失,并根据问题的情境、行动的步骤等撰写研究报告。
>
> 　　2. 评估与解释工作。主要是对行动研究的过程和结果进行判断和评价,对有关现象与原因进行分析解释。如有必要,可提出下一步行动研究的基本设想或建议。由于教育实践问题的复杂性,教育行动研究对问题的解决常常不是直线推进或一次完成的,而是一个从计划、行动、观察、反思到新一轮计划、行动、观察、反思直至问题解决的螺旋式发展的过程。这个过程,使行动研究区别于教师在日常工作中基于零碎或偶然思考的随意的问题解决,也不同于一般的"经验总结"活动或简单的、零散的、短期的"反思性教学"行为。行动研究是对行动中的问题的系统而持续的探究直至问题解决的活动,是一种有效的专业化的创造性工作方式。
>
> (荆雁凌,2008)

三、案例及其分析

　　北京某普通中学初一数学教师为提高班上学生中差等生的数学成绩,决定从作业入手,确定的研究课题是"采用评分加评语的批改作业方式,激励学生做好数学作业"。实施一两个月后,效果果然明显。全班学生不但人人按时完成作业,而且还涌现出一些超前自学、超前完成作业的典型。然而,随着时间的推移,个别受到评语表扬的学生出现反复,作业时好时坏,无故不做作业时有发生。这个新情况引起了他的反思,是什么原因使这些学生的作业行为出现了反复?是批改作业方式的问题,还是其他更深层次问题?经过多方了解,老师发现这些学生的最大问题是学习缺乏积极的动力,学习态度、习惯及自控能力差。于是他决定在继续改革作业批改方式的同时,开展情感教育的研究。为此,确立了"培养学生良好学习习惯,提高自控能力,促进学生主动学习数学"的新课题,将研究向前推进了一步。(陶文中,1997)

　　简要分析:从案例中可以看出,该教师在做行动研究时,一方面有自己的行动计划,知道用什么样的教学策略来激励学生学好数学,并且效果显著。另一方面,随着时间的推移,发现原有的教学措施并不像当初有效时,又积极地思考,及时地调整方案,确立了"培养学生良好学习习惯,提高自控能力,促进学生主动学习数学"的新课题,将研究向前推进。这不仅体现了教育行动研究中边行动边研究的特征,也体现了研究者在反思中不断地改进自己的研究课题,最终有效地促进问题的解决。

> **实践探索 7-1 教育行动研究在优化教学策略中的实施过程**
>
> 以下用一位农村高中语文教师的例子,来说明教育行动研究在优化教学策略中的实施过程。这位老师发现,在新课程环境下语文课本翻了一倍,课堂容量增大,有预习习惯的学生也许能够接受,但对大部分不会预习的学生来说,上课犹如走马观花,很多学生只能被动接受、不发表自己的意见,更别说成为课堂的主体了。经过分析发现,这可能与学生缺乏课文背景知识有关,进而将问题界定为"如何促进学生有效预习",并制订《李逵负荆》一课预习提纲。到此完成第一个环节"计划"。随后,这位教师将预习提纲在前一天晚自习时口头布置给学生,要求学生① 根据提纲查阅资料了解《水浒传》作者与主题内容;② 阅读课文解决生字词、理清文章思路;③ 在文中划出与李逵形象有关的字句、对李逵形象进行初步感知;④ 读一读鲁达、武松的故事,将本文的主人公换成他们,进行故事改编,写在练习本上。经过这一设计,课堂上学生的反应虽有所改善,但仍显拘谨,并未完全达到预期教学目标。接下来,这位教师通过自我反思与教研组研讨,认为预习提纲的内容设计与教学设计契合很好、难度也适中,问题可能出在布置预习任务的时间与呈现方式上。布置预习任务与课程教学时间间隔短,学生很难充分准备,而且口头布置的效果不如书面形式提供预习任务效果好。改进方案后,教学效果大为改善,问题得到解决。然而研究并未结束,新的研究论题随之涌现。例如,如何结合不同教学内容、不同学生特点设计预习提纲,如何结合学生现有水平提供差异化预习提纲,如何确保每位学生从预习中获益等。在这个过程中,教师不仅探索获得契合教学内容、学生以及自身特点的教学策略,更在行动中成长,提高教学水平,实现专业化成长。
>
> (曲苒,2011)

让我们回到本章开始提到的那个案例。我们不难发现王老师使用的教育研究方法属于教育行动研究法。教育行动研究作为一种独特的教育研究方法,它有其自身的内涵、特征、类型、模型及其适用的范围。另外,在操作上,也有别于其他教育研究方法。首先,需要确定研究的问题。例如,案例中王老师从日常的学校生活中发现某同学经常打人或扰乱别人活动的现象,然后主动地对该同学打架背后的原因进行探析,从而明确问题,即涉及学生的攻击性问题。其次,需要制订详细的研究计划。例如,王老师研究过程确定为 20 天,分成 4 个阶段,每个阶段为期 5 天。同时,将单位时间内攻击性行为的频数作为判断攻击性行动程度的指标等等。随后,采取行动并实施计划。案例中王老师通过"自然观察—实验处理—自然观察—实验处理"四个阶段的实施,并对其进行了详细的观察和记录,王老师发现通过奖赏确实能有效降低学生的攻击性行为。最后，还需要反思改进。案例中王老师通过反思，在教育过程中不断地改进自己的操作方法，如将奖赏与相关的正面教育相结合，进一步提高了解决攻击性问题的效率。这样，整个研究过程真正体现了"在行动中研究，在研究中行为"的教育行动研究的理念。

本章小结

- 教育行动研究是指人们在教育实践的情境中进行的，旨在解决实际发生问题的，边探索边实践的研究方法。
- 教育行动研究的特征有：探索性、问题性、兼容性。
- 教育行动研究的类型有三种：独立式教育行动研究、支持式教育行动研究和协同式教育行动研究。
- 教育行动研究中制订计划的基本内容包括：确定课题名称、提出研究假设、设定研究变量、选择研究方法、安排研究进度、落实人员分工、拟定成果表达七个方面。其一般要求是计划要具有：可行性、层次性、开放性。
- 教育行动研究在实施过程中应坚持的三大原则是：实践性原则、指导性原则以及弹性原则。
- 在教育行动研究的过程中或告一段落后，需要对教育行动研究的过程进行记录或描述，其常见的表达方式主要有研究日志、教育叙事和教育案例。
- 教育行动研究中的考察环节，不仅是对上一阶段实施过程的监督，也为下一阶段的反思提供重要的信息。考察内容包括参与的人员、实施的方式、使用的素材、干扰的排除等。考察的方式有：单一法考察、综合法考察、结构式考察和非结构式考察。考察的主体是研究者、研究对象和第三者。
- 反思对教育行动研究者有着极其重要的意义：有利于增强教育者的责任感、成就感和专业技能。教育行动研究中的反思由三个基本要素构成：反思研究的问题、反思制订的计划和反思实施的行动。

思考题

- 什么是教育行动研究？教育行动研究的基本特征是什么？教育行动研究可以划分出哪些不同的分类？

- 教育行动研究中选题的特色是什么？常见的来源有哪些？
- 教育行动研究中计划的基本内容有哪些？其一般要求是什么？
- 教育行动研究实施过程中的记录方式有哪些？
- 反思对教育行动研究者的重要意义有哪些？
- 教育行动研究中反思的基本要素是什么？

问题探索

- 从网上搜索一篇有关基础教育方面的教育研究报告，运用本章所讲的知识，试着对该研究报告进行点评，写一篇500字的短评文章。
- 结合自己的专业和书上的有关内容，写一份完整的教育行动研究计划方案。

第八章 教育科学研究资料分析
——数据描述

---- **本章细目** ----

本章要点
第一节 集中趋势
一、平均数、中数、众数
1. 平均数
2. 中数
3. 众数
二、平均数、中数与众数三者的关系

第二节 离散趋势
一、方差和标准差
1. 方差和标准差的计算
2. 方差和标准差的特性
二、四分位差
1. 四分位差的计算
2. 四分位差的特性

第三节 标准分数
一、标准分数的概念与计算
1. 标准分数的概念
2. 标准分数的计算
二、标准分数的性质与优点
1. 标准分数的性质
2. 标准分数的优点
三、标准分数的应用
1. 不同质的观测量在团体中的位置比较
2. 不同质的观测量的总和与平均值的计算

第四节 相关分析
一、相关的概念与相关系数
1. 相关的概念
2. 相关系数
二、相关的种类
1. 完全相关、不完全相关和无相关
2. 正相关和负相关
3. 直线相关和曲线相关
4. 单相关和复相关
三、相关系数的计算

1. 积差相关法
2. 等级相关法
3. 点二列相关法

第五节 SPSS 在描述统计中的应用
一、SPSS 在集中趋势与离散趋势统计中的应用
1. 整群数据描述统计
2. 分类数据描述统计
二、SPSS 在标准分数统计中的应用
三、SPSS 在相关系数统计中的应用
1. 散点图
2. 简单相关分析操作

本章小结
思考题
问题探索

本章要点

■ 数据分析中常用的集中量
■ 数据分析中常用的离散量
■ 如何看待平均数的代表性
■ 如何用 SPSS 软件实现描述统计

> **想试着回答一下吗……**
>
> - 描述一个班级的成绩为什么经常使用平均数,若两个班级的平均分是一样的,那么它们还有别的区别吗?
> - 不同学科,依据平均分高低来发奖金,你认为公平吗?
> - 有两个班级,考试平均分都是 80 分,但是一个班级都是成绩中等的学生,另一个班级既有优秀的学生,也有学习困难的学生,对于一个新老师来说,应该选择任教哪一个班级呢,两个班级的任教难度是一样的吗?
> - 你认为数学成绩好的同学与语文成绩好的同学比较,哪位同学物理成绩有可能更好呢? 也就是说数学成绩与物理成绩的关系更密切还是语文成绩与物理成绩的关系更密切呢? 如何衡量关系的密切程度呢?

　　一所初中学校的校长根据语、数、外各科教学改革实验后升学考试的平均分来发奖金,平均分高的科目奖金就高。数学看来平均分数最高,136 分,所以数学教师每人获得奖金 3 000 元;英语平均分数是 126 分,所以英语教师每人获得奖金 2 000 元;语文的平均分数是 119 分,于是语文教师每人仅获得奖金 1 000 元。张老师和李老师分别是教英语和语文的,他们觉得校长的做法不公平,可是又说不出问题在哪里。那么校长如此制订奖励标准究竟合理吗?
　　学完本章以后,你能帮助张老师和李老师解决这一问题吗?

　　对某一教育活动或教育现象进行实证研究后获得的数据要经过必要的统计处理才能科学地说明问题。统计处理数据的第一个基本问题就是描述数据特征。本章将从集中趋势、离散趋势以及相关系数入手,系统介绍如何使用实证研究中获得的数据来分析出数据的概貌和科学的含义。

多年来,数据统计分析一直让人望而生畏,现在有了界面友好的、操作便捷的统计分析软件。这使得数据的统计分析已经成为一件人人可以信手拈来的工作。本章选择使用面最广的社会科学统计软件 SPSS 为工具,详细介绍如何用它来轻松地实现对数据的统计分析。

第一节 集中趋势

集中趋势是指一组数据中的大量数据向某一点集中的程度。描述数据集中程度的统计量主要有三个,那就是平均数、中数、众数。为了更好地了解这些集中趋势统计量,我们先从一个问题说起。

张校长问李老师:"你班这次期末考试的成绩如何?"李老师班级的成绩单如表 8-1 所示,他(她)会怎么回答校长的提问呢?

表 8-1 某校初三(一)班成绩表(部分)

学号	姓名	性别	语文期中	语文期末	英语期中	英语期末	数学期中	数学期末
1	周云	1	89.5	96.0	95.0	96.0	90.5	88.0
2	杨丽	2	92.0	95.0	97.0	95.0	90.0	93.0
3	杨红	1	91.0	87.0	96.0	94.0	78.5	79.0
4	张清	1	78.0	84.5	94.0	96.0	86.0	89.0
5	王凯	1	87.5	88.5	92.5	98.0	80.0	57.0
6	朱军	1	92.5	94.5	90.5	94.0	86.0	83.0
7	张丽	2	79.0	91.5	85.0	87.0	78.0	74.0
8	龚敏	2	67.0	93.0	86.0	89.0	81.5	87.0
9	王元	1	64.5	87.5	82.5	86.0	91.0	79.0
10	徐雨	1	83.0	97.0	93.5	94.0	87.5	80.0
11	袁佳	2	79.5	93.0	88.0	85.0	84.0	73.0
12	刘烨	1	76.5	90.5	89.5	94.0	62.0	60.0

李老师会不会说:"1 号周云同学的成绩是语文 89.5 分,英语 96 分,数学 88 分;2 号杨丽同学……",如此依次而下,报完 50 名学生的各门科目的分数? 显然不可能,因为校长没有时间听这样的报告,即使听了也不能了解班级的整体情况。

李老师也有可能说:"我们班级的语文成绩平均是 76 分,英语平均是 92 分,数学平均是 85 分。"这样的报告是否让校长明白了这个班级的情况呢?

再有,李老师报告完之后,王老师也说:"我们班级的数学平均分数也是 85 分。"这时张校长能否认为两个班级的数学考试成绩是完全一样的呢?

李老师需要几个统计值,简单明了地报告他(她)班级学生的各科成绩的概貌。统计值有很多种,集中量常用的有平均数、中数和众数。我们从平均数开始,详细地讲解这些问题。

一、平均数、中数、众数

1. 平均数

平均数有好几种,这里讲的是"算数平均数"(arithmetic average),也就是你在小学里就会计算的平均数,它可以简称为均数(average)、均值(mean),一般用字母 M 表示。

假设变量 X 有 30 个数据,即 $N=30$,分别是 $X_1=81, X_2=79, X_3=93, \cdots\cdots, X_{29}=93, X_{30}=80$,那么变量 X 的平均数就是 $\overline{X}$(读作 X 巴)。下面是算术平均数的公式:

$$\overline{X} = \frac{\sum X_i}{N} = \frac{81+79+93+\cdots\cdots+69+80}{30}$$

算数平均数是最常用的一种集中量数。它的特点是:① 所有的数据都参与计算,例如在上例,一共有 30 个数据,就把这 30 个数据连加起来;② 公平对待每一个数据,算数平均数反应灵敏,例如上例,你只要变动一个数据的数值,$\overline{X}$ 的值就会发生变化。那么,是不是在任何情况下,算术平均数都是最好的呢?仅有平均数是否足以了解一组数据的全貌了呢?

假设一个班级进行体育测验,项目是 1 500 米长跑。有两位女同学因身体原因而中途退场,另有一位男生摔了一跤,中间停了五分钟,五分钟之后他缓过来坚持跑到终点。那么这个班级体育成绩的集中趋势如何表示?仍然用平均数吗?不行,因为有一个极端数,也就是最后一名男生,他比别人多花了中途休息的时间,于是他的数值异常大,很可能严重影响平均数对全体数据的代表性。还有,那两位退场的女生,也是班级成员,她们的数据缺失了,如何处理?

在出现极端值和缺失值的时候,平均数就显得不那么令人满意了。还需要别的统计量参与表达一组数据的集中趋势。

2. 中数

中数(median)又称中点数、中位数、中值,符号为 Md。中数是一组从小到大排序或从大到小排序的数据里位于中间的那个数值。于是在这组数据中,有一半的数据比中数大,有一半的数据比中数小。中数是集中量数的一种,心理与教育研究工作中经常应用它。

中数或许能直接从数据集里找到,也可能直接找不到,需要根据中数的原理计算出来。我们介绍两种手工计算方法,目的是帮助大家明白原理,其他情况的计算可以通过 SPSS 统计分析软件来实现,又快又好。

① 数据的个数为奇数时,中数就是排序在中间的那个数,即第 $\frac{N+1}{2}$ 位置的那个数。

【例 8-1】求数列 4,6,7,8,12 的中数。

解:$N=5$,$\frac{5+1}{2}=3$,排在第 3 的数据为 7,故 $Md=7$。

② 数据的个数为偶数时,中数为最中间的两个数的平均数,也就是第 $\frac{N}{2}$ 与第 $\frac{N}{2}+1$ 位置的两个数据相加除以 2。

【例 8-2】有 2、3、5、7、8、10、15、19 共计 8 个数,求其中数。

解:数列中第 $\frac{N}{2}$ 位置的数是 7,处于第 $\frac{N}{2}+1$ 位置的数是 8,故 $Md=\frac{7+8}{2}=7.5$。

中数的优点是:计算简单,容易理解。不足之处是:① 中数的计算不是每个数据都加入,其大小不受制于全体数据;② 反应不够灵敏,中数受抽样影响较大,不如平均数稳定;③ 无统一的中数计算表达式,不易做代数运算,等等。因此,在一般情况下,中数不被普遍应用,但是它和平均数和众数的相对大小将作为我们判断数据分布形态的依据。

但在一些特殊情况下,它的应用受到重视。这些特殊情况是:① 当一组观测结果中出现两个极端数据时,因为求中数不受极大值与极小值的影响,而决定中数的关键是居中的那个或那两个数据的数值大小,这种情况下中数就被关注了;② 当频数分布的两端数据或个别数据不清楚时,只能取中数作为集中趋势的代表值。在心理与教育实验中,经常会出现个别被试不能坚持继续进行实验这一现象,有时只知道个别被试的观测结果是在分布的哪一端,但具体数值不清楚,这种情况下就只能取中数,而不能计算平均数;③ 当需要快速估计一组数据的代表值时,也常用中数。

3. 众数

众数(mode),又称为范数,常用符号 Mo 表示。众数是指在频数分布中出现次数最多的那个数。它也是一种集中量数,也可用来代表一组数据的集中趋势。

一般情况下,用直接观察的方法就可以获得一组数据的众数。例如有一组数据为 2、3、5、3、4、3、6,其中 3 的出现次数最多,因此 3 就是众数。

众数的概念简单明了,容易理解,计算时不需要每一个数据都加入,因而较少受极端数目的影响。但它不稳定,有时甚至不易确定,如有几个数出现的次数一样多,反应不够灵敏。用观察法得到的众数,不是经过严格计算获得的,众数不能作进一步代数运算。总个数乘以众数,也与数据的总和不相等。由此可见,众数不是一个优良的集中量数,应用也不广泛。

在下述情况下,则会经常应用众数:① 当需要快速而粗略地寻求一组数据的代表值时;② 当一组数据出现不同质的情况时,可用众数表示典型情况,如工资收入、学生成绩等常以次数最多者为代表值;③ 当频数分布中有极端的数据时,除了一般用中数外,有时也用众数;④ 当粗略估计频数分布的形态时,有时用平均数与众数之差,作为表示频数分布是否偏态的指标。另外,当一组数据中同时有两个数值的次数都比较多时,即频数分布中出现双众数(bimodal)时,也多用众数来表示数据分布形态。

二、平均数、中数与众数三者的关系

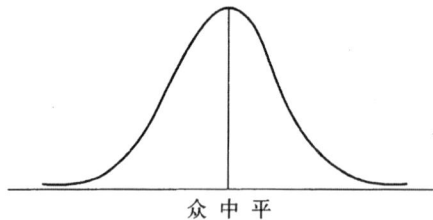

图 8-1 在正态分布中三个集中量数重合

平均数、中数、众数是三个最常用的集中量数,通常情况下,三个统计量联合使用,可以帮助我们判断一组数据的分布形态。在一个正态分布中,平均数、中数、众数三者相等,因此在数轴上三个集中量完全重合,在描述这种频数分布时,只需报告平均数即可。在正偏态分布中:平均数＞中数＞众数;在负偏态分布中:平均数＜中数＜众数,见图 8-1、图 8-2、图 8-3。

在教育学和心理学领域,一般可以认为,人的很多生理和心理学特征是正态分布的,比如身高、智商等。

一般情况下,一个企业内的人员工资,基本是正偏态分布,少数人高工资,拉高了平均数,导致平均数大于众数。

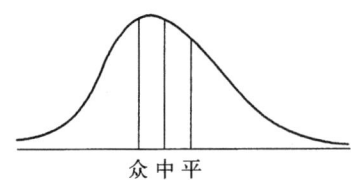 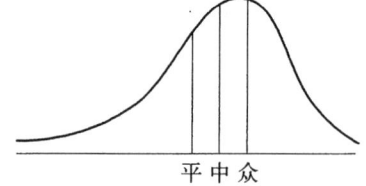

图 8-2 在正偏态分布中三个集中量数的相对关系　　图 8-3 在负偏态分布中三个集中量数的相对关系

一般情况下,一个大型的学业水平考试,总分是负偏态分布的,少数极低分的考生拉低了平均数,导致平均数低于众数。

由此可见,如果我们同时获取了平均数、中数、众数,我们就掌握了数据的分布形态。

第二节 离散趋势

一组数据,不仅有集中性特征,还有离散程度特征。离散量数是表示一组数据离散程度的指标。为什么有了集中量数描述一组数据的典型特征后,还需要离散量数?

表8-2是小组学生的语文成绩。假如你是一个新来的教师,你愿意选择哪个小组去教学?

表8-2 某校两个小组学生语文成绩

学 号	1	2	3	4	5	平均数
第一组	20	40	60	80	100	60
第二组	40	50	60	70	80	60

这两个小组成绩参差不齐,但是平均分都是60分。当我们说:"这两个小组的平均分都是60分"这句话时,"60"这个值对第一组和第二组的代表性是不一样的,对第一组的代表性弱一些,对第二组的代表性强一些,因为,"60分"这个分数与第二组的每个成员的分数差异小,与第一组每个成员的分数差异大。

面对这两个组的学生,需要的教学策略是完全不一样的,第一组的学生水平差异很大,教这个班级教师要照顾到两头,很费心。但是,这个班级更可能出优秀生,若按照及格率衡量,更有优势。第二组的学生,水平更趋于一致,教学时省心一些,但是优秀生少。可见,仅仅有平均数,还不足以完整地了解一组数据的分布特征。离散程度如图8-4所示。

常用的离散量数有标准差、方差、四分位差、全距等。

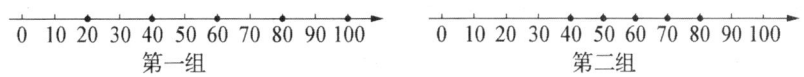

图8-4 第一组与第二组的离散程度比较

一、方差和标准差

1. 方差和标准差的计算

如果用每一个原始数据减去平均数,这就产生离均差,对每个离均差平方,把平方后的离均差相加起来,就得到了离均差的平方和,即 $\sum(X-\bar{X})^2$。用这个平方和再除以数据的总个数,得到的值就是方差。其基本公式表示如下:

$$S^2 = \frac{\sum(X-\overline{X})^2}{N} = \frac{\sum x^2}{N} \qquad (8-1)$$

方差(variance)，也称变异数、均方。作为样本统计量，用符号 S^2 表示，作为总体参数，用符号 σ^2 表示。它是每个数据与该组数据平均数之差平方后的均值，即离均差平方和的平均数。方差是度量数据分散程度的一个很重要的统计量。

样本标准差(standard deviation)，即方差的平方根，用 S 或 SD 表示，总体的标准差用 σ 表示。方差与标准差是最常用的描述离散程度的差异量数。本章只是讨论样本数据，故方差的符号用 S^2，标准差的符号用 S。计算标准差的基本公式如下：

$$S = \sqrt{S^2} = \sqrt{\frac{\sum x^2}{N}} \qquad (8-2)$$

【例 8-3】计算 6、5、7、4、6、8 这一组数据的方差和标准差。

解：已知 $X_1=6, X_2=5, X_3=7, X_4=4, X_5=6, X_6=8, N=6$

求平均数：$\overline{X} = \dfrac{\sum X_i}{N} = 6$

求离均差的平方和：

$$\begin{aligned}\sum x^2 &= (X_1-\overline{X})^2+(X_2-\overline{X})^2+(X_3-\overline{X})^2+(X_4-\overline{X})^2+(X_5-\overline{X})^2+(X_6-\overline{X})^2\\ &=(6-6)^2+(5-6)^2+(7-6)^2+(4-6)^2+(6-6)^2+(8-6)^2\\ &=(0)^2+(-1)^2+(1)^2+(-2)^2+(0)^2+(2)^2\\ &=10\end{aligned}$$

将 $\sum x^2$、N，代入公式 8-1 得：

$$S^2 = \frac{\sum x^2}{N} = \frac{10}{6} = 1.67$$

$$S = \sqrt{S^2} = \sqrt{1.67} = 1.29$$

2. 方差和标准差的特性

(1) 性质

方差是对一组数据中各种变异量的总和的测量，具有可加性和可分解性特点。统计实践中经常利用方差的可加性去分解和确定属于不同来源的变异量(如组内、组间等)，并进一步说明各种变异量对总结果的影响，是以后统计推论中最常用的统计特征量。

(2) 意义

方差与标准差是表示一组数据离散程度的最好指标。其值越大，说明离散程度越大，该组数据较分散；其值越小，说明数据比较集中，离散程度越小。它们是统计描述与统计推断分析中最常用的差异量数。在描述统计部分，只需要标准差就足以说明一组数据的离中趋势。

（3）优点

标准差具备一个良好的差异量数应具备的条件：① 反应灵敏，每个数据取值的变化，方差或标准差都随之变化；② 容易计算，适合代数运算；③ 受抽样变动影响小，即不同样本的标准差或方差比较稳定。

二、四分位差

在学习四分位差之前，需要说明一下百分位数的概念，百分位数是位于依一定顺序排列的一组数据中某一百分位置的数值，一般用 P_P 表示。例如，第 70 百分位数，就是在依从小到大排列的一组数据中，有 70% 的数小于该数，只有 30% 的数大于该数，用 P_{70} 表示。那么请你思考一下中位数用百分位数该如何表示呢？

四分位差（quartile deviation），也可视为百分位差的一种，通常用符号 Q 来表示，指在一个频数分布中，中间 50% 的频数的距离的一半。在一组数据中，它的值等于 P_{25} 到 P_{75} 距离的二分之一。这个差异量数能够反映出数据分布中中间 50% 数据的分散情况。

1. 四分位差的计算

四分位差的计算，基于两个百分位数，即 P_{25} 和 P_{75}。这两个点值与中数一起把整个数据的次数等分为四部分，每部分的数据个数即频数相同，因此称它们为四分值，或四分位数（quartile）。由于 P_{25} 之下占有总频数的四分之一，故 P_{25} 又称为第一四分位（Q_1），中数或 P_{50} 称为第二四分位（Q_2），P_{75} 称为第三四分位（Q_3）。四分位差就是第三四分位与第一四分位之差的一半。它的计算公式如下：

$$Q = \frac{Q_3 - Q_1}{2} \qquad (8-3)$$

式中，Q 表示四分位差，Q_3 即为 P_{75}，Q_1 即为 P_{25}。

2. 四分位差的特性

四分位差通常与中数联系起来共同应用。中数可以看作是第二四分位点，即 P_{50}，因此中数有时也常用 Q_2 表示。与全距相比，用百分位差表述数据的离散情况稍微好一些。比如，在两极端数据不清楚时，可以计算四分位差。但由于它没有把全部数据考虑在内，其稳定性会差一些。比如说，我们得到两组数据，这两组数据的值并不完全一致，但最后得到的四分位差则有可能完全一致，这是用四分位差来表示数据分布的不足之处。另外它也不适合代数方法运算，反应不够灵敏，故应用不多。

第三节 标准分数

一、标准分数的概念与计算

1. 标准分数的概念

标准分数(standard score),又称 Z 分数(Z-score),是以标准差为单位表示一个原始分数在团体中所处位置的相对位置量数,即表示某原始分数在平均数以上或以下几个标准差的位置,从而明确该分数在团体中的相对地位的量数。标准分数的几何意义是某原始分数距离平均数有几个标准差。

2. 标准分数的计算

$$Z = \frac{X - \bar{X}}{S} = \frac{x}{S} \tag{8-4}$$

式中的 X 代表原始数据,$\bar{X}$ 为一组数据的平均数,S 为标准差。

从上式可以明了 Z 分数的意义。它是一个原始分数与平均数之差除以标准差所得的商数,它无实际单位,与原始分数和平均数的距离($X - \bar{X}$)成正比,与该组分数的标准差成反比。如果一个数小于平均数,其值就为负数;如果一个数大于平均数,其值就为正数;如果一个数的值等于平均数,其值为零。可见 Z 分数可以表明原始分数在该组数据分布中的位置,故称为相对位置量数。当把原始分数转换为 Z 分数后,只需要看 Z 分数的数值和正负号,就立即可以明确每一个原始分数的相对位置。Z 分数表示某原始分数在以平均数为中心时的相对位置,这比使用平均数和原始分数表达了更多的信息。

【例 8-4】某班平均成绩为 90 分,标准差为 3 分,甲生得 94.2 分,乙生得 89.1 分,求甲乙二学生的 Z 分数各是多少?

解:已知 $\bar{X} = 90, S = 3, X_甲 = 94.2, X_乙 = 89.1$

根据公式 8-4,甲、乙各有 Z 分数为

$$Z_甲 = \frac{X_甲 - \bar{X}}{S} = \frac{94.2 - 90}{3} = \frac{4.2}{3} = 1.4$$

$$Z_乙 = \frac{X_乙 - \bar{X}}{S} = \frac{89.1 - 90}{3} = \frac{-0.9}{3} = -0.3$$

答:甲生的标准分数是 1.4,乙生的标准分数是-0.3。

把原始分数转换成 Z 分数,就是把单位不等距的和缺乏明确参照点的分数转换成以标准差为度量单位,以平均数为参照点的分数。因为在一个分布中,标准差所表示的距离是相等的,以标准差为单位就使单位等距了。原始分数转换成 Z 分数,就是转换为以标准差为单位,以平均数为参照点的分数,从而可以明确各个原始分数的相对位置,并且分数间也有了相互比较的参照体系。正因为它以标准差为单位,以平均数为参照点,故名标准分数。

把原始分数转换成 Z 分数后,所有 Z 分数的平均数为 0,标准差为 1,这可以将 Z 分数的计算公式 8-4 分别代入平均数计算公式和标准差计算公式中求证得到,读者可以试试。

二、标准分数的性质与优点

1. 标准分数的性质

Z 分数无实际单位,是以平均数为参照点,以标准差为单位的一个相对量。一组原始分数转换得到的 Z 分数可以是正值,也可以是负值。凡小于平均数的原始分数的 Z 值为负数,大于平均数的原始分数的 Z 值为正数,等于平均数的原始分数的 Z 值为零。了解标准分数的性质,对于标准分数的应用极为重要。

2. 标准分数的优点

① 可比性。标准分数以团体平均分作为比较的基准,以标准差为单位。因此不同性质的成绩,一经转换为标准分数,相当于将处于不同背景下的分数,放在同一背景下去考虑,具有可比性。

② 可加性。标准分数是一个不受原始分数单位影响的抽象化数值,能使不同性质的原始分数具有相同的参照点,因而可以相加。

③ 明确性。知道了某一被试的标准分数,利用标准正态分布函数值表,可以知道该分数在全体分数中的位置,即百分等级,也就知道了该被试分数在全体被试分数中的地位。所以,标准分数较原始分数意义更为明确。

④ 稳定性。在心理测验中,使用标准分数可以弥补由于测试题目难易程度不同,造成不同性质测试之间标准差相距甚远而不具有可比性,使用标准分数作比较,能更稳定、更全面、更真实地反映被试的水平。这在学科测验和人事选拔中尤其重要,有利于录取的公正性。

三、标准分数的应用

Z 分数不仅能表明原始分数在分布中的地位,而且能在不同分布的各个原始分数之间进行比较,同时,还适合代数运算,因此,有着广泛的用途。

1. 不同质的观测量在团体中的位置比较

Z 分数可以表明各个原始数据在该组数据分布中的相对位置,它无实际单位,这样便可对不同的观测值进行比较。这里所说的数据分布中相对位置包括两个意思,一个是表示某原始数据以平均数为中心以标准差为单位所处距离的远近与方向;另一个意思是若是正态分布,Z 分数表示某原始数据在该组数据分布中的位置,即在该数据以下或以上的数据各有多少。如果在一个正态分布(或至少是一个对称分布)中,这两个意思可合二为一。但在一个偏态分布中,这两个意思就不能统一。这一点在应用 Z 分数时要特别注意。例如有一人的身高是 170 厘米,体重是 65 千克(也可以是另一人的体重),究竟身高还是体重在各自的分布中较大?这是属于两种不同质的观测,不能直接比较。但若我们知道各自数据分布的平均数与标准差,这样我们可分别求出 Z 分数进行比较。设 $Z_{身高1.70}=0.5$,$Z_{体重65}=1.2$,则可得出该人的体重离平均数的距离要比身高离平均数的距离远,即该人在某团体中身高稍微偏高,而体重更偏重些。如果该团体身高与体重的频数分布为正态,我们还可更确切地知道该人的身高与体重在频数分布的相对位置是多少,从而进行更确切的比较。

在实际的教育与心理研究中,经常会遇到属于几种不同质的观测值,此时,不能对它们进行直接比较,但若知道各自数据分布的平均数与标准差,就可分别求出 Z 分数进行比较。

热点聚焦 8-1　　　钱钟书与钱学森,谁更杰出?

看到这个问题你也许会嗤之以鼻,斥荒唐。一个是搞文学研究的,一个是搞科学研究的。这是两个不同的领域,衡量成就的标准、尺度也不同,怎么能比较呢? 但是我们又常常这样比较,而且比较的结果也通情达理,能够被接受,比如我们说他俩在各自的领域里都是第一流的,这不是可以接受的说法吗? 其实,这个说法就蕴含着标准分数的意思。我们可以想象一个做法,那就是把全国的文学研究教授按成就排列起来,全国的科学研究教授也按成就排列起来,那么从逻辑上讲可以有两个"平均成就",也就是有两个正态分布,它们都是用标准差来度量每个教授的成就。钱钟书与钱学森的成就如果在各自的正态分布中都处于同样的地位,那么我们就说他们一样杰出。

我们的这种比较还有这样的说法,比如"我的身高在同龄人里算很高的,可是体重只是一般"。这就等于把你的同龄人的身高、体重各服从一个正态分布,比如你身高的Z分数是2.5分,意味着同龄人里比你更高的人连5%也不到,而体重的Z分数若是1.0分,意味着同龄人里还有百分之十几的人比你更重,所以你是在同龄人里是个大高个,却不是一个"大胖子"。看,标准分数就这样允许我们把不同性质的属性相比较。

【例8-5】某年高考理科数学全国平均成绩65分,标准差是12.5分,考生A、B、C三人的数学原始分数是50、65、85分,求他们的标准分数是多少?

解:已知 $\bar{X}=65, S=12.5, X_A=50, X_B=65, X_C=85$

$$Z_A = \frac{50-65}{12.5} = \frac{-15}{12.5} = -1.2$$

$$Z_B = \frac{65-65}{12.5} = \frac{0}{12.5} = 0$$

$$Z_C = \frac{85-65}{12.5} = \frac{20}{12.5} = 1.60$$

答:考生A的数学标准分数是-1.2,B为0,C为1.60。

一个原始分数被转换为Z分数后,就可知道它在平均数以上或以下几个标准差的位置,从而知道它在分布中的相对地位。当原始分数的分布是正态分布时,只要求出分布中某一原始分数的Z分数,就可以通过查正态分布表得知此原始分数的百分等级,从而知道在它之下的分数个数占全部分数个数的百分之几,进一步明确此分数的相对地位。有关内容将在介绍正态分布时再作详细叙述。

2. 不同质的观测量的总和与平均值的计算

不同质的原始观测值因不等距,也没有一致的参照点,因此不能简单地相加或相减。在前面介绍算术平均数时,也讲到计算平均数时要求数据必须同质,否则会使平均数没有意义。但是,当研究要求合成不同质的数据时,如果已知这些不同质的观测值的频数分布为正态,这时可采用Z分数来计算不同质的观测值的总和或平均值。例如,已知高考的各科成绩分布是正态分布,但是由于各科的难易度不同,因此,各科成绩就属于不同质的数据。因此,在高考计分时,就改变了过去累加各科分数计算总分数或求平均分的方法,采用了Z分数求总分或平均分,使计分更加科学。类似这种情况也有期末成绩的总和等。一般情况,在学科测验中用Z分数合成成绩更加科学。

【例8-6】A、B两个学生在三种考试中的分数见表8-3,试比较二人的分数是否有差别。

表 8-3　A、B 两个学生三门课的成绩、平均数、标准差

考　试	X_A	X_B	$\bar{X}$	S
语　文	65	77	65	8
数　学	89	83	85	4
外　语	80	80	78	5

解：下面用表格形式列出已知条件、求解的结果。

表 8-4　A、B 两个学生三门课的成绩的 Z 分数的计算过程

考试	X_A	X_B	$\bar{X}$	S	x_A	x_B	Z_A	Z_B
语文	65	77	65	8	0	12	0	1.5
数学	89	83	85	4	4	−2	1	−0.5
外语	80	80	78	5	2	2	0.4	0.4
合计	234	240					1.4	1.4

答：两个学生在三门功课中的成绩总分没有差异。

下面是另外一个类似的例子。

【例 8-7】下表是高等学校入学考试中两名考生甲与乙的成绩分数。试问根据考试成绩应该优先录取哪名考生？

解：表格的后几列列举出了计算的结果：

表 8-5　甲、乙两个学生五门课程 Z 分数的计算过程

考试科目	原始成绩		全体考生		Z 分数	
	甲	乙	平均分	标准差	甲	乙
语　文	85	89	70	10	1.5	1.9
政　治	70	62	65	5	1	−0.6
外　语	68	72	69	8	−0.125	0.375
数　学	53	40	50	6	0.5	−1.67
理　化	72	87	75	8	−0.375	1.5
总　分	348	350			2.5	1.505

答：如果按总分录取则取乙生，若按标准分数录取则应取甲生。

在上例中，为何会出现这样悬殊的差别？这是由于不恰当地计算总和分数造成的，因为各科难易度不同，分散程度也不同，各门学科的成绩分数不等价，亦即数据是不同质的，这时应用总和分数不够科学，故此出现这类问题，科学的方法应当用 Z 分

数合成。从 Z 分数可知甲生多数成绩是在平均数以上,即使有两种成绩低于平均数,差别也小。总之甲生成绩较稳定且分布在较高处,而乙生则不然。可见应用 Z 分数更趋合理。

第四节 相关分析

在教育统计中,有时研究者想知道变量与变量之间关系的密切程度,如学生平时作业成绩与考试成绩的关系密切程度,即平时作业成绩好,是不是考试成绩就一定好呢,反之亦然?这时就要对两个变量进行相关分析。相关分析的目的主要是力求通过具体的数量描述,呈现研究变量之间的相互关系的密切程度及其变化规律,探求相互关系的研究模式,以利于统计预测和推断,为作出正确决策提供参考依据。

一、相关的概念与相关系数

1. 相关的概念

相关关系,是指两个以上的随机变量的样本观测值序列之间表现出来的数学关系,是随机变量之间的一种特殊类型的依存关系。相关关系包括数量型变量的线性相关关系和非线性相关关系,还包括属性变量之间的相关关系。我们这里所要讨论的相关关系是指数量型变量的线性相关关系。对于具有线性相关关系的随机变量,可以计算相关系数来描述变量之间的相互依存程度。相关关系具有如下特点:

(1) 变量之间确实存在数量上的依存关系。学生成绩与学习时间的关系,睡眠与记忆力之间都存在着某种依存关系。

(2) 数量依存关系的具体关系值是不固定的。在这种关系中,对于某个变量的某个数值,另一个变量可以有若干个数值与之对应,这些数值表现出一定的波动性。例如:身高与体重之间,存在一定的依存关系。但是体重除了与身高有关外,还受年龄、性别、区域、种族等因素影响。身高与体重并无严格的对应关系,同一身高的人,体重大多数情况下是不相等的。但即便如此,这两个变量之间仍旧存在一定的规律性,在一般条件下,身高越高,体重越大。

2. 相关系数

若用一个数值去描述随机变量间相关程度的大小,那么这个数值就叫做相关系数,作为样本相关系数,常用字母 r 表示;作为总体相关系数,常用字母 ρ 表示。相关系数取值范

围：$|r|\leq 1$。$r>0$,表明变量之间正相关；$r<0$,表明变量之间负相关，$r=0$,表明变量之间无相关。那么,相关关系的强弱如何通过 r 体现?

$|r|=1$,表明变量之间为完全的线性相关关系；$r=0$,表明变量之间没有线性关系,但要注意,有可能是曲线关系。当 $0<|r|<1$ 时,变量之间有不同程度的线性关系,r 的绝对值越接近 1,表明两个变量的相关程度越高；其绝对值越接近于 0,表明两个变量相关程度越低。如果其绝对值等于 1,则表示两个变量完全直线相关。如果其值为零,则表示两个变量完全不相关(或者不是直线相关)。变量相关的方向通过相关系数 r 所具有的符号来表示,"+"号表示正相关,即 $0<r\leq 1$。"-"号表示负相关,即 $-1\leq r<0$。

在使用相关系数时应该注意下面的几个问题：

① 相关系数只是一个非等距的比率值,正因为如此,在比较相关程度时,只能说相关系数绝对值大者要比绝对值小者相关更密切一些,不能用倍数或差数来说明彼此的关系。例如,我们可以说相关系数 r 为 0.7 的两个变量比相关系数 r 为 0.35 的两个变量之间的相关程度要更密切一些,但不能说相关系数 r 为 0.7 的两个变量的相关程度是相关系数 r 为 0.35 的两个变量的相关程度的两倍。同样,我们也不能认为相关系数从 0.4 增加到 0.7 所增加的相关程度与相关系数从 0.6 增加到 0.9 所增加的相关程度相等。

② 相关系数 r 受变量取值区间大小及样本数目多少的影响比较大。一般来说,变量的取值区间越大,样本数目越多,相关系数 r 受抽样误差的影响就越少,因此就越可靠。否则,如果变量取值区间小,样本所含数目较少,受抽样误差的影响较大,就有可能对本来无关的两种现象,计算出较大的相关系数,得出错误的结论。例如,研究学生的身高与学习有无关系,如果只选 6 或 7 个人,就很可能遇到身材越矮学习越好的巧合,那么,这时计算出来的相关系数可能很大(甚至接近于 1),但实际上这两类现象之间并无关系。因此,在研究现象之间关系的时候,应该适当加大变量的取值区间并搜集足够多的样本数目。一般计算相关的成对数据的数目不应少于 30 对。

③ 对于不同类型的数据,计算相关系数的方法也不相同,关于这一内容详见"相关系数的计算"。

二、相关的种类

1. 完全相关、不完全相关和无相关

当一种现象的数量变化完全由另一种现象的数量变化所决定,这两种现象间的关系

为完全相关。例如,课本的数量与价格总量的关系总是成正比。在这种情况下,相关关系就是变成了函数关系,即二元一次直线方程的关系。因此我们也可以说直线方程的关系是相关关系的一个特例,满足直线关系的两个随机变量的关系为完全相关关系,相关系数为 1(完全正相关)或 −1(完全负相关)。

如果两个现象之间互不影响,其数量变化各自独立,我们称其为不相关现象。例如,A 同学的学习成绩的高低与 B 同学的学习成绩的高低是不相关的。

如果两种现象之间的关系介于不相关和完全相关之间,则称其为不完全相关。通常我们看到的相关现象都属于这种不完全相关,相关系数 $-1 < r < 0$ 或 $0 < r < 1$。

2. 正相关和负相关

正相关是指一个变量数值增加或减少时,另一个变量的数值也随之增加或减少,两个变量变化方向相同。例如,技能水平随着练习次数的增加而提高,正相关的相关系数 $0 < r \leqslant 1$。

负相关是指两个变量变化方向相反,即随着一个变量数值的增加,另一个变量的数值反而减少;或随着一个变量数值的减少,另一个变量数值反而增加。例如,练习次数与遗忘量之间的相关关系,负相关的相关系数 $-1 \leqslant r < 0$。

相关系数 r 的正负号就反映变量间的相关方向,即当 $r > 0$ 时为正相关,$r < 0$ 时为负相关。

3. 直线相关和曲线相关

两个变量中的一个变量增加,另一个变量随之发生大致均等的增加或减少,其散点图近似地表现为一条直线的趋势,这种相关关系就称为直线相关。

当两个变量中的一个变量变动时,另一个变量也相应地发生变动,但这种变动不是均等的,其散点图近似地表现为一条曲线,这种相关关系被称为曲线相关。本节只论述直线相关。

4. 单相关和复相关

所研究的只是两个变量之间的相关关系,可称为单相关。例如,我们研究的是学生数学成绩与物理成绩之间的关系,这种相关关系就是单相关。

如果所研究的是一个变量与两个或两个以上的其他变量的相关关系,称为复相关。例如,研究人的营养与人的身高、体重之间的关系,学生的学习成绩与其学习动机、方法、习惯等方面的关系,都属于复相关。

以上相关关系的种类,如图 8-5 所示。

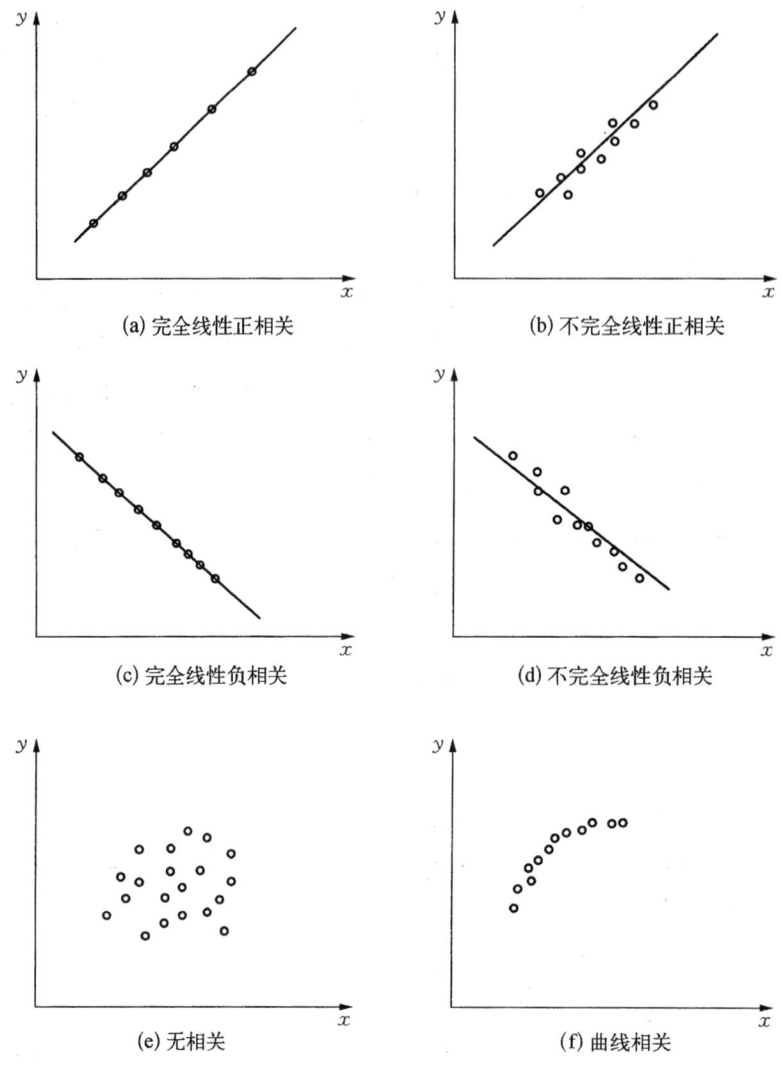

图 8-5 相关关系类型

三、相关系数的计算

计算相关系数的方法很多,由于我们所面对的各种变量都具有不同的性质和类型,因此应当根据变量的特点选择适当的相关分析方法。下面介绍几种适用于不同类型的变量相关分析的计算方法。

1. 积差相关法

积差相关是 20 世纪初英国统计学家卡尔·皮尔逊提出的一种计算相关的方法,故又称为皮尔逊积差相关，它是最常用的计算直线相关的方法。积差相关系数通常用字母 r 表示，计算公式见有关统计学书籍。积差相关的适用条件是：

① 两变量的观察值都是测量数据，并且两个变量的总体是正态分布或近似正态分布。

② 两个变量之间具有线性关系，并且样本容量应大于 30。

2. 等级相关法

在进行相关分析的过程中，我们经常会遇到一些并不在积差相关方法适用范围之内的具有等级顺序的测量数据，在这种情况下，要研究两个或两个以上变量的相关，就需要采用等级相关。这种相关方法对变量的总体分布不作要求，因此又称这种相关为非参数相关。计算等级相关的方法很多，本节只介绍其中比较重要且常用的一种等级相关法——斯皮尔曼等级相关。

当两列变量值是以等级次序排列或以等级次序表示时，并且变量值所属的两个总体并不一定呈正态分布，样本容量也不一定大于 30，表示这样两种变量之间的相关称为斯皮尔曼等级相关。由于这种相关是英国统计学家斯皮尔曼根据积差相关公式推导得到的，因此有人认为斯皮尔曼等级相关是积差相关的一种特殊形式。斯皮尔曼等级相关的适用条件为：

① 两个变量的变量值是以等级次序表示的数据。

② 总体并不一定呈正态分布，样本容量 n 不一定大于 30。

从斯皮尔曼等级相关适用条件中可以看出，等级相关的应用范围要比积差相关广泛，它的突出优点是对数据的总体分布、样本大小都不作要求。但缺点是计算精度不高。斯皮尔曼等级相关系数常用符号 r_R 来表示。

3. 点二列相关法

一个变量为等距或比率的测量变量，而另一个变量是按性质划分的变量，那么这样两种变量之间的直线相关，就是质与量的相关。研究这种相关的主要方法之一是点二列相关。点二列相关的概念及其适用范围为：

① 当两个变量其中的一个是连续变量且总体呈正态分布或接近正态分布，另一变量为"二分"名义变量（即按事物的性质划分两类的变量，如男与女，成功与失败，及格与不及格，对与错等），表示这样两种变量之间的直线相关称为点二列相关。点二列相关系数常用符号 r_{pb} 来表示。

② 点二列相关可以考察两个变量（一个变量是等距或比率的测量变量且其总体分布为正态分布或接近正态分布，另一变量为"二分"名义变量）之间的一致性程度。具体使用

时,点二列相关经常应用于评价是非题测验的内部一致性(即试题的区分度)问题。在某一次测验中,答对每一道题计为 1 分,答错每一道题计为 0 分,如果题量足够大,这样就测验的总分来说是连续变量值,而每一题目的"对"或"错"选项就构成一列"二分"名义变量值,这时求两列变量值的相关(即每一题得分与总分的相关),就可使用点二列相关来计算。

第五节　SPSS 在描述统计中的应用

下面,以某校初中三年级 6 个班级语文、数学、外语成绩以及每个学生三门课程的总分成绩为例,根据教学实践常见的问题,逐条实现数据的描述报告。

一、SPSS 在集中趋势与离散趋势统计中的应用

1. 整群数据描述统计

第一步,打开数据文件"三年级期末成绩单.sav",单击主菜单。Analyze→Descriptive Statistics→Frequencies...打开对话框(如图 8-6 所示,进入图 8-7)(原始数据略,读者可依据操作步骤自行编一些数据练习。)

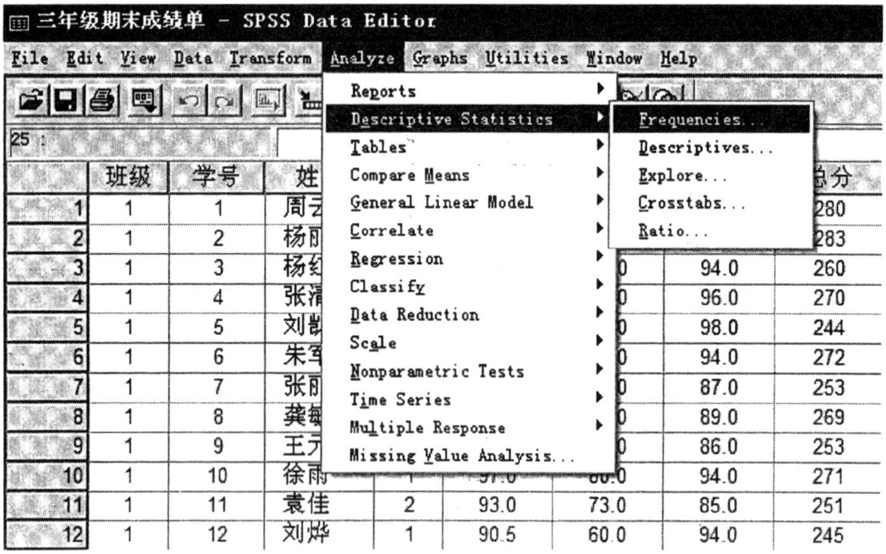

图 8-6　频率统计的菜单

第二步,在图 8-7 中,点击 ▶ 将待选变量中的变量"总分"选入目标变量对话框。

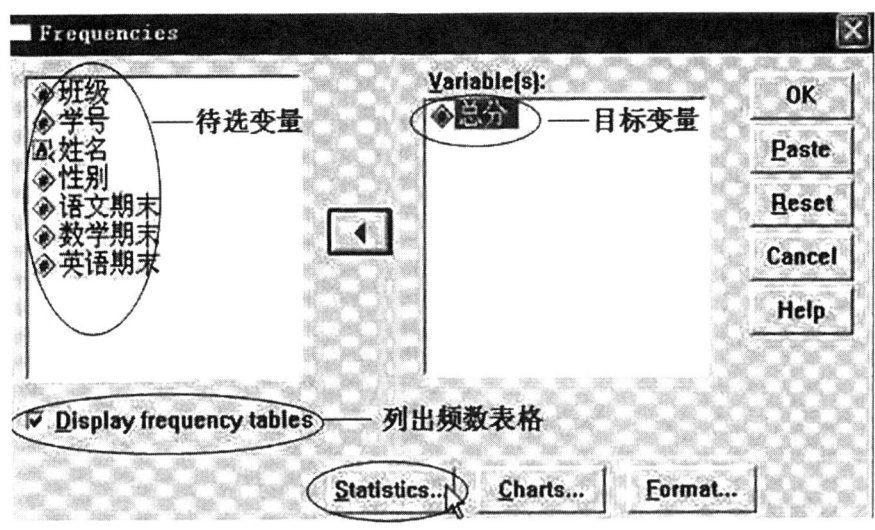

图 8-7 频率统计对话框

第三步,单击图 8-7 中的 Statistics... 按钮,打开子对话框(图 8-8),Quartiles 为四分位数,在 Percentile Values 中选中在集中趋势模块 Central Tendency 中选中 Mean(平均数),在离散趋势模块 Dispersion 中选中 Std. deviation(标准差),单击 Continue,返回主对话框。

第四步,单击图 8-7 主对话框中的"OK",运行程序。

第五步,结果输出,如表 8-6 所示。

表 8-6 全年级总分的描述统计报告

N	Valid		180.00
	Missing		0
Mean			264.63
Std. Deviation			18.67
Percentiles		25	255.13
		50	267.50
		75	280.00

从表中可看出,6 个班总分的平均分是 264.63,标准差约为 18.67,四分位数分别为 255.13、267.50、280.00。

表 8-6 若作为研究成果表达出来,应该制作成表 8-7。

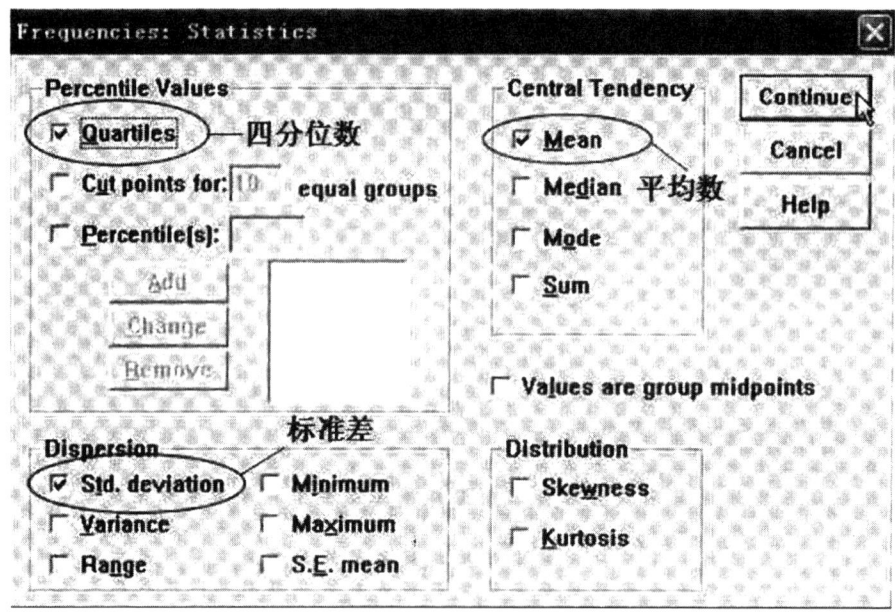

图 8-8 集中量数、差异量数、百分位数选项

表 8-7 全年级总分的描述统计报告

人数	平均数	标准差	P_{25}	P_{50}	P_{75}
180	264.63	18.67	255.13	267.50	280.00

知识小窗 8-1　　　　统计图表的制作要点

绘制一张简洁美观的统计表或者统计图,是从事教育科研的人必须具备的素养。表 8-6 是 SPSS 的数据输出表格,而我们表达自己的研究成果时,必须按照学科规范制作统计图表。

统计图表有几个要素:

(1) 要有序号,要有名称。统计表的名称在表的上方,统计图的名称在图的下方,名称中可以包含单位。

(2) 统计表要用三线表,第一行栏目名称的上方下方各有一条线,表的底部还有一条线。

(3) 除了少数通用的英文符号,如平均数符号 M,标准差符号 SD,尽量用汉字表示,尽量不混合使用中文和英文。

(4) 表格中名词要居中,数据要居右,小数位数要统一,一般取 2 位。

---

2. 分类数据描述统计

假如需要分别统计 6 个班级的平均数和标准差,SPSS 软件提供了一种方法:先拆分再计算。

第一步,单击主菜单的 Data→Split File…,打开对话框(图 8-9)。

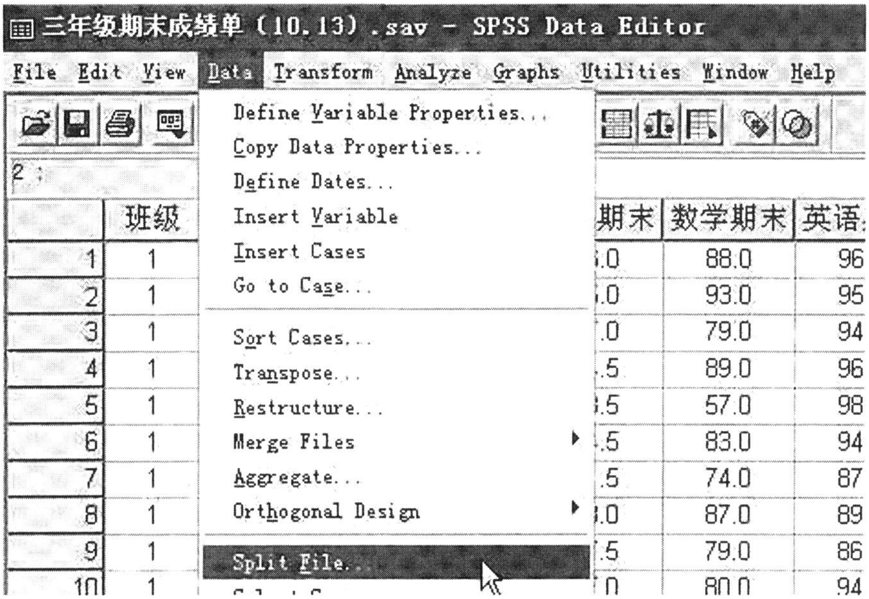

图 8-9 拆分数据的菜单

第二步,选中 Compare groups,同时把分类变量"班级"选入右边 Groups Based on 框中,单击"OK"(图 8-10)。此后用户进行任何数据统计时,SPSS 会分班级统计并输出结果。

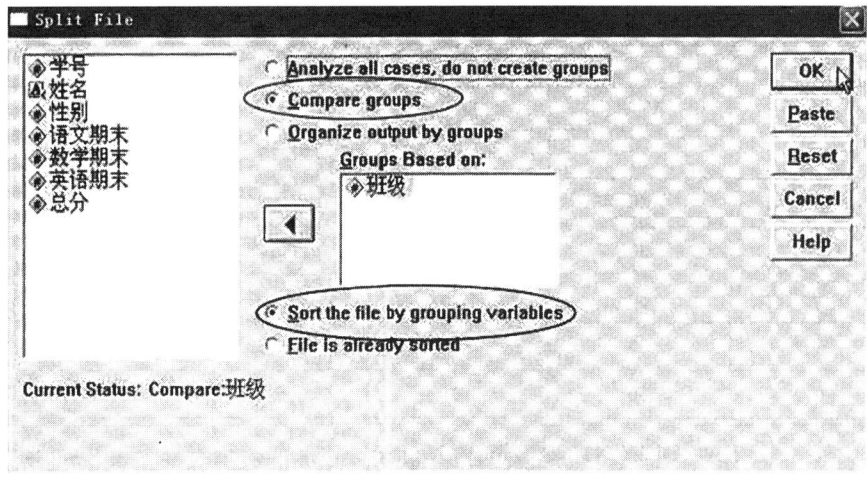

图 8-10 拆分数据对话框

拆分之后,数据的外表看不出改变,但数据内部已经拆成6个各自独立的数据文件。

第三步,重复图8-6至图8-7,点击 ▶ 将"总分"选入Variables对话框,并将Display frequency tables的标记取消(取消频数分布表的结果输出),见图8-11。

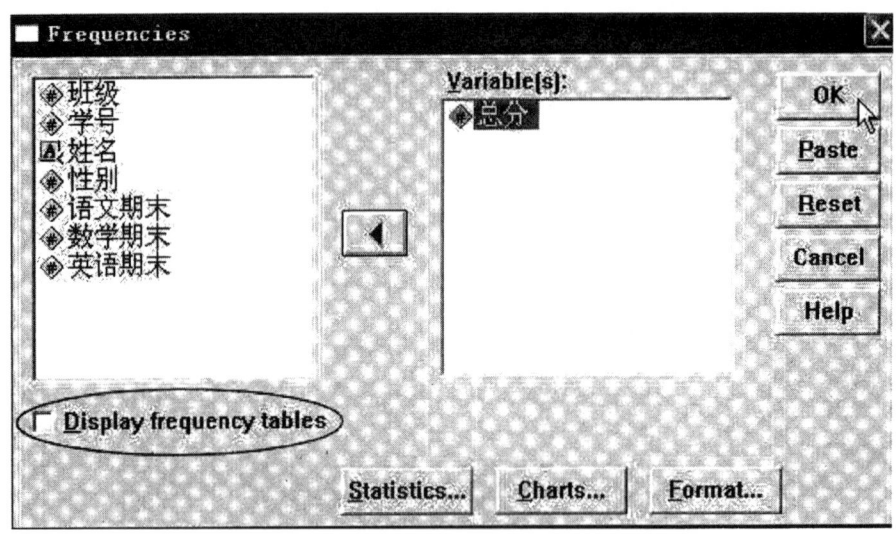

图8-11 频率统计对话框

第四步,单击图8-11中的Statistics...,将出现如图8-8的对话框,选中Dispersion中的Std. deviation以及Central Tendency中的Mean,然后单击Continue。

第五步,单击图8-11中"OK",结果输出如表8-8。

表8-8 各班成绩的描述统计报告

班级	N		Mean	Std. Deviation
	Valid	Missing		
1	30	0	257.35	21.410
2	30	0	250.25	21.140
3	30	0	266.78	11.923
4	30	0	276.32	8.037
5	30	0	270.62	17.445
6	30	0	266.45	16.735

表8-8若需要呈现在科研报告中,应该制作成标准的数据表格如表8-9所示,注意,一般情况下,表格中不要中文和英文混用,少数特殊的公认的英文符号除外。

表 8-9　全年级各班成绩的平均数和标准差

班级	人数	平均分	标准差
1	30	257.35	21.410
2	30	250.25	21.140
3	30	266.78	11.923
4	30	276.32	8.037
5	30	270.62	17.445
6	30	266.45	16.735

在掌握了这几个步骤之后，作为一名教师，就可以很迅速地了解自己班级和平行班级的成绩了。

二、SPSS 在标准分数统计中的应用

点击 Analyze→Descriptive Statistics→Descriptives...，经图 8-12 进入图 8-13，本例中，我们要计算每个学生在三门课程中得分的标准分数，把三门课程名称选择进入统计变量框。在图 8-13 左下方选择复选框"Save standardized values as variables"，即把 Z 分数作为一个变量保存起来。

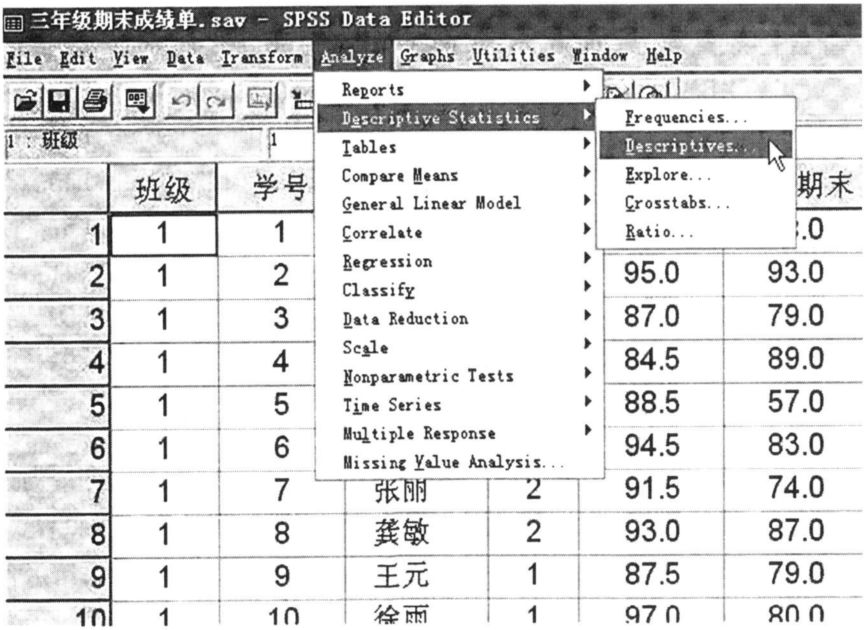

图 8-12　描述统计的菜单

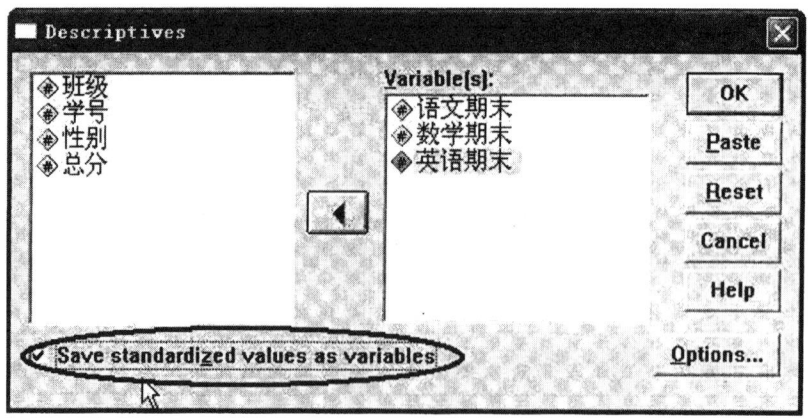

图 8-13 标准分数的菜单

学号	Z语文期末	Z数学期末	Z英语期末	总分	Z总分
1	.95760	.35653	.61979	280.00	1.93
2	.82460	.69095	.40168	283.00	1.92
3	-.23940	-.24543	.18358	260.00	-.30
4	-.57190	.42341	.61979	269.50	.47
5	-.03990	-1.71687	1.05601	243.50	-.70
6	.75810	.02211	.18358	271.50	.96
7	.35910	-.57984	-1.34319	252.50	-1.56
8	.55860	.28964	-.90697	269.00	-.06
9	-.17290	-.24543	-1.56130	252.50	-1.98
10	1.09060	-.17854	.18358	271.00	1.10
11	.55860	-.64673	-1.77941	251.00	-1.87
12	.22610	-1.51622	.18358	244.50	-1.11
13	-.63840	-.78050	.61979	251.00	-.80
14	-.30590	-3.18831	-2.43374	203.50	-5.93

图 8-14 Z分数输出

运行之后,回到数据页面,参见图 8-14。我们看到数据文件增加了三个变量:"Z 语文期末、Z 数学期末、Z 英语期末",即每个学生各科成绩的 Z 分数。我们可以看到,1 号学生三门课的成绩都在平均分以上,3 号学生语文和数学都在平均分以下,英语在平均分以上。把三门课程的 Z 分数求和,得到变量"Z 总分"。

我们可以看到,"总分"和"Z 总分"的排序是不完全一致的。2 号同学总分比 1 号同学高,但是 Z 总分 1 号同学更高。11 号和 13 号两位同学总分相同,但是 13 号同学的 Z 总分高出很多。科学的计分方式,Z 总分结果更准确地反映学生成绩的排序。

热点聚焦 8-2　　　　校长该如何奖励教师

在本章开头提供的案例中,校长的奖励政策确实违背了科学,教师们有意见是有道理的。举最简单的一种可能来说吧。如果数学卷子出得最容易,语文卷子出得最难,英语卷子的难度居中,那么就会出现数学的平均分数最高,英语的其次,语文的最低。但是这里的分数高低并不必然地表明教师的努力程度或教学成效,而奖励的多少是应该对应于努力程度或教学成效的。这就是问题所在。

那么如何解决这个问题呢?应该是各科独立做校际比较,计算这个学校的语文、数学、英语等科目的平均分数及 Z 分数,看哪门科目的 Z 分数最高,就给有关的老师以最大的奖励。请注意,这不是说这是最公平的做法,而是表明这在逻辑上要比前一种做法好。如何公平、公正地处理和比较分数,这在教育的科学研究里已经成了专门的领域,因此当代的教师应该普遍地具有对分数做统计分析考察的基础知识和技能。

三、SPSS 在相关系数统计中的应用

在 SPSS 中,可以通过 Analyze 菜单进行相关分析(Correlate),Correlate 菜单如图 8-15 所示。

两个变量之间的相关关系称为简单相关关系。有两种方法可以反映简单相关关系。一是通过散点图直观地显示变量之间关系,二是通过相关系数准确地反映两变量的关系程度。请注意:相关分析时,两组数据千万要一一对应,不可打乱,如分析语文期中成绩与语文期末成绩的相关系数时,周云的两门课成绩要一一对应作为一个行变量,如表 8-1 所示。

1. 散点图

SPSS 软件的绘图命令集中在 Graphs 菜单。下面通过例题来介绍具体操作方法。

【例 8-8】 求样本的物理成绩与数学成绩的相关。

原始数据如图 8-15 所示,先画出散点图来观察两个变量的相关程度。具体操作步骤如下:

首先打开数据库,然后单击 Graphs→Scatter/Dot...,打开 Scatter/Dot 散点图对话框,如图 8-16 所示。然后选择需要的散点图,选择 Simple Scatter(简单散点图),点击

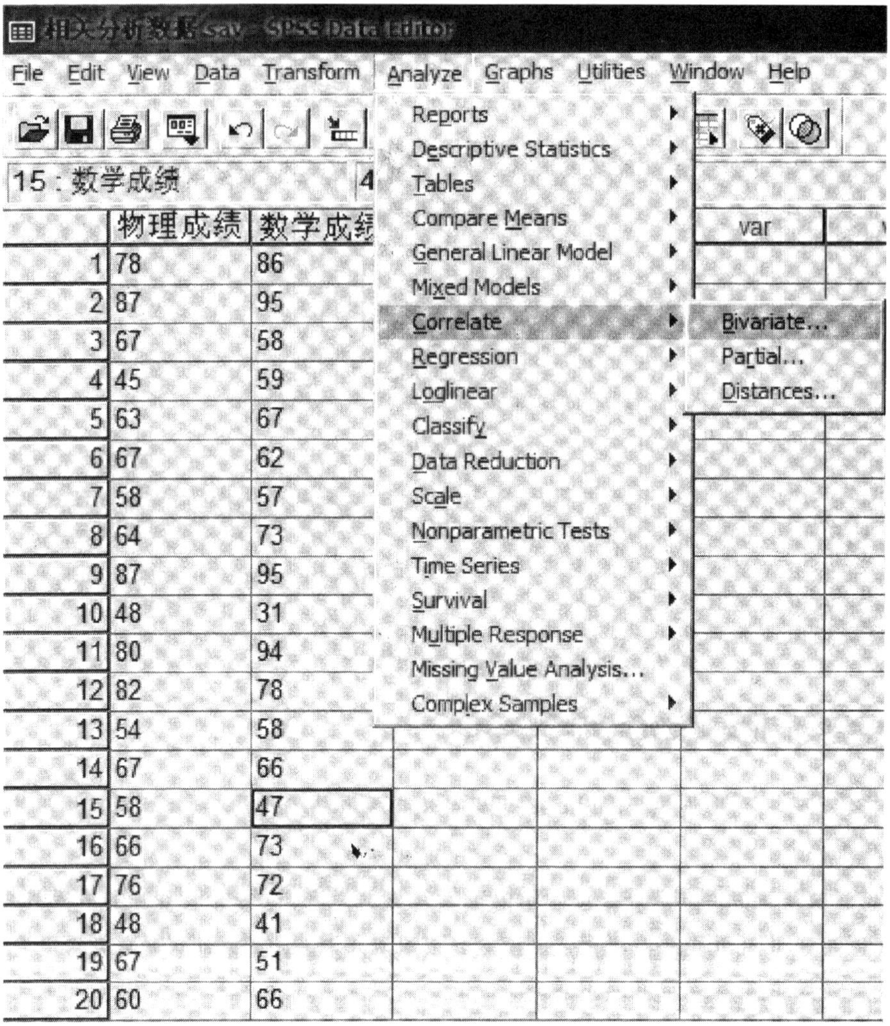

图 8-15 Correlate 相关分析菜单

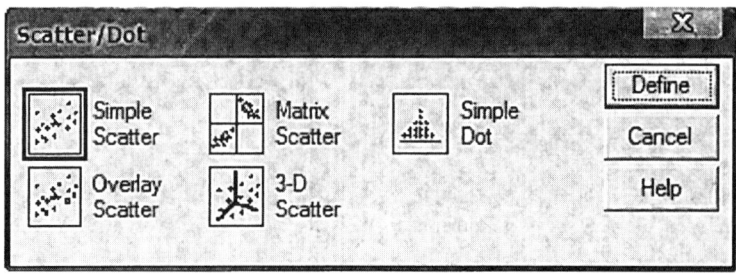

图 8-16 散点图对话框

Define。

打开 Simple Scatterplot 对话框,如图 8-17 所示。选择变量,分别将数学成绩作为 X 轴和物理成绩作为 Y 轴,点击 OK 后就可以得到散点图,见图 8-18。

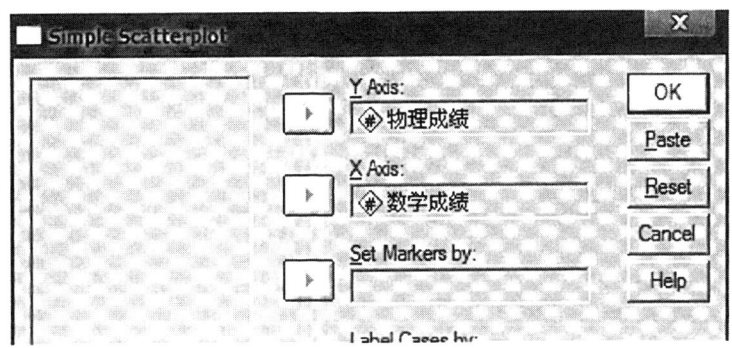

图 8-17 Simple Scatterplot 对话框

从下面输出的物理成绩与数学成绩的散点图 8-18 中可以粗略地看出,两个变量之间有强正相关的线性关系。

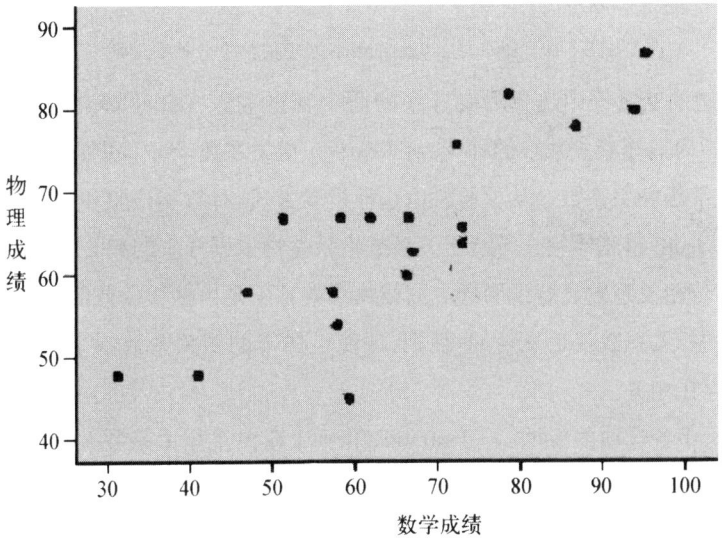

图 8-18 散点图

2. 简单相关分析操作

简单相关分析是指两个变量之间的相关分析,主要是指对两变量之间的线性相关程度作出定量分析。仍以该数据为例,说明物理成绩与数学成绩两变量的相关分析过程,具体操作如下:

① 打开数据库后,单击 Analyze→Correlate→Bivariate...,打开 Bivariate 对话框,见图 8-19 所示。

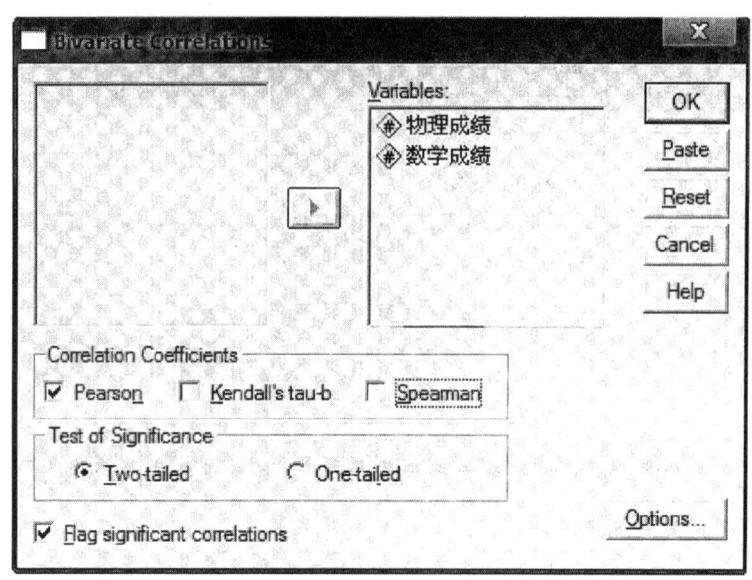

图 8-19 Bivariate:Correlation 两变量相关分析对话框

② 从左边的变量框中选择需要考察的两个变量进入 Variables 框内,从 Correlation Coefficients 栏内选择相关系数的种类,有 Pearson 相关系数,Kendall's tau-b 一致性系数和 Spearman 等级相关系数。从检验栏内选择检验方式,有双侧检验和单侧检验两种。本例中选择 Pearson,双侧检验。所谓相关系数检验是指依据样本的相关能否推断总体的相关是否显著,若相关系数显著说明样本的相关系数并不是由抽样误差造成的,而是因为总体的变量间的相关系数就是显著的,否则,即使是样本的相关系数不为 0,也不能认为总体的变量间存在相关。

相关分析中各选项的说明:1) Pearson,用于计算积差相关系数并作显著性检验,适用于两列变量均为正态分布的连续型变量。2) Kendall's tau-b,计算肯德尔 tau-b 相关系数并作显著性检验,对数据分布没有严格要求,适用于检验等级变量或分类变量之间的关联程度。3) Spearman,计算斯皮尔曼等级相关系数并作显著性检验,对数据分布没有严格要求,适用于等级变量或者等距变量不满足正态分布的情况。

③ 单击 Options 按钮,选择输出项和缺失值的处理方式。本例中选择输出基本统计描述,见图 8-20 所示。

④ 单击 OK,可以得到相关分析的结果。

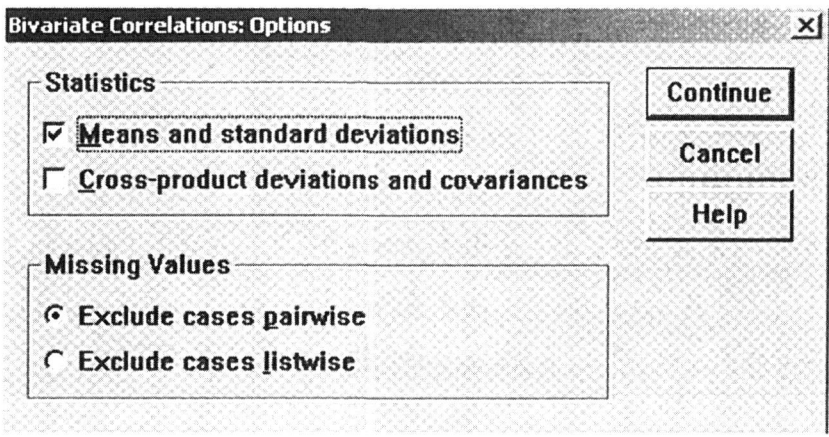

图 8-20 Bivariate Correlation:Options 对话框

表 8-10(a)　基本统计描述

Descriptive Statistics

	Mean	Std. Deviation	N
物理成绩	66.10	12.548	20
数学成绩	66.45	17.548	20

表 8-10(b)　相关系数检验

Correlations

		物理成绩	数学成绩
物理成绩	Pearson Correlation	1	.861**
	Sig. (2-tailed)		.000
	N	20	20
数学成绩	Pearson Correlation	.861**	1
	Sig. (2-tailed)	.000	
	N	20	20

** Correlation is significant at the 0.01 level(2-tailed). ** 表示相关系数在 0.01 的水平上显著（双侧检验）

从表 8-10(a)可以得到两个变量的基本统计描述，从表(b)中可以得到相关系数及对相关系数的检验结果，物理成绩与数学成绩相关系数是 0.861，由于双侧检验的显著性水平 Sig. 小于 0.01(Sig.＝0.000)，故说明两变量之间存在着极其显著的线性相关，可以认为物理成绩与数学成绩存在极其显著的线性正相关关系。

> 让我们回到本章开头提到的那个案例。通过学习,你知道这种奖励方案显然是不公平的。因为不同学科考试的难度不一样,它们之间的平均分是不可以做简单比较的。若要比较数学、英语、语文三门学科的平均成绩好坏,必须将其放在一个更大的背景之下比较,比如将这所学校三门学科的平均成绩分别放在全区所有学校的三门学科平均分中去比较(前提条件是全区使用了相同的考卷),这时某所学校某门课程的平均分就相当于一个个体得分,由此可以计算某门课程平均分的标准差,进而计算这所学校三门学科的标准分数,通过三门课程标准分数的比较,可以确定哪门学科的教学效果更好。

本章小结

- 一个班级或一个年级的一门课程的分数可以从集中趋势和离散趋势两个方面看,这能更好地了解这组分数的特点,也是能更好地了解这个班级或这个年级的学生对这门课程的学习情况。
- 表示集中趋势的常用统计量数有算术平均数、中数和众数,它们各有优点和缺点,需要恰当地使用。
- 表示离散趋势的常用统计量数有方差、标准差和四分位差,它们各有优点和缺点,需要恰当地使用。
- 标准差的一项应用是计算标准分数,在对各门功课求总分来比较成绩高低时,使用标准分数要比使用原始分数更好。
- 相关分析用于分析两个变量之间的相关程度,计算相关系数时要依据变量的数据类型选择不同的计算方法。
- 现在已经有了很好的统计分析软件,使用它们来做各种数据分析是很方便的。

思考题

- 平均数、中数和众数各有什么特点?如何根据这三个数的相对大小来判断数据的分布形态?
- 标准差有什么用途?如何根据标准差的大小来判断数据的分布形态?
- 利用你所教授课程的全年级分数,计算全年级分数的四分位差,指出四分位差作为差异量数的优点和缺点。

- 利用你本人所教授课程的班级成绩表,计算学生期中成绩和期末成绩的平均数和标准差,并计算 5 号、10 号、15 号同学的 Z 分数。
- 什么是相关分析,什么是相关系数,你能列举出教育教学中的一些可能存在相关的变量吗?这些变量能计算相关系数吗?

问题探索

- 某地要造一座桥。当地官员调查了一个月,统计每天摆渡的车辆载重量。当然,有的车(集装箱卡车)很重,有的车(比如"迷你"型小汽车)很轻。最后官员按照"日平均载重量"来确定桥的承重吨位。你说这桥假如造好了,是否能保证道路安全?
- 我们看一个班级或一个年级的学习成绩,为什么不但要看集中趋势,还要看离散趋势。请举一个例子。
- 如果我们对一个老板和他的员工的年收入作统计,老板的年收入是 200 万元,公司共有 100 名员工,每人年收入大约是 3 万元,得出这家公司人员的平均年收入,你认为这种平均年收入能反映全公司员工的平均收入水平吗?为什么?

第九章　教育科学研究资料分析
——数据推断

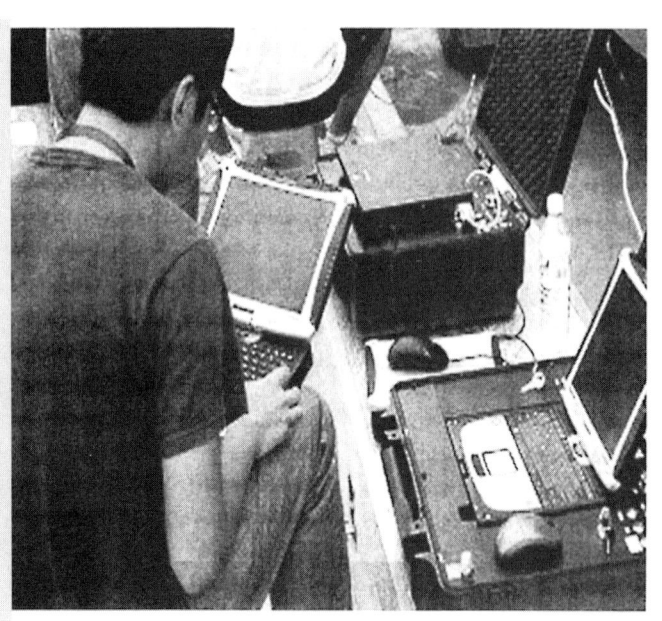

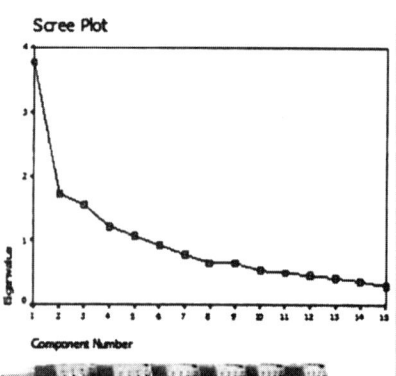

本章细目

本章要点

第一节　概率分布和样本分布

一、概率分布

二、正态分布

1. 正态分布的曲线
2. 正态分布的特征
3. 正态分布表的编制
4. 正态分布表的使用

三、样本分布

1. 总体方差 σ^2 已知时
2. 总体方差 σ^2 未知时

第二节　假设检验

一、假设检验的原理

1. H_0 和 H_1 假设
2. 小概率事件的原理

二、双侧检验与单侧检验

1. 双侧检验
2. 单侧检验

第三节　平均数的显著性检验

一、单样本平均数显著性检验的适用

二、两个样本平均数显著性检验的两种情况

1. 总体方差 σ^2 已知时
2. 总体方差 σ^2 未知时

三、平均数显著性检验的 SPSS 举例

第四节　平均数差异的显著性检验

一、平均数差异的显著性检验的适用

二、平均数差异的显著性检验的 SPSS 举例

1. 相关样本的举例
2. 独立样本的举例

第五节　方差分析

一、方差分析的基本原理

1. 综合虚无假设与部分虚无假设
2. 方差分析的几个基本概念
3. 总平方和的可分解性
4. 方差分析的计算原理

二、方差分析的 SPSS 举例

本章小结

思考题

问题探索

本章要点

- 正态分布与样本分布
- 假设检验的基本原理
- 平均数的显著性检验及其应用
- 平均数差异的显著性检验及其应用
- 方差分析的基本原理及其应用

> **想试着回答一下吗……**
>
> - 如果你抛 1 次硬币,硬币落地时正面朝上的概率是多少呢?如果你抛 1 万次硬币,是否有可能 1 万次都正面朝上?
> - 某督导从甲乙两校高二随机抽取各 50 名学生的数学成绩,结果甲校平均分为 77 分,标准差为 6,乙校平均分为 73 分,标准差为 8,他想知道两校学生数学成绩的 4 分差异是否意味着两校学生学习水平的确存在显著性差异。
> - 如果要调查居民家庭的教育经济支出情况,市政府为做到科学公正,委托了四家调查公司,这四家公司获得了同等的经费支持,用同样的方式抽样,使用了同一套调查问卷,那么,他们是否会获得接近的数据结果?如何证明它们的调查结果是一致的?
> - 如果你是一位数学老师,全年级 10 个班级的数学期末考试平均分是 88 分,而你们班级是 90 分,那么,是否有理由认为,你的教学效果与全年级的水平有显著的优势?

> 小张老师和小李老师是大学时代的同班同学,现在同是一所中学高三年级的数学老师,两个人进行旨在提高教学质量的实验研究,期末考试的结果出来了,小张老师所教班级的数学成绩是平均 80 分,小李老师所教班级的数学成绩平均是 83 分。小李老师内心十分高兴,认为自己的教学实验比较成功,自己班级学生的数学水平"的确"高!
>
> 那么 80 分和 83 分的差别能表示两个班级的数学水平确有显著的差异吗?学完本章以后,你能对这个问题给出明确答案吗?

对实证研究获得的数据进行统计处理的第二个基本问题就是在描述数据特征的基础上进行推断统计,即从已知样本的数据信息来推测总体的情况。本章主要介绍差异性检验,就是从已知样本之间的数据差异性来推测总体之间的数据是否存在显著性差异,以证明这种差异是由总体之间的差异性造成的,而不是来源于随机抽样误差。

第一节 概率分布和样本分布

一、概率分布

概率分布(probability distribution)是指用数学方法来描述随机变量取值的可能情况。了解随机变量的概率分布,就能为统计分析提供依据,从而估计或推论逼近于真实的情况,概率分布在数据的统计分析中具有十分重要的意义。

在中学学习的基础上我们已经知道:一枚硬币扔一次,正面朝上是一个可能发生也可能不发生的随机事件,反面朝上也是这样的一个随机事件。于是就抛硬币而言,正面朝上和反面朝上的概率各是 $\frac{1}{2}$。如果将每次发生的正面朝上记作得分1,反面朝上记作得分0,那么扔一次硬币,其可能的概率分布如表9-1:

表9-1 1次投币2种结果的概率分布

得分(X)	0	1
概率(p)	$\frac{1}{2}$	$\frac{1}{2}$

由表9-1绘制成的概率条形图如图9-1:

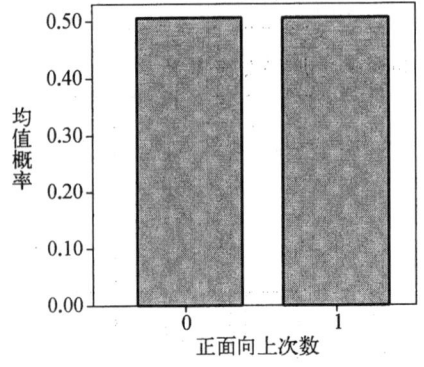

图9-1 1次投币2种可能结果的概率分布条形图

那么扔 2 次硬币呢？可能的概率分布将如表 9-2：

表 9-2 2 次投币 3 种可能结果的概率分布

得分(X)	0	1	2
概率(p)	$\frac{1}{4}$	$\frac{1}{2}$	$\frac{1}{4}$

由表 9-2 绘制成的概率条形图如图 9-2：

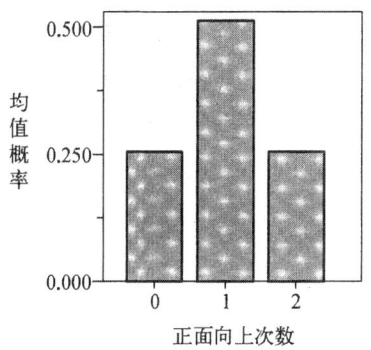

图 9-2 2 次投币 3 种可能结果的概率分布条形图

如果扔 3 次硬币，可能的概率分布将如表 9-3：

表 9-3 3 次投币 4 种可能结果的概率分布

得分(X)	0	1	2	3
概率(p)	$\frac{1}{8}$	$\frac{3}{8}$	$\frac{3}{8}$	$\frac{1}{8}$

根据表 9-3 绘制而成的概率条形图如图 9-3：

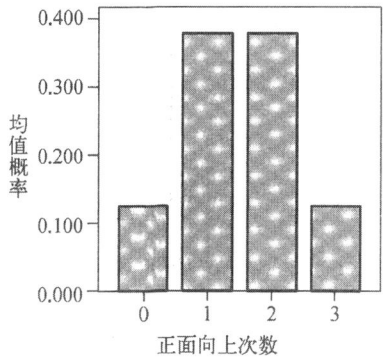

图 9-3 3 次投币 4 种可能结果的概率分布条形图

如果扔 4 次硬币,可能的概率分布将如表 9-4:

表 9-4　4 次投币 5 种结果的概率分布

得分(X)	0	1	2	3	4
概率(p)	$\frac{1}{16}$	$\frac{4}{16}$	$\frac{6}{16}$	$\frac{4}{16}$	$\frac{1}{16}$

根据表 9-4 绘制成的概率条形图如图 9-4:

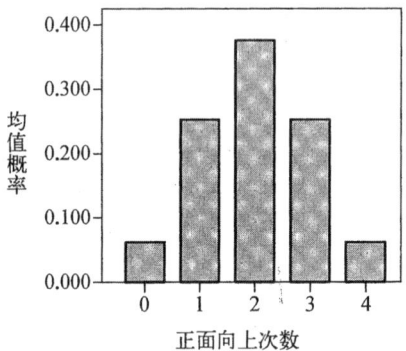

图 9-4　4 次投币 5 种可能结果的概率分布条形图

……

类推下去,扔 10 次硬币的话,产生可能的概率分布将如表 9-5:

表 9-5　10 次投币 11 种可能结果的概率分布

得分(X)	0	1	2	3	4	5	6	7	8	9	10
概率(p)	$\frac{1}{2^{10}}$	$\frac{10}{2^{10}}$	$\frac{45}{2^{10}}$	$\frac{120}{2^{10}}$	$\frac{210}{2^{10}}$	$\frac{252}{2^{10}}$	$\frac{210}{2^{10}}$	$\frac{120}{2^{10}}$	$\frac{45}{2^{10}}$	$\frac{10}{2^{10}}$	$\frac{1}{2^{10}}$

由表 9-5 绘制成的概率条形图如图 9-5:

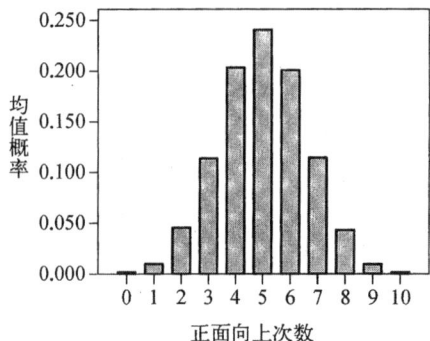

图 9-5　10 次投币 11 种可能结果的概率分布条形图

从图 9-1 看到图 9-5,我们可以推论:抛硬币的次数越多,则概率分布条形图中的直方条就越细密,顶点连线的轮廓就越平滑,即越接近于正态分布(如图 9-6)。这就有理由假定:随机事件如果发生得足够多,那么终究会产生一个如图 9-6 那样一个既简洁,又完满,还漂亮的正态分布曲线。所以,随着间断变量取值越来越多(如抛硬币的次数越来越多,可能的结果也越来越多),图形越来越接近连续变量绘制出的正态分布图。

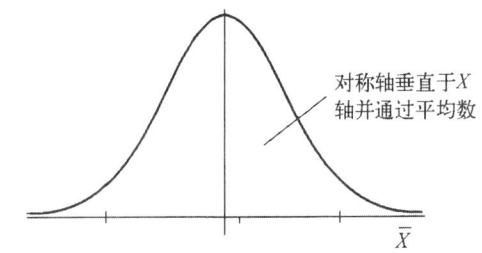

图 9-6 扔无数次硬币可能结果的概率分布是正态分布图

二、正态分布

1. 正态分布的曲线

如果某连续型随机变量服从正态分布(normal distribution),那么以该变量绘制出的随机变量取值的概率分布图就如图 9-6 所示。当然,对于连续分布,我们不能列出某个取值及其对应的概率。以身高为例,可能取值为:…160,161,162,…,168,169,170,…(单位 cm),或者介于其中的任意一个数值,如 168.328 cm,像这样某个数值的概率是没有意义的(其实某个数值的概率为 0)。对于连续随机变量,我们只能求出介于某一身高范围如 160~170 cm 的概率,因此连续分布的表示方法有别于离散分布,一般采用概率密度函数来表示。

当样本的容量及分组逐渐增加时,次数分布图将趋近于一条稳定而连续的曲线,这条曲线所对应的函数就称为连续随机变量的概率密度函数,一般表示为 $f(x)$。

正态分布也称常态分布,是数学上一个完美的理论分布,在数理统计的理论与实际应用中占有最重要的地位。人类社会、心理与教育领域中有大量的现象是按正态形式分布的,例如身高、体重等身体状态、能力的高低、学生成绩的好坏、某种人格特质(比如外向或内向)的表现程度,以及人们的社会态度,行为表现(比如攻击性),考察下来都表明是属于正态分布。

在任何分布形态中(如正态分布、T 分布、F 分布),密度函数 $f(x)$ 与横坐标所围的面积都是 1,这正如离散分布中所有可能结果的概率之和为 1 一样,都是用来表示所有可

能结果的概率之和。连续分布中表示某一范围的概率就是用这两点之间密度函数与横坐标所围成的面积的大小来反映,如下图所示:

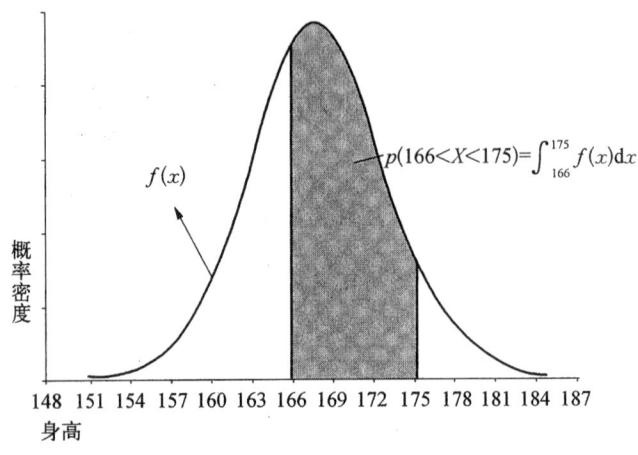

图 9-7 正态分布图

上图黑色区域的面积表示身高为 166~175 cm 的人占总人群的比例,即随机抽取一个人,他的身高介于此范围内的可能性。请你思考一下,密度函数曲线与横坐标所围成的总面积应该是多少呢？为什么呢？

2. 正态分布的特征

(1) 正态分布是左右对称的(但左右对称的不一定是正态的),它的对称轴是经过平均数点的垂线,也就是说平均数是正态分布曲线的对称轴(如图 9-6),这是因为平均数附近(相同的区间内)的数值出现的概率最大,如平均身高附近的人数比例最多。

(2) 正态分布曲线在对称轴处(即平均数点)最高,然后逐渐向两侧下降,曲线两端向靠近基线处无限延伸,但永远不与基线相交,所以,这项特点特别显示了标准正态分布的数学性质,是一条理论的曲线。

(3) 正态曲线下的面积为 1(即曲线与横坐标所包围的面积为 1),由于它以平均数为对称轴,是左右对称的,因此经过平均数点的垂线将正态曲线下的面积划分为相等的两部分,面积各为 0.50。

(4) 正态分布也可以看作是一簇分布。它随着随机变量的平均数、标准差的大小不同而有不同的分布形态。图 9-8 表示总体平均数 μ 为 -3 时的正态分布曲线,正态分布曲线会随着平均数不同而水平位置不同,这是因为通过平均数的垂线是正态分布的对称轴,对称轴不同自然曲线位置就不同了。如果平均数相同,标准差不同,这时标准差大的正态分布曲线形态低阔;如果标准差小,则正态曲线的形态高狭。见图 9-9,读者可以思考一下为什么。

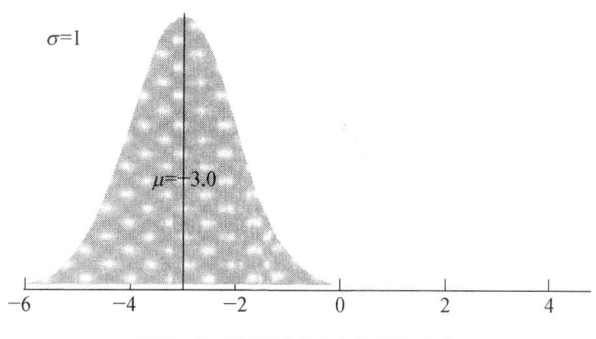

图 9-8 不同均值(μ)的正态分布

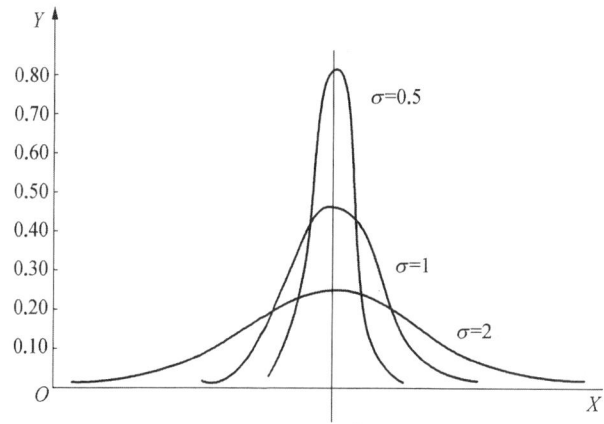

图 9-9 标准差不同的正态分布形态

如果原始分数服从正态分布(记为:$X \sim N(\mu, \sigma^2)$),将所有的原始分数一一转换成 Z 分数(标准分数)后,那么所有 Z 分数就服从标准正态分布(记为:$Z \sim N(0,1)$)。通过图 9-8 和图 9-9 可知,对于正态分布而言,决定曲线的参数有两个,一个是平均数决定曲线的水平位置,一个是标准差决定曲线的形态,所以不同的参数组合可以画出不同的曲线,正态分布有无数条曲线。然而标准正态分布曲线有几条呢?答案是只有一条,因为 Z 分数的平均数为 0,标准差为 1,参数均是固定的,这样的正态分布曲线只有一条,称之为标准正态分布曲线,该曲线以 Y 轴为对称轴。

(5)由于标准正态分布曲线只有一条,所以我们可以计算出平均数(0)上下某个区间内曲线与横坐标所包围的面积(概率)。在标准正态分布曲线下,区间大小(以标准差度量)与概率(面积)有一一对应的数量关系。如平均数上下各延伸一个标准差,包括总面积的 68.26%,意即正态分布中,从-1S 到+1S 的区间包括 68.26%的样本。正负 1.96 个标准差之间,包含总面积的 95%;正负 2.58 个标准差之间,包含总面积的 99%;在-3S~

±3S范围之间,包含总面积的99.74%;取值在±4S之间的概率为0.9999,即包含总面积99.99%,因此一个左右延伸±4S的正态曲线在教育科学研究的精度上完全可以看作一个"完全的"正态分布,仿佛我们在日常生活中把"99金"就看作"十足"的"纯"金一样。图9-10到图9-12是标准正态曲线下各区域内的面积比例。

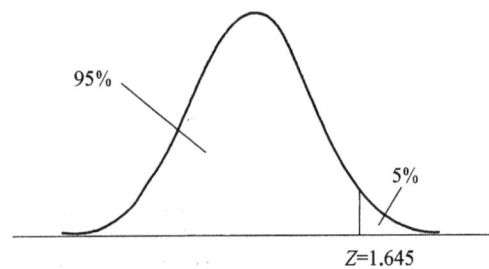

图9-10　Z分数取值在1.645之下的概率占95%

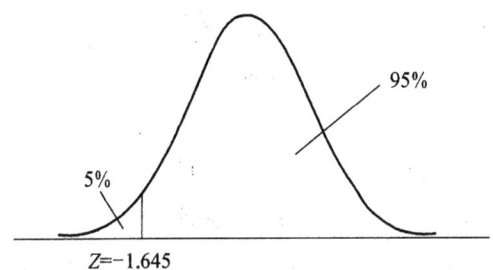

图9-11　Z分数取值在-1.645之上的概率占95%

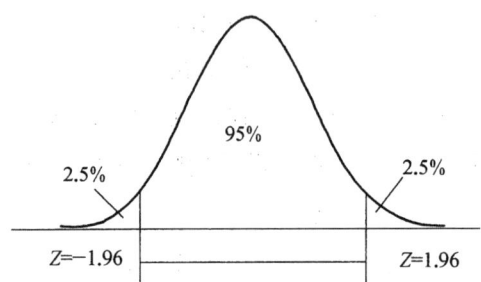

图9-12　Z分数取值在±1.96之间的概率为95%

3. 正态分布表的编制

依据正态分布密度函数,可用积分计算当 Z 为不同值时,正态曲线下的面积与密度函数值(y值)。不同的作者可采用不同的编制方法:有的从 $Z=-\infty$ 开始, Z 逐渐增加,表中列出的是某 Z 分数以下的累积概率;有的是从 $Z=0$ 开始,逐渐变化 Z 分数,计算从 $Z=0$ 至某一值(正数)之间的概率,本教材上的标准正态概率表的编制方法是从 $Z=0$ 开

始,逐渐变化 Z 值,计算从 Z=0 至某一定值(正数)之间的概率,如图 9-13 所示:

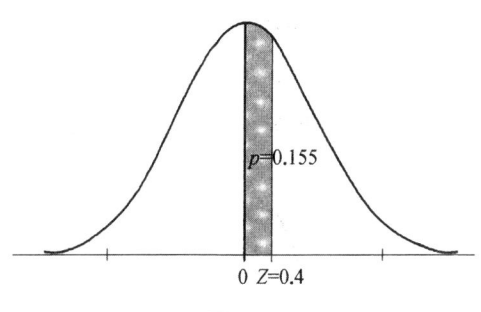

图 9-13

在本教材的标准正态分布表(参见附表1)中给出 Z 值及相应的 p 值由于正态分布为对称分布,故在 Z<0 时,其概率与 Z>0 时的相应的 Z 分数所对应的概率值是相等的。这里提醒读者一下的是,在使用其他地方的标准正态分布概率表时,一定要先了解一下该正态表的编制方法,以免用错,如有的给出的值是从 $-\infty$ 开始到某 Z 值之间的概率。另外在不大熟练时,可以简单地画一个图以帮助查表。

4. 正态分布表的使用

使用正态分布表,可以进行如下几个方面的计算。

(1) 依据 Z 分数求概率(p),即已知标准分数求面积。有下述三种情况:

① 求某 Z 分数值与平均数($Z=0$)之间的概率。例如,$Z=1$ 处到平均数之间的概率为 0.341 34;$Z=1.96$ 时,$p=0.475$;$Z=2.58$ 时,$p=0.495\ 06$。

② 求某 Z 分数以上或以下的概率。例如,求 $Z=1$ 以上的概率是多少?这时先查出 $Z=1$ 的概率 $p=0.341\ 34$,那么 $Z=1$ 以上的概率就应该是 $0.50-0.341\ 34=0.158\ 66$。同样,求 $Z=1.96$ 以上的概率为 $0.50-0.475=0.025$,求 $Z=-1.96$ 以下的概率也是 0.025。若问 $Z=1.96$ 以下或 $Z=-1.96$ 以上的概率是多少,则应该是 $0.50+0.475=0.975$。

③ 求两个 Z 分数之间的概率。例如,求 $Z=1$ 至 $Z=2$ 之间的概率,先要查出 $Z=1$ 的概率与 $Z=2$ 的概率,这时用较大的概率减去较小的概率,则得到其间的概率:$0.475-0.341\ 34=0.133\ 66$。若 Z 分数为一正一负则要将两个概率值相加,求两个 Z 分数之间的概率。例如,求 $Z=-1.96$ 到 $Z=+1.96$ 之间的概率,则为 $0.475+0.475=0.95$;$Z=\pm 1$ 之间的概率则为 $0.341\ 34+0.341\ 34=0.682\ 68$;$Z=\pm 2.58$ 之间的概率则为 $0.495\ 06+0.495\ 06=0.990\ 12$。

(2) 从概率(p)求 Z 分数,即从面积求标准分数值。这也有三种情况:

① 已知从平均数开始的概率值求 Z 值。这时直接按概率值查正态表就可等到相应的 Z 值。例如,已知平均数以上 0.25 的概率,求 Z 值。查正态分布表,找出与 0.25 最接近的概率是 0.248 6,其 $Z=0.67$,再查 $p=0.251\ 7$(接近 0.25)的 $Z=0.68$,若取近似值,$Z=0.67$ 或 $Z=0.68$ 都可用。若再精确一些,也可用内插法计算。

② 已知位于正态分布两端的概率值求该概率值分界点的 Z 值。这时不能由已知的概率值直接查表,需要用 0.5 减去已知两端的概率再 Z 表求 Z。例如,如求上端 0.05 概率分界点的 Z 值,则查 $0.5-0.05=0.45$ 的概率,表中没有列出 $p=0.45$ 的概率,而有 $p=0.449\ 5$ 和 $p=0.450\ 53$。若取近似值,这两个概率的 Z 值都可以;若用精确值,可用内插法计算。

③ 若已知正态曲线下中央部分的概率,求 Z 分数是多少。将中央部分的概率值除以 2 然后再据此 p 值查表求 Z,因为是曲线中间部分,故两侧都有分界的 Z 值,Z 值的绝对值相同,正负不同。例如求正态曲线中间部分 0.95 概率两处分界点的 Z 值,这时查 $0.95\div 2=0.475$ 的概率,Z 值为 1.96,故中间 0.95 概率的分界点 $Z=\pm 1.96$。

(3)已知概率或 Z 值,求概率密度 y,即正态曲线的高。这时,直接查正态分布表就能得到相应的概率密度 y 值,但要注意区分已知概率是位于正态曲线的中间部分,还是两尾端部分,才能通过 p 值查表求得正确的概率密度 y。由于 y 值很少用,故附表中未列出。

办公软件 EXCEL 可以实现正态分布表查询。

【例 9-1】当 $Z=1$ 时,查询相应的 p 值。

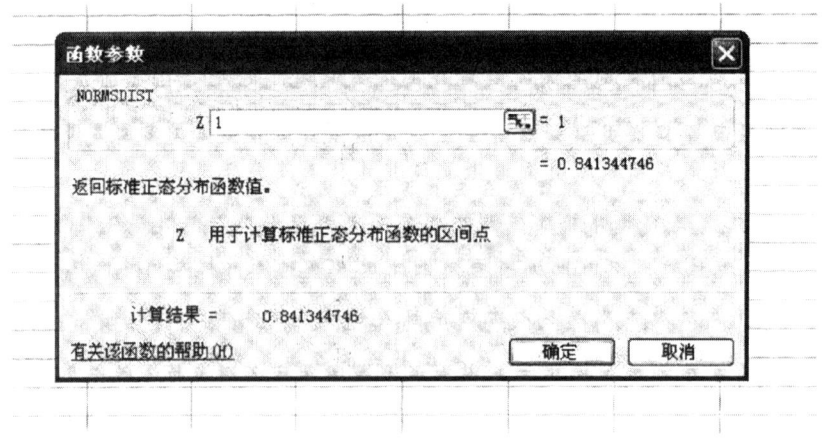

图 9-14 已知 Z 在 EXCEL 中查询 p 值

操作步骤是:打开 EXCEL,点击"插入"—"函数",输入 NORMSDIST 函数,见图 9-14。在"Z"中输入 1,得到"计算结果＝0.841 344 746"。这个结果意味着:假如一个个体在一个正态分布中获得 Z 值为 1,他在由低分到高分的排序中,排名 84.134%,即 84.134%的人的分数低于他。

注意,一般的统计学教材后面的正态分布表都是半表,EXCEL 提供的是全表。

三、样本分布

样本分布是指样本统计量的分布。

举例来说,有一个项目,要研究高中生每天的作业负担。全市高中生约 30 万,由于时间和经费的限制,我们不能调查全体 30 万人,我们必须抽一个样本,比如抽取 100 名高中生作为 30 万人的样本。

假如课题组在全市第一次随机抽样 100 人,获得这个样本的平均数,每日作业时间是 3 个小时,标准差是 0.5 个小时。接着,第二次抽样,再随机抽 100 人(注意,第一次抽到的 100 人依然参与随机抽样),第二样本调查获得高中生平均数每日作业时间是 2.8 个小时,标准差是 0.8 个小时。如此继续,无限制继续抽样,获得无数个 100 人的样本,获得无数个平均数,以及无数个标准差……

这无数个平均数排列在一起,就组成了**样本平均数抽样分布**,无数个标准差排列在一起,就组成了**样本标准差抽样分布**。

样本分布是统计推论的重要依据。在科学研究中,一般是通过一个样本进行分析的,只有知道了样本统计量的分布规律,才能依据样本来推论总体,也才能确定推论是正确还是错误,也就是正确或错误的概率是多少。常用的样本分布是平均数抽样分布。

在谈及样本统计量的分布时,首先要保证各个样本是独立的,各个样本都服从同样的分布。为了保证这一点,取样方法应该用随机抽样的方法。

1. 总体方差 σ^2 已知时

在正态总体中,总体方差 σ^2 已知的情况下,每次抽取一个样本容量为 n 的样本,无数次抽样获得的平均数 $\bar{X}_1$、$\bar{X}_2$……组成了一个平均数抽样分布。这个样本平均数分布是属于什么性质分布呢?理论及实验都可证明,这个样本平均数分布为正态分布。设母总体的参数为 μ(平均数),σ^2(方差),那么,样本平均数分布的平均数与方差(或标准差)与母总体的平均数与方差(或标准差)有如下关系:

$$E(\bar{X})=\mu \tag{9-1}$$

$$\sigma_{\bar{X}}^2 = \frac{\sigma^2}{n}, \quad \sigma_{\bar{X}} = \frac{\sigma}{\sqrt{n}} \qquad (9-2)$$

式中，$\bar{X}$ 表示样本平均数，E 表示数学期望即求平均数；$\sigma_{\bar{X}}^2$ 为样本平均数分布的方差，常称之为变异误；$\sigma_{\bar{X}}$ 为样本平均数分布的标准差，而为了与我们已知的"标准差"相区别，所以 $\sigma_{\bar{X}}$ 一般称为"标准误"（standard error），或"平均数的标准误"，可以用 SE 表示。

由上可知，样本平均数的平均数与包含它们的总体的平均数相同，样本平均数的标准误与总体的标准差成正比，而与样本容量 $\sqrt{n}$ 成反比。样本容量越大，标准误就越小。

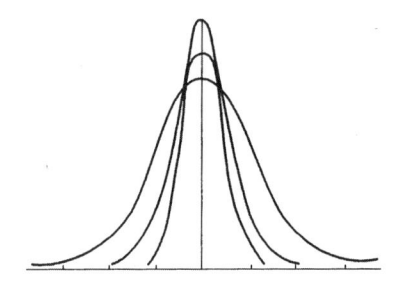

图 9-15 母总体与样本平均数分布的比较

如果横坐标都用总体随机变量的测量单位表示，则如图 9-15 所示，母总体正态分布低阔，是图中分布最宽的那根曲线，而样本平均数的分布高狭，高狭的程度与样本容量有关。样本容量越大，样本分布的标准误越小，样本分布越高狭。

若将原始分数转变成 Z 分数，可以用第八章公式 8-4，那么对于样本平均数分布而言，研究的是一个个样本平均数，如何将这些样本平均数转换成 Z 分数呢，可使用下列公式，读者可以比较公式 8-4，思考一下为什么。

$$Z = \frac{\bar{X} - \mu}{\sigma_{\bar{X}}} = \frac{\bar{X} - \mu}{\sigma/\sqrt{n}} \qquad (9-3)$$

2. 总体方差 σ^2 未知时

从一个正态分布的总体中，每次抽取容量为 n 的样本，计算平均值，由于总体方差未知，这时，计算样本平均数的 Z 分数需要用样本标准差来估计标准误，样本平均数的 Z 分布就不服从正态分布了，而是服从 t 分布，t 分布的形式随样本容量 n 的变化而变化。无限多个样本平均数的平均数就是总体平均数 μ（公式 9-1），而样本平均数分布的标准差（也称标准误）的估计量 $S_{\bar{X}}$ 与样本本身的标准差 S 有下述关系：

$$S_{\bar{X}} = \frac{S}{\sqrt{n-1}} = \frac{S_{n-1}}{\sqrt{n}} \qquad (9-4)$$

而 $S = \sqrt{\dfrac{\sum x^2}{n}}$，$S_{n-1} = \sqrt{\dfrac{\sum x^2}{n-1}}$，由于每个样本的标准差不同，故使用不同的样本标

准差能估计出不同的样本平均数分布的标准误,S_X 只是 σ_X 的估计量。

当正态分布的总体方差未知时,以 S_{n-1} 作为总体 σ 的估计值,以 S_X 作为 σ_X 的估计量。这时,样本平均数的 Z 分数呈 t 分布。

t 分布(t-distribution)是统计分析中应用较多的一种随机变量函数的分布,是统计学者高赛特 1908 年在以笔名"Student"发表的一篇论文中推导的一种分布。因此,这种分布有时也叫学生氏分布(Student's distribution),这种分布是一种左右对称、峰态比较低阔,分布形状随样本容量 $n-1$ 的变化而变化的一簇分布。以 S 为样本的标准差,S 的计算公式如 8-2 所示,t 分布的表达式为:

$$t=\frac{\overline{X}-\mu}{S_X}=\frac{\overline{X}-\mu}{S/\sqrt{n-1}} \tag{9-5}$$

t 分布与 σ 无关,而与 $n-1$(自由度)有关,t 分布的自由度用符号 df 表示,一般为 $n-1$,即样本容量减 1。自由度(degrees of freedom)是指任何变量中可以自由变化的数目,它代表 t 分布中独立随机变量的数目,故曰自由度。

t 分布有如下特点:

① 平均值为 0。

② 以平均值 0 为对称轴而左右对称,左侧 t 为负值,右侧 t 为正值。

③ 变量取值在 $-\infty \sim +\infty$ 之间。

④ 当样本容量趋于 ∞ 时,t 分布为标准正态分布,方差为 1;当 $n-1<30$ 时,t 分布与正态分布相差较大,随着 $n-1$ 减少,离散程度(方差)越大,分布图的中间变低但尾部变高,如图 9-16:

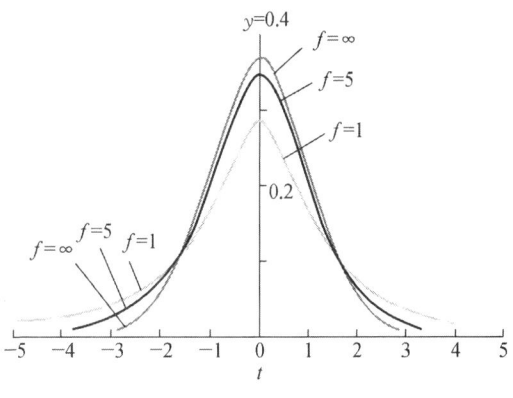

图 9-16 t 分布密度曲线图

知识小窗 9-1　　　　　自由度的理解

讲 t 检验时引进了一个术语,叫"自由度",在 t 检验里用 $(n-1)$ 来表达。那么自由度究竟是个什么意思呢?这里做个通俗的解说。

其实,在式 $(n-1)$ 里,那个 (-1) 部分是表示"失去 1 个自由度"的,这样才有 $(n-1)$ 后总共还有多少个自由度。比如若 $n=100$,那么自由度就是 99。

为了理解自由度的含义,请想象一个人每月取工资。特殊的规定是每个月的工资都必须取完,不能

> 剩余,而工资可以一次取完,也可以分比如三次取完。我们就假定他分三次取。这样,在他一次也没取的时候,你能猜出他每次都取多少钱吗? 不能。这也就是说他三次里每次取多少钱都是自由的。现在他第一次取钱,可以多少呢? 那是自由的;第二次取剩余下来的工资,他可以取多少呢? 还是自由的。但是按照最多分三次取尽的规则,他第三次取工资就不自由了,因为有了一个准确数目的钱是我们可以预知的。这时候,我们就可以说他在三次取钱时"失去1个自由度",他取的工资的自由度是$(n-1)=3-1=2$,即只有2个自由度。你可以让他分10次取完工资。类似地,前9次取钱他是都自由的,第10次取钱就没有自由度了,于是他取钱的自由度$(n-1)=10-1=9$。其实,自由度就是指随机事件,前面把最后一次之前的历次取钱——看成带有随性、不确定性的事件。
>
> 统计分析的实践表明在n是小样本的时候,用$(n-1)$还是用n来求平均的方差,结果的差别会较大,宜采用自由度,而在样本很大时,采用不采用自由度是关系不大的。尽管样本很大时不采用自由度也没关系,所以统计分析实践为了减少判断样本大小的麻烦,往往一律采用自由度。

t的值可以查t分布表。t分布表不同于正态分布表。附表2是常用的t分布表。t分布表由三方面的数值构成,即t值、自由度和显著性水平。表的左列为自由度,表的最上一行是单侧界限,即从t值所对应的一侧尾部的概率值。表的最下一行是不同自由度下t分布两尾端的概率(左右对称),即p值。它是指某一t值时,t分布两尾部概率之和,即双侧界限。双侧概率通常写作$t_{(\alpha/2)}$,单侧概率写作t_α。表内的数值是与不同的p值和df值相对应的t值,是根据t分布函数计算得到的,它随df及概率不同而变化。

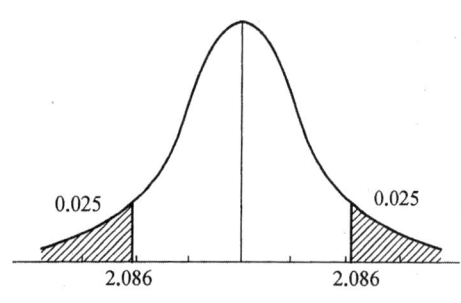

图9-17 $df=20$时t分布的双侧概率

例如$df=20$,双侧概率为0.05时,t值为2.086,记作$t_{0.05/2}=2.086$,即两尾端的面积和为0.05,见图9-17。本例的单侧概率就记作$t_{0.025}=2.086$,意思是一侧尾端的概率是0.025。

同样的自由度,若双侧概率为0.01时,t值为2.845,记作$t_{0.01/2}=2.845$,即双尾端的面积和为0.01。单侧概率就记为$t_{0.005}=2.845$。

若自由度为30时,$t_{0.01/2}=2.750$,虽然与自由度为20时相差很小,还是说明t值是随自由度的变化而变化的,只是随着自由度的增大变化的幅度越来越小。

粗略观察一下t表就可以发现:在自由度确定的情况下,t值越大,p值就越小。使用这个表,通常有两种情况:一种是已知自由度和概率值查t值,另一种是已知自由度和t值查相应的概率值。有时所查t值,不一定恰恰与某概率的t值相等,这时可取近似的概率值,或用直线内插法计算其精确度。EXCEL 中有统计功能实现 t 分布查表。

【例 9-2】计算 $t=2.1$、$df=30$ 时的双外侧概率。

打开 EXCEL,点击"插入"—"函数",输入 TDIST 函数,见图 9-18。在"X"中输入 2.1,在"Deg-freedom"中输入 30,在"Tails"中输入 2。"计算结果＝0.044 242 469",意为双外侧概率为 4.424 25%。

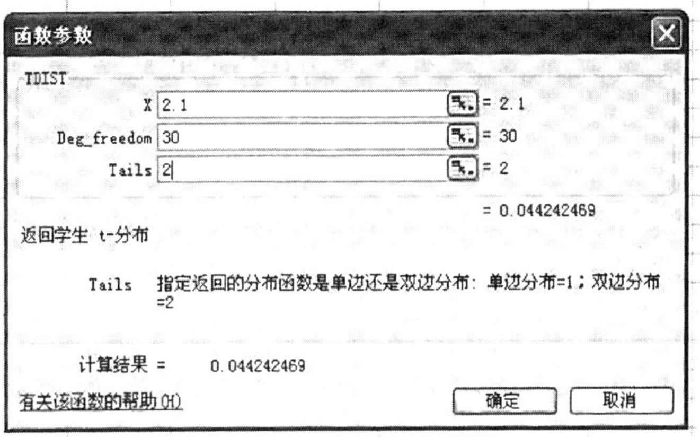

图 9-18　t 值分布查表

从 t 值表可查得自由度 $df=30$ 的情况下,在 0.05 概率时,$t=2.042$,而正态表相同概率时 $Z=1.96$,二者相差甚微,当 $df\to\infty$ 时,t 值表所列不同概率下的 t 值与正态表相应概率下的 Z 值完全相同。故可知当 $n\to\infty$ 时,t 分布的极限为正态分布。

总体分布为正态而总体方差未知这种情况,在心理和教育的研究中出现较多,因而 t 分布的应用比较多。当总体分布为非正态而其方差又未知时,若满足 $n>30$ 这一条件,样本平均数的分布近似为 Z 分布。

据前述,当分布的自由度为 30 时,t 分布与正态分布十分接近,故此时样本平均数的分布可视为渐近正态分布。这就是说,当 $n>30$ 时,应用正态表计算概率(近似值)或应用 t 分布表计算概率(较精确值)都可以。

除样本平均数的分布在一定条件下遵从 t 分布外,σ 未知时两样本平均数之差的分布、样本相关系数的分布、回归系数的分布在一定条件下也遵从 t 分布。

第二节 假设检验

一、假设检验的原理

1. H_0 和 H_1 假设

任何一项研究,都有自己做研究时所希望的预期的假设。例如,当一个老师提出用新的教学法教学的时候,他的预期假设是:新办法比老办法的教学效果好。这个期望的假设就是研究假设,记作 H_1。一个校长说,全市统考平均分 80 分,而我们学校平均分 83 分,他想表达的是:我们学校的水平高于全市的水平。事实上,在没有经过统计检验之前,他所期望的这个结论只能是一种假设,就是研究假设 H_1,H_1 也叫备择假设(alternative hypothesis)。

统计学不能直接验证研究假设,需要建立一个与之对立的假设,叫做零假设,也叫虚无假设(null hypothesis),记作 H_0。H_0 假设认为此样本所属的总体平均数与已知总体的平均数没有差异。假设检验的过程就是在虚无假设成立的前提下,看在已知总体中出现目前抽样误差的概率有多大。若出现的概率很小,就认为可以拒绝虚无假设,接受备择假设。这么下结论不是万无一失的,也有犯错误的可能性,只是这种可能性很小。

那么我们根据什么标准说某概率出现的可能性很小呢?我们根据统计学中的小概率原理。

2. 小概率事件的原理

假设检验的基本思想是概率性质的反证法。人们在实践中广泛采用了一个小概率事件原理,认为"小概率事件是不可能在一次实践中发生的"。通常情况下,"小概率"的标准是 0.05 和 0.01,也就是在 100 次同样的事件发生中,出现相同结果(重复发生)的可能性不超过 5 次或 1 次,还可以次数更少。这是按照不同学科和不同实践目标而有差异。比如,假如在 100 个考生中,有不到 5 人不及格,教师很可能仍然表示"很满意",但是一种新药给 100 名病人服用却导致 4 人死亡,这个药是绝对不能获批上市的。因此,"小概率"的标准因研究领域的不同而不同。

假设检验的逻辑是:在零假设成立的前提下,获得本研究所得到的样本的概率有多大。假如获得此样本的概率很小,那么我们认为,零假设成立的可能性不大。于是应该拒绝零假设,接受研究假设。

下面,本章将分别把假设检验的原理用于平均数的显著性检验和两个平均数差异的检验。由于篇幅限制,理论解释不多,请大家注意琢磨每道例题后面的解释。

学术研究 9-1　　　　科学检验的逻辑

科学检验的逻辑很有哲学的意味,属于科学哲学。从学科分类上看,哲学、数学和逻辑学,都不属于"科学"。因为一切科学都要实际搜集资料、数据,而这三门学科可以从一个公认的前提出发,做出无逻辑错误的推导结果就行,那就是"证明",意味着逻辑上 100% 正确。但是对科学研究,我们不能用"证明"这个词,只能用结果"证实"或"支持"××理论的说法。这是因为科学结论是没有 100% 正确的,比如牛顿的三大定理也可能在"明天"出错,所以我们"明天"还是要检验之。由于科学研究的结论总有错误的可能,因此科学检验的逻辑就不是去询问"正确",因为假如一项科学结论是 99% 错误的,你也可以抓住它的 1% 正确而宣言之,这样,科学结论的真伪标准就太松了。

于是,科学研究建立很严格的衡量标准,那就是不问"正确",只问"错误"(也就是误差)。科学检验的逻辑是说:假如你的科学结论出错的概率很小,那这个结论就暂时地被认为是"正确"的。在教育科学的数量研究里,我们可以把这个出错的小概率定为 10%、5%、1%,当然还可以更小,但是一般采用 5%。我们做统计检验,就是检验你的这项研究结果的出错率是否小于 5%,也就是说,在同一总体随机抽取 100 个样本做 100 次试验,只能有不到 5 个样本的结果是同你的假设违背的。如果做到了这一点,那么我们就承认你的结论"姑且"为正确。

二、双侧检验与单侧检验

1. 双侧检验

当一个校长关心两个老师的教学水平是否有差异的时候,他的重点是关心是否有差异,而不是期望一个老师比另外一个老师好,这种只强调差异而不强调方向性的检验叫双侧检验(two-sided test 或者 two-tailed test)。医学研究在比较两种新药的作用的时候,对药物的效果还不能预测,就只能做双侧检验。

2. 单侧检验

假设,一个校长提出,老的传统教学方式有缺陷,我们的创新教学方式有优势,这时他的假设是新教学法比老教学法好。这种强调某一方向的检验叫单侧检验(one-sided test 或者 one-tailed test)。通常适用于检验某一参数是否"大于"或"小于"、"优于"或"差于"、"快于"或"慢于"另一参数等一类问题。

在处理平均数显著性检验和两平均数差异检验的时候,假设方法是不同的,下面将让大家在实例中体会统计学的反证思维逻辑。

> **知识小窗 9-2　　　单侧与双侧检验，该用哪个？**
>
> 很多人在应用时分不清该用双侧还是用单侧检验。从数值上说，单侧检验更容易通过，但是从逻辑上说，两者不能混淆。
>
> 如果你做一项革新教学方法的实验，那么这从逻辑上说，存在 3 种可能。1）革新教学方法显著好，表现为测验的平均分数更高；2）和常规方法一样好，即测验的平均分数与常规教学班级的没有显著差异；3）不如常规方法，也就是测验的平均分数显著低于常规教学方法。我们对一个实验，无论它得出 3 种可能里的哪一种，我们都可以接受，因为我们是判断这个革新方法本身的性质，而在逻辑上没有倾向。这是要做双侧检验。双侧检验在逻辑上是宽容的，因为无论得出怎样的结果我们都低头接受，但是在数据判决上是更严格的。
>
> 如果你采纳一项屡试不爽的革新教学方法，从理论和经验上看，它导致的平均成绩就应该更好，否则，若出现上述 3 种可能里的另两种情况将都是荒谬的，那么你有理由采用单侧检验，更具体地说，是有理由采用上端检验。这样的单侧检验，在数值判据上是更容易通过的，但是在逻辑上是更严苛的，因为只允许出现一种结果，出现其他结果都表明失败。
>
> 一个比拟能让你更好地体味双侧检验和单侧检验的区别。如果你检验一种新技术能否提高水质，那么用双侧检验，因为你的技术也许非但不能提高水质，还可能反而降低水质。这表明是在检验你的水技术本身。技术好就用，不好就不用。但是，如果你用这个技术造出了净水，并宣称你的水的质量比别家的好，那就要用单侧检验。如果检验的结果是和别家的水质一样的，那么你也得宣布你的宣称是错误的。换言之，单侧检验不允许中药里说的那种理论的，所谓"吃不好病也不会坏身体"。
>
> 采用单侧检验需要理论上有足够根据和实际上有足够的证据。但是这个"足够的"是怎样的合理，有多少站得住脚的案例，却是需要科学研究界商定允诺的。这里没有统一的标准。比如，假使你教一班智商高的学生，那么你的教学效果可以采用单侧检验，因为假如你班的平均成绩和普通班级的一样，那就表明你的教学肯定出错了，而绝对不暗示智力对学习的作用之理论有可能改变。
>
> 从技术上说，建议总是采用双侧检验，因为通过了双侧检验的话，必然通过了单测检验。

第三节　平均数的显著性检验

一、单样本平均数显著性检验的适用

一个样本平均数的显著性检验是指检验这个样本所代表的总体平均数与被比较总体

平均数是否有显著的差异,若检验的结果表明差异显著,那就意味着样本所属总体的平均数(即 μ_1)与被比较总体平均数 μ_0 有差异,或者说样本平均数 $\overline{X}$ 与总体平均数 μ_0 的差异已不能认为完全是抽样误差造成的了,而是可以认为 $\overline{X}$ 来自另一个总体 μ_1。这时我们就说,样本平均数 $\overline{X}$ 与已知总体(被比较总体)平均数有显著差异。

二、两个样本平均数显著性检验的两种情况

两个样本的平均数显著性检验是指依据两个样本的平均数比较来推测两个样本是否来自同一总体,或者说两个样本所属的两个总体的平均数有没有显著性差异。根据总体分布的形态以及总体方差是否已知,样本平均数分布有多种情况,本教材仅涉及两种情况:总体方差已知,以及总体方差未知。

1. 总体方差 σ^2 已知时

当总体正态分布,总体方差已知时,根据公式 9-2 计算样本平均数分布的标准误,然后根据样本平均数与标准误代入公式 9-3 计算出 Z 分数,将之与 Z 值的临界点(显著性水平①为 0.05 或 0.01)进行比较,确定两总体的平均数是否存在显著性差异。

但是,这种情况在教育实践中很少遇到,为保证大家集中精力学习实用性强的知识,本章不详细讲解了,具体可以参考张厚粲(2009)编写的《现代心理与教育统计学》。

2. 总体方差 σ^2 未知时

当总体正态分布,总体方差未知时,根据公式 9-4 计算样本平均数分布的标准误,然后根据样本平均数与标准误代入公式 9-5 计算出 t 分数,再与 t 分布表临界点进行比较,以此确定两总体的平均数是否存在显著性差异。

由于使用 SPSS 统计软件不需要查正态分布表或 t 值表进行统计决断,所以关于手工计算的原理兹不赘述。

三、平均数显著性检验的 SPSS 举例

现在以软件操作实例来讲解这种检验过程。

【例 9-3】某校初二(1)班进行了一次 50 米短跑测验。30 名同学的成绩如表 9-6,他们的平均成绩为 8.62 秒。当体育老师获知全市初二学生 50 米平均成绩为 8.90 秒时,十分开心。问:8.62 秒和 8.90 秒的差异,是否表明这个班级的成绩与全区的成绩相比有显著的优势?

统计学认为,8.62 秒是一个样本平均数,8.90 秒是一个总体平均数,8.62 秒和 8.90 秒

---

① 显著性水平 α,是指接受 H_1 时可能犯的错误。

之间的差异,可能是出自系统误差(即:此校学生的水平确实和全市学生的学生不在一个层次上,有显著差异);也可能两个数据的差异来自取样误差(即:在一个平均数为 8.90 秒的总体里,多次随机抽取 30 个人的样本,获得多个样本的平均数,这些平均数的数值不会全部正好等于 8.9 秒,而是有多有少)。本节将讲解统计学如何检验 8.62 秒和 8.90 秒的差异是哪种误差?

表 9-6　初二一班 30 名学生 50 米短跑测试成绩(单位:秒)

学号	50 米成绩	学号	50 米成绩	学号	50 米成绩	学号	50 米成绩	学号	50 米成绩
1	8.38	7	8.65	13	9.12	19	7.64	25	9.05
2	8.13	8	8.50	14	8.88	20	8.80	26	8.87
3	8.23	9	8.61	15	8.53	21	8.70	27	8.49
4	9.20	10	8.68	16	8.50	22	8.05	28	9.67
5	8.16	11	8.57	17	7.82	23	9.58	29	9.05
6	7.63	12	8.77	18	8.19	24	9.61	30	8.42

SPSS 中的数据输入格式如图 9-19 所示。

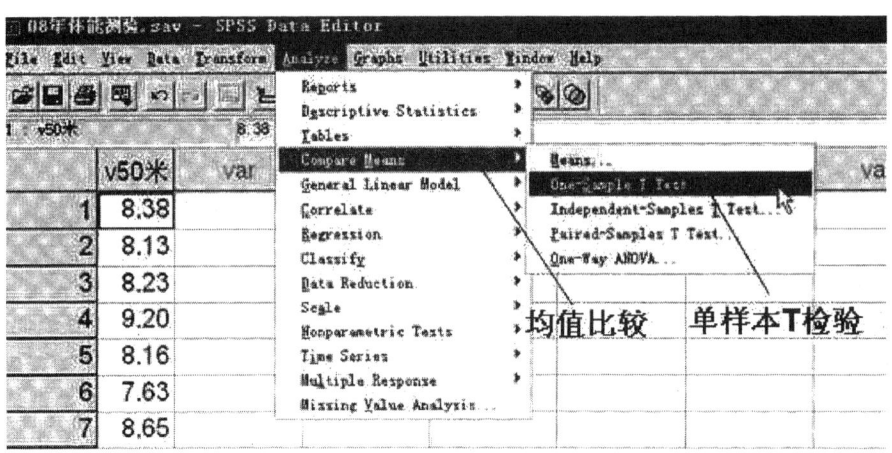

图 9-19　检验平均数显著性的菜单

这个检验过程可以是这样的:

1. 建立研究假设 $H_1:\mu_1 \neq \mu_0$,表示该班学生 50 米短跑成绩和全市水平存在显著性差异,其中 μ_1 为某校初二(1)班短跑平均成绩,μ_0 为全市短跑平均成绩;建立零假设 H_0:表示该班学生 50 米短跑成绩和全市水平不存在显著性差异,即 $\mu_1 = \mu_0 = 8.90$ 秒。注意,这样做是一个双侧假设。

2. 建立数据文件,仅一个变量"V50 米",贴上标签"08 年 50 米成绩"。

3. 单击主菜单 Analyze → Compare Means →One-Sample T Test …(如图 9 - 19),弹出对话框"One-Sample T Test "(图 9 - 20),将变量"08 年 50 米成绩"在总平均数(Test Value)内输入"8.9"。点击"OK"。结果见表 9 - 7、9 - 8。

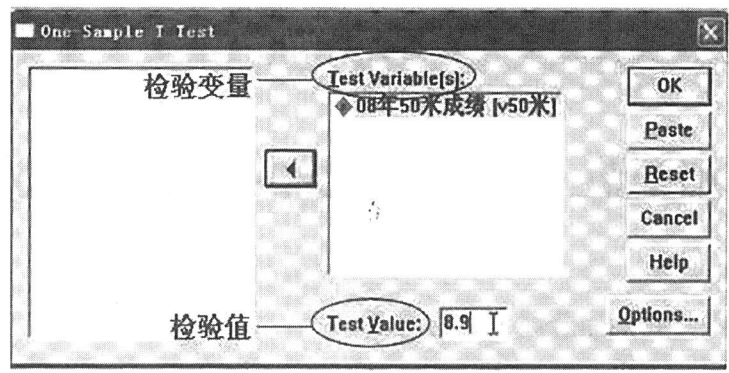

图 9 - 20 检验平均数显著性的对话框

表 9 - 7 描述性统计结果

	N	Mean	Std. Deviation	Std. Error Mean
50 米成绩	30	8.616 0	.525 35	.095 92

表 9 - 8 t 检验结果

	Test Value = 8.9					
	t	df	Sig.（2-tailed）	Mean Difference	95% Confidence Interval of the Difference	
					Lower	Upper
50 米成绩	−2.961	29	.006	−.284 00	−.480 2	−.087 8

表 9 - 8 显示的结果这么解释:在总平均数为 8.90 秒的总体中,多次抽样形成的抽样分布是一个标准误为 0.095 92 的 t 分布。在这个 t 分布中,抽取一个与总平均数有这么大差异的样本,其可能性为 0.6%(即 Sig.(2-tailed)值)。这是一个小概率事件,一次实践是不会发生的,现在抽到了这个样本,可以认为这个样本不是来自这个已知总体,而是来自另外一个平均数不等于 8.9 秒的总体。所以,应该否认零假设,接受研究假设,认为这个班级的短跑成绩与全市水平不一样。对于双侧检验来说,若 Sig.>0.05 表示不存在显著性差异;0.01<Sig.<0.05 表示存在显著性差异;Sig.<0.01 表示存在极其显著性差异。这个判断原则可用于任何 SPSS 统计结果中的解释。

假如要检验的假设是:该班学生 50 米短跑成绩好于全市水平,那么研究假设的数学表达式是 $H_1:\mu_1<\mu_0$,表示该班学生 50 米短跑成绩显著好于全市水平,因为短跑平均用

时越短,成绩越好;建立零假设 $H_0:\mu_1 \geqslant \mu_0 = 8.9$,表示该班学生 50 米短跑成绩等于或显著慢于全市水平。注意,这样做是一个单侧假设。

计算过程同上。结果的解释稍有差异:在这个 t 分布中,获得一个与平均数小于等于 8.616 的样本,其可能性为 0.3%。这是一个小概率事件,一次实践是不会发生的,所以,应该否认零假设,接受研究假设,认为这个班级的短跑成绩显著快于全市水平。

第四节 平均数差异的显著性检验

一、平均数差异的显著性检验的适用

平均数差异的显著性检验,就是对两个样本平均数之间差异的检验。这种检验的目的在于由样本平均数之间的差异($\bar{X}_1 - \bar{X}_2$)来检验各自所属的两个总体之间的差异($\mu_1 - \mu_2$)。这时不但需要注意两个总体方差是否一致、还需要考虑两个样本是否相关。不同条件下须用不同的公式,不能用错,这是在实际应用中特别要引起重视的问题。

二、平均数差异的显著性检验的 SPSS 举例

1. 相关样本的举例

所谓相关样本,是指两个样本的数据之间存在一一对应的关系,比如:同一组被试在前后两次实验的结果,或者在配对试验中,成对被试随机分配进入实验组和对照组,这时前后两次结果相互影响,而不独立,就可视它们为相关样本。

【例 9-4】某校 30 名初二学生,期中、期末各测了一次 50 米短跑成绩。成绩如表 9-9,问:期末的时候,短跑成绩是否有显著提高,即期末的短跑时间是否显著短于期中的短跑时间?

表 9-9 30 名学生期中、期末 50 米短跑成绩(单位:秒)

学号	期中	期末	学号	期中	期末	学号	期中	期末
1	8.58	8.6	11	8.57	8.5	21	8.80	9.0
2	8.83	8.9	12	8.77	8.6	22	8.05	7.7
3	9.11	9.2	13	9.22	9.3	23	9.58	9.7
4	9.20	9.7	14	8.99	9.3	24	9.61	9.6

续　表

学号	期中	期末	学号	期中	期末	学号	期中	期末
5	8.16	8.5	15	8.93	9.2	25	9.05	9.6
6	7.83	7.8	16	8.91	9.0	26	8.97	9.0
7	8.99	9.1	17	8.22	8.4	27	8.99	9.2
8	8.90	9.0	18	8.59	8.6	28	9.67	9.2
9	8.61	8.2	19	7.94	8.3	29	9.05	9.4
10	8.68	8.8	20	9.20	9.4	30	8.90	9.1

数据输入格式如下图所示，其中"学号"变量不参与统计：

图 9-21　数据输入格式

解题过程：

1. 研究假设是：$\mu_1 > \mu_2$，建立零假设：$\mu_1 \leqslant \mu_2$，假设期末的短跑成绩没有加快（甚至还

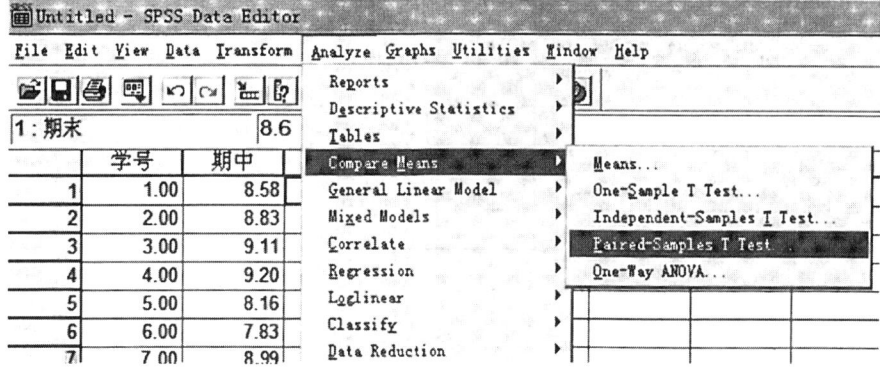

图 9-22　配对样本的差异检验菜单

包括倒退),其中 μ_1 为期中短跑的平均时间,μ_2 为期末短跑的平均成绩。

2. 建立数据文件,因为每个学生都参加了两次测试,因此,要建立两个变量"期中"和"期末"。这样,样本"期中"和样本"期末"是相关样本。

3. 单击主菜单 Analyze → Compare means →Paired-Samples T Test(如图 9-22),弹出对话框"Paired-Samples T Test"(如图 9-23),将变量"期中"、"期末"点击进入研究变量框,点击"OK",得到两张表,表 9-10 和表 9-11。

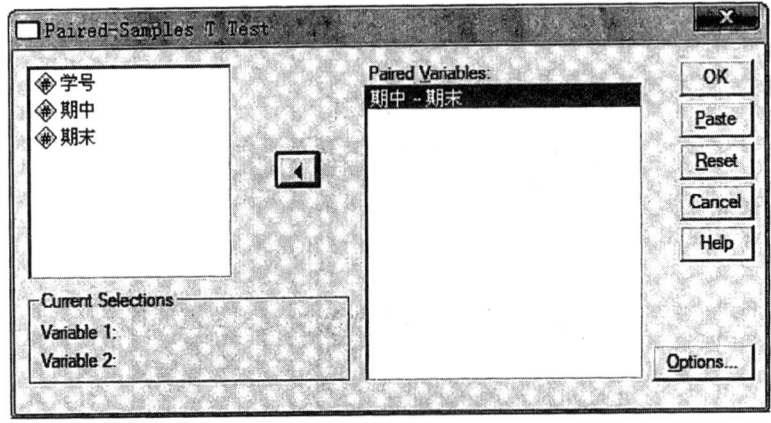

图 9-23 配对样本的差异检验对话框

表 9-10 描述性统计结果

		Mean	N	Std. Deviation	Std. Error Mean
Pair 1	期中 50 米	8.83	30	.458	.083 6
	期末 50 米	8.93	30	.521	.095 2

表 9-11 t 检验结果

		Paired Differences					t	df	Sig. (2-tailed)
		Mean	Std. Deviation	Std. Error Mean	95% Confidence Interval of the Difference				
					Lower	Upper			
Pair 1	期末 50 米—期中 50 米	−.100	.233	.043	−.188	−.012 0	−2.32	29	.027

这两张表的结果这么解释:在 H_1 成立的前提下,在总平均数相等的两个总体中,各抽一个样本,其平均数的差异为 d,多次重复这样的抽样,d 的分布是一个以 0 为平均数、标准差为 0.043(表中的 Std. Error Mean 值)的 t 分布。我们眼前这个案例中,两个样本的平均数差异 d 是−0.1(用 8.83 减 8.93),出现 d 值为−0.1 的概率为 2.7%。概率为

2.7%的事件是一个小概率事件，一次实践是不会发生的，我们认为这两个样本不会是来自总体平均数相等的两个总体。所以，应该否认零假设，接受研究假设，认为这两次考试的成绩是有系统性差异的。如表 9－10 所示，期末平均成绩为 8.93 秒，期中成绩为 8.83 秒，所以期末短跑成绩不但没有比期中成绩显著提高，反而显著低于期中成绩，因为对于短跑而言，用时越长，成绩越差。

【例 9－5】某校 180 名学生一周之内参与了两次语言能力测试。请问如何根据学生的成绩判断两次测验的试卷难度有无差异？（原始数据略，读者可依据操作步骤自行编一些数据进行练习。）

根据题意，基本可以认为，一周之内学生的语言能力保持稳定，那么学生卷面成绩的波动可以认为是试卷的难度差异导致。请根据学生的分数，判断这两份试卷的难度是否相等。成绩在 SPSS 中的输入格式如图 9－24 所示，其中“班级”“学号”“姓名”“性别”变量不参与统计。

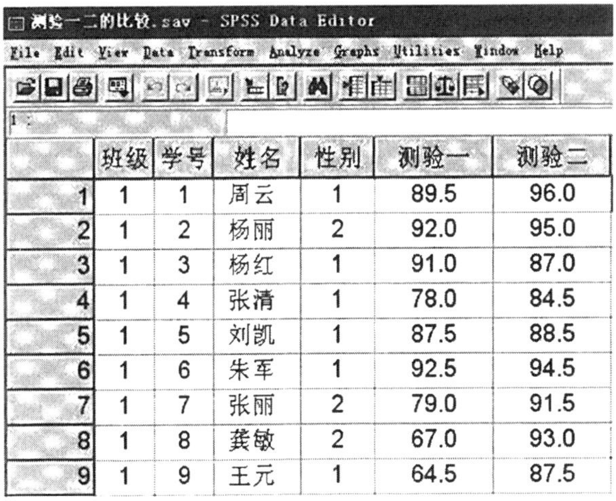

	班级	学号	姓名	性别	测验一	测验二
1	1	1	周云	1	89.5	96.0
2	1	2	杨丽	2	92.0	95.0
3	1	3	杨红	1	91.0	87.0
4	1	4	张清	1	78.0	84.5
5	1	5	刘凯	1	87.5	88.5
6	1	6	朱军	1	92.5	94.5
7	1	7	张丽	2	79.0	91.5
8	1	8	龚敏	2	67.0	93.0
9	1	9	王元	1	64.5	87.5

图 9－24　数据输入格式

1. 建立研究假设：$\mu_1 \neq \mu_2$，表示两次考试试卷难度存在显著性差异；建立零假设：$\mu_1 = \mu_2$，表示两次考试试卷难度不存在显著性差异。注意，这样做是一个双侧假设。

2. 建立数据文件，因为每个学生都参与了两次考试，因此除了考生背景信息之外，要建立两个变量“测验一”和“测验二”。这样样本“测验一”和样本“测验二”是相关样本。

3. 单击主菜单 Analyze → Compare Means →Paired-Samples T Test（如图 9－25），弹出对话框“Paired-Samples T Test ”，如图 9－26。将变量“测验一”“测验二”点击进入研究变量框，点击“OK”。结果见表 9－12 和表 9－13。

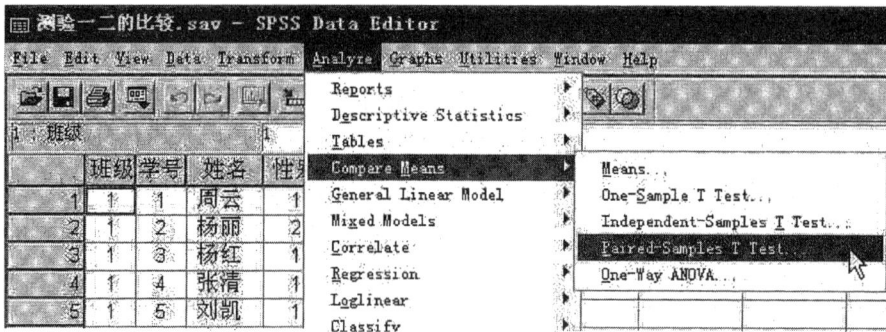

图 9-25 配对样本的差异检验菜单

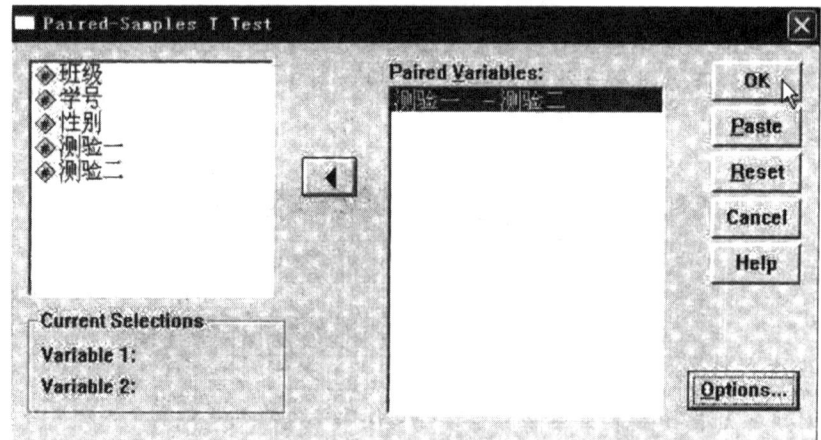

图 9-26 配对样本的差异检验对话框

表 9-12 描述性统计结果

		Mean	N	Std. Deviation	Std. Error Mean
Pair 1	测验一	81.847	180	9.107	.679
	测验二	88.800	180	7.519	.560

表 9-13 配对样本 t 检验表

		Paired Differences					t	df	Sig. (2-tailed)
		Mean	Std. Deviation	Std. Error Mean	95% Confidence Interval of the Difference				
					Lower	Upper			
Pair 1	测验一—测验二	−6.953	6.162 8	.459 3	−7.859	−6.046	−15.136	179	.000

这两张表的结果这么解释:在总平均数相等的两个总体中,各抽一个样本,其平均数的差异为 d,多次重复这样的抽样,d 的分布是一个以标准差为 0.459 3(表中的 Std. Error Mean 值)的 t 分布。在这个 t 分布中,抽得一对样本,其差异为 $-6.953(81.847-88.80)$ 的概率远远小于 0.1%,这是一个小概率事件,一次实践是不会发生的,所以,应该否认零假设,接受研究假设,认为这两次考试的成绩是有系统性差异的。我们默认一个条件:学生在短期内水平是稳定的,既然分数有显著差异,那么这个差异只能来自考卷的难度不相等。

2. 独立样本的举例

【例 9-6】根据两个班级的总分,统计分析:两个班级的总分有没有显著差异。(原始数据略,读者可依据操作步骤自行编一些数据进行练习。)

成绩在 SPSS 中的输入格式如图 9-27 所示,其中"姓名"变量不参与统计。请注意独立样本 t 检验与相关样本 t 检验在 SPSS 中的数据排列格式上是不一样的,在相关样本 t 检验中(图 9-24)没有分组变量,而在独立样本 t 检验中(图 9-27)有分组变量,本例的分组变量为"班级"。

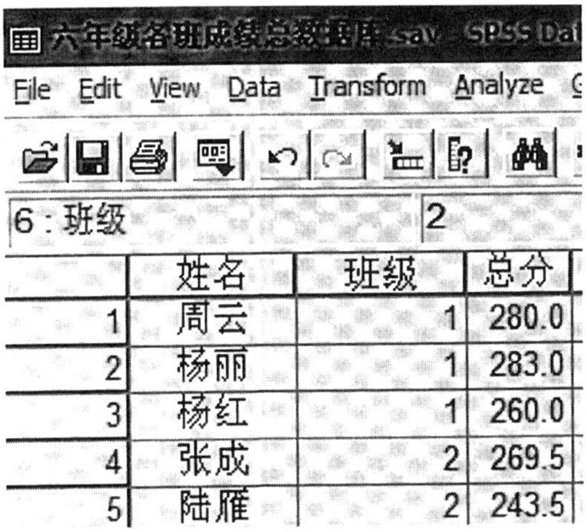

图 9-27 数据输入格式

题目分析:两个班级的成绩,是两个独立样本,因此用独立样本的差异检验。SPSS 的实现过程是:

第一步:单击主菜单 Analyze → Compare Means → Independent-Samples T Test(如图 9-28),弹出计算独立样本平均数差异显著性检验的对话框(如图 9-29)。

第二步:在图 9-29 中,将左框中的"总分"选入 Test Variable(s)中,将"班级"选入 Grouping Variable 中,然后单击 Define Groups(定义组别),将出现一个子对话框,如图 9-30。

第三步:在 Group1 中输入"1",在 Group2 中输入"2"("1"为 1 班,"2"为 2 班),然后单击 Continue,退回到上级对话框,如图 9-30,点击 OK,输出结果如表 9-14 所示。

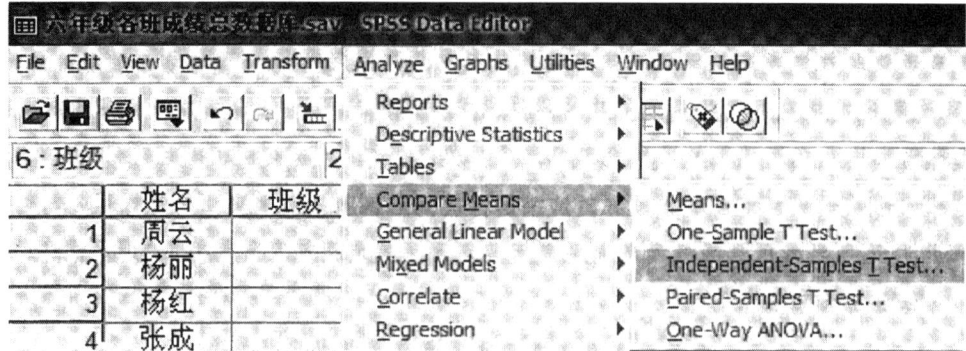

图 9-28 独立样本平均数差异检验的菜单

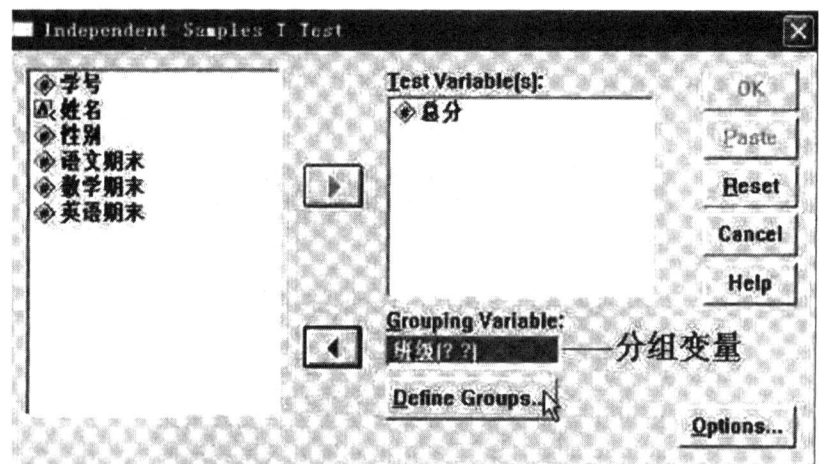

图 9-29 平均数差异检验的对话框

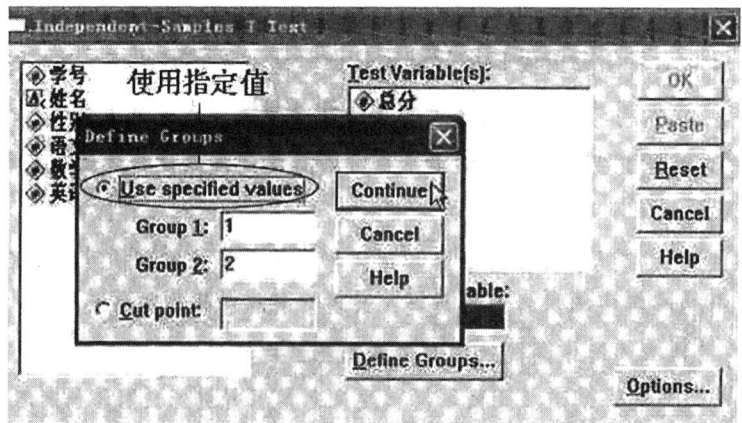

图 9-30 指定对比组对话框

如表 9-14 所示,经过方差齐性检验,$p=0.762>0.05$,则两独立样本方差齐性①(当方差齐性时,以上一行的 t 检验结果为准;方差不齐性时,以下一行时的 t 检验结果为准)。此时,t 检验结果为 $t=1.292(df=58)$,$p=0.201>0.05$,表明一班和二班的期末总分之间没有显著性差异。

表 9-14　独立样本平均数差异检验结果

Levene's Test for Equality of Variances			t-test for Equality of Means						
	F	Sig.	t	df	Sig. (2-tailed)	Mean Difference	Std. Error Difference	95% Confidence Interval of the Difference	
								Lower	Upper
Equal variances assumed	.092	.762	1.292	58	.201	7.10	5.493	−3.896	18.096
Equal variances not assumed			1.292	57.991	.201	7.10	5.493	−3.896	18.096

第五节　方差分析

在教育和心理学实验中,我们会遇到比较两组样本数据的平均数的差异是否显著的问题,我们一般所用的方法是 Z 检验、t 检验等检验方法。但是在很多的实验中我们遇到的不仅仅是两组样本平均数的比较问题,还经常会遇到比较三组、四组甚至更多的平均数问题,而且有时候影响试验结果的因素不止一个,而是多个因素影响整个实验过程,这时候简单的 Z 检验、t 检验就不再适用了,而要使用方差分析。

方差分析又称作变异分析(analysis of variance,ANOVA)是由英国统计学家费舍尔首创,为纪念费舍尔,以 F 命名,故方差分析又称 F 检验或者变异数分析,主要用于推断两个或者两个以上的总体均数有无显著差异,从这个角度来说,方差分析可以说是 t 检验的扩展。t 检验用于两组连续型资料的比较,而方差分析用于 3 组及 3 组以上连续型资料的比较。

---

① 所谓方差齐性是指两总体的方差没有显著性差异。

一、方差分析的基本原理

1. 综合虚无假设与部分虚无假设

方差分析主要用于处理多于两个以上的平均数之间的差异检验问题。此时,该实验研究就是一个多组设计,需要检验的假设就是"至少有一对平均数"之间有显著性差异。为此,设定虚无假设为,样本所属的所有总体的平均数都没有显著性差异,一般把这一假设称为"综合的虚无假设"(omnibus null hypothesis),譬如某个实验设计中有三个实验组,综合虚无假设就可表述为:$H_0: \mu_1 = \mu_2 = \mu_3$。检验综合虚无假设是方差分析的主要任务。如果综合虚无假设被拒绝,紧接着要确定究竟哪些组之间的平均数存在着显著性差异时,需要运用事后检验方法来确定。

2. 方差分析的几个基本概念

【例9-7】有研究者想探讨噪音对解决数学问题的影响作用,噪音是自变量,划分为三个强度水平:强、中、无,因变量是解决数学问题时产生的错误次数。实验者随机抽取12名被试,再随机把他们分到强、中、无三个实验组。每组被试在接受数学测验时都戴上耳机。强噪音组的被试通过耳机接受100分贝的噪音;中度噪音组的被试接受50分贝的噪音;无噪音组的被试则没有任何噪音。数学测验完毕后,计算每位被试的错误频数,实验结果如表9-15所示。请问,这个数据结果,是否可以认为噪音对解决数学问题的思维效率有影响?

方差分析中的几个基本概念:

(1) 因素(factor):影响实验结果的自变量,如年龄、年级、智力、性别,也可以是外在环境的刺激,如学习材料、光线的强度、教学方法等。本例中的因素为"噪音强度"。

表9-15 不同强度噪音下解数学题犯错误次数

噪音(分贝)组别	强(100)(A组)	中(50)(B组)	无(C组)	$k=3$
$n=4$	16	4	1	
	14	5	2	
	12	5	2	
	10	6	3	
$\overline{X}_j$	13	5	2	$\overline{X}_t=6.67$

(2) 因素的水平(level):因素的每一个特定值称为水平。例如某教学实验中年级有三个水平分别是初中一年级、初中二年级和初中三年级;性别有两个水平,分别是男、女。本例中的因素水平为强、中、无3个水平。

(3) 实验处理(treatment):是在多因素方差分析中,有两个或两个以上的因素,实验处理是指因素水平的不同组合。例如本例中如果加入一个性别因素,则有 3×2 个实验处理。

男			女		
强	中	无	强	中	无
1	2	3	4	5	6

在实验中若只有一个因素,则该因素的一个水平也就是一个处理。

3. 总平方和的可分解性

方差分析依据的基本原理就是平方和的可加性原理。确切地说,应该是总变异的可分解性。作为一种统计方法,方差分析把实验数据的总变异分解为若干个不同来源的变异。不同来源的变异只有当它们可加时,才能保证总变异分解的可能。具体地讲,就是将总平方和分解为几个不同来源的平方和。

考察这类研究结果的显著性差异就可用方差分析来解决。表中用 $k=3$ 表示三种实验条件,$n=4$ 表示每种实验条件中有 4 个被试,$\overline{X}_j$ 表示某组的平均数,$\overline{X}_t$ 表示总体平均数。全部数据在 $\overline{X}_t$ 上下变异,三组平均数 $\overline{X}_A, \overline{X}_B, \overline{X}_C$ 彼此间存在差异,每一组内的 4 个数据相互也有差异,这两部分的差异合起来即为实验结果总的差异。或者说,每一个数据与 $\overline{X}_t$ 的差异等于它与本组平均数之差加上小组平均数与 $\overline{X}_t$ 的差。例如 A 组第 4 号被试($X_4=10$):$X_4-\overline{X}_t=3.33$,而 $X_4-\overline{X}_A=-3, \overline{X}_A-\overline{X}_t=6.33$。

平方和指观测数据与平均数离差的平方总和。就一般情况而言,任意一个数据 X_{ij}(第 j 组的第 i 个数据)与总平均数 $\overline{X}_t$ 的离差($X_{ij}-\overline{X}_t$),等于 X_{ij} 与该组平均数的离差($X_{ij}-\overline{X}_j$)加上该组平均数与总平均数的离差($\overline{X}_j-\overline{X}_t$)。即:

$$X_{ij}-\overline{X}_t=(X_{ij}-\overline{X}_j)+(\overline{X}_j-\overline{X}_t)$$

每一个数据与总平均、组平均数的这种等式关系均可以写出来,将每个等式两边平方之后,再将等式左、右两边对应相加,经过变换后可得:

$$SS_T=SS_B+SS_W \qquad (9-6)$$

其中 SS 表示平方和(sum of square),在方差分析中,平均和均是指"离均差的平方和";SS_T 为总平方和(sum of squares total),表示实验中产生的总变异;SS_B 为组间平方和(sum of squares between groups),表示由于不同的实验处理而造成的变异;SS_W 为组内平方和(sum of squares within group),表示由实验误差(包括个体差异)造成的变异。下标 T 表示全部(total)的意思,B 代表组间(between groups)之意,W 代表组内(within group)之意。

这样,总变异就被分解为组间变异和组内变异两部分。组间变异主要指由于接受不同的实验处理而造成的各组平均数之间的差异,组间平均数的差异越大,组间平方和就越大。组内变异是指由实验误差,或组内被试之间的个体特质差异所造成的个体得分之间的差异,个体得分差异越大,组内平方和就越大。

4. 方差分析的计算原理

在介绍方差分析的计算原理之前,先来回顾一下第八章的方差计算:$S^2 = \dfrac{\sum(X-\overline{X})^2}{N} = \dfrac{\sum x^2}{N}$,从方差的表达式中可以看出,分子为平方和(离均差的平方和),分母 N 就表示方差的自由度,即方差为平均平方和,用 MS(mean square)表示,其一般表达式为:$MS = \dfrac{SS}{df}$。

如果用组间方差来衡量各组平均数之间的变异大小,用组内方差来衡量各组内部数值之间的变异大小,用 F 表示组间方差与组内方差的比值。则有:

$$MS_B = \dfrac{SS_B}{df_B} \tag{9-7}$$

$$MS_W = \dfrac{SS_W}{df_W} \tag{9-8}$$

$$F = \dfrac{MS_B}{MS_W} \tag{9-9}$$

MS_B 表示组间方差,一般称作组间均方(mean squares between groups);df_B 为组间自由度,$df_B = k-1$。MS_W 表示组内方差或称组内均方(mean squares within group),指误差的均方;df_W 为组内自由度,$df_W = k(n-1)$。

在方差分析中,如果实验中各个组内部被试之间存在着不同程度的差异,即接受同样处理的被试在因变量上有差异,那么组内平方和就会比较大,组内方差 MS_W 也会比较大,组内平方和越大,表明实验误差越大。如果组间平方和越大,组内平方和就会越小,F 就会越大,各组平均数之间有显著差异的可能性也越大。从统计角度考虑,缩减样本内部的变异,使组间的变异就能凸显出来,这是所有实验研究在设计时的一个关键问题。

若组间方差对组内方差的比值 F 越大,说明组间变异越大,组内变异较组间变异来说只占很小的一部分,总变异基本是由组间变异造成的,则各组平均数间的差异就越有可能达到显著水平。反之,若 F 越小,说明组内变异越大,组间变异只占组内变异很小的一部分,总变异大部分是由组内变异造成的,各组平均数间的差异就越难达到显著水平。通过对组间变异与组内变异比值 F 的分析,来推断几个相应平均数差异的显著性,这就是方差分析的原理。

二、方差分析的 SPSS 举例

在 SPSS 中，菜单“One Way ANOVA”实现简单方差分析功能。例(9－7)的软件操作过程如下：

	噪音水平	犯错次数
1	1	16
2	1	14
3	1	12
4	1	10
5	2	4
6	2	5
7	2	5
8	2	6
9	3	1
10	3	2
11	3	2
12	3	3
13		

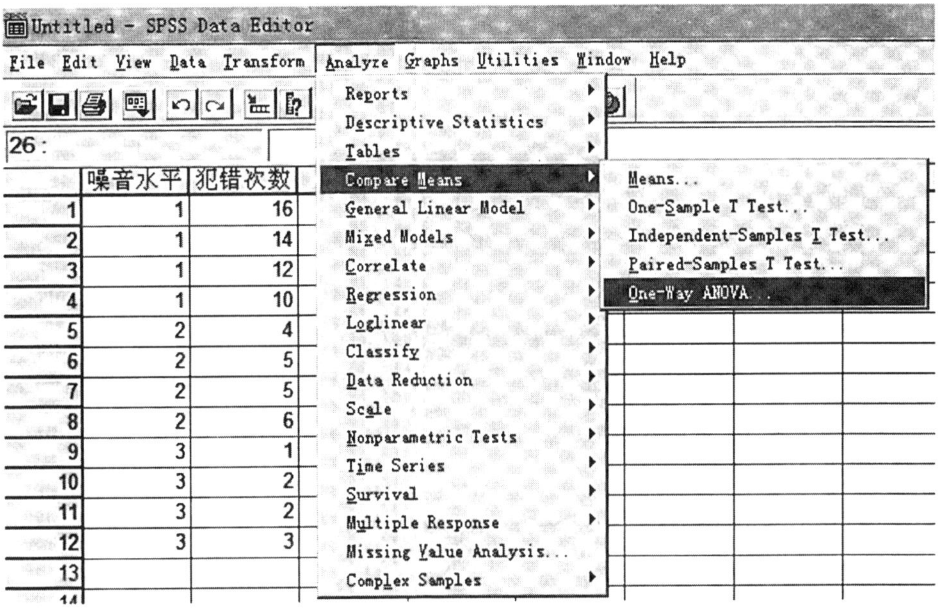

图 9－31　方差分析菜单

① 建立数据文件：输入 2 个变量，“噪音水平”和“犯错次数”。如图 9－31：

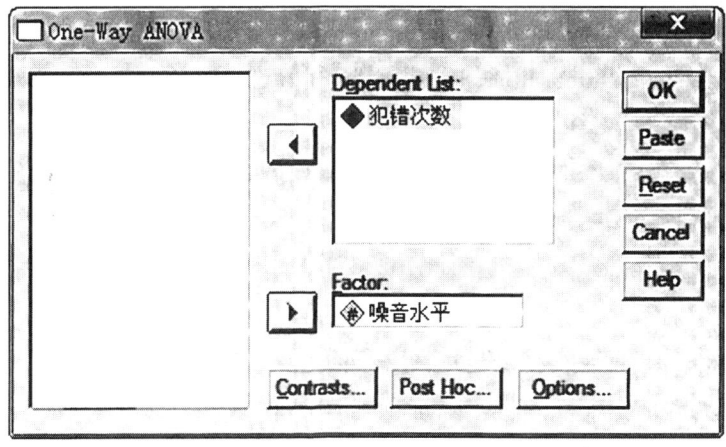

图 9－32　方差分析对话框

② 如图 9-31，点击 Analyze→Compare Means→One-Way ANOVA，进入图 9-32。将变量"犯错次数"选入因变量框，将变量"噪音水平"选入自变量框，点击 OK。得到结果如表 9-16。

表 9-16 方差分析结果输出

	Sum of Squares	df	Mean Square	F	Sig.
Between Groups	258.667	2	129.333	48.500	.000
Within Groups	24.000	9	2.667		
Total	282.667	11			

结果的解释：12 个被试的因变量（犯错次数）的总变异中（282.667），组间变异（258.667）比组内变异（24.000）显著大，就是说，由于三种不同的噪音水平导致的组间变异远远大于随机误差造成的变异，$F=48.500$，$P<0.01$，可以认为实验处理之间有极其显著性差异，即三组被试间在解数学题时犯错的次数存在极其显著性差异。

请注意，方差分析的结果存在显著性差异并不表示任意两组之间均存在显著性差异，而是指至少有两组间存在显著性差异，具体是哪些组存在显著性差异还要进一步作多重比较。

在主对话框里单击"Post Hoc"按钮，将打开如图 9-33 所示的多重比较对话框。该对话框用于设置多重比较和配对比较。方差分析一旦确定各组均值间存在显著差异，多重比较检测可进一步检测出哪些组之间存在显著性差异，并输出显著性水平为 0.05 的均值比较矩阵，在矩阵中用星号表示有差异的组。

多重比较的选择项：

① 方差齐性成立时（Equal Variances Assumed），该矩形框中有如下方法供选择：

LSD (Least-significant difference)最小显著差数法，用 t 检验完成各组均值间的配对比较。对多重比较误差率不进行调整。

Bonferroni (LSDMOD)用 t 检验完成各组间均值的配对比较，但通过设置每个检验的误差率来控制整个误差率。

Sidak 计算 t 统计量进行多重配对比较。可以调整显著性水平，比 Bofferroni 方法的界限要小。

Scheffe 对所有可能的组合进行同步进入的配对比较。

R-E-G-WF(Ryan-Einot-Gabriel-Welsch F)用 F 检验进行多重比较检验。

R-E-G-WQ(Ryan-Einot-Gabriel-Welsch range test)正态分布范围进行多重配对比较。

S-N-K(Student-Newmnan-Keuls)用 Student Range 分布进行所有各组均值间的配对

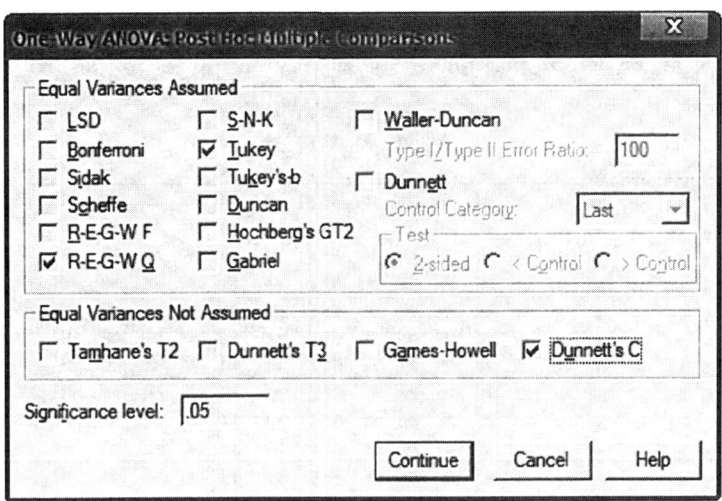

图 9-33 "Post Hoc Multiple Comparisons"对话框

比较。

Tukey(Tukey's, honestly signicant difference)用 Student-Range 统计量进行所有组间均值的配对比较,用所有配对比较误差率作为实验误差率。

Tukey's-b 用"stndent Range"分布进行组间均值的配对比较。其精确值为前两种检验相应值的平均值。

Duncan(Duncan's multiple range test)新复极差法(SSR),指定一系列的"Range"值,逐步进行计算比较得出结论。

Hochberg's GT2 用正态最大系数进行多重比较。

Gabriel 用正态标准系数进行配对比较,在单元数较大时,这种方法较自由。

Waller-Dunca 用 t 统计量进行多重比较检验,使用贝叶斯逼近。

Dunnett 指定此选择项,进行各组与对照组的均值比较。默认的对照组是最后一组。选择了该项就激活下面的"Control Category"参数框。展开下拉列表,可以重新选择对照组。

② 方差齐性不成立时(Equal Varance not assumed),检验各均数间是否有差异的方法有四种可供选择:

Tamhane's T2, t 检验进行配对比较。

Dunnett's T3,采用基于学生氏最大模的成对比较法。

Games-Howell,Games-Howell 比较,该方法较灵活。

Dunnett's C,采用基于学生氏极值的成对比较法。

本例在多重多较中的选项是:方差齐性成立时选择 R-E-G-WQ 和 Tukey,方差齐性不成立时选择 Dunnett's C。结果如表 9-17 所示。

表 9-17 多重比较的结果
Multiple Comparisons

Dependent Variable:犯错次数

	(I)噪音水平	(J)噪音水平	Mean Difference (I-J)	Std.Error	Sig.	95% Confidence Interval	
						Lower Bound	Upper Bound
Tukey HSD	1	2	8.000**	1.155	.000	4.78	11.22
		3	11.000**	1.155	.000	7.78	14.22
	2	1	-8.000**	1.155	.000	-11.22	-4.78
		3	3.000	1.155	.068	-.22	6.22
	3	1	-11.000**	1.155	.000	-14.22	-7.78
		2	-3.000	1.155	.068	-6.22	.22
Dunnett C	1	2	8.000**	1.354		2.34	13.66
		3	11.000**	1.354		5.34	16.66
	2	1	-8.000**	1.354		-13.66	-2.34
		3	3.000*	.577		.59	5.41
	3	1	-11.000**	1.354		-16.66	-5.34
		2	-3.000*	.577		-5.41	-.59

* 表示在 0.05 的显著性水平上差异显著,** 表示在 0.01 的显著性水平上差异显著。

Mean Difference 表示前一组的平均数减去后一组的平均数的差值,Sig.表示这两组平均数差值的显著性水平。

上例中 1 组(噪音强)平均数减 2 组(噪音中)平均数的差值为 8.000,Sig.=0.000<0.01,表示该两组间存在极其显著性差异;2 组(噪音中)与 3 组(无噪音)的平均数差值为 3.000,Sig.=0.068>0.05,表示该两组间不存在显著性差异;1 组(噪音强)平均数减 3 组(无噪音)平均数的差值为 11.000,Sig.=0.000<0.01,表示该两组间存在极其显著性差异。

让我们回到本章开头提到的那个案例。小李老师和小张老师的教学实验研究的结果是小李老师带教的班级数学成绩比小张老师带教的班级高出 3 分。那么,3 分之差能否表明两个班级的实验结果存在本质差异呢?如果按照"差异是绝对的"这个哲学观念,那么相差 3 分都要承认"有显著差异"。但是我们这里谈的是有没有"统计学上的显著性差异"。所谓统计学上的显著性差异是指这种差异是由"特质性差异"导致的,而不是随机抽样误差造成的。同样是 3 分的平均数差异,有的在统计学上是显著的,因此可以认为是属于"两个不同的总体"了,有的在统计学上是没有显著差异的,也就是说差异不过是随机变异而已。而究竟有无显著性差异不但取决于平均分差距本身,还与样本容量、样本标准差有关。因此掌握从样本推断总体的计算技术,掌握两个样本的平均数差异的显著性检验,才能作出 3 分之差是否存在真正差异的科学判断,这对教育科学研究而言具有极其重要的意义。

本章小结

- 随着试验次数不断增加,随机事件所有可能结果的概率分布图将逐渐趋近于正态分布。
- 假设检验的基本原理包括,H_0 假设与 H_1 假设,小概率事件原理。
- 正态分布有一系列的特征,最实用的是它可以确定一个体在一群体里的相对地位,于是我们就可以利用正态分布做各种比较了。
- 平均数差异的显著性检验可以分为双侧检验和单侧检验。双侧检验的目的是检验两均数是否存在显著性差异,显著性差异包括显著大于和显著小于,因此,双侧检验没有方向性;单侧检验仅检验一均数是否显著大于或小于另一均数,因此,具有方向性。
- 比较两组数据的平均数差异一般用 t 检验,其中有独立样本 t 检验与相关(或匹配)样本 t 检验之分,不能用错。
- 若比较三组或三组以上数据的平均数有无显著性差异,就要使用方差分析,也就是 F 检验,方差分析可以认为是 t 检验的扩展。本章只介绍了完全随机化设计的 F 检验。

思考题

1. 解释什么是假设检验。
2. 说出 t 分布的特点。
3. 样本平均数的抽样分布与平均数差异的抽样分布有什么区别。
4. 方差分析可用于解决哪类问题?
5. 以你本人所在班级的体育测试成绩为数据样本,分析学生们从去年到今年百米短跑成绩是否有显著提高?
6. 利用你本人所讲授课程的全年级数据,分析全年级多个班级之间的考分是否存在显著性差异。

问题探索

- 如果一名学生的成绩一直是很高的,那么你是更愿意相信他在"这次"测验里继续分数保持高分呢,还是更愿意相信他的分数会下滑,为什么?
- 如果你实施一项革新教学法,最后显著性检验表明实验班的平均成绩没有显著超过对照班,但是,实验班有超过60%的学生的分数高于对照班。面对这一情况,你认为你的革新教学法有效果,为什么吗?

第十章　教育科学研究报告撰写

本章细目

本章要点
第一节　教育实验研究报告撰写
一、教育实验研究报告的概述
二、教育实验研究报告的结构
1. 标题
2. 摘要
3. 前言
4. 实验方法
5. 实验结果
6. 讨论与建议
7. 结论
8. 参考文献
9. 附录
三、教育实验研究报告写作方法的举例说明

第二节　教育调查研究报告撰写
一、教育调查研究报告的概述
二、教育调查研究报告的结构
1. 标题
2. 摘要
3. 前言
4. 调查方法
5. 调查结果
6. 讨论与建议
7. 结论
8. 参考文献
9. 附录
三、教育调查研究报告写作方法的举例说明

第三节　教育质性研究报告撰写
一、教育质性研究报告的概述
二、教育质性研究报告的结构
1. 标题
2. 摘要
3. 前言
4. 研究方法
5. 研究过程
6. 结果与讨论
7. 结论与建议

8. 参考文献
三、教育质性研究报告写作方法的举例说明

第四节　教育行动研究报告撰写
一、教育行动研究报告的概述
二、教育行动研究报告的结构
1. 标题
2. 摘要
3. 前言
4. 研究方法与行动方案
5. 研究过程
6. 研究反思
7. 参考文献
三、教育行动研究报告写作方法的举例说明

本章小结
思考题
问题探索

本章要点

- 教育实验研究报告的结构及写作方法
- 教育调查研究报告的结构及写作方法
- 教育质性研究报告的结构及写作方法
- 教育行动研究报告的结构及写作方法

> **想试着回答一下吗……**
>
> - 如果你做完一个教育实验或调查,如何将你的结果用文字呈现给大家?你认为这就是写作,但是你知道研究报告的写作与一般的写作有什么不同吗?
> - 你了解多少教育科学研究报告的写作规范呢,试着列举一下?
> - 你认为教育科学研究报告的撰写在整个教育科学研究中处于什么地位呢?影响你稿件录用与否与教育科学研究报告的写作有关吗?
> - 有的人写作水平很好,喜欢写散文、写小说,那么是否意味着他撰写研究报告就一定没有问题呢?
> - 课程论专家斯滕豪斯说:教师若不把自己的研究过程和研究结果"公开发表"出来,教师的研究就成为一种随意的私人行为,就不配称为"研究"。你认为这句话对吗?

张老师曾经有一个同学酷爱写作,大学考取了中文专业,毕业后从事语文教学十余年,也常在一些知名期刊上发表散文、短篇小说。而张老师一向是害怕写作的,大学毕业后,一心投入教学工作,也发现了不少问题,做过一些教育科学研究,就是迟迟不敢动笔,害怕动笔,无奈就去请他的同学帮忙,同学很爽快就答应下来了,张老师想这对他来说不是"a piece of cake"吗?于是张老师把研究的过程和结果详述给他,由他代为执笔。

一个月过后,编辑部来信:本研究有一定的理论价值和教学实践价值,但是论文写作条理不清、表述随意,建议退回重修。张老师的同学是一个写作能手,为什么他撰写的研究报告会被编辑部如此退回呢?

一旦研究者开始撰写研究报告,那就意味着研究工作已接近尾声了。有的教师很害怕这一工作,实际上,这个工作只是完成一篇具有研究性质的作文而已,当然,教育科学研究报告的撰写与其他文体的写作是有很大区别的。我们知道,不同题材的文体均有其自身的写作要求,比如记叙文与说明文在文体要素、表述方法上就不尽相同。那么教育科学研究报告的撰写要点是什么,有无规范的体例结构? 本章将分别概述四类教育研究报告的撰写要点和体例结构,并加以举例说明,使学习者能在很短的时间内全面掌握教育科学研究报告的撰写方法。

第一节 教育实验研究报告撰写

前面第四章已经介绍了教育实验研究方法,如果研究者已经完成了一项教育实验研究,而且取得了成功,只能说是完成了一项完整研究的一半工作,接下来的工作就是如何将教育实验研究的成果付诸笔端,要知道做实验研究与撰写研究报告是两种不同类型的工作。教育研究报告的撰写水平在很大程度上决定了研究者的工作能否公之于众,而低质量的撰写水平只能导致整个研究功亏一篑。

一、教育实验研究报告的概述

在教育科研活动中,针对某个教育教学问题,运用以实验方法为主的研究方法对其进行观测、分析、综合、判断,并如实地、系统地、科学地将整个实验过程和结果记录下来,撰写成文,这就是教育实验研究报告。简要地说,公布教育实验过程与结果的书面材料就是教育实验研究报告。它是教育研究人员向社会公布自己的实验研究成果的一种书面报告,实验报告属于一次文献。(刘德华,朱济湖,2001)

由于教育实验研究方法本身的特殊性,故其研究结果与其他类型的研究结果相比,其最显著的特点即是客观性,也就是说实验结果必须是实验所得,是客观实际的展现,其中不能掺杂个人的主观臆断。因此,实验研究报告的一个最基本要求就是要真实地反映实验结果。除此以外,实验研究报告还要求准确、朴实、简明地阐述问题,表述结论,通俗易懂地向读者介绍实验的有关情况,这也正是教育实验研究报告的要旨所在。

由于广义的教育实验研究包括定量研究也包括定性研究,故广义的教育实验研究报告也可以分为两类:定量研究的实验报告与定性研究的实验报告。前者主要是定量分析,强调通过严格地控制实验条件来获得定量的研究数据,分析论证各研究变量之间的内在关系,从而对实验假设进行科学的验证,大多数的实验研究都属于此类;而定性的实验研究报告更强调对对象的整体性研究和质的分析,比如许多教育改革实验报告、德育实验研究报告以及个案实验研究等都属于此类。在许多教育实验中,两种方法往往是结合使用,互相补充的。本节内容将主要介绍定量研究的实验报告。

学术研究 10-1　　　　　新教育实验

新教育实验,由朱永新教授发起的一个民间教育改革行动,全国教育科学"十五"规划重点课题。一个以教师发展为起点,以六大行动为途径,以帮助新教育共同体成员过一种幸福完整的教育生活为目的的教育实验。

新教育实验始于 2000 年朱永新教授出版的《我的教育理想》一书,书中提出了"理想教育"的基本思想,朱永新对现行教育的批判、反思及对行动的渴望引发了民间教育思想者的热烈响应,通过网络,通过对话与碰撞,一种新教育思想逐渐成形。2002 年 6 月,"新教育实验"的专门网站"教育在线"开通;2002 年 8 月,实验于江苏省昆山市玉峰实验学校启动,提出了核心理念、基本观点、基本原则,并规划设计了"六大行动"实验项目。

(杨东平,2007)

二、教育实验研究报告的结构

撰写定量实验研究报告是在对实验研究的原始资料进行统计分析获得研究结果,在参阅、分析相关研究课题的参考文献,在对实验研究结果进行提炼、获得理性认识的基础上进行的。就实验研究报告本身而言,它的基本要求是:① 数据采集的规范性;② 数据分析的科学性;③ 实验结果的真实性;④ 结论推断的合理性。

实验研究报告具有相对固定的结构。如按出现顺序,可按以下几个部分来划分。当然,实验报告中对于这些成分的标题及分类可略有不同,比如,有人把前言或引言称作"问题的提出",主要包括文献综述和研究的问题,甚至可以将假设结合在这一标题下。值得一提的是写作的顺序与报告本身的结构顺序是不同的,上述主要成分的出现是有一定规律的,但在撰写过程中不一定完全以此先后顺序来写。例如,题目和摘要往往最先出现,但却常需要在全文落成之后才能定型,尤其是摘要,最好是在其他部分均已写完之后再写。否则,很难真正概括全文的重要内容。

1. 标题

标题是文章的"窗户"。一个好的标题常常可以起到极好的"点睛"作用。一些有经验的编辑和专家,往往只要一看标题,就可以大概地判断文章的好坏。所以,给研究报告取个好标题是十分重要的。有时,研究报告的标题不仅仅是反映该项研究的核心问题,而且应能引起读者对报告的兴趣和注意。因此,要简短、明确,并注意采用读者感兴趣的措词,甚至是疑问句的形式,如《新课改下的课堂转型实验——路在何方》。

标题是实验报告的主题浓缩,首先必须能准确、清楚地呈现出研究的主要问题,恰如其分地反映研究的范围和达到的深度,避免笼统抽象。实验报告的标题常常直接采用研究课题的名称,指明所研究的重要变量,这样显得精确、明了,使人能对研究的问题一目了然。如题目《初中语文自学辅导法的实验研究》,就反映了实验研究的主要变量(自学辅导法)。而题目《发现教学法在促进学生思维能力发展中的作用》,既反映了自变量(发现教学方法),又反映了因变量(学生思维能力)。其次,要简洁精练,实验研究报告的标题一般会采用《××的实验研究》《××对××的影响研究》《××在××中的效应》等,如还不足以表述论文的主要内容,可采用正、副标题的方式处理,正标题写得概括些,副标题再进行补充、说明和限定,写得具体些。如《课堂中的师生话语权对教学效果的影响——一项来自上海市初中课堂的改革实验》。

标题后面会有署名,署名的作用,既是肯定成果的归属,同时表明作者对论文负责,也便于读者和作者的联系。署名的位置一般在标题之下独占一行写在正中的位置,同时写上作者的单位、邮政编码。署名大多是研究者的真实姓名,很少用笔名。有时参加的人员很多,不便一一署名,可以署××课题组、××课题协作组等。

2. 摘要

摘要是对报告内容的简短陈述。摘要的内容应包含与报告本身等价的主要信息,一般应说明实验研究的目的、实验设计、实验方法、结果和结论,摘要往往是在整篇报告撰写完成后分四个部分进行提炼而成。摘要字数一般为 200～300 字,是一篇完整的小短文,在中期刊全文数据库检索中作为一个重要的检索项之一,它有利于读者以较少的时间获取文中的主要内容。

大多数期刊还要求写一份与中文摘要相对应的英文摘要,英文摘要一般也分为上述四个部分。写作英文摘要时,首先应该注意时态,英文摘要常用一般现在时、一般过去时,少用现在完成时、过去完成时,进行时态、其他复合时态几乎不用。具体来看,用于说明研究目的、叙述研究内容、描述结果、得出结论、提出建议或进行讨论等一般采用一般现在时;在叙述研究方法、过去某一时刻(时段)的发现、某一研究过程时一般采用过去时。其次,在撰写英文摘要时要注意专业术语的翻译,切勿按中文字面的意思想当然地翻译,可查阅有关教育学专业术语词典。

摘要后面往往要附上关键词,关键词要求列出报告涉及的 3～6 个关键术语,既可以一目了然地向读者展示该报告的中心词语,其主要作用是便于计算机管理文献以及资料文献的计算机储存和检索。关键词主要选取与专业分类有关的词,对文献检索起分类作用的、涉及题目假设的重要变量以及统领全文的名词术语。一般来说,涉及专业术语的关键词在后文中要进行界定。

3. 前言

前言是教育科学研究报告正文的开头部分,这部分内容的写作相当重要,能反映出研究者逻辑思维能力和写作能力,也体现出研究者的专业知识储备量,审稿者非常重视这一部分的审阅。一般来说要写得简明扼要、逻辑清晰、引经据典、论据确凿、论述合理,要自然而然引出问题,进而引出假设,阐述本研究的理论价值或实践价值,显示出该项课题的学术地位在有关领域中的重要性,以及在国内外同类研究中所处的水平,但是切莫夸夸其谈,自吹自擂,切莫用"填补空白""国内领先"等之类的词语,因为审稿专家反感这样的话。引用的文献内容要与自己研究的问题高度相关,切忌牵强附会。前言应简洁、明了、字数不宜太多。因此,前言要注意措词,使之既实事求是地介绍情况,又能恰到好处地赢得专家的信赖和注意。文献是这一部分内容写作的重要支撑,研究者必须研读与自己课题相关的研究,才能把握该课题的研究前沿,才能做到言之有物、言之有信。

不同的报告前言部分的名称会有不同,大多数文献将之称为"引言""问题提出",有的称为"导言""研究的目的与意义"等,但是写作方法是基本一致的。前言部分的内容主要包括以下部分:

① 文献综述,目前国内外在这一方面的研究方法和手段、研究成果、现状、问题及趋势,以及与本课题有关的理论;已有的研究存在哪些不足或缺陷,你的研究与这些研究的关系等。文献综述要注释说明文献的来源出处,以体现论文的真实性和严谨性。

② 提出问题,提出问题必须与"文献综述"的内容高度相关,提出问题即问题陈述,研究者必须给出一个清楚的和明确的问题陈述,说明研究问题的由来,介绍问题的理论背景、经验背景,问题的陈述最好涉及研究的主要变量(陈伙平,2005)。问题不可太大,与后文的研究结果不匹配,造成虎头蛇尾。

③ 变量的定义,对重要的名词术语提供抽象定义和操作定义,在定量研究中操作定义比抽象定义更为重要。变量定义也可以在论文的其他地方出现,通常是变量第一次在论文出现的时候即给出变量定义。

④ 该项研究所要解决的问题,研究的可行性、假设以及研究的理论框架等。

⑤ 研究这一课题的意义，即这一课题对于解决某某问题具有什么作用，或对于理论提升有什么意义。

4. 实验方法

这一部分主要是向读者交代实验方法及实验过程，目的是为了让读者了解整个实验的全过程，以便评价整个研究在方法论和教育理论研究上的科学性和客观性，让读者据此决定是否承认或接受该项研究所得出的结果。

实验方法的介绍主要包括：① 研究课题中出现的主要专业术语的定义及其阐述；② 实验对象，包括实验对象的选取（在实验研究中一般均采用整群抽样），被试的条件、数量、人口学变量等；③ 实验的设计，实验组与控制组情况，实验过程的实施及条件控制、资料的搜集与处理等方面所采用的技术手段等；④ 实验的程序，通常涉及实验步骤的具体安排，实验如何操作，在什么时间和条件下操作，有哪些操作如前测、后测，以及如何操纵自变量、测定因变量、控制无关变量等，使别人可以据此重复实验；⑤ 实验工具，包括量表、调查问卷、测试题等，要介绍一下实验工具的型号或信度、效度以及它的出处等；⑥ 资料数据的搜集和分析处理，使用什么统计工具以及使用哪些统计方法。总之，这一部分内容应结构周密、条理清楚、用词准确工整。

5. 实验结果

实验结果是研究报告的实质部分，撰写这一部分的主要目的，就是要将实验结果作为客观事实呈现给读者。这一部分内容主要是对在研究中所搜集的原始文献资料、观察资料或实验资料、数据经过初步整理，分析或统计出结果，如对定性资料的归纳、分析，对定量数据进行统计描述或推断、显示出差异性、列出图表等。与其他学科研究报告有所不同的是，教育科学往往更注重定性分析，更注重通过举例来说明问题，即使是数据，大多停留在列举和罗列的水平上。有鉴于此，应该强调，在研究报告中既要重视定性的分析，更要注重定量的分析，既可以有一两个典型事例或一些数据为佐证，更要有对客观数据资料的统计分析处理。撰写这一部分时应注意以下几点：

① 不可以一概全，单纯从逻辑的角度推出结论，而要重视定量与定性的综合分析。

② 对于数据资料，不应停留在仅仅作为列举的水平上，而应采用一些统计分析的技术手段，从数量的变化中揭示事物的本质属性。

③ 统计表一般使用三线表，统计表呈现的是描述统计或推断统计的结果，主要有平均数、标准差、T 值、F 值、显著性水平等与讨论内容相关的结果。在统计图表上出现过的数据，没有必要一一重复叙述，结果应以事实与数据为主，文字叙述要简洁明了。

④"结果部分"仅仅是对实验研究所搜集的事实资料的客观归纳或数据统计结果的描述,在这一部分只可以列举客观事实或描述结果,切忌夸夸其谈、妄下结论,任意引申和发挥。

⑤如果在实验设计上或实验过程中存在不足,或者研究中还存在哪些没有解决的问题,一定要向读者交代清楚,这是对读者和学术负责的一种表现。在实验设计和实验过程中存在问题与不足是正常的,说明研究者是经过认真思考的。这一内容也可以放在"讨论与建议"中。

> **知识小窗 10-1　　　何 谓 三 线 表**
>
> 实验测量和计算数据是科技论文的核心内容,作为数据表述主要形式之一的表格,因具有鲜明的定量表达量化信息的功能而被广泛采用。三线表以其形式简洁、功能分明、阅读方便而在科技论文中被推荐使用。三线表通常只有3条线,即顶线、底线和栏目线。其中顶线和底线为粗线,栏目线为细线。当然,三线表并不一定只有3条线,必要时可加辅助线,但无论加多少条辅助线,仍称作三线表。三线表的组成要素包括:表序、表题、项目栏、表体、表注。

6. 讨论与建议

讨论是研究者根据研究得出的客观事实或结果,结合自己对教育理论和实践的认识与了解,通过分析和思考,提出自己的认识、建议和设想。因此,这一部分常常以"分析与讨论""讨论与建议""几点建议""几点思考"等作标题。

有时结果与讨论可以合二为一;有时先呈示结果,接着讨论;有时夹叙夹议,交叉进行。然而,无论形式如何,我们应该明确地看到它们之间的本质区别。实验结果呈现的是研究中的客观事实,它应该是基本肯定的,并可以在相同的实验研究中重复出现。而讨论则是作者主观的认识与分析,是研究者将研究的结果引向理论认识和实践应用的桥梁。

对实验结果的认识,可以是仁者见仁、智者见智,但作为研究报告的撰写者,必须对实验结果有一个全面透彻的分析。这就要求报告的撰写者既亲身经历实验的全过程,有充分的感想和体会,又谙熟教育理论与教育实践,善于提出问题和思考问题,善于从理论的角度、逻辑分析的角度、实践的角度,多角度地进行分析和推理。在分析和讨论中,可以沿用一些成熟的理论与说法,可以提出一些改进教育、教学的意见、建议和措施,可以提出个人的一些看法、想法和思考,也可以提出新的问题、新的设想,以留待进一步研究。一般来说,讨论要考虑与前言相联系,对实验结果的讨论通常要指出研究结果是否支持前言论及的假设。这一部分应结合实验数据的分析结果,将研究者的观点——列出。所列出的观点应条理清楚,立场鲜明,切忌含糊其词、冗长拖沓。

7. 结论

在较长的研究报告中通常还可以包括一个非常简短的小结,即对前面部分的主要内容做一个提纲挈领的总结,一般可直接分成几点用以阐述研究的主要结论,结论可以联系结果进行阐述,但切忌描述过细。结论是正文论证的逻辑发展的直接产物,是全篇论文的归宿(陈伙平,2005)。在教育类期刊中,只有较少的期刊有"结论"这一部分,如《北京大学教育评论》《华东师范大学学报(教育科学版)》《教育发展研究》等。

8. 参考文献

参考文献是作者撰写论著时所引用的已公开发表的文献书目,一般集中列于文末,参考文献序号用方括号标出(如[1][2][3]……)。参考文献一般只注明文献的作者、题目、出处等,一般不注明页码,但现在教育类期刊中的参考文献基本都标注页码。参考文献的排列:在期刊的参考项目中包括作者的姓名、文章标题、期刊刊名、卷号和期号、有时标注页码;在书籍的参考项目中包括:作者姓名、书名、出版社名、出版时间及版本、有时标出页数。如果文献刊载于报刊上,出处应注明刊载报刊的名称和期数(详见知识小窗10-2)。

知识小窗10-2   参考文献的类型及其标识

教育学类期刊常用的参考文献类型有两种,一种是GB3469文献标注格式,另一种是心理学中通用的APA格式,下面分别介绍。

一、根据GB 3469规定,文献类型标识字母如下:

专著:M(Monograph);论文集:C(Collection);报纸文章:N(Newspaper);专利:P(Patent)

期刊文章:J(Journal);学位论文:D(Dissertation);报告:R(Report);标准:S(Standard)

对于专著、论文集中的析出文献,其文献类型标识建议采用单字母"A";对于其他未说明的文献类型,建议采用单字母"Z"。

参考文献条目的编排格式示例:

1. 专著类基本格式:作者(两人以上用逗号隔开),著作名称[文献类型标识字母],出版社地址(城市):出版社名称,年份.页码.例如:

[1] 张春兴.教育心理学[M].杭州:浙江教育出版社,1994:123-125.

[2] Bornstein M. F. Handbook of child psychology: Socialization, personality, and social development (4th ed.)[M]. New York: Wiley, 2004: 134-137.

2. 期刊类基本格式:作者(两人以上用逗号隔开),文章标题[文献类型标识字母],期刊名称:年份,卷号(期号).页码.例如:

[1] 苗素莲.大学精神及其演化[J].教育发展研究,2003,(2):31.

[2] Chang L. Variable effects of children's aggression, social withdrawal, and prosocial leadership as functions of teacher beliefs and behavior. Child Development, 2003, 74: 535-548.

二、由于有些教育实验研究论文也可投在心理学类期刊中,因此参考文献的标注须采用 APA 格式,APA 格式指的就是美国心理学会(American Psychological Association)出版的《美国心理协会刊物准则》,因采用哈佛大学文章引用的格式而广为人知,其"作者和日期"的引用方式和"括号内引用法"相当著名。

APA 格式在正文中不采用数学编号标注参考文献,而是在原文后直接引述,采用"(作者名,日期)"格式,例如:"……学业成绩与同伴接受性的关系,研究表明学业成绩与同伴接受性呈显著正相关(谷传华,周宗奎,种明慧,2009)。"

参考文献条目的编排格式示例:

1. 专著类基本格式:作者1,作者2.(年份).著作名称.出版社地址:出版社名称,页码.例如:

[1] 刘德华,朱济湖.(2001).教育科研实用写作.长沙:湖南大学出版社,122-123.

[2] Gibbs, J. T., & Huang L. N. (Eds). (1991). *Children of color: Psychological interventions with minority youth*. San Francisco: Jossey-Bass.

2. 期刊类基本格式:作者1,作者2.(年份).文献标题.期刊名称,卷号(期号),页码.例如:

[1] 谷传华,周宗奎,种明慧.(2009).小学儿童社会创造性与其同伴关系、学业成绩的关系.心理发展与教育,(3),20-25.

[2] Davis H. A., & Lease A. M. (2007). Perceived organizational structure for teacher liking: The role of peers' perceptions of teacher liking in teacher-student relationship quality, motivation, and achievement. *Social Psychology of Education*, 10(4), 403-427.

值得注意的是,上述介绍的是两种最基本的参考文献格式,不同的期刊对参考文献的格式要求会有所不同,读者在投稿前须了解不同期刊的参考文献格式,最简单的办法就是到"中国期刊网"下载一篇欲投稿期刊的文献,以此为参照来修改你的参考文献格式,以达到期刊用稿的格式要求。

9. 附录

在实验过程中所搜集的一些客观材料,所采用的一些工具、设备等常常在表述实验结果、论证研究结论,或进行重复实验时有举足轻重的地位,它对于读者了解实验过程,分析与评论实验结果与结论,也是十分必要的。这样的资料常常作为附录,列在研究报告的后面。附录主要包括以下两方面的内容:一是研究中所搜集的重要原始资料,如访谈录。所附原始资料要坚持少而精的原则,切忌累赘、繁杂。二是研究中所采用的设备、工具和手段。如研究过程中所使用的仪器、设备、测验量表、调查问卷、测试卷等都可以附在研究报告后面,提供给读者或供结题验收、评审时参考。

经过以上工作,一份研究报告基本完成。这时,可再系统地看一遍或几遍,以检查整篇研究报告观点是否正确,事实是否确凿,思路是否清晰,结论是否严谨,词语是否工整。最后再核对一下数据,并对文字作系统的推敲和润色,使报告逐步臻于完善。

三、教育实验研究报告写作方法的举例说明

元认知训练对民族地区初一学生智力发展与学业成绩影响的实验研究①

向祖强　作者单位:广州大学教育学院　邮政编码:510405

[摘　要]　本研究采用多因素的前后测实验设计,利用数学教学,以教师指导下言语监控进行元认知训练的方式,对我国西部民族地区初中一年级的不同民族学生进行了跨文化教学实验,研究结果表明:元认知与智力之间具有因果关系;元认知训练对民族地区不同民族初中一年级学生智力发展有显著影响;元认知训练促进了不同民族的初中一年级学生的学业成绩的提高;学科教学中结合元认知训练是可行的。

[关键词]　元认知训练　民族初中学生　智力发展　学业成绩

写作说明:摘要部分非常简明地介绍了实验设计与方法、研究的内容、研究对象及研究的结果以及结论。关键术语涵盖了本研究的主题内容。

一、问题的提出

在元认知的研究中,我国心理学者针对汉族儿童进行了大量的实证研究,取得了一些研究成果,如董奇和李浩然的研究表明[1]P253~255:小学生元认知能力的发展经历了认识认知监控技能、掌握技能以及熟练和达到监控自动化三个阶段。……这些研究总的表明,元认知训练对儿童智力发展有促进作用。但是目前元认知训练对象多集中于小学生,其对初中生效果如何? 同时,元认知训练很少有跨文化研究的结果,这种训练有无跨文化的一致性? 基于这种认识,本研究选择以西部民族地区的初中一年级的学生为对象,采用元认知训练方法,考察民族学生的智力与学业成绩的变化情况。

写作说明:非常明确地指出实验采取的方法以及本实验中的自变量、因变量。该部分主要是对以前的研究进行综述,展示已有的研究成果。在此基础上说明本实验是为了验证新的假设,揭示了该研究的价值。关于"问题提出",可以多阐述一些前人研究的成果以及缺陷或空白,你的研究与别人有什么不同,研究的假设是什么等等。

---

① 本文摘自《教育研究与实验》,2004年第3期。因行文需要部分内容有删减。

二、研究方法

(一) 研究设计

本研究采用多因素的前——后测实验设计。自变量为初中学生的元认知训练与民族差异,因变量选择初中学生的智力测验分数(IQ)与数学学业成绩。

写作说明:研究设计与自变量、因变量介绍得非常清楚。

(二) 被试的选择

全部被试选自贵州省某镇中学初中一年级学生,共计75人,该地区非汉族人口约占总人口的80%,全部人口中布依族(占54%),苗族(占20%),汉族(占20%),黎族(占4%)是四大主要民族。占人口大多数的布依族至今仍保持浓厚的民族意识,在村寨基本通行布依话,小学1~4年级采用双语教学,这种环境为跨文化研究提供了方便。

表1 实验被试的基本情况

组别	人数	民族			年龄				性别	
		汉	苗	布依	13	14	15	16	男	女
实验组	38	12	12	14	13	15	7	3	25	13
控制组	37	10	11	16	17	12	4	4	20	17

写作说明:样本的分布情况介绍得非常清楚,通过表格的形式清晰地展示了被试的分布情况。界定了被试的范围。有时要求样本在某些人口学变量上的单向度卡方检验上没有显著性差异。

(三) 训练方法

作为干预实验,训练的方法是本研究成败的关键。借鉴当前元认知研究成果[4]P203~244,本研究采用在教师指导下以言语监控的元认知训练方式作为干预手段。训练与学科教学相结合,依托初中阶段平面几何的正常教学进行,不另增加时间与学习内容。在训练中,将元认知定义为:在数学知识的课堂教学中,学生对其理解与应用数学知识解决数学问题的思维过程的计划、调节、评价。

写作说明:在此界定了本实验最重要的一个关键术语"元认知训练",所有教育研究报告的关键术语都需要在报告中定义。

训练分五个连续单元,每个单元10课时,总计50课时。

第一单元:策略训练。介绍元认知概念,结合例题,教师直接向学生传授知识学习中,如何理解知识的含义,做出学习与解决问题的计划。(有删减,详情请看原文)

第二单元:监控训练。讲授在解题或学习过程中,如何按照计划,调整自己的思维过程,达到目标。(有删减,详情请看原文)

第三单元:反馈训练。讲授如何评价、总结自己的思维过程。(有删减,详情请看原文)

第四单元：贯通训练。（有删减，详情请看原文）

第五单元：内化训练。（有删减，详情请看原文）

写作说明：通过五个单元的设计，介绍了"元认知训练"的具体实施步骤，也就是更进一步地界定了的操作性的含义。这部分的描述是比较详尽的，实验过程基本可以复制。

（四）训练效果的评定工具

1. 元认知能力测量表。本研究采用 O'Neil&Abedi 编制的元认知量表。该量表将元认知分成计划、监控、认知策略、自我意识四个方面，每个方面包含 5 个测题，共 20 题。对每个题，采用四级记分。就量表的检验而言，量表具有很高的信度（四个分量表的信度 alphar 系数都高于 0.70），同时因素分析的结果表明，四个分量表都只涉及一个因素。该量表主要用于测查状态元认知的，因此在测查时，要紧随一个智力情境，在本次研究中，测查在数学测验之后进行。

2. 卡特尔文化公平智力测量表（也称卡特尔超文化智力测验）。

3. 数学成绩测验。为了保证实验的生态效度，数学成绩全部采用该地区同年级统考成绩为指标。

写作说明：本实验的研究工具主要采用的是已有的国际量表，信度较高，说明之后的实验数据是可信的。教育研究报告一般要求采用信度、效度高的量表，如果是自编量表，也需要给出信、效度检验，但是有些社会基本情况调查表不需要信、效度检验，如调查对某项教改的态度、某种教具的使用情况等。

（五）实验步骤

1. 前测。考察实验对象的初始元认知能力、智力水平与学业成绩，以确定实验组与控制组是否起始状态一致。对实验组与控制组，分别都进行元认知、卡特尔智力测量。数学成绩，初中一年级采用小学升初中全市统考成绩。前测表明实验组与控制组被试在三种测量中所得平均分数无差异。

2. 处理。由于实验班与对照班的数学任课老师刚巧是两位从同一所师范院校的同届的毕业生，水平基本相近，因此本次研究就利用各班级的原任课教师主持训练。在正式对学生进行训练前，主试先对两位教师进行培训，使他们明确了实验意图，掌握了训练方法。另一方面在每个单元训练中，主试都与任课教师一起备两节课，主试不定期地听课与抽查作业。全部训练都在正常教学中进行。实验班与对照班学习时间相等、教材相同，差异只是实验班按训练方案进行教学，而对照班仍然按原来的方法上课。

3. 后测。实验结束后，用同样的元认知量表与智力量表进行后测。数学成绩测试则采用全市期末统考成绩。实验结果在微机上运用 SPSS7.50 统计软件包对数据进行统计分析。

写作说明：简明介绍了实验的实施步骤，并表述了对于实验中无关变量的处理方式（控制无关变量，尽可能使其影响降至最低），本例中要求在实验前实验组与控制组在初始元认知能力、智力水平与学业成绩上无显著性差异,以确保后测中的变异是由实验本身带来的。定量研究还需要说明处理数据的工具和方法。

三、实验结果与分析

（一）元认知与智力的相关分析

在本研究中,我们考察了元认知水平与智力水平之间的相互关系,结果表明,在前测中,元认知水平与智力间相关系数为0.665。后测中,元认知水平与智商间相关系数为0.722,其中,元认知四个维度自我意识、监控、计划、策略与智商的相关系数分别为0.664、0.702、0.711和0.638,均达到非常显著水平。从中可看出智商与元认知的监控、计划维度的相关高于智商与元认知的自我意识与认知策略两维度。元认知与智商如此高的相关,一方面让我们看到了将元认知视为智力的合理性,同时也为我们进行元认知训练以促使智力的发展提供了依据。

（二）不同实验处理不同民族条件下初一学生智力发展水平与学业成绩的方差分析针对75名各民族初一学生,以实验处理（元认知训练）、民族为自变量,以智商、学业成绩为因变量,进行方差分析,结果如下:

1. 初中一年级学生智力发展水平的比较

初中一年级,汉、苗、布依族学生元认知训练对其智力增长的方差分析（见表2）。

表2 元认知训练对学生智力发展影响的方差分析

变异来源	平方和	自由度	均方	F
元认知训练(A)	1 225.75	1	1 225.75	6.15*
民族差异(B)	1 821.98	2	910.99	4.56*
A×B	1 220.67	2	610.34	3.10
组　内	13 782.58	69	199.75	
总变异	18 050.67	74		

以上方差分析的结果可以看到:元认知训练与民族差异两因素主效应显著,而交互作用不显著,这表明,对初一学生而言,元认知训练对各民族都是一样重要的,元认知训练具有跨文化的一致性;不同民族其智力发展水平不同,而且这种差异不受元认知训练影响,在同一地区,不同民族之间,智力发展水平具有民族差异。

写作说明:该实验为多因素析因设计的方差分析,第一部分证实了"元认知"与"智力"之间的高度相关,表明元认知训练对智力提高是可能的;第二部分的实验结果在第一部分的基础上说明了"元认知训练"对于提高各民族的智力效果都是一样的,对于促进学生成绩方面起着同样的积极作用。不同是智力发展水平存在民族差异。

2.初一学生学业成绩的比较

不同民族及元认知训练对初一学生在数学成绩方面有无差异影响呢?为此我们进行多因素的方差分析,其结果如表3。

表3　元认知训练对学生数学成绩影响的方差分析

变异来源	平方和	自由度	均方	F
元认知训练(A)	1 124.37	1	1 124.37	6.28*
民族差异(B)	1 064.27	2	532.14	2.97
A×B	1 183.26	2	591.63	3.30
组　内	11 529.90	69	179.10	
总变异	14 901.78	74		

方差分析结果显示,元认知训练对初一学生的数学成绩有显著影响,表明,训练有助于学业成绩的提高。民族差异与交互作用不显著,表明,在同一地区,初一年级不同民族学生之学业成绩无显著差异。

写作说明:一般在论文第三部分只呈现统计结果及说明统计结果,不讨论原因。

四、讨论

(一)在教师指导下以言语监控进行元认知训练的理论依据与实质

从根本上说,在教师指导下以言语监控进行元认知训练的技术,理论上源于苏联学者列昂节夫的智慧技能形成的活动理论与维果斯基的言语自我指导理论[5]P48~50。根据列昂节夫的理论,智慧技能是一种内部动作方式,这种内部动作由外部动作通过积极的内化而形成的。维果斯基言语自我指导理论中则强调个体对行为的调控,最后整个调控变成自动化过程。我们将这些理论引进本研究的训练过程中,并且考虑到班集体的特点,将训练分成三步:第一步包括第一单元、第二单元、第三单元的训练,主要训练学生在老师的指导下如何发现问题,制订解题计划,在解题过程中对自己的思维过程进行监控,最后评价总结,获得技能;第二步(略);第三步(略)。因此,通过教师外部指导、学生自我指导和学生自动化的调控三个阶段,学生的元认知水平必然会得以提高。

写作说明:介绍"元认知训练"的相关理论,并指出元认知训练是有效的,为后面元认知水平与其他因素间的相关分析作铺垫。

另一方面元认知水平提高后导致个体智力水平的发展可用R.J.斯腾伯格的三重智力理论来解释。根据三重智力理论,元认知是智力的核心组成部分,训练元认知本质上是训练智力。此外我国有些心理学家也认为思维结构包括目标系统、材料系统、操作系统、产品系统和监控系统五大成分,其中监控系统即元认知处于支配地位,对其他四个系统起控制、协调作用,它的发展水平直接制约着其他方面的发展,反映个体智力水平的高低[6]。进一步的研究还表明元认知是思维的深层次内容,而日常所说的思维之深刻性、敏捷性、评判性、灵活性只是思维的表层因素。这样,选择元认知训练作为突破口,有利于学生智力的培养。

写作说明:介绍国内外"元认知"与"智力"的关系、"元认知"在"智力"中的地位和作用的理论背景。

(二) 元认知训练对民族地区初中学生智力发展的作用

对集体进行元认知训练以促进其思维水平的提高,直接源于克拉克和帕尔孟(Clark Palm,1990)对企业管理人员进行的元认知训练研究[7],在其研究中,他们对8位经理进行5周的训练,结果其思维水平有了显著的提高。但是由于实验时间短,人数少,又不设对比组,实验效果的测评也较主观,因此该研究有待于进一步改善。在本研究中我们借鉴了这种思想对民族地区不同民族的初中学生进行训练。从结果看,实验组智力水平都表现出显著的增长($P<0.05$)。这与戴忠恒等人的研究是一致的[8]。在实验过程中,我们曾对不同水平的学生就实验效果进行调查,学生普遍反映,经过训练,碰到问题时,不再感到盲目,而是知道该向哪些方向思考寻找解决的方法。

根据表2的结果,经过元认知训练,不同民族实验组与对照组初中学生智力水平之间都出现显著差异,可以看出,元认知训练具有跨文化的一致性,是开发智力的有效手段。产生这种结果的原因主要在于:

写作说明:第四部分的讨论必须针对第三部分的研究结果展开,分析统计结果的原因。作者阐述了本实验与以往实验的关系,表明该实验结果与以往的研究结果具有一致性。本实验是在不同民族的学生中实施的,结果表明元认知训练对提高不同民族学生的智力水平都是有效的。

1. 理论上,元认知主要包括元认知知识、元认知体验和元认知监控几个部分。元认知知识使个体具有更好的理性,使个体了解如何确定、选择解决方案;元认知体验和元认知监控则使个体的认知活动能按既定方向进行,并且在活动中依具体的内外情景的变化而调整思维活动,最终达到问题的解决。这种监控、调节本质上是各项活动所共有的特征。因此,元认知训练对不同的训练对象都有积极作用。

2. 策略训练与数学教学相结合使初中学生对知识的理解与解题策略水平达到更高的水平。(略)

3. 监控训练使学生提高了调整、监控自己思维过程的能力。(略)

4. 反馈训练丰富了学生的元认知体验,提高了学生对问题解决过程的知觉能力。(略)

5. 贯通训练与内化训练是学生将计划、调整的能力由形式的、外在的要求,转化成统一的、内在的个体能力。(略)

写作说明:从"元认知训练"的多个维度分析了其在提高学生问题解决能力中的作用,

解释了表2、表3的实验结果,即元认知训练对提高学生智力和数学成绩具有显著效果。用语简练,层次清晰。

五、小结

1. 本研究进一步验证了元认知与智力之间具有高相关。

2. 元认知训练对民族地区不同民族初中一年级学生智力发展有显著影响,训练促进了民族学生智力发展,训练有跨文化的一致性。

3. 元认知训练对民族地区不同民族的初中一年级学生学业成绩有显著影响,训练促进了学生的学业成绩的提高,训练有跨文化的一致性。

4. 学科教学中结合元认知训练是可行的。

写作说明:小结部分,逻辑清晰、言简意赅地指出本实验区别于其他研究的独特之处。结论的推出较为谨慎,说话留有余地。

参考文献

[1] 申继亮.《当代儿童青少年心理学的进展》[M].杭州:浙江教育出版社,1993.

[2] 林崇德.《智力的培养》[M].杭州:浙江人民出版社,1996.

[3] 刘玉新.《小学儿童合取概念的形成及其与元认知的关系》[J].心理科学,1997(1).

[4] 张庆林.《高效率教学》[M].北京:人民教育出版社,2002.

[5] 莫雷.《教育心理学》[M].广州:广东高等教育出版社,2002.

[6] 董奇.《论元认知》[J].北京师范大学学报,1989(1).

[7] 张庆林.《元认知的发展与主体教育》[M].重庆:西南师范大学出版社,1997.

[8] 戴忠恒.《有关开设思维能力训练课程对学生智能水平影响的实验研究》[J].心理科学,1993(6).

写作说明:这篇论文的参考文献是采用 GB3469 文献标注格式,基本规范,如果再补充上页码部分,就更完整详尽了。

知识小窗 10-3　　教育科学研究报告的行文原则

撰写科学研究的论文或报告,在文字方面要力求真实、准确,注意专业性与普及性的结合,文章应通顺、明了、简洁。在行文时注意以下原则。

① 对事实的陈述要力求客观,避免在文字中使用主观的或带有感情成分的话。

② 作者应当追求的是把尽可能确切的事实告诉读者,而不去追求一定要说服读者。在行文中应避免第一人称,最好用第三人称如"作者"、"研究者"来描述作者的认识和看法。

③ 在引用和引证其他学者的资料时,仅对资料作出反应,应避免对人作出恭维或带有情绪的反应。

> ④ 除特殊又重要的专门术语与外国学者的姓氏在第一次出现时附原文(在括号内)外,尽量减少用外国文字。
>
> 论文中遇到的某学科规范、统一的文字、符号、表图时,必须使用规范模式,尽量减少与研究发现无关的自创文字符号和不规范的表格图式。
>
> (符明弘,2003)

第二节 教育调查研究报告撰写

当研究者完成一项教育调查研究,面对一大堆调查数据和头脑中的各种推论,可能会觉得茫然失措,不知道如何将这些调查成果介绍给更多的教育工作者,该介绍什么,怎样介绍。当然通过本章第一节的学习想必读者已经掌握定量研究报告的一般写作技巧,有些技巧同样也适用于调查研究报告,但是调查研究报告又有一些不同于实验研究报告的撰写技巧。

一、教育调查研究报告的概述

教育调查报告是对教育现象中的客观事物或问题进行深入细致地调查研究之后,将获得的成果写成书面报告。它是教育调查研究成果的概括和总结,是反映教育调查研究成果的一种文体。

调查报告运用广泛,形式灵活,可以从不同角度进行分类。根据在调查中使用的工具、手段不同,以及采集数据的类型和处理数据的方法不同,可以将教育调查报告分为两类,即定量调查报告和定性调查报告。如果在调查研究过程中和在分析调查所获得的数据以及描述调查的结果时采用的是定量研究的方法,则此类型的调查报告称为定量调查报告。从典型意义上说,定量调查研究报告是用数字和量度来描述对象,而不是仅仅用语言文字。如果在调查研究过程中以及在分析调查所获得的材料和描述调查的结果时采用的是定性研究的方法,则此类型的调查报告称为定性调查报告。与定量调查报告相反,从典型意义上说,定性调查研究报告是用文字来描述现象,而不是用数字和量度。应该指出的是,在实际教育调查研究中,绝对的、纯粹的定量调查研究或定性调查研究是不多的,更为常见的是,在调查研究中,常综合运用定性研究与定量研究两种研究方法,而以其中一种方法为主。本节内容将介绍以定量研究为主的调查报告,定性部分的研究报告可参考本章后面两节的内容。

二、教育调查研究报告的结构

撰写定量调查报告是在对调查研究的原始资料进行统计分析获得研究结果,在参阅、分析调查研究课题有关的参考文献,在对调查研究结果进行提炼、获得理性认识的基础上进行的。就定量调查研究报告本身而言,它的基本要求是:① 调查方法的科学性;② 调查数据的生态性;③ 数据分析的合理性;④ 呈现结果的规范性。

定量调查报告的写作格式一般而言,与前面的实验报告的写作格式相似。当然,报告中对于各部分的标题分类及名称也可略有不同,比如,有人把文献综述与研究问题,甚至假设结合在一个标题之下,或把结果、结论与讨论结合在一起。

1. 标题

调查报告的标题应用一句话尽可能反映出研究的对象、内容、问题和类型。报告的标题应在全文写完后再细加斟酌,考察它是否能作为全文的简明概括。定量调查报告标题的写作有单行标题与双行标题两种形式(定量调查报告标题的写作格式也适用于定性调查报告)。① 单行标题,即只有一个标题。有两种写法,一种采用类似公文标题的写法,由事由和文种两个部分构成,并用"关于"两字领起,如《关于农村中学语文教师语言素质的调查报告》《关于互联网对中学生思想品德影响的调查报告》等;一种称为文章式标题,一般使用调查所得到的观点为标题,如《调整教育政策 增加教育投入》。② 双行标题,双行标题都由正题、副题组成,一般是正题揭示调查报告的主旨或思想意义,副题标明调查的事项、范围,对正题起补充说明作用。如《中学教师科学素养有待提高——上海市中学教师科学素养现状调查报告》《家长、学生家教观念的对比研究——对上海市 14 所中学家庭教育的调查报告》等。

知识小窗 10-4   "调查报告"起名馆

在报刊上发表的调查报告,标题下可直接署名。内部交流的调查报告,署名可在标题下,也可在文尾。一种是公文式,即调查者+调查对象+文种,如《某某中学关于生源家庭情况的调查报告》,通常情况也可省略调查者,只标明调查对象+文种,如《关于男女生文理分科情况的调查》。另一种是文章式,可直指主题,也可提出问题,可单行也可双行,灵活多样,不拘一格。如《2009 年高考对学生学习语文有什么影响?》《采点得分与采意得分——阅卷方式与复习要点的落实》。还有一种是新闻式。刊发于报刊上的调查报告,也是一种新闻体裁,因此,在标题的制作上与新闻的标题制作要求相似,即要求鲜明醒目,能吸引读者眼球。如《敢问路在何方——关于进城务工子女入学难的成因调查》。

2. 摘要

摘要是调查报告中关键性内容的总结与概括。摘要可使读者用很短时间了解报告内容，以决定是否需要阅读全文。摘要部分总的要求是：首先，反映研究报告最主要的内容，主要涉及调查问题、调查过程与方法、调查结果、结论与建议等几个方面；其次，语言简明扼要，字数一般不超过 300 个。英文摘要的写作方法与本章第一节相同。

关键词是能够最准确反映研究报告的内容和主题的 3 到 6 个词。关键词的具体要求同本章第一节。

3. 前言

调查研究报告前言部分的主要内容包括调查的目的、调查背景、文献综述、调查对象的基本情况、调查的基本假设、关键术语的定义等，视实际需要和作者的构思而定。不同的报告前言部分的名称会有不同，如有的将之称为"调查背景""引言""问题提出"等，但是写作方法是基本一致的。

调查报告的前言写作与实验研究报告基本相同，所不同的是调查研究报告更注重样本的情况介绍、变量间关系的假设、如何抽样施测去验证假设等。

知识小窗 10 - 5　　　　　调查报告的写作思路

写作思路：调查报告必须要能回答两个问题："是怎样"和"为什么"。通过调查，我们对"是怎样"有了基本的了解，现在必须通过现象看本质，从具体到抽象，由个别到一般地归纳出现象背后的本质规律来。调查报告不仅要告诉读者"是怎样"，更要能回答"为什么会是这样？原因何在？"等问题。这就有一个穷尽问题所有环节的思维过程：对象性展开——要能反映个案的纵向发展情况；主体性展开——要能体现全面的实际情况。

---

4. 调查方法

介绍"调查方法"目的是让读者了解调查结果和调查结论是用什么方法、经过怎样的步骤获得的，从而使读者可以据此判断调查结果和结论的可信程度和可适用范围。若读者需要重复验证，也可如法炮制。"调查方法"应体现课题研究过程的科学性、可靠性、合理性和逻辑性。在调查报告中，"调查方法"一般包括：调查的对象、内容、取样方法、工具与手段、数据处理和研究的步骤等。不同文献在"调查方法"部分的名称会有所不同，如有些报告将之称为"调查内容与方法""研究方法""研究设计""调查方法"等。主要包括以下内容：

① 调查对象。1) 调查对象的总体，应说明所有符合抽样条件的总体，这是调查结果

推广的生态范围。2) 调查样本的容量,说明从总体内选择了多少个样本个体。3) 抽样方法,说明研究者是如何从总体内选择出样本的。样本的抽取方法关系到调查的结果能够适用怎样的总体范围即反映出调查结果的生态效度。

② 调查或测量工具。这一部分应该交代使用什么调查工具、调查工具的维度与项目数、评定标准、信度和效度、工具的来源等;测量工具涉及测量工具的使用方法、信度和效度等。

③ 调查过程。其中包括调查方法和调查流程,调查方法一般有观察、访问、座谈、问卷、测试、搜集现成材料等,这一部分需要交代在本调查中是用什么方法从调查对象那里搜集资料的;调查流程主要是介绍运用调查方法的具体步骤,由谁操作、如何操作等。

④ 调查资料的处理。依据资料的性质,选择资料处理的方法,是依据逻辑内容进行整理后加以描述,还是进行数量的统计处理。若进行数量统计时,就说明使用什么统计工具和统计方法。

> **知识小窗 10-6　　　　调查报告的主体结构类型**
>
> 在主体的结构安排上,一般有三种写法:一是纵式结构,按照事物发生、发展的先后顺序安排材料,叙述事物,阐明观点。这种结构适用于单一对象的调查,如《一名高考状元的成长之路》,就可以按照学生各阶段的情况组织材料。二是横式结构,根据内容的特点和事物的性质,以问题为序,并列组织材料,逐一论述,最后从总的方面集中说明一个中心思想,如《学生学习兴趣的调查》,就可以使用横式结构,把不同年级、不同性别的学生分条陈述。三是纵横式结构。这种结构兼有纵、横两式的结构特点,是一种纵横交错式结构。有的以纵式为主,横式为辅;有的以横式为主,纵式为辅。

5. 调查结果

对调查后获得的原始数据,根据调查研究的要求进行分析处理后,可获得调查结果。调查结果一般可采用统计表加以概括,并伴以文字说明。这一部分在具体处理时应根据不同类型的调查内容,分别对调查结果加以概括和阐述,切忌流水账式的叙述。对于结果的写作要求与本章第一节相关内容相似。

6. 讨论与建议

讨论是对调查结果的解释与推论,讨论后获得结论,结果与结论是有区别的,详见本章第一节,但是有时候结果也是结论,比如××变量与××变量显著性相关,××变量在××水平上有显著性差异等,这既是结果也可以说是结论,当然也可以将这些结果进行推

断,找出原因,获得更抽象的结论。讨论部分主要包括以下内容:

① 对调查结果进行原因分析或从理论上给予解释,搜集有关领域的文献资料,进行比较、分析,发现自己研究结果的理论价值、实践价值等。

② 根据数据的分析结果,对研究要解决的问题做出推论式的回答。研究的结论应具有客观性,结论源于结果而高于结果,是对结果的溯源分析,是对结果"为什么"的回答。结论与结果的区别见本章第一节内容。

③ 根据研究结果和得出的结论对实践工作提出建议,建议应该从调查的结果出发,并基于结论,应该是有依据的,是既实际又可行的。

知识小窗 10-7　　　调查报告主体部分的写作要点

调查报告的主体一般包括三个层次:情况、分析、建议。情况部分,主要是对调查情况的描述和说明。应将调查获得的材料归纳整理后,条分缕析分几个方面来表述。这样可以使情况不显凌乱,容易总结出规律性的东西。如《重点学校和非重点学校文理分科的差异》这份调查报告,可将情况归纳为三:一是重点学校文理分科的比例及原因;二是非重点学校文理分科的比例及原因;三是两种类型学校是否存在差异及其原因。分析或预测部分,是全篇的核心所在。这一部分是通过对调查得来的基本情况的分析研究,针对调查的目的写出结论;或是根据资料情况,预测调查对象未来的发展、变化趋势,准确地反映和揭示某种教育现象和规律。分析可紧跟每条情况描述之后,也可另外列专项分析。建议或措施部分,是调查报告的落脚点,是进行调查的目的所在。这一部分,应结合现实情况与调查结果一起综合分析,有针对性地提出建议或措施来,指导现实和未来工作。

---

7. 结论

结论是全篇论文的归宿,是总结全文的主要观点、进一步深化主题。可以联系结果进行阐述,但切忌描述过细。

8. 参考文献

教育调查研究报告的参考文献,可参考本章第一节的介绍。

9. 附录

在"调查方法"部分,由于篇幅所限,不可能将调查用的所有项目一一列出,这时可以以附录的形式在研究报告的正文后面加以表述。附录也可罗列一些研究者认为可对调查研究工作进行补充说明、但又不必写入报告中的材料。如调查提纲、问卷、实验说明、访谈记录、计算或统计公式、计算机处理程序、中间结果等(符明弘,2003)。

三、教育调查研究报告写作方法的举例说明

初中生学业拖延的特征及其与学业成绩的关系研究[①]

胥兴春[1] 王彩霞[2]

(1.西南大学教育学院,重庆 400715;2.郑州轻工业学院附属学校,郑州,450002)

[摘 要] 目的:探讨初中生学业拖延的特征及其与学业成绩的关系。方法:采用学业拖延问卷对 264 名初中生进行了测量,运用 SPSS15.0 对数据进行统计分析。结果:初中生学业拖延总体上处于中等偏下水平;男生的学业拖延水平显著高于女生;学业拖延存在显著的年级差异,其中初二年级拖延水平较高;学业拖延与学业成绩呈显著负相关,低拖延者的学业成绩显著高于高拖延者,学业成绩高的学生其拖延水平低。结论:初中生的学业拖延在性别和年级上有显著差异,初中生学业拖延对其学业成绩有显著影响。

[关键词] 初中生;学业拖延;学业成绩

写作说明:标题指出了本课题的两个关键变量——学业拖延特征与学业成绩,由于是关系研究,所以没有自变量与因变量之分,调查报告大多数均属于变量间的关系研究,不同于回归分析、探索性因素分析、结构方程等因果关系研究。

摘要部分简明地介绍了本次调查目的、方法(其中包括使用的问卷、调查对象、样本容量、统计工具等)、结果和结论四个部分,结构非常清晰。当然写作格式并非是一成不变的,应视不同期刊的要求而定,但内容几乎都是相似的。

关键词主要反映本研究的主题,主要部分来源于题目,此外还可加入你认为本研究中关键的主题词。

一、引言

有研究(Ellis & Knaus,1977)发现,95%的大学生都存在学业拖延现象,50%的学生报告称,对于学习任务,他们至少会拖延一半的时间。由此可见学业拖延现象在学生群体中的普遍性。学业拖延不但普遍存在,而且对学生的影响甚大。学业拖延(或称拖沓)是指学业任务计划与执行之间的差距,外在表现为时间的不合理利用。学业拖延体现在三个方面:学生有执行学习任务的意向,但却没有与意向相符合的行为表现;学业拖延通常会产生不合标准的结果;学业拖延还伴随着焦虑不安、抑郁、失落等消极情绪体验。自从 Solomon 和 Rothblum(1984)开始关注学业拖延现象以来,学业拖延问题日益引起人们重视和研究。而对学生来说,学业拖延最直接影响的是学业成绩,与学业成绩的关系问题也成为研究的重点。Owens(2000)的研究显示,在数学学习中拖延行为较多的高中生的数学成绩相对较低。[1]甘良梅(2007)研究也显示,日常生活拖延行为与大学生

---

① 本文摘自《教育科学》,2011 年第 2 期。

期末考试成绩呈显著负相关,且拖延行为对期末成绩的预测达到显著水平。……[4]而在研究方法上,大多数采用自我报告式的量表来研究拖延,国外的有 Solomon 和 Rothblum 编制的拖延量表(PASS)……此外还有采用教师评定的方式,如 Miligram,Sroloff 和 Rosenbaum(1998)以学生预习次数、出勤和考试成绩变化为指标衡量学生的学习拖延量表(APS)等。初中生独立和叛逆的心理特点决定了其行为独特性,他们的学习也是最让教师和家长头痛的问题。已有研究对大学生群体关注较多,对中学生尤其是初中生关注较少;对学业拖延的特征及原因分析也不尽相同,有的甚至相互矛盾;对学业拖延与学业成绩的关系分析也不够深入。基于此,本研究拟对初中生学业拖延的特征,及其对学业成绩影响的进行分析考察,从而为改进初中生的自主管理和时间控制提供依据。

写作说明:引言部分界定了本研究的一个关键术语——学业拖延,并描述了学业拖延的表现。介绍了学业拖延的普遍性,相关研究的成果即学业拖延与学业成绩的关系,由于相关研究大多集中在大学生群体且有的研究不够深入,从而引出初中生研究的必要性,体现出本课题的价值。整个论述框架基本上让读者清楚本研究的目的、主要变量间的关系假设等。

二、研究方法

1. 被试 从郑州市某中学采用计算机随机抽样的方法选取 264 名初中生为对象,以班级为单位集体发放问卷,在统一指导语的基础上进行团体测量,完成后当场收回。其中男生 140 人,女生 124 人;一、二、三年级分别有 91 人、90 人和 83 人。

2. 研究工具 初中生学业拖延量表。在参考 Tuckman 学习拖延倾向量表[5]的基础上,采用项目分析和探索性因素分析方法,最后确定了由作业拖延、自学(自主学习)拖延和备考拖延三个维度共 20 个题项构成《初中生学业拖延问卷》。问卷采用 5 级计分,从 1 到 5 拖延水平逐步升高。问卷的总解释率为 54.47%,问卷的内部一致性系数 Cronbach α 为 0.79,各维度的 α 系数在 0.71~0.85 之间。初中生学业成绩。学业成绩采用最近一次测试成绩,包括语文、数学、英语以及由三门课程相加的综合成绩,并将原始分数转换为标准分数进行分析。

3. 统计方法 数据采用 SPSS15.0 for windows 进行处理和分析。

写作说明:调查报告必须介绍样本的来源、样本容量、抽样的方法、主试的情况、调查方法、问卷回收情况、样本人口学变量的比例构成等,有时要求在各分类变量上的样本容量无显著差异时,还要进行 χ^2 检验。问卷调查必须要介绍问卷的来源、问卷构成(维度)、各维度的项目数、项目类型、计分方法等,同时也要介绍问卷的信度和效度。对于测量变量要求给出操作性定义,即如何获得该变量数值,比如本文给出了学业成绩的操作性定义。调查研究要求介绍使用什么样的统计软件,有时也要介绍使用的统计方法。

三、研究结果

1. 初中生学业拖延特征

表1 初中生学业拖延的差异

	性别			年级				总体
	男生	女生	t	初一	初二	初三	F	($n=264$)
作业拖延	2.41±0.89	2.08±0.81	4.26**	2.03±0.90	2.34±0.95	2.26±1.02	2.60	2.30±0.91
自学拖延	3.05±0.85	2.77±0.80	2.59*	2.81±0.96	3.01±0.74	2.90±0.81	1.64	2.85±0.84
备考拖延	2.91±1.12	2.80±1.02	0.89	2.63±1.15	2.93±1.07	3.10±1.16	3.39*	2.79±1.08
总体拖延	2.70±0.71	2.35±0.61	4.04***	2.41±0.84	2.72±0.75	2.64±0.72	5.39**	2.58±0.72

注：*$p<0.05$，**$p<0.01$，***$p<0.001$，下同。

由表1可知，被试在学业拖延总体及各维度上的均分小于3，表明初中生的学业拖延处于中等偏下水平。在性别方面，男生拖延水平高于女生，其中作业拖延和总体拖延的差异极其显著（$p<0.001$），在自学拖延上也存在显著差异（$p<0.05$）。年级方面，各年级初中生的总体拖延差异极其显著（$p<0.01$），在备考拖延上也存在显著差异（$p<0.05$）；在其他维度上的年级差异不显著。事后比较（LSD）显示，在自学拖延方面，初二学生显著高于初一；在备考拖延方面，初一学生显著低于初二与初三；在总体拖延水平上，初二学生显著高于初一。

2. 初中生学业拖延与学业成绩的关系

（1）学业拖延与学业成绩的相关。

表2 初中生学业拖延与学业成绩的相关语文数学英语总成绩作业拖延

	语文	数学	英语	总成绩
作业拖延	−0.24**	−0.31***	−0.28***	−0.23**
自学拖延	−0.29***	−0.28***	−0.27***	−0.34***
备考拖延	−0.07	−0.09	−0.12	−0.07
总体拖延	−0.28***	−0.25**	−0.32***	−0.29***

由表2可以看出，除备考拖延外，作业拖延、自学拖延和总体拖延与语文、数学、英语及总成绩间均存在显著的负相关。表明拖延水平高的初中生，其学业成绩则低。

（2）不同学业拖延水平学生的学业成绩差异

将所有被试的学业拖延分进行排序，前27%和后27%的学生分别归入高分组和低分组，考察不同学业拖延水平初中生的学业成绩差异，结果见表3。

表3　不同拖延水平学生学业成绩差异分析(M±SD)

	语文	数学	英语	总成绩
高拖延组	53.06±9.05	51.17±9.45	52.74±7.90	52.01±8.73
低拖延组	46.68±10.11	47.12±10.05	46.05±10.08	46.39±10.16
t	7.84***	4.39*	9.92***	7.49***

由上表可知,高低拖延水平初中生的学业成绩差异均达显著水平,其中语文、英语和总成绩的差异极其显著($p<0.001$),说明学生的拖延得分越高的学业成绩越差。

(3) 不同学业成绩学生的学业拖延差异(略)

写作说明:调查的结果通常采用统计表加以概括,并伴以文字说明。文字说明主要是说明统计的结果,如是否有显著性相关、是否有显著性差异、回归是否显著等,通常在文字说明中描述过的结果是要在讨论部分中进行讨论的,而对于一些中间结果或不在讨论中讨论的非主要结果是不需要说明的,当然不可避重就轻,有意忽视一些无法解释的重要结果,这样会给报告造成重大瑕疵。将这一部分的内容细分成二级标题,要注意标题与标题之间是并行的,没有上下位关系,如本报告的两个二级标题之间的关系是并行的,三个三级标题之间的关系也是并行。在具体处理时应根据不同类型的调查内容,分别对调查结果加以概括和阐述。

四、讨论

1. 初中生学业拖延的基本状况

研究表明,男生的拖延水平显著高于女生,这与人们的经验认知比较相符。青春期的男生较女生更为叛逆,对老师的要求,如按时完成作业、课后主动学习、及时复习迎考等,大都会加以拒绝或拖延完成。初中男生还希望自己被看作是具有男子气的,而学习则被他们看作是女性化的,于是就倾向回避学业或者至少在表面上以拖延的方式回避学业。另外,与男性相比,女性认为个人的努力比能力更被人们所看重,努力可以受到他人的奖励和肯定。于是,拖延在她们看来是不可接受的。当然也有研究发现男生与女生的拖延水平没有显著差异。(略)

2. 学业拖延对初中生学业成绩的影响

研究表明,学业成绩与学业拖延间均存在负相关,其中学业成绩与作业拖延、自学拖延和拖延总分有显著相关,与备考拖延相关不显著,这与相关研究结果一致[2]。学习是一个渐进积累的过程。作业是学生巩固和应用新知识重要途径,作业拖延不但不利于所学知识的掌握,导致学习内容在短时间内快速且大量遗忘,而且还会制约后续知识的学习,进而影响到整个知识的系统掌握。同样,自学也成为初中生的重要活动和方式,自主学习的能力与方法决定了学生个体能否有效利用和控制时间,尤其是课余时间的使用……但研究也发现,备考拖延与学业成绩没有显著相关,高低成绩组学生之间在备考拖延上无显著差异,表明考前复习准备时间的多寡与及时与否并不必然影响考试成绩。这可能与考试内容和考试方式有关。由于初中阶段的考试内容并不是非常多,难度也比较适中,学生日常的学习、投入和努力对于这些知识的掌握非常重要且有效,能很好地应对考试。

写作说明:讨论部分主要是针对调查的结果展开,对结果作何解释、有何建议、结论是什么以及可能还存在哪些问题。本报告的"讨论"与"研究结果"的内容是对应的,针对研究结果进行解释。讨论部分引用的文献可用于解释结果,也可作进一步佐证或用于分析比较。讨论部分的写作思路通常是先呈现结果,再进行讨论,有时会引申出结论(有时结果就是结论,无需引申)。比如本报告的最后一个结果是:"备考拖延与学业成绩没有显著相关,高低成绩组学生之间在备考拖延上无显著差异。"结论是:"考前复习准备时间的多寡与及时与否并不必然影响考试成绩。"讨论的解释是:"这可能与考试内容和考试方式有关。由于初中阶段的考试内容并不是非常多,难度也比较适中,学生日常的学习、投入和努力对于这些知识的掌握非常重要且有效,能很好地应对考试。"

五、结论与建议

研究发现,初中生的学业拖延总体上处于中等偏下水平;男生的学业拖延水平显著高于女生;学业拖延也存在显著的年级差异,其中初二年级的拖延水平较高;学业拖延与学业成绩呈显著负相关,低拖延者的学业成绩显著高于高拖延者,学业成绩高的学生其拖延水平低。

初中生学业拖延的特征及其与学业成绩的关系给我们的教育带来了启示。(1)应加强对男生的督促。由于男生学业拖延程度显著高于女生,教师要引导男生认识合理安排时间的重要性,要训练学生对时间的感知能力,有效提高学生管理时间的能力。(2)特别加强对初二学生拖延的管理。初中二年级是学习习惯及时间观念发展的关键期,也是学习行为习惯养成的转折期,关系到整个初中阶段学习及其后续高中学习习惯。教师要让学生明白拖延的危害,开展相应的时间管理辅助活动,促使学生养成良好的习惯。(3)强调作业的重要性,教会孩子掌握自学的能力与习惯。作业拖延和自学拖延与学业成绩有显著负相关,说明时间管理不好,没有良好自我监控能力,其学习成绩会受到严重的影响。教师要在学生中开展自主学习,增强初中生的自主学习能力;日常学习生活中,应注重培养学生的自我管理能力,加强其自我发展教育。

写作方法:本节内容的第一自然段是结论,第二自然段是建议。建议的内容是有针对性的,"建议"往往是针对调查的结果和结论而提出来的,切忌不针对调查结果随意发挥,或把建议随意扩大超出本研究的范围,这样整篇文章就不能成为一个有机体。此外,"建议"往往也应该是可行的,是对教育实践的指导。

参考文献(略)

> **知识小窗 10-8　　　课题成果推广的形式**
>
> 1. 通过报告会、学术交流会，进行宣传型推广。
> 2. 通过专著、论文、成果汇编、录音带、录像带、计算机网络管理系统等进行文字、声音、符号、图像型推广。
> 3. 通过现场观摩进行示范型推广。
> 4. 通过学习指导进行培训型推广。
> 5. 通过建立基地进行研究型推广。
> 6. 通过实验论证进行实验型推广。
> 7. 通过对教研成果的逻辑推理进行类推型推广。
>
> (李彦福,2007)

第三节　教育质性研究报告撰写

质性研究是从质的角度，以搜集、分析文本材料为主要手段的一种研究方式，这与量化研究有着很大的差异。当然，教育质性研究报告的撰写相对于教育实验研究报告和教育调查研究报告来说也有其独特性。

一、教育质性研究报告的概述

教育质性研究报告即是一种以书面描述性形式表达教育质性研究结果的研究报告。与量化研究报告相比，教育质性研究报告没有太多的规则和结构要求，但二者的目的是一致的:清楚地说明研究过程和资料搜集的经过(李晓凤等,2006)。

由于质性研究是在批判和弥补量化研究的不足的基础上发展而来的，质性研究方法是以研究者本人作为重要的研究工具，关注自然情境和整体的视角，注重描述性的资料搜集方法等，所以质性研究报告不像量化研究报告那样强调概括、客观和抽象，而是以描述为主，以研究者的个人反思为主，需要研究者将在研究中获得的知识用一种对读者来说有意义的方式呈现出来，可以是描述性的，可以是叙事性的，有多种写作风格。有时一篇质性研究报告，就是一个故事或几个故事的集合，因此，质性研究报告的写作也就是故事的讲述，对于这种故事的风格，有人提出五种类型:现实主义的故事,忏悔的故事,印象的故事,规范的故事,联合讲述的故事(转引自陈向明,2001)。麦尔斯和哈波曼(Miles and

Huberman)(1994)则进一步指出:质性研究报告没有一定的组织,每一份研究必须因研究的知识背景与地方脉络来雕琢出相契合的架构。可见教育研究报告形式可以有一定的灵活性,同时也要考虑研究的匹配性。

二、教育质性研究报告的结构

> **知识小窗 10-9　　　　质性研究报告撰写特点**
>
> 教育质性研究报告的撰写是在研究者提出研究问题,通过对研究对象进行参与式观察、开放式访谈、实物分析或实地体验等某一种或某几种方法进行资料搜集后,采用类属分析的方式对搜集到的资料进行整理和分析,从而以这些经验的资料为基础,得出结论和反思,最后采用叙事的形式,甚至运用"深描"的手段描述完成的。在质性研究报告中,首先是把报告的重点放在研究方法上,特别是搜集材料的过程。另外,尽管也要浓墨重彩地介绍研究结果,但介绍方式与量化研究报告完全不同,是以叙述的方式或者是以故事的方式来进行的。就教育质性研究报告本身而言,它有三个特点:① 研究者的主观性与反思性;② 描述性资料的丰富性和原始性;③ 表现手法的多样性与灵活性。这样,研究者的写作技巧、表达能力和价值引导也就显得尤为重要。
>
> (陶保平,2004)

在撰写研究报告之前,首先要了解教育质性研究报告的基本结构,列出一个基本的写作提纲,然后再根据具体材料补充完善,或随着写作过程、思考过程的新发现而有所调整,这样常常会起到事半功倍的效果。报告的撰写规划可围绕三个要素展开:陈述研究目的,写下详细的写作大纲,决定研究报告的写作风格(顾瑜君,1998)。质性研究报告的撰写通常可以包括进入状态→开始写作→继续写作→整理初稿→收尾等几个步骤。

本书前几章详细阐述过质性研究和量化研究,二者有其不同之处,但就教育研究报告来说,质性研究报告和量化研究报告在写作结构上具有一定的相似性。量化研究报告的结构请见本章第一、二节,本节重点阐述教育质性研究报告的结构,尤其与量化研究报告不同之处。一般来说,无论研究者采取何种写作风格,大部分的教育质性研究报告包括以下几个主要组成部分。但以下这些结构不是固定模式,也有的研究者根据需要以不同的结构呈现。

1. 标题

标题的重要性不言而喻。教育质性研究报告标题的基本要求与本章第一节的教育实验研究报告的标题要求基本一致。例如有的题目会明确表达是关于什么的质性研究,如

"重庆地区中小学体育教师工作状态的质性研究",通过标题对这个研究的基本情况就能一目了然:研究对象是重庆地区中小学体育教师,研究内容是体育教师的工作状态,研究方法是质性研究方法。有时由于表达需要,也可以通过副标题的形式予以明确,如"促进县域高中教育均衡发展的对策研究——L中学个案的质性研究"。但教育质性研究报告标题还有一个独具的特点是——标题的生动性。如"王小刚为什么不上学了——一位辍学学生的个案调查",即是用一个生动的问句做主标题,还有一个解释性的副标题。

署名的要求同本章第一、二节的阐述一致,兹不赘述。

2. 摘要

摘要是对研究报告内容言简意赅的总结性表述。有的教育质性研究报告首先会开宗明义地表明:"采用质性研究方法,……(做了什么,结论是什么等)"。笔者曾看到一篇质性研究报告的摘要只是解释了什么是质性研究,这是不妥当的,也是不完整的。也有的教育质性研究报告没有摘要,直接就是引言开篇。

关键词同上述教育研究报告的要求一致。

3. 前言

前言部分也是常在研究报告中看到的"引言"或"问题提出"部分,是研究报告的开场白,要求简明扼要,直截了当。教育质性研究报告的前言部分,首先需要说明研究背景和所涉及的概念是什么;研究者感兴趣的研究主题是什么;进行这项工作的缘由和重要性;前人在这一方面的研究进展情况如何,存在什么问题;本研究的目的,采用什么方法,计划解决什么问题,在学术上有什么意义等。值得提醒的是,有的人在文章中对前人的工作随意否定,或轻易断言"此问题前人没有研究过",属于"历史空白",这是不妥当的。

常言说得好:万事开头难。研究报告有多种开头方法。有的采用开门见山的方法直入主题;有的提出问题引入主题;有的交代研究的目的和要求逐步展开。怎样开头为好,应根据研究报告的内容、写作的风格等因素全面考虑后确定,但必须防止面面俱到,不着边际,文不对题;或一步登天,言尽意止,不留余地等毛病。

4. 研究方法

研究方法包括一般的方法与应用性的方法。质性研究的研究方法有多种,包括历史研究、文献研究、人种志研究等,常见的、常用的主要有三种,分别为观察法、访谈法和实物分析法。这部分在本书第六章已有详述。

质性研究报告中的研究方法有时独立呈现,但更多是与研究过程同时呈现的。研究方法这部分先介绍一般质性研究的概念,之后说明研究的方法,如扎根理论、现象学等,其目的在于告诉读者有关质性研究与提供质性研究方法使用的原理。

5. 研究过程

质性研究报告中的研究过程有时与前面的研究方法同时阐述。这部分是详细描述研究的目标如何完成，即要描述为什么要研究，如何展开研究以及何时研究，包括要交代研究场域与样本的选择、进入研究场域与建立关系、研究场域的介绍、资料搜集的过程、资料的储存与处理、治疗分析与决定的译码、相关的研究伦理以及如何运用策略来确保研究的严谨性。此外，研究者还需要公正地说明方法论的限制与研究者本身在研究过程中的角色等。这部分也就是在阐述研究过程。在教育质性研究报告中可以从以下几个角度具体说明。

① 研究样本的确定。要介绍清楚研究对象的身份、特点、数量情况，质性研究的样本数量可以根据研究需要 1～30 人不等，不像量化研究要求大样本。同时还要说明样本选择的要求是什么，即如何抽样的。质性研究可以采取强度抽样、最大差异抽样、同质型抽样等，常用的抽样策略有：机遇式抽样、滚雪球抽样、方便抽样等（陈向明，2001）。

② 研究者的背景、立场与角色。这部分也就是在讨论研究关系。因为质性研究中研究者本人就是重要的研究工具，所以关于研究者的背景就需要在报告中介绍清楚。同时还要具体说明研究者的身份和角色是什么？是如何进入研究场域的？与被研究者的关系如何？这些因素都直接影响到后面的资料搜集、整理等情况。比如在《重庆地区中小学体育教师工作状态的质性研究》（魏晓燕，陈宁，2010）一文中，作者介绍"在整个研究过程，调查者是以'半局内人'的身份出现的。调查者具有体育教育专业学习背景、学校体育的相关理论教学的经历，对中小学体育有一定的了解，因此可算个'局内人'。但毕竟身处不同的场域，无法完全体会一线体育教师的内心感受，因此和他们相比，调查者又是个'局外人'。'半局内人'的身份为研究提供了便利：'局内人'的一面让研究者更容易和被研究者建立起一种彼此都能够理解的话语体系；'局外人'的一面，则会让调查者有机会脱身出来，保持对问题的敏感性和好奇心，而不至于因'共情'而忽略有价值的信息。"这样的描述就清晰明了地介绍了研究者与被研究者的研究关系。

③ 资料的搜集。质性研究中资料搜集方法常见的、常用的主要有三种，分别为观察法、访谈法和实物分析法，这也是质性研究与量化研究重要区别之一。每种方法都有自己的特点。在教育质性研究报告中需要明确说明本研究所用的资料搜集方式是哪一种或哪几种？资料搜集的具体时间、流程是怎样的？资料搜集的焦点是什么等？如果选用的访谈法，就要考虑回答以下问题：为何使用这个方法？在这个研究使用这个方法是恰当的吗？记录的技巧如何？访谈是笔录还是有录音？谁作的？笔记是凭记忆作的吗？是访谈完立即作记录吗？记录的东西是用来作为资料的主要来源还是补充材料？这里介绍得越

详尽,越能体现研究的严谨性。

④ 资料的整理和分析。这是质性研究中重中之重的部分,是最花时间、精力和人力的地方。但不可能在研究报告中具体叙述整理的每个细节,但可以概括表述研究使用了什么软件进行编码?分析方法是哪种?比如可以这样表述"每次访谈结束后,尽快完成转录,并利用 NVIVO1.2 质性研究分析软件对整理后的访谈笔录进行逐级编码、分类。之后结合第一次访谈中出现的问题,确定下次访谈内容以及策略。分析方式则主要采用类属型分析,即在编码的基础上,将相同的内容归类,并逐步归纳建模形成'扎根理论'"。当然也可以阐述整理与分析的阶段性工作是如何进行的。

⑤ 对伦理道德问题的考虑。这是研究者应该考虑到,并在研究报告中能够体现出来的。对被研究者访谈资料的使用,要注重保护隐私,如介绍其人或引用原话时需用假名或匿名,在未获得本人允许情况下不得公开隐私信息等。

知识小窗 10 - 10　　　　　　叙事探究

叙事探究(Narrative Inquiry)是质性研究的主要方式之一。叙事探究就是将人类社会生活的各种"经验(Experience)"作为研究对象,力图在受访者的经验的叙述性表达(对社会的认知、观点、经验故事)中来探究人类社会现象的逻辑与规律。叙事探究中,"叙事"是研究者对被访谈者的"经验"的文字性描述,同时,也与研究者对讲述者经验的理解相关;"探究"则是研究者运用"经验"的方式,对于讲述者生活经验的深层询问、探究(Inquiry),以便了解人类社会的逻辑和规律。把"叙事"和"探究"结合到一起,是理解和呈现经验最好的方式。叙事探究不仅要把所探究的内容展示给读者,而且要把探究的过程本身告诉读者。因而"叙事探究"强调参与实际生活,在生活中去"经历经验",对讲述者经验的过去、现在及未来进行探求、询问。20 世纪 80 年代后叙事探究方法被引入中国,后通过加拿大学者康纳利和克兰迪宁的引荐,逐渐为国人所理解、接受、运用。

(摘自《质性研究范式中的叙事探究法》)

---

6. 结果与讨论

教育质性研究报告中,研究结果和讨论有时会同时进行。这部分是研究报告的核心,也即"研究发现",研究者需要尽力使用洞察力与创造力来将资料概念化,以让读者能够吸收。当然研究者有许多方式来呈现研究结果,但唯一的要求是研究发现必须是易读的、严谨的。具体地说,研究发现有两个部分。第一部分是描述与分析,包括现场与被研究者的实际情况或现象是怎样的?正在描述的现象主题是什么和为什么?被研究者持有和运用着哪些内在观点?使用哪些知识和行为类别?如何建构他们的行为?哪些观察实例和被研究者的谈话可以呈现这些实况或类别?第二部分是讨论与解释,包括研究出现了怎样的社会、文化或教育意义?什么观点可以用来解释描述的现象及其意义?描述的现象和文献上哪些理论或学术有关联?

研究结果的撰写有三大类型:类属式、情境式和结合式。类属式是指研究最后形成了若干小主题,而且关系清晰,材料丰富,这样报告就可以按照一个一个的主题来写作,直到把每一个主题写完。情境式是指材料的主题线索不明晰,但时间发展线索明晰,此时就可以按照时间线索或空间的线索来写作。有的时候,也可以把两者结合就是结合式(陈向明,2002)。当然可以发挥研究者的创造力,如用说故事、写小说等方式表达。

无论选用哪种撰写方式,以下几点值得注意和参考:① 思考结论要如何呈现;② 写法无一定标准;③ 愈早开始愈早进入主题愈好;④ 把所看到的讯息意义化,并注意核心;⑤ 写研究发现时要注意是"谁的声音"。

实践探索 10-1　　试将化学实验搬上英语课的讲台
——New Standard English SH BOOK 1 Module 5 教学叙事案例研究

一、誓意标新

"What can we do in the lab?"上课伊始,随着投石问路的话题一抛出,我就觉得必须一走到底了。在化学实验室上英语课,实属无奈。因为学校目前没有专门的多媒体教室,所有的多媒体辅助工具都装在了理化生实验室。而前来听课的全都是安徽省的教研员及校长们,如果鼎鼎有名的省级重点中学连一间像样的多媒体教室都没有,会令他们跌破眼镜的。而一向喜欢在计算机辅助教学上捣鼓的我又不想只受着粉笔加黑板的束缚,怎样才能让他们顺理成章地在化学实验室听英语课,怎样才能做得滴水不漏是一直困扰着我的难题。直到临近听课的前几天,我才从英语课本中的一个单元的标题"A Lesson in the lab"中恍然大悟,为何我不来一些创新呢——把英语课搬到实验室来上,走一条前人少走的路,既给听课者一个合理的解释,也算为学校今后的双语教学抛砖引玉吧。

二、现买现卖

一旦决定下来后,我就马不停蹄地找化学老师了解有关化学药品和设备的用途,因为在上课伊始,我想让学生有目的地复习在课本中学到的有关化学的英语词汇,并设计了一个"How much do you know about chemistry?"的知识竞赛。要给学生一碗水,教师得是一条川流不息的小溪,而我的化学知识这段溪流较为枯竭,只有借助外力,靠天外之水来现买现卖了。

三、妙趣横生

学生在课堂上表现异常活跃,无论在知识抢答、描述实验步骤、动手进行实验操作,还是实验操作中的英语会话方面,都表现出了前所未有的热情。整个课堂在师生互动和生生互动有序地进行。当进行化学知识的抢答竞赛时,人人都摩拳擦掌,誓不为本小组争分不罢休,但孩子们的知识依然较为浅薄,简单的

> 一句 Which of the metals is good for our health? 就把他们难倒了，同学们基本把所学的生词都翻遍了，从 calcium 到 potassium，最后才有同学站起来半信半疑地说出了 magnesium，结果在我宣布答案的一瞬间赢得了全场喝彩。特别是在要求学生以小组为单位，根据屏幕上的实验提示进行 "Invisible Letters" 的实验时，学生们兴趣盎然地阅读提示了解信息、相互交流传递信息、密切合作完成实验，至于该写下什么字，学生又是一场争执，我要留下大名，你要写下新学的英语单词，而他要画一个卡通人物，大家在热闹的气氛中度过他们认为"最难忘的一节英语课"。（下文略）
>
> （摘自邱玉仙的教学案例）

7. 结论与建议

结论部分是作者经过反复研究后形成的总体论点，它是整篇研究报告的归宿。教育质性研究报告结论的基本要求同其他教育研究报告一致。如包括重复提出研究的重点与非重点，提醒读者注意研究目标与摘述这些目标如何被达成，并要坦白地讨论研究的限制等。同时，研究方法有什么意义也是很重要的，比如，可以总结这些发现如何拓展了我们的知识，对教育实务工作与政策有什么作用等。

教育质性研究报告的结论更要求实事求是地分析讨论而不夸大，不缩小；敢于坚持真理，不为权威或舆论所左右；在下结论时要注意前提和条件，不要绝对化，更不要以偏概全，把局部经验说成是普遍规律。有时研究者会在结论中提出自己的研究反思，有时会提出自己的建议，有的文章以"结语"的形式呈现这些部分。

8. 参考文献

教育质性研究报告的参考文献，可参考本章第一节的介绍。

三、教育质性研究报告写作方法的举例说明

因为教育质性研究报告的灵活性，研究者可以根据自己的写作风格和能力，以不同的形式呈现。本节通过着重列举一篇在教育类刊物中常见的质性研究报告，以此来阐述报告的写作方法。

广州市中学英语教师教学观的质性研究[①]

张丽冰

［摘　要］　本研究采用质性研究方法，对广州市 28 位中学英语教师的教学观进行了研究。通过分析研究资料，归纳出了广州市中学英语教师的四类教学观：传授知识教学观、应付考试教学观、促进学习教学观和促进成长教学观。

---

① 本文摘自《教育导刊》2007 年 8 月刊上半月，因行文需要部分内容有所删减。

[关键词] 英语教师 教学观 质性研究

写作说明:标题清晰明确,一目了然。摘要言简意赅地概括了本研究的研究方法、研究对象、研究主题、研究结果等内容。关键词涵盖了本研究的主题内容和核心概念。有的期刊还要求署名部分要有单位、地点、邮政编码等,可以根据刊物的要求来写。

一、问题提出

教学观,是指教师对于教学内涵、教学模式和教学控制方式等的总体认识、理解与看法。受学科知识发展、社会形态变迁、教育理论更新的影响,教学观呈现出一种动态发展的历史,因而有传统教学观和现代教学观之分。教师的教学观一经形成,就会在他们的头脑中形成一个框架,影响他们教学的各个方面的实践和表现,进而影响到学生的学习(Gao & Watkins,2001)。因此,要提高教学质量和效果,首先需要教师具有一个正确的教学观(Clark & Peterson,1986)。

从 20 世纪 70 年代起,国外就有研究者对教师思想和观念进行研究。我国对教师教学观的研究起步较晚。90 年代后期,随着教育改革的推进,越来越多研究者开始关注教师的观念、教师的信念、教师的理论这些在内涵上存在很大交叉的研究领域。对于大学英语教师的教学、教育观念已开始有了一些实证研究,而对于中学英语教师教学观的研究仍停留在口号式、指令式的形式上,或是停留在哲学思辨层面上,只是就教学观的意义、新课程下教师教学观的"应然状态"进行理论辨析和探讨,缺乏对教学观的细致描述和实然状况的研究。基于此,本研究采用质性研究方法,以访谈、课堂观察等为资料搜集方法对广州市 28 位中学英语教师的教学观进行了研究,通过整理分析研究材料,提示这部分中学英语教师教学观的实然类型。

写作说明:作者通过两个段落阐述了问题的提出。第一段首先明确研究主题的概念及其作用,有一个清晰的界定。这点很重要,并不是每个读者都知道你要研究的是什么。然后点出本研究的主题和意义。第二段介绍国内外研究现状,尤其说明国内研究的不足,从而点出本研究的重点和作用。这两段的内容涵盖较全面,起承转合的表述也比较流畅恰当。文中引用的标注方式运用了 APA 格式。

二、研究设计

(一) 研究样本

本研究选取广州市 28 位中学英语教师。他们来自广州市不同区的 A、B、C 和 D 类学校。样本是在研究的过程中逐步确定下来的。确定研究样本的主要原则为:教师本人同意协助研究者完成本项研究。具体程序如下:联系校长→联系教务主任或科主任→联系教师→课堂观察→访谈。

写作说明:"研究设计"也就是"研究方法和过程"。样本选取的对象、数量、确定原则、具体程序介绍得非常清楚。并对具体程序做了概括解释,也是很重要的信息介绍。

(二) 搜集资料的维度

本研究采用高凌飚(2003)在广东中学物理教师教学观研究中界定的六个维度作为预设维度,每个维度预设若干访谈问题。具体维度与访谈问题如下：

1. 学习本质和学生角色(LR)，访谈的问题有："您认为学生学习的本质是什么"，"从英语教学出发，您认为什么样的学生是好学生"等。

2. 教学的本质(TN)，访谈的问题有："英语教学的本质是什么"等。

3. 教师角色(TR)，访谈的问题有："您认为好的英语教师是什么样的"，"教师在课堂上的角色是什么"等。（原文中以下三个维度的叙述在此略去）

写作说明：这里主要阐述了访谈提纲的确定。访谈的类型从结构上分有开放型、半开放型、封闭型，质性访谈更注重开放性访谈，以非正式访谈为主，主要是直接访谈的形式。访谈前的准备工作非常重要，主要包括：确定访谈时间、访谈地点、录像与否，坚持自愿原则、保密原则，设计访谈提纲等。作者在此重点说明其访谈提纲的维度和问题，是与其后面的资料整理结果相呼应的。撰写报告时可以根据研究的需要，选择不同侧重点描述。

(三) 搜集资料的方法

本研究主要采用访谈和课堂观察的方式来搜集资料。访谈时间与课堂观察同步，大多数访谈一般在听课后立即进行(便于教师回忆课堂的行为)。如果不能立即进行访谈，则根据教师方便的原则请教师确定时间进行访谈。地点在被访者的学校，每位教师的访谈大约持续30到40分钟。本次研究对多数访谈进行了录音，对所有访谈的主要内容进行了记录，访谈结束后，根据录音和记录进行录入整理。课堂观察中主要记录课堂教学中教师和学生的各种具体行为(如提问或回答)所占用的时间、教学内容以及观察感想。课堂观察的记录可作为访谈内容的切入点，同时可以和访谈的内容相互印证。

写作说明：资料搜集的情况介绍得非常详细和全面，体现了研究者研究设计的周全性和严谨的研究态度。

(四) 整理和分析资料的方法

本研究采用类属分析的方式对搜集到的资料进行整理和分析，主要分三个阶段进行。第一阶段是从记录中抽取关键短语。具体工作包括：(1)认真阅读访谈记录，抽取能够体现英语教师观念的关键短语。(2)完善关键短语构成。(3)识别关键短语的含义；第二阶段是对关键短语进行编码。具体工作包括：(1)挑选访谈问题，建立提供编码的框架：将同属于相同范围的问题合成一个代表性问题。(2)编码关键短语：所有抽取的关键短语都根据这些代表性问题进行编码，相似含义的短语归为一组，从中选出一个短语代表这一类别。第三阶段是划分教师教学观。具体工作有：(1)再次核对维度。核对的原则是看该维度是否有充足的资料来支持，违反这一原则的项目将被删除。(2)依据这些维度将教师的观点编码：将教师的观点编码到每个维度上，并按照从"以教师为中心的教学"到"以学生为中心的教学"的顺序排列好。(3)确定教师的教学观：利用"标识平面"方式确定教学观,即将六个维度的观点依据从"教师中心"到"学生中心"的顺序依次填写在"标识平面"中。填写完毕后,图表中从左到右,展现出几列纵队,每一纵队表示一种教学观,"标识平面"中有多少纵队,就说明有多少种教学观。

写作说明:质性研究中资料的整理和分析是最花时间费力气的工作,作者在此进行了比较详细具体的介绍。既能帮助读者清晰理解后面的研究结果是怎么出来的,也能帮助初学质性研究者了解资料的整理过程是怎么样的。

三、研究结果和分析

通过运用"标识平面"对教师访谈资料的分析,发现在六个维度在图表中从左到右,展现出四列纵队,故该研究将教学观归结为四类,即传授知识观(KD)、应付考试观(EP)、促进学习观(LP)、促进成长观(GP)。前两种具有"教师中心"的取向,后两种具有"学生中心的"取向。由标识平面确定的英语教师教学观如表1所示。表1由标识平面确定的英语教师教学观一览表。

表1 由标识平面确定的英语教师教学观一览表

维度\教学观	KD	EP	LP	GP
LR	掌握课本知识;听从教师的指导	成绩好;应试能力强	具有主动性和创造性	具有良好的学习态度和品行
TN	传授知识;达到教学大纲要求	达到考试要求	激发学习兴趣自主学习	培养良好的品行、态度
TR	知识和经验的传授者和源泉	训练者,控制者,管理者	引导者,促进者	学生品行、态度上的榜样
TO	接受教师所讲的内容和教法,达到大纲要求	取得好成绩,培养应试技巧	促进理解世界,文化,发展交际,创造能力	促进情感、态度、道德的发展;培养合格公民
TC	紧扣大纲,以课本知识为主	以考试为教学内容	联系生活和学生的实际水平	融合情感、态度、道德教育内容
TS	以讲授为主,关注内容的讲解	课堂操练,强化练习各种试题	方法多样,激发学习兴趣、鼓励创造性、批判性思维	渗透法将情感、态度和品德教育融入到教学中

写作说明:研究结果和分析通常是教育质性研究报告中最有内涵、最有价值、最出彩的部分,作者也进行了浓墨重彩的阐述。质性研究中多以描述性文字为主,但也可以根据研究报告的需要采用表格的形成呈现,在此表格就显得更清晰、表现性更强。鼓励灵活运用。

(一) 传授知识的教学观

传授知识的教学观认为教学是传授知识和技能的过程(教学本质),教师应紧扣教科书或大纲规定的内容进行教学(教学内容);认为"好教师"是知识和经验的传授者和源泉(教师角色),"好学生"

是接受知识的容器;教师对学生的期望是掌握规定的知识(教学目标);课堂上教师以讲授为主(教学方式)。在研究中教师的典型描述有:

- 好教师要毫无保留地将自己的知识、经验传授给学生。(略)

总之,这种教学观认为教学过程应以教学大纲为出发点,以教科书为内容,是一个将知识单向地传送给学生的过程;教师是教学过程的中心,学生是知识的接受者。

(二) 应付考试的教学观

这种教学观认为学生学习英语的本质就是为了考试,英语教学的本质就是帮助学生在考试中取得好成绩。它把取得好成绩,作为衡量好学生、好教师,以及教学效果的一个标准。在研究中教师的描述如下:

- 学生考试成绩好,说明他们掌握得比较好,进步比较快,所以我也很开心了,因为最后评价老师的也是考试成绩。(略)

教学的目标和预期结果直接瞄准各种考试,教学内容紧密围绕考试目标和范围,课堂活动成为备战考试的预演,教学方法简化成为考试的强化训练。在研究中教师的描述如下:

- 教材的内容不一定全用,会削减一定的内容。这样对考试有利,有更多时间来处理阅读。(略)

总之,应付考试的教师观认为提高考试成绩是教学的最终目的,并由此决定教师的教学内容和方式。教师是训练者,学生是训练对象,考试需要的各种知识和技能是训练的内容,好的考试成绩是教学冀求的目标。

(三) 促进学习的教学观

这种教学观认为学习是学生主动建构知识的过程,学习的效果要看是否能够在生活中使用和交际;好学生在课堂上积极、活跃,能表达自己的见解,自信、自主,对英语有兴趣。教师描述如下:

- 学生学习英语的本质是能够用英语来交际,完成一个任务,能够在生活中使用。(略)

教学的本质是让学生自己懂得学,教给他们方法。好教师不仅要具有扎实的基本功、丰富的知识,更要善于促进、激发学生的兴趣,因材施教。教师描述如下:

- 我觉得初中最重要的是让他们对这个科目感兴趣,培养他们的兴趣和情感。初一没有兴趣的话,就会厌学、弃学,要让他们有自觉性来学而不是老师逼着来学。(略)

教学中涉及各种促进师生的互动活动。教师要了解学生的学习状况,使用多种方法激发学生的学习兴趣,营造轻松的课堂氛围,创造机会鼓励学生主动学习。教师描述如下:

- 我力图愉快教学,让学生很开心地学习英语。如果教学只是为了灌输知识让学生拿高分,我觉得是一种失败。(略)

总之,促进学习的教学观认为应该把教学目标放在发展学生能力上,教学的关键是创造良好的情境气氛,让学生主动进行学习。学习的进程主要表现为学生与教师、教学内容及学习环境之间的相互作用,教师是学生学习的指导者、促进者和帮助者。

（四）促进成长的教学观

这种教学观强调教学对学生情感、态度、品行潜移默化的影响;好教师不仅要业务水平高,更要品行好,成为学生学习、做人的榜样。同样,好学生首先要品行端正。教师描述如下:

● 好老师要知识丰富,品格高尚,尊重学生,热爱学生。（略）

教学的目标是通过合适的教学内容的渗透或者教师言行的榜样作用来促进学生品行的培养,期望学生能成为合格的公民,为社会作贡献。教师描述如下:

● 对于一些合适的内容,我会将道德教育渗透到教学中。（略）

促进成长的教学观认为教学的本质不仅在于教授学生知识并促进学生能力的提高,而且要促进学生在情感、态度和思想品德方面得到全面提高;教师在品行方面的模范作用不容忽视;教学内容不局限于教材,还包括在精神上有重要引导作用的各种形式。

写作说明:这部分的研究发现是以类属型的撰写方式进行的,即通过对资料的整理,发展出几个议题深入讨论。采用主张一——说明主张的意思——摘录资料,然后主张二——说明主张的意思——摘录资料,以此类推这样的方式撰写的。这样书写的优点是:1.可以重点式呈现研究结果;2.概念之间逻辑较为清楚,同时层次也较为分明;3.比较符合一般人将食物进行分类的习惯。有的文章中,作者对归纳出来的主张会发表自己的看法或解释,进行更深入地探索性探讨也是可取的。

这里还要指出的是,通常在质性研究报告中尽量采用原始资料,即被研究者的原话。本文以这种方式呈现,也可以更生动叙事的方式呈现,如"此类体育老师有着较强的工作动机,同时具备一定的专业能力,在外界环境的支持下,通常能在工作上取得一定的成绩。S毕业于某著名师范大学,凭借优秀的综合素质进入了重庆某全国知名的重点中学,教龄4年。工作后经常参加一些课改活动,获过奖,目前正参与一个有关课改的国家级课题。他开篇的一段话,就能感觉到他对目前工作环境的满意:'我们这个学校最大的优势在于领导还比较重视体育,学校整体环境较有利于发展。'而他在参与改革中获得的成就感也溢于言表:'重庆也要搞送教下乡,我也参加了。对区县的体育教师再集中培训……'"

对比以上的教学观,可以看出,传授知识和应付考试的教学观的不同在于:前者的教学内容由教学大纲和教材决定,期望的教学结果是掌握知识;后者的教学内容由考试决定,期望的教学结果是在考试中取得好成绩。这两种教学观的相同之处在于:教学和学习都是通过量上的积累和强化训练满足外部需要,教师是知识的传授者和考试的训练者,学生被动地获得知识和接受训练。这两种教学观具有"以教师为中心"的取向。

对比促进学习和促进成长的教学观,可以看出这两种教学观的不同在于:在期望的教学结果上，前者主要是促进学生智力的发展，而后者主要是促进学生的情感、态度和品行的发展。它们的相同之处是：学生在学习中具有主动性，通过各种互动理解事物的意义；在教学过程中教师是学生学习和成长的指导者、促进者、帮助者和榜样，从而满足学生的内部需要；教学内容联系学生的日常生活，包括学习态度、情感和品行；期望的教学结果是学生学习上的质的改变。这两种教学观具有"以学生为中心"的取向。

写作说明：这里对四种教学观进行总结归纳，两两对比区分异同是很好的概括。研究者也可以在这部分加入自己的观点或分析，进行一些更深入的探讨。

四、结语

需要说明的是，尽管通过28个研究样本的访谈归纳出四种教学观，但对于具体的教师个体来说，其教学观一般呈现出复杂性。例如，有的教师是典型的应试教学观，但其观念系统中也存在促进成长的教学观。研究发现，在个体的观念系统中并不是纯粹和单一地存在一种教学观，有可能存在多种、甚至是矛盾的教学观。在本研究的28个样本中，很多教师处在观念的冲突和胶着状态，这种教学观念上的矛盾也在课堂教学中表现出来。

写作说明：作者对研究结果看到的研究的局限性，提出了自己的反思。这也体现了质性研究的特点所在。有的研究者在写研究结论时除进行小结以外，对未来的研究会提出一些尝试性建议，这也是可取的。

参考文献（略）

第四节　教育行动研究报告撰写

教育行动研究作为一种综合性研究，既有质性研究的一些特点，又会运用量化研究的研究方法，在研究中有其独特性。教育行动研究报告的撰写也与前面几节研究报告的写法有所不同，本节将详述如下。

一、教育行动研究报告的概述

教育行动研究是指教育工作者（教师或研究人员），在教育实践的情境中，有目的、有计划地对教育实践中产生的具体问题进行系统探究，融理论与实践为一体的、以解决实际问题为目标的研究方法或研究类型。它作为一种教师进行教学研究和提高教学实践水平的方法，具有系统性、持续性和公开性的特点。由于其简便易行，容易为广大中小学教师所接受，也是非常适合实践教育工作者的一种研究方式。

教育行动研究报告是行动研究的表现方式,也是最终理论成果。教育行动研究报告的撰写需要遵循一定的写作格式,并能充分反映研究过程的系统性和严谨性;同时也可以更富有"实践性"特色,可以以实践过程为线索,不一定有很严格的规范。

> **学术研究 10-2　撰写教育行动研究报告中要注意几个问题**
>
> 1. 形式。教育行动研究报告的行文简洁明了,以提供信息为主要目的;报告的篇幅一般不易太长,一般是 3 000~5 000 字,主要论述研究的目的、研究计划和实施、研究结果以及对于研究的认识等。
> 2. 人称。行动研究重视教师对自己教学获得的观察、实践与反思,重视教师作为第一研究者进行教学研究的价值,因此,研究报告通常采用第一人称的方式撰写。
> 3. 格式。行动研究报告与其他研究论文一样,需要遵循一定的写作原则和写作格式。
>
> (曹红晖,2003)

二、教育行动研究报告的结构

教育行动研究的出发点不是将结果扩大化,以求在更大的范围推广开来,而是解决现实教育中遇到的实际问题。所以行动研究的报告和学术研究报告有所不同,它最大效能是经验分享。行动研究的报告必须依照研究的内容,以别人最清楚易懂的方式呈现,让其他教师看了之后,能够立即明了研究者的方法与结果,并可以有所学习和借鉴。一般行动研究报告的结构可采用如下形式:

1. 标题

教育行动研究报告的题目一般可以标明"行动研究",也可以不标明,可以冠以"试验""尝试""探索"等词。因为行动研究法的实质就在于在实践中"试一试"所制订的具体措施究竟有没有效果,效果有多大。报告标题总体要求简练、概括、明确,如果题目语意未尽,可用副标题补充说明。例如,"中学数学行动研究""××中学进行'快乐教育'的探索""行动研究:改善高一同学不准时交作业的情况""让地理课活起来——培养学生地理学习兴趣的行动研究"等。

题目下是研究者署名,要求同前。

2. 摘要

摘要是整个研究报告内容的梗概,一般涉及研究问题、研究方法、研究结果、研究结论等,其基本要求同其他教育科学研究报告。关键词写法也同前。如果需要的话可以把这两部分内容译成英文,其要求可参考本章第一节的介绍。

3. 前言

这是教育行动研究报告正文部分的开始。这部分也可以称为"研究的目的与意义""问题提出"。也可以用"……的必要性"作为小标题,如"在中学实行'班级顾问制'的必要性","数学课堂教学改革的必要性"等。

由于教育行动研究主要以解决具体问题为核心,所以选题上可以从实际工作的广泛范围内考虑,并能以"小"见"大"。在撰写研究报告的开场白时,需要把研究问题、对问题的分析或诊断阐述清楚。因为要解决这些问题,关键是要对这些问题本身进行确认,要尽可能地明确这个问题的种类、范围、性质、形成过程及可能影响。通常要经过发现问题——初步分析,提出假设——再次分析,明确原因——最后确定问题这样一个过程。

有时根据研究的需要还应介绍相关文献探讨或研究背景。如果研究依据了相关教育原理或有比较特殊的研究背景则应当加上适当的说明。不同的研究背景下产生的研究方法和研究结果也会有所不同。研究者可以根据不同的研究课题,描述所研究的班级、所在学校的类别、所在地、所使用的教材、课程大纲以及课程设置等情况(曹红晖,2003)。

4. 研究方法与行动方案

在教育行动研究中,研究方法与行动方案可以在文章中同时介绍。一般先介绍研究对象和研究方法,然后详述具体的行动方案或实施计划。具体如下:

① 研究对象。研究者可以对研究对象进行充分的描述,包括学生的个人情况(性别、年龄、年级等)、学习情况、学生之间关系以及学生与教师、学校、家庭的关系等。可以采用文字描述的形式,也可以采用表格形式来描述研究对象,或者二者结合使用,表格中无法呈现的内容再通过叙述的方式补充说明,但应做到语言简洁、条理清楚。

② 研究方法。研究方法是指研究者在教育行动研究过程中所需要使用的搜集资料和分析资料的方法,行动研究的研究方法有问卷法、实验法、访谈法、观察法等。根据研究的需要,研究者既可以使用一种研究方法,也可以采用多种方法综合应用,后者在行动研究中更为常见。研究者需要在这部分说明清楚本研究是采用哪种或哪几种研究方法进行行动研究的。

③ 行动方案。行动方案是未来行动的"蓝图",不仅为教师提供了比较详细的研究步骤,有力地确保了整个行动的有效开展。这部分主要阐述研究的方法、具体措施及实行这些具体措施的依据。如可以表述为"实行'班级顾问制'的具体做法","实施'快乐教育'的具体措施","改革数学课堂教学的方法步骤"等。行动方案的制订通常要考虑总体原则、

研究目标,以及行动的时间、内容、具体做法、数据搜集和数据分析方式等。研究者应清楚描述行动方案的各个步骤,并说明采用这些行动措施的理由。可以用文字描述出来,也可用表格形式,如设计一个"行动方案时间表"来呈现,通常表格呈现更清晰明了。以下面某个行动方案举例说明①。

表 10-1 行动方案举例

时间	教学内容	研究内容	数据搜集方式、目的
2007 年 10 月	模块 1	了解情况,确立课题	做问卷调查;了解起始状况
2007 年 10~12 月	模块 2	词汇的记忆方法和基础词汇量的积累	课堂观察/卷面检测:验证效果,及时调整
2007 年 12 月~2008 年 1 月	阶段小结	阶段小结,调整方案	根据具体情况做随机问卷调查;为下一步研究提供依据
2008 年 3~4 月	模块 3	巩固有效做法,适当提高能力要求	课堂检测:了解学生对词汇的理解程度
2008 年 4~6 月	模块 4	词汇的相关性和分类记忆	部分学生访谈法:了解学生词汇学习前后的变化
2008 年 9~12 月	模块 5、6	词汇的意义、应用和适当扩展	笔者总结:为报告提供准确信息
2009 年 1 月	阶段总结	撰写研究报告	

5. 研究过程

行动研究过程是研究者对行动研究的过程进行记录、描写、阐释和反思,其表达方式主要有研究日志、教育叙事、教育案例等几种,这几种方法在本书第七章已有详细阐述,不再赘述。在行动研究报告中,这是非常重要的部分,是记录和展现整个研究内容、过程及结果的重要环节。研究者应根据实施计划表详细叙述行动方案的实施过程、实际效果、对所采取措施的分析和评价,以及在研究过程中所获得新的认识等。研究者可以依照计划表中的主要措施逐一描述,也可以实施时间的顺序依次进行叙述。如果在实施过程中对原计划有所调整和改进,也应在该部分中加以论证和说明:你改进后的计划是什么?为什么要作这些调整?实际效果如何等(曹红晖,2003)。

在行动研究报告撰写中,也可以表述为"研究结果与分析"。即按照研究设计方案中设计好的效果指标逐项对在研究中搜集到的资料、数据进行定性、定量分析,以表明实行

---

① 此例摘自《帮助普通学校高中生有效积累英语词汇的研究》(凌葱),中小学外语教学,2009 年第 8 期。

的具体措施是有效的,还包括方案调整、效果调查等。同时,运用教育理论对实行这些措施之所以取得成效给予一定的理论解释。

这一部分在不同的行动研究报告中有不同的表述方式,研究者可以根据研究的需要灵活采用。有的研究者是根据计划表中的行动措施逐项描述实施过程、数据结果、效果评估、方案调整,并每项进行分析和讨论;也有的研究者是先概括整体的行动实施过程,然后进行数据搜集方式、数据整理和分析方法、数据呈现方式等,最后再单独阐述研究结果与分析。这两种不同的表述方式都是可行的,关键无论采用哪一种都需要与自己的研究匹配,最好能以清晰易懂的方式呈现给读者。

6. 研究反思

这个部分也可以称为"结论与建议",在报告的结论部分,研究者首先应回顾研究的全过程,说明此项研究解决了什么问题,得出了什么结论,发现了什么新问题,以及制订下一步的研究计划。同时,研究者也可以从方法设计、数据搜集、研究结论等方面说明研究的局限性以获得同行和读者的理解。

在教育行动研究中尤其重视研究者的反思。反思就是对研究过程中问题的提出、制订的计划、实施的效果做出客观、全面的评价。对有关现象和原因做出深入的分析和解释,找出计划与结果的不一致性,从而形成下一步行动计划是否需要修正,需要哪些修正的判断和构想。因此,研究者应说明通过行动研究获得的新认识以及获得的收获、经验和教训,并阐明此项研究对于教学实践以及将来相关研究的启示。所以如前所述,反思既是教育行动研究第一个循环的结束,也意味着新的教育行动研究循环的开始。

热点聚焦 10-1　　　　　　教育的 4 个"R"

美国人一直把阅读(Reading)、写作(Writing)和算数(Arithmetic)视为基础教育中最基本的要素。由于读、写、算三字的英语单词中都含有字母"R",人们就把读、写、算合称为"3R"。随着信息时代的来临,新知识的激增,越来越多的美国教育工作者意识到,仅仅教学生读、写、算,仅仅教给学生知识,仅仅教学生掌握正确的答案已难以满足未来生活的要求,今天的教育工作者意识到反思(Reflection)这第四个"R"的重要性,必须教学生学会反思,学会分析、评价、处理问题,学会创造。目前"教学生思考"已成为美国教育改革中的一项重要活动。27 个美国最主要的教育组织,许多大学,其他有关、社团和广大中小学教师都积极参与了这一活动。

---

7. 参考文献

教育行动研究报告的参考文献可参考本章第一节的介绍。

三、教育行动研究报告写作方法的举例说明

初中生英语自主学习能力发展的行动研究①

吕增宝　陈金兰

写作说明:标题使用的是学术性语言,如果使用文学化语言则可以使用学术性的副标题予以说明。

[摘　要]　本次行动研究的对象是一所普通初中一年级一个班的学生,目的在于探索如何培养和提高学生英语自主学习能力,具体着眼于自主制订学习目标,根据学习任务自主总结,采用有效的学习方法,对学习过程进行初步的自主探究、评价与反思。研究持续三个月。

[关键词]　初中生;英语教学;自主学习能力;行动研究

写作说明:研究者将研究背景、研究方法、研究问题、研究目的与意义作了一个概括介绍,并选取了表示全文主题内容的四个关键词。研究者可以根据写作需要将这两部分内容译成英文。

一、问题的提出

《全日制义务教育普通高级中学英语课程标准(实验稿)》(教育部,2001)中明确指出:"基础教育阶段英语课程的最终目标之一,是培养学生成为一个自主的学习者,为学生的终身学习和发展打下良好的基础。"但事实上,多数初中生在英语学习中,不能自主确立学习目标(包括长远与近期的学习目标),在自我监控学习过程方面,不会对自己的学习状况进行评价及调整。这源于……他们不能积极主动地学,而是在外因强迫下被动地学。从教学理论分析来看,他们不具备自主学习的能力。

Holec(1981)认为:"学习者自主就是学生自我负责管理语言学习的能力。具体地讲,就是能够自己确定学习目标,确定学习内容和进度,选择学习方法和技巧,监控习得过程及自我评估学习效果。"Dickinson(1993)把自主性看作是一种对于语言学习的态度。

所谓自主学习是就学习的内在品质而言的一种独立性学习,它相对于被迫或者控制学习而言,是指学习者能够自我确定学习目标,寻找有效学习策略,对学习任务有探究解决的意识与能力,并能对自己的学习过程、结果及状态进行评价与反思的管理与监控的意识与能力,是从"要我学"到"我要学"及"我能学"的转化。本行动研究目的在于探索如何培养和提高初中学生的英语自主学习能力,具体着眼于学生能够自主制订学习目标,根据学习任务自主总结,采用有效的学习方法,对学习过程进行初步的自主探究、评价与反思(庞维国,2001)几个方面。

---

①　本文摘自《基础英语教育》,2009年6月,因行文需要部分内容有所删减。

写作说明：首先从教育部政策到现实状况分析提出研究主题——学生自主学习能力，然后引用相关文献介绍研究主题的意义和作用，接着界定研究主题的内涵，最后清晰阐明本研究目的——探索如何培养和提高初中学生的英语自主学习能力，具体着眼于学生能够自主制订学习目标，根据学习任务自主总结，采用有效的学习方法，对学习过程进行初步的自主探究、评价与反思。整个问题的提出清晰而流畅。

二、研究方法与行动方案

（一）研究对象

本次行动研究的对象是一所普通初中一年级一个班的学生，女生12人，男生19人。他们的英语水平参差不齐，多数学生都没有自主学习的能力与习惯。学生在最开始的英语学习中被动地听、记、背，做大量重复的练习。

写作说明：概括性、描述性简单介绍了研究对象。根据研究需要也可以更详细具体一些，或用表格形式呈现。

（二）调查问卷前测

在本次行动研究开始前，对研究对象的自主学习状况进行了一次问卷调查前测，其中83%的学生不知道自己的英语学习目标；81%的学生不会进行词、句型学习及听、说、读、写训练有效的学习方法的总结与探究；88%的学生课前不预习，课后不复习，不会做任何课外拓展阅读和写作练习；94%的学生没有对自己的学习过程、结果及学习状态进行自我反思与评价的习惯。

写作说明：这是在介绍研究方法，可见研究者使用了问卷调查法进行了前测，以了解学生行动实施前的状况。这里也可以用"研究方法"来陈述，通常可以说明清楚本研究使用了哪一种或哪几种研究方法进行研究。

（三）解决方案与行动计划

单纯批评学生没有任何自主学习习惯与能力是不能解决问题的，只期望着通过鼓励使学生变得更独立或者更自主也是不可能的。教师要指导和培养学生，掌握自主学习的方法，养成自主学习的习惯。

培养和提高学生英语自主学习能力，先从指导学生自主学习开始，以此为突破口，从以下四个方面进行：第一，自主制订学习目标；第二，自主总结与采用有效的学习方法；第三，自主进行自我探究学习；第四，自主评价与反思。

写作说明：从这四个方面为突破口制订并实施行动方案是很好的思路。同时也可以再花些笔墨来阐明总结出这四个方面的依据、与研究主题的关系等，同时再介绍一些方案制订的思路和原则等。

1. 要求学生自主制订学习目标。帮助优、中、差生根据自己的学习情况，自主确定每周学习目标(见表1)。

表 1 每周学习目标(第_____周)

目标制订	知识目标	
	能力目标	
	时间保证	
目标实施 自我调节	所遇问题	
	解决方法	
目标达成 反思与评价	目标达成度	
	学习状态	
	目标未达成度	
	补救方法	

2.要求学生每周总结出自己在学习过程中采用的有效方法(见表2),在同一层次学生中进行分析、交流、推广应用。

表 2 每周学习方法总结评价表

模 块	内 容 自 评			方法	反 思	
	是	不确定	否		错误	修正
重点词及短语						
重点功能句型						

3.每天培养学生对学习中的难点进行自主探究的意识和能力。

4.要求学生结合自己每周的学习目标,完成对学习内容、过程状态的评价表,并对自己所出现的一些问题进行归类反思,从而逐步养成对学习内容、学习状态及学习能力的自我评价与反思的能力。

写作说明:行动方案的制订比较明确地围绕前面四个方面,而且运用表格有利于搜集资料和整理分析资料。有的研究者会将行动计划及时间安排等具体信息更明晰地呈现出来,也是可行的。

三、研究过程

(一)指导学生自主制订学习目标

要求学生制订并填写好每周的学习目标,按照这个目标,有计划地进行一周的学习。一开始,学生把这当成一项任务来完成,流于形式,定的目标大体相同,比如知识目标就照着单词表抄上去,掌握程度都是会背、听写等(见表3)。

表3 自主制订每周学习目标案例(第1周)

目标制订	知识目标	dictionary, library, thirty, sixty, seventy, There is/are ...
	能力目标	听课文,读课文
	时间保证	晚上一个小时
目标实施 自我调节	所遇问题	单词太难,太多
	解决方法	边写边背
目标达成 反思与评价	目标达成度	50%
	学习状态	一般
	目标未达成度	50%
	补救方法	没有

这样的目标,从知识上,不能体现学生学习基础的个体差异,从情感上不能表现自己的个性特点。目标不具体,不切实际,一周的学习结束后,学生既不能根据自己的目标进行评价,也不能培养自主制订有效目标的能力和习惯,更不能由这个目标增强个体效能感。因此,要对学生进行自主学习目标制订的指导。

首先,教师要为学生作出示范。如每周为自己的教学确定一个切合学生实际的教学目标,在知识教学上,确定不同层次的教学目标。

其次,指导学生依据教师制订的教学计划,分析自己的实际情况,模仿教师,制订一个有层次的、符合自己实际情况的学习目标。

然后,对学生制订的学习目标进行具体指导和调整。

在学习情感上,要指导学生制订出能够监控与改进自己缺点与不良状态的目标。针对情感上的个性差别,教师在最初的几次目标制订中,都认真地根据学生的特点,引导他们每天记录自己不良的学习状态与情绪,作为自己要避免与克服的问题。一段时间后学生自己认识到在平时学习中是否细心、耐心、有恒心等学习状态。几周以后,83%的学生能够做到根据自己的基础与个性特点制订切实可行的目标(见表4)。17%的学生由于长期没有制订学习目标的习惯与意识,还需要很长一段时间的培养。

表4 自主制订每周学习目标案例(第8周)

目标制订	知识目标	认识30个单词,有15个单词要会写,还有5个单词要能写句子,其他的会读,知道中文意思。
	能力目标	听读课文5遍,每天一遍,还要读一篇和食物相关的课外文章(在《悦读联播》上)。
	时间保证	每天早上读和听课文10分钟,晚上8~9点背单词,写作业。

续 表

目标实施 自我调节	所遇问题	食物的单复数,健康食物与不健康食物的划分。
	解决方法	把这一课的单词分类记中文,这叫词意联想法。如:vegetable, drink, meat, food。
目标达成 反思与评价	目标达成度	30个单词都能读,有2个长单词有时会写错。课文读了6遍。
	学习状态	我看到食物的图片,很有意思,很想吃。
	目标未达成度	食物的单复数。
	补救方法	我们小组想把课本上所有的食物单复数都总结出来,看看有没有相关的规律。

写作说明:研究者以每个总结点为项目,将行动实施过程及研究结果和讨论共同呈现。其中包括如何实施的,前期资料搜集整理结果如何,研究者的分析,教师指导,干预后资料搜集整理,发现并分析变化,讨论总结。介绍得比较翔实充分,既有原始资料又有分析思考。

(二) 指导学生自主总结学习方法

在自主总结方法方面,学生由于没有做过类似的训练,一开始就去从参考书上找一些大而化之的方法,不会从自己的学习实际与经验中去总结。

为此,在课堂上教师有意识地结合单词或语法点等相关知识,举实例指导学生自己总结出一些有效的学习方法。然后要求学生模仿,每天都在自己的学习中总结方法,并要举出在当天学习中自己实际应用的例子。一旦有学生结合自己的实际总结出这样的方法,教师就在班上给予表扬和鼓励,并在一些与其学习情况类似的学生中推广。三周之后,方法的总结与交流对于89%的学生来说变得实际可行,45%的学生总结和采用的简单、可行的方法在全班得到推广。但只总结方法是不够的,最重要的是选择有效的方法去完成相应的学习任务,对于这一点需要长时间的练习和培养。由于学生各自基础、能力和非智力因素等方面的不同,在随后四周里,还要培养学生学会针对不同的学习内容选择有效的方法。

为此,教师引导学生采用同类体验法,让学生观看或模仿与自己学习基础相近的同学的成功操作,通过获得替代性的经验,使其找到适当的方法,完成相应的学习任务。学习方法对于个体来说是有个性的,但对于学习任务来说是有共性的。

写作说明:这部分写作方法同前,原文中的表格略去了。

(三) 指导学生自主探究与评价

在培养学生自主制订学习目标、自主总结与采用有效的学习方法、自主进行自我探究学习及自主评价与反思这四个方面中,前两项经过两个月的训练和培养,80%以上的学生都有不同程度的提高,且取得了较为明显的效果。但后两项,只有61%的学生能达到能自我总结。对于探究与创造,还需要更长一段时间的培养。值得注意的是,在被试班级中,有五个学生能完成一些自主探究与再创造的任务。比如:教材中不规则动词过去式记忆的规则,形容词比较级、最高级两种不同变化的归类。此外,这五个学生还能在课前或课后完成自主探究总结每单元相关重点词组、句型的学习任务。教师搜集他们探究的学习成果,大部分都可以直接在课堂中运用,对教师的教学有很大的参考价值。这就是学生的自主学习给教学带来的益处——终于有一些知识不用教师去总结与讲解。同样,在三个月的行动研究里,学习内容上的自我评价与反思,变得比较细致、客观,但学生对学习过程的监控及对情感与态度的评价和反思,目前还得在教师引导下完成,甚至由教师完成,研究取得的效果不显著。

写作说明:这部分将第三、第四方面合并阐述,介绍这两项取得的效果不显著。这是一个真实的情况,不一定研究者的每个假设或计划都能如己所愿,也正是这样才能引发更多的思考和反思,或许有其他不一样的新发现。切忌研究者只讲有效果的部分而隐匿无效的部分。这反映着研究者研究态度的真诚性和严谨性,也体现了研究的复杂性和多种可能性。

在三个月的行动研究中采取了四项解决方案,并针对实施过程中反馈的问题进行了系列的调整。最后一周,对被试班进行调查问卷后测,结果显示:第一项和第二项解决方案取得明显的效果,但第三项和第四项解决方案均未达到预期效果。

写作说明:总结研究结果。简单明了,清晰明确。

四、研究反思

本次初中生英语自主学习能力培养的行动研究持续了三个月,应该说是初见成效。

其一,大部分学生呈现出一些可喜的变化,80%以上的学生能自主制订学习目标。对大部分学生来说有目标才有动机,有目标才有有效、积极的行为。这一点是学生自主学习最首要的体现。

其二,有相当数量的学生对自己的学习行为进行反思,模仿成功的榜样,重新寻找有效的方法。

其三,部分学生对自己的学习进行自我管理、自我监控的意识和能力在增强。

本次行动研究在取得成效的同时,也还存在一些值得深入探讨和研究并有待解决的问题。在某些方面并没有达到预想的效果,如在学生自主探究、自我评价与自我反思方面,教师对学生培养的数量与质量都没有达到预想的目标。因为学生学会自主确立学习目标,选择有效学习方式只是自主学习基础的表现,而自主探究、自我评价和反思,才更能体现与提高学生自主学习的能力。对学生这些方面的培养是一种综合能力的培养,不是一个终结性的研究过程,而是一个渐进性提高的过程,需要较长的时间,而本次行动研究只持续了三个月,时间明显不足,有待相关行动研究继续开展。

本次行动研究对培养初中生英语自主学习能力是一次有益的尝试。一方面,对学生自主学习能力和综合素养的提高都具有重要的积极意义;另一方面,促进了教师的学习和研究,促进了教师的成长。本次行动研究促进了教学相长,预示着英语教学的良好前景。培养学生自主学习能力,促进学生的发展,任重而道远。行动研究仍将继续。

　　写作说明:研究者总结了研究成果并作了自己的反思与判断,提到研究的局限性和未来的研究方向。最后也总结了研究的意义和价值,对前文有所呼应。

参考文献(略)

> 　　让我们回到本章开头提到的那个案例。我们通过本章的学习,就不难理解写作能手撰写的研究报告何以被退回的原因了。那是因为教育科学研究报告属于另一种题材——科技文献的写作,这种题材的写作要求不同于其他题材,要是没有掌握该题材的体例样式与写作要求,读者是不可能写出一篇好的研究报告的。科技文献写作不同于其他文献写作的最大区别在于文体的结构性和严谨性上有着极为规范的要求,绝不允许有随意性。而且,不同的研究类型,其研究报告的结构和重点也有所不同。本章系统介绍了教育研究报告的撰写体例,并通过对样例的写作剖析,详细阐述了该文体的具体构造和撰写要求,只有熟记这些体例样式并加以不断的揣摩、实践,才能写出一篇好的研究报告,使研究的成果得以充分展现。

本章小结

- 教育实验研究报告与教育调查研究报告的基本体例可概括为:标题、摘要、前言、方法、结果、讨论与建议、结论、参考文献、附录。其中前面六个部分是每篇定量研究报告所必需的,后面三个部分可依具体情况而定。每个部分有其严格的撰写要求与技巧,不可随意。
- 与量化研究报告相比,教育质性研究报告没有太多的规则和结构要求,但二者的目的是一致的:清楚地说明研究过程和资料收集的经过。
- 教育行动研究报告的撰写要能充分反映研究过程的系统性和严谨性,要更彰显"实践性"的特色,可以以实践过程为线索,每个部分的写作不一定有很严格的规范。
- 教育质性研究与教育行动研究报告的结构基本可概括为:标题、摘要、前言、研究方法、研究过程、讨论或反思、结论与建议、参考文献。每个部分的撰写均有一定的要求,以期达到"清晰地提出问题、阐述研究过程、严格地分析与推理"的目的。

思考题

- 撰写教育实验研究报告有什么要求?写作格式是怎样的?

- 教育调查研究报告更容易撰写吗？为什么？
- 教育质性研究报告与量化研究报告有何异同？撰写时有何注意事项？
- 为什么教师做科研非常适合用教育行动研究方法，在撰写报告方面有什么特点？

问题探索

- 如果你有一篇研究报告要完成，或者已经完成但不知写得如何或者有丰富的数据资料在手而苦于无从下手，请你现在就参照本章的学习开始行动吧！
- 回顾一下你所发表的文章，带着专家的眼光自己点评一番，总结一下经验帮助自我成长。

附表一

标准正态分布表(节选)*

Z	P	0.5 − P	Z	P	0.5 − P	Z	P	0.5 − P
0.00	0.000 0	0.500 0	1.95	0.474 4	0.025 6	2.55	0.494 6	0.005 4
0.01	0.004 0	0.496 0	1.96	0.475 0	0.025 0	2.56	0.494 8	0.005 2
0.02	0.008 0	0.492 0	1.97	0.475 6	0.024 4	2.57	0.494 9	0.005 1
0.03	0.012 0	0.488 0	1.98	0.476 1	0.023 9	2.58	0.495 1	0.004 9
0.04	0.016 0	0.484 0	1.99	0.476 7	0.023 3	2.59	0.495 2	0.004 8
⋮	⋮	⋮	⋮	⋮	⋮	⋮	⋮	⋮
⋮	⋮	⋮	⋮	⋮	⋮	⋮	⋮	⋮

表中三大栏中的每栏左侧一列显示的是 Z 值。中间一列显示的是平均数 0 和 Z 值之间的面积。右侧一列显示的是 Z 到 +∞ 之间的面积。

SOURCE：R.P. Runyon and A. Haber(1976). *Fundamentals of Behavioral Statistics* 3rd edition. Reading，Mass.；McGraw-Hill，Inc. Used with permission. Artwork from *Fundamental Statistics for Psychology*,（2nd edition）by R. B. McCall © (1975). Reprinted with permission of Brooks/Cole, a division of Thomson Learning；www. thomsonrights. com. Fax 800730 − 2215.

---

* 根据方便读者学习的原则对数据表部分做了删减处理。

附表二 t 检验的临界值*

	单侧检验的显著性水平			
	0.05	0.025	0.01	0.005
	双侧检验的显著性水平			
自由度	0.10	0.05	0.02	0.01
1	6.314	12.706	31.821	63.657
2	2.920	4.303	6.965	9.925
3	2.353	3.182	4.541	5.841
4	2.132	2.776	3.747	4.604
5	2.015	2.571	3.365	4.032
6	1.943	2.447	3.143	3.707
7	1.895	2.365	2.998	3.499
8	1.860	2.306	2.896	3.355
9	1.833	2.262	2.821	3.250
10	1.812	2.228	2.764	3.169
11	1.796	2.201	2.718	3.106
12	1.782	2.179	2.681	3.055
13	1.771	2.160	2.650	3.012
14	1.761	2.145	2.624	2.977
15	1.753	2.131	2.602	2.947
16	1.746	2.120	2.583	2.921
17	1.740	2.110	2.567	2.898
18	1.734	2.101	2.552	2.878
19	1.729	2.093	2.539	2.861
20	1.725	2.086	2.528	2.845
21	1.721	2.080	2.518	2.831
22	1.717	2.074	2.508	2.819
23	1.714	2.069	2.500	2.807
24	1.711	2.064	2.492	2.797

25	1.708	2.060	2.485	2.787
26	1.706	2.056	2.479	2.779
27	1.703	2.052	2.473	2.771
28	1.701	2.048	2.467	2.763
29	1.699	2.045	2.462	2.756
30	1.697	2.042	2.457	2.750
40	1.684	2.021	2.423	2.704
60	1.671	2.000	2.390	2.660
120	1.658	1.980	2.358	2.617
∞	1.645	1.960	2.326	2.576

要达到各水平上的显著性水平，计算出的 T 值必须大于表中的（临界）数值。

SOURCE：Abridged from R. A. Fisher and F. Yates(1974). *Statistical Tables for Biological, Agricultural and Medical Research*, 6th ed. Pearson Education Ltd.

参考文献

(一) 中文文献(按作者姓名笔画为序)

丁国盛,李涛(2006).SPSS统计教程——从研究设计到数据分析.北京:机械工业出版社.

丁煌(1991).科学方法辞典.延吉:延边大学出版社.

卜卫(1997).方法论的选择:定性还是定量.国际新闻界,5:49-54.

于洪卿(2010).教育科学研究中问题意识的特征.教育探索,11:35-36.

马云鹏,林智中(1999).质的研究方法及其在教育研究中的应用.中国教育学刊,2:59-62.

马云鹏,孔凡哲(2006).教育研究方法.长春:东北师范大学出版社.

王守恒(2005).教育科学研究方法.合肥:安徽大学出版社.

王红艳(2006).教师小课题研究选题的合理方式.广东教育(综合版),7·8:38-39.

王孝玲(2007).教育统计学.上海:华东师范大学出版社.

王凯(2009).教育科研论文选题的思维策略.教育科学研究,2:76-78.

王京生,王争艳,陈会昌(2000).对定性研究的重新评价.教育理论与实践,2:46-50.

王选(2001).关于科学研究的人文思考.载于侯样祥.我的人文观.南京:江苏人民出版社.

王晓燕(2004).质的研究方法及其在校本教育研究中的应用.教学与管理,27:7-8.

毛东海(2009).一堂"好课"的四要素——对一堂"好课"的再思考.中小学教师培训,6:48-49.

尹国强,杨晓萍(2009).中小学教师科研选题的六大途径.教学与管理,8:32-33.

邓李梅(2005).中小学教师教育科研选题探析.广西教育学院学报,5:17-20.

邓李梅,曹中保(2004).关于中小学教师教育科研目的定位的研究.教育探索,10:37-39.

卢家楣(2009).论青少年情感素质.教育研究,10:30-36.

申继亮(2006).教学反思与行动研究.北京:北京师范大学出版社.

叶浩生,王继瑛(2008).质化研究:心理学研究方法的范式革命.心理科学,4:794-799.

叶增(2007).浅析当前中小学教育科研的现状.当代教育论坛,1:36-37.

白芸(2002).质的研究指导.北京:教育科学出版社.

冯生尧(2002).质化研究方法与教育研究.现代教育论丛,4:56-59.

曲苒(2011).教育行动研究在中小学课堂教学中的实施.教学与管理,6:6-7.

朱德全,李姗泽(2006).教育研究方法.重庆:西南大学出版社.

向祖强(2004).元认知训练对民族地区初一学生智力发展与学业成绩影响的实验研究.教育研究与实验,3:69-72.

刘世金,朱福春(2007).学校教育科研理论与实践.兰州:甘肃文化出版社.

刘志军(2006).教育研究方法基础.北京:人民教育出版社.

刘良华(2007).教育研究方法:专题与案例.上海:华东师范大学出版社.

刘畅(2007)."教育研究"与"教育科学研究"辨析.柳州师专学报,2:77-79.

刘晓瑜(1999).教育研究设计的新取向——质的教育研究设计.山东教育科研,10:10-12.

刘德华,朱济湖(2001).教育科研·教育科研实用写作.长沙:湖南大学出版社.

江芳,王国英(2009).教育研究方法.上海:华东师范大学出版社.

苏继红等(2006).教育科研概论.哈尔滨:黑龙江教育出版社.

杜威,王承绪译(1981).杜威教育论著选.上海:华东师范大学出版社.

杨小微(2005).教育研究方法.北京:人民教育出版社.

杨东平(2007).中国教育的转型与发展——教育蓝皮书.北京:社会科学文献出版社.

李方(2009).教育研究的概念性定义和操作性定义,教育导刊,9(上):12-15.

李冲锋(2009).教师教学科研的选题与论证.天津师范大学学报(基础教育版),4:22-26.

李国瑞,余圣陶(2006).上海市中学生心理健康自评量表的研究.心理科学,3:451-453.

李春山(2004).界定课题中的研究变量.北京教育(普教版),5:26-27.

李哉平,沈江天(2009).中小学课题研究方案的设计.教学与管理,13:24-27.

李彦福(2007).学会做题:中小学教育科研课题研究与论文写作指导.南宁:广西人民出版社.

李晓凤,佘双好(2006).质性研究方法.武汉:武汉大学出版社.

李爱民(2005).论教育研究问题及其确立.当代教育科学,1:9-12.

李琼(1998).教育科研中的选题.教育科学研究,6:59-61.

李强(2009). 教育研究方法教程. 北京：北京理工大学出版社.

李镇西(2009). 在阅读和写作中提高自身素质. 江西教育,7-8(B):22-23.

邓津、林肯著,风笑天主译(2007). 定性研究：解释、评估与描述的艺术及定性研究的未来. 重庆：重庆大学出版社.

苏丹,黄希庭(2007). 中学生适应取向的心理健康结构初探. 心理科学,11:1290—1294.

吴岱明(1987). 科学研究方法学. 长沙：湖南人民出版社.

吴康宁(2002). 教育研究应研究什么样的"问题"——兼谈"真"问题的判断标准. 教育研究,11:8-11.

余文森,吴刚平,刘良华(2005). 探索以校为本的教学研究. 上海：华东师范大学出版社.

库利坎,卢家楣等译(2011). 心理学研究方法导论. 重庆：重庆大学出版社.

冷余生,董云川(2003). 关注前沿,推进创新——关于高等教育学科前沿的几个问题. 云南教育,12:4-10.

宋虎平(2003). 行动研究. 北京：教育科学出版社.

张民生,金宝成(2002). 现代教师：走近教育科研. 北京：教育科学出版社.

张光伟(2008). 心理学研究方法的新趋向——从量化与质性研究的对立到整合. 西南科技大学学报(高教研究),4:51-54.

张红霞(2009). 教育科学研究方法. 北京：教育科学出版社.

张厚粲,徐建平(2009). 现代心理与教育统计学. 北京：北京师范大学出版社.

张筱玮(2005). 教育科研与教师专业发展. 长春：东北师范大学出版社.

陈宁(2007). 初中生写作效能感研究. 上海：上海师范大学教育学院.

陈伙平(2005). 教育科学研究方法与原理. 福州：福建科学技术出版社.

陈向明(1998). "质的研究"中研究者的个人倾向问题. 教育研究,1:21-25.

陈向明(2000). 质的研究方法与社会科学研究. 北京：教育科学出版社.

陈向明(2001). 教师如何做质的研究. 北京：教育科学出版社.

陈向明(2008). 质性研究的新发展及其对社会科学研究的意义. 教育研究与实验,2:14-18.

陈向明(2009). 在参与和对话中理解和解释(质性研究方法译丛总序). 重庆：重庆大学出版社.

陈宇卿(2011). 学做质性研究：质性研究中的经验与故事. 上海：上海教育出版社.

陈宇卿(2012).智慧教师、智慧学校——中小幼教育科研方略.上海:上海教育出版社.

陈巍,张静,陈喜丹,丁峻(2010).教育神经科学:检验与超越教学争论的科学途径.教育学报,5:83-88.

林晓华(2002).行动研究与教师专业发展.福建师范大学硕士论文.

罗纳德,吴喜之,刘超,吴铮译(2010).SPSS其实很简单.北京:中国人民大学出版社.

周作宇(2011).教育争鸣:知识边缘上的"交谊舞会"——"教育与中国未来"30人论坛2011年开幕式致词.

周永垒,张奇,韩玉昌,张侃(2005).初中生学习策略问卷的编制.中国行为医学科学,14(9):853—855.

周国韬,张林(2002).中学生学习策略量表编制的研究,心理学探新,3

周家仙(2009).教育神经科学引论.上海:华东师范大学出版社.

郑金洲,陶保平,孔企平(2003).学校教育研究方法.北京:教育科学出版社.

郑金洲等(2004).行动研究指导.北京:教育科学出版社.

郑金洲(2005).教师如何做研究.上海:华东师范大学出版社.

孟万金,官群(2004).教育科研——创新的途径与方法.上海:华东师范大学出版社.

孟庆茂(2001).教育科学研究方法.北京:中央广播电视大学出版社.

祝庆东(2011).自主发展的专业成长之路.新课程·综合,3:72—73.

赵明仁,王嘉毅(2009).教育行动研究的类型分析.高等教育研究,2:53-58.

荆雁凌(2008).中小学教师怎样进行课题研究(八)——教育科研方法之教育行动研究法.教育理论与实践,8:41-43.

胡中锋,黎雪琼(2006).论教育研究中质的研究与量的研究的整合.华南师范大学学报(社会科学版),6:94-100,160.

胡兴宏(2009).中小学教师科研选题策略.人民教育,8:28-30.

贺斌(2006).基于问题的小课题研究选题刍议.教学与管理,12:31-32.

秦金亮,李忠康(2003).论质化研究兴起的社会科学背景.山西师大学报(社会科学版),3:19-25.

袁玥(2007).关于微型课题研究若干问题的思考.上海教育科研,9:50-51.

袁振国(2010).教育研究方法.北京:高等教育出版社.

桂诗章(2007).中小学教师如何进行科研选题.中小学教师培训,5:30-31.

桂诗章,杨晓萍(2007).教育科研选题的原则与途径.教学与管理,1:60-61.

爱因斯坦,英费尔德,周肇威译(1962).物理学的进化.上海:上海科技出版社.

凌蒽(2009).帮助普通学校高中生有效积累英语词汇的研究.中小学外语教学(中学篇),8:14-20.

涂元玲(2007).论关于教育实证研究的几个错误认识.教育学报,6:14-20.

涂元玲(2008).教育实证研究错误认识的矫正.职教探索与研究,2:13.

陶文中(1997).小学数学创造思维活动.北京:中国建材工业出版社.

陶保平(2004).研究设计指导.北京:教育科学出版社.

黄光明,黎国明,王小燕(2011).提高课堂提问有效性的行动研究.卫生职业教育,9:41-42.

黄甫全(2003).关于教育研究中的问题意识.华南师范大学学报(社会科学版),4:119-151.

黄希庭,张志杰(2005).心理学研究方法.北京:高等教育出版社.

黄敏,潘小明(2011).中小学教科研中的行动研究.中小学教师培训,7:30-33.

曹红晖(2003).教育行动研究:撰写研究报告.中小学外语教学,10:4-9.

崔丽霞,郑日昌(2001).20年来我国心理学研究方法的回顾与反思.心理学报,6:564-570.

符明弘(2003).教育科学研究实用方法.昆明:云南科技出版社.

梁永平(2008).教育研究方法.济南:山东人民出版社.

梁燕玲(2006).教育反思:一种促进教师成长的科研范式.中国教育学刊,8:72-74.

寇冬泉,黄技(2003).行动研究法及其操作程序与要领.广西育院教学学报,3:26-30.

扈中平(2003).教育研究必须坚持科学人文主义的方法论.教育研究,3:14-17.

随启仁(1983).论科学研究课题的选择.北京:科学普及出版社.

维尔斯曼,袁振国主译(1997).教育研究方法导论.北京:教育科学出版社.

葛鲁嘉(2007).心理学研究中定性研究与定量研究的定位问题.西北师大学报(社会科学版),6:65-70.

董奇(1991).研究变量操作定义的设计.教育科学研究,3:21-24.

董奇(1992).心理与教育研究方法.广州:广东教育出版社.

蒋永新(2008).人文社会科学信息检索教程(第三版).上海:上海交通大学出版社.

韩琴,胡卫平,安丽(2007).初中物理新课程实施情况调查报告.课程·教材·教法,

4:52-57.

辉进宇,褚远辉(2005).中小学教师教育科研中存在的问题与对策.教育导刊,5(上):28-31.

喻立森(2001).教育科学研究通论.福州:福建教育出版社.

鲁尼恩,科尔曼,皮滕杰,林丰勋译(2010).心理统计(第九版).北京:人民邮电出版社.

温忠麟(2004).教育研究方法基础.北京:高等教育出版社.

温忠麟,叶宝娟(2011).测验信度估计:从 a 系数到内部一致性信度.心理学报,7:821—829.

谢春风,时俊卿(2004).新课程下的教育研究方法与策略.北京:首都师范大学出版社.

蓟运河(2001).教育科研技能训练指导.北京:中国林业出版社.

褚远辉(2008).教育科学研究中的"媚外"与"移植".教育评论,1.

裴娣娜(1995).教育研究方法导论.合肥:安徽教育出版社.

裴娣娜(1999).教育科学研究方法.沈阳:辽宁大学出版社.

潘娟(2004).中小学教师怎样做科研——如何运用质的和量的研究方法.基础教育参考,1·2:25-27.

魏书生(1991).引导教师进行教育科研.中国教育报,6.

魏晓燕,陈宁(2010).重庆地区中小学体育教师工作状态的质性研究.体育学刊,7:67-72.

(二) 外文文献(按作者姓名英文字母为序)

Carr, W. & Kemmis, S. (1986). Becoming Critical, Education knowledge and action Research. Geelong, Victoria: Deakin University Press.

Coolican, H. (2006). Introduction to Research Methods in Psychology. London: Hodder Arnold.

Green, C. D (1992). Of Immortal Mythological Beasts: Operationism in Psychology. Theory Psychology,2:291-320.

Elltott, J. (1991). Action Research for Education Change. Milton Keynes and Philadelphia: Open University Press.

Kemmis, S. (1985). Action Research. In N. Postlethwaite and T. Husen (eds.) International Encyclopedia of Education: Research and Studies, London: Pergamon.

Miles, B. & Huberman, A. (1994). Qualitative Data Analysis: An Expanded Sourcebook (2nd edition). New York: Sage Publications, inc.

Runyon, R., Coleman, K. & Pittenger, D. (1999). Fundamentals of Behavioral Statistics. New York: McGraw-Hill.

Winter, R. (1987). Action Research and the Nature of Social Inquiry: Professional Innovation and Education Work. Averbury: Aldershot.

图书在版编目（CIP）数据

教育科学研究方法 / 卢家楣主编. — 上海：
上海教育出版社，2012.10（2023.2重印）
（高等师范院校现代教师教育丛书）
ISBN 978-7-5444-4216-9

Ⅰ.①教… Ⅱ.①卢… Ⅲ.①教育科学—研究方法
Ⅳ.①G40-034

中国版本图书馆CIP数据核字(2012)第251050号

丛书策划　张文忠
责任编辑　石　健　谢冬华
封面设计　一步设计

教育科学研究方法
卢家楣　主编

出版发行	上海教育出版社有限公司
官　　网	www.seph.com.cn
地　　址	上海市闵行区号景路159弄C座
邮　　编	201101
印　　刷	上海叶大印务发展有限公司
开　　本	787×1092　1/16　印张 23.25
版　　次	2012年11月第1版
印　　次	2023年2月第4次印刷
书　　号	ISBN 978-7-5444-4216-9/G·3304
定　　价	46.00元

如发现质量问题，读者可向本社调换　电话：021-64373213